14

W0293807

DE KUS VAN LAMOURETTE

Vertaald door Christien Jonkheer

R O B E R T

D A R N T O N

de KUS van Lamourette

bespiegelingen over mentaliteitsgeschiedenis

1990 Uitgeverij Bert Bakker Amsterdam

© 1990 Robert Darnton
© Nederlandse vertaling Christien Jonkheer
Oorspronkelijke titel *The Kiss of Lamourette*
Omslagontwerp Erik Prinsen HW
ISBN 90 351 0938 4

INHOUD

INLEIDING

Iedereen heeft zo zijn fantasieën. De mijne bestaan uit historische dagdromerijen. Een soort omgekeerde Rip van Winkle speel ik dan. Ik laat me diep in mijn leunstoel zakken, het dikke boek gaat steeds zwaarder wegen in mijn handen, en weg ben ik. Dan word ik wakker in Parijs, op het hoogtepunt van de Revolutie, gewekt door een kus. Soms is het de kus des doods, soms een kus uit liefde, een kortstondige liefde, een liefde die tussen de hartstochten van het verleden verloren gaat: *le baiser de Lamourette.*

De eerste soort kus hoort thuis in een nachtmerrie. Foullon de Doué, in dienst van het ministerie van oorlog, is in handen gevallen van het gepeupel. De Bastille is net gevallen, en de straten gonzen van geruchten over komplotten om het volk te laten doodhongeren en de opstand de kop in te drukken. Foullon zou bij een van die plannen betrokken zijn. De opstandelingen slaan hem neer, slepen hem naar een lantaarnpaal bij het Hôtel de Ville, en knopen hem op aan de geïmproviseerde galg. Even bungelt hij in de lucht, dan knapt het touw. Omhoog gaat hij weer. Weer knapt het touw. Bij de derde poging wordt hem eindelijk de adem afgesneden. Een grove hand grijpt het lijk, snijdt het hoofd af, wrikt de kaken uiteen, en propt de mond vol met stro. 'Laat ze dan hooi eten,' zou Foullon hebben gezegd, als variant op het beruchte 'Laat ze dan cake eten' van de koningin. Heeft hij het echt gezegd? Dat maakt niet meer uit. Zijn kop verkondigt nu deze boodschap, hoog op een piek gespietst door de straten gedragen.

Kort daarop grijpt een tweede, even uitzinnige menigte Foullons schoonzoon, Bertier de Sauvigny, de intendant van Parijs, als die in zijn open koets door een buitenwijk van de stad rijdt. Ze sleuren hem mee naar de Place de Grève, het grote plein voor het Hôtel de Ville dat voor iedereen strijd en dood betekent, want daar komen de arbeiders zich aanbieden voor werk, daar verzamelen ze zich als er gestaakt wordt (*faire la grève*), en daar toont Sanson, de stadsbeul, gevreesd en bewonderd als een *maître des hautes oeuvres*, zijn kunsten, daar rukt hij ledematen uit de kom, verbrijzelt hij botten, en breekt hij nekken aan de officiële galg van het Ancien Régime, een schouwtoneel van geweld dat zal worden afgeschaft als de Revolutie de dood door de guillotine invoert. Maar het apparaat dat gepropageerd is door Dr Guillotin, die nu nog in de Nationale Vergadering over grondwetten en dergelijke zit te filosoferen, zal pas op 21 augustus 1792 zijn werk gaan doen. Op 23 juli 1789 ligt het recht in handen van de massa.

De oproerlingen slepen Bertier in zijn rijtuig naar de plaats des doods om geëxecuteerd en in stukken gereten te worden. Als ze tierend door de straten trekken, komen ze de eerste groep tegen, die met de kop van Foullon loopt te paraderen. De twee menigten vloeien ineen tot één voortrollende golf van geweld met Bertier bovenop. Vol ontzetting staart hij door de pieken en ziet de kop van zijn schoonvader steeds dichterbij komen tot die in zijn gezicht wordt geduwd. 'Kus Papa! Kus Papa!' scandeert de menigte.

Antoine Adrien Lamourettes rol in de geschiedenis duurde maar even, net lang genoeg voor een ander soort kus. De kus van Lamourette was even onwaarschijnlijk als zijn naam, een van die prachtige rococonamen als Papillon de La Ferté en Fabre d'Eglantine die de achttiende eeuw een droomkarakter geven. Om het nog onwaarschijnlijker te maken was Lamourette een bisschop, een constitutionele bisschop, want hij had de eed van trouw gezworen aan de grondwet van 1791 en zat als afgevaardigde van de Rhône-et-Loire in de Wetgevende Vergadering. In de eerste stadia van de Revolutie had hij als ghost-writer gewerkt voor Mirabeau. Hij schreef toespraken die een reorganisatie van de Kerk propageerden (kerkelijk grondbezit moest worden geconfisqueerd, priesters moesten worden gekozen) en die pleitten voor een nieuwe vorming voor de troonsopvolger (die op een nationaal *lycée* geschoold moest worden in burgerrecht). Lamourette zat vol ideeën, veel had hij overgenomen uit de verlichte geschriften en verheven conversatie van de orde van de lazaristen waar hij voor de Revolutie tot was toegetreden. Maar hij was niet zozeer een diep denker als wel iemand met genereuze impulsen, eerder de retoricus dan de politicus binnen de Wetgevende Vergadering.

Op het moment dat deze van *abbé* tot *philosophe* tot revolutionair tot bisschop getransformeerde man als een cupidootje mijn dromen binnenfladdert, is men in de Assemblée in een strijd op leven en dood verwikkeld over de toekomst van de natie. Het is 7 juli 1792, een afschuwelijk moment. Het front kan niet standhouden tegenover de invasielegers. Lafayette heeft zijn troepen al in de steek gelaten in zijn poging de Assemblée omver te werpen, en het zal niet lang meer duren voor hij naar de vijand overloopt. De koning en de koningin proberen in het geheim een Oostenrijkse overwinning te bewerkstelligen. Als de Oostenrijkers erin slagen Parijs te bezetten, zullen ze op vreselijke wijze wraak nemen op een ieder die de Revolutie steunt – het Manifest van Brunswijk zal dat spoedig overduidelijk maken.

Maar de revolutionairen die Frankrijk in de oorlog gestort hebben, de Brissotijnen, doen niets om die oorlog te winnen. In plaats van zich op de militaire campagne te richten zijn ze in een conflict verwikkeld met hun vijanden binnen de Jacobijnse Club. En erger nog, ze staan op het punt geheime onderhandelingen aan te gaan met de koning in de hoop een aantal ministersposten te kunnen bezetten. Het komt erop neer dat Frankrijk eigenlijk geen regering heeft. De laatste gematigde Feuillant-ministers zullen op 10 juli ontslag nemen en hun ministeries onbestuurd achterlaten. De broodprijzen stijgen. De Parijse secties bewapenen zich. De bataljons van de nationale garde die vanuit de provincie Parijs binnenstromen maken zich op de Tuilerieën te bestormen om de monarchie omver te werpen. Alles staat op het punt te exploderen in de grote opstand van 10 augustus en de bloedbaden van september.

Op 7 juli lijken de afgevaardigden in de Assemblée voornamelijk van zins een onderling bloedbad aan te richten. Hun discussies zijn zo verbitterd geraakt dat er geen punt van overeenstemming meer is te vinden. Iedere oppositie wordt onmiddellijk als verraad gezien. Het experiment van de constitutionele monarchie lijkt ten dode opgeschreven, gedoemd tot zelfvernietiging. De parlementaire debatten drijven de zaak alleen maar verder op de spits. Op dat moment, in het heetst van de strijd, staat Lamourette op. Hij heeft een oplossing: liefde. Broederliefde. Liefde kan alles helen, iedere kloof dichten. Alleen zijn naam al draagt deze boodschap uit, en de afgevaardigden geven gehoor. Ze omhelzen en kussen elkaar, zweren broederschap. Ze nodigen zelfs de koning uit, die op zijn beurt broederschap zweert. De Revolutie is gered! *Vive la nation*! *Vive le roi*!

Wat was de kus van Lamourette? Een moderne versie van de middeleeuwse liefdeskus, bedoeld als ritueel om een einde te maken aan de burgeroorlog? Een uitbarsting van preromantisch sentiment geïnspireerd door de stukken van Sedaine en de schilderijen van Greuze? Of een kortstondige overwinning van Eros op Thanatos, een korte veldslag die werd gewonnen in een verborgen hoekje van de ziel?

Ik weet het niet. Confrontatie met het verleden brengt het gevoel van het kenbare aan het wankelen. Altijd loopt men stuk op mysteries – niet alleen gebrek aan feitenkennis (een vertrouwd fenomeen) maar het onpeilbare vreemde van leven onder de doden. Historici keren uit die wereld terug als missionarissen die erop uit getrokken waren om vreemde culturen te overwinnen maar uiteindelijk bekeerd zijn teruggekomen, gecapituleerd voor het anders-zijn van anderen. Terugkerend tot het leven van alledag bestoken wij soms het publiek met ons gepassioneerd relaas. Maar er wordt nauwelijks geluisterd. Net als de *ancient mariner* hebben we met de doden gesproken, maar we vinden moeilijk gehoor onder de levenden. We vervelen ze.

Ik heb besloten aan dit boek te beginnen nadat ik op de hoek van de 43ste Straat en Broadway door een zwerm van dit soort duizelingwekkende gedachten was bestookt. Ik had net een gesprek met de redacteur van *The New York Times Magazine* gehad. De tweehonderdste verjaardag van de Franse Revolutie kwam eraan. Hij wilde dat ik er een stuk over schreef, niet te lang, iets smeuïgs over het onvermogen van de Fransen het met elkaar eens te worden over wat er nu te vieren viel aan de gebeurtenissen die hen tweehonderd jaar daarvoor hadden verscheurd. Het was een kans om de onderstromingen van gebeurtenissen uit te diepen, de manier waarop de geschiedenis weigert zich in het verleden te laten indammen en doorstroomt in het heden, dingen voortstuwend en in beweging brengend die vanuit een beperkt tijdsbestek gezien statisch lijken.

Maar het idee geschiedenis te gaan herschrijven als hedendaagse politiek sprak me totaal niet aan. Na twintig jaar college-geven over de Franse Revolutie aan verbijsterde studenten was ik er juist aan toe die revolutie voor het grote publiek te willen verduidelijken. Amerikanen weten bitter weinig van wat er twee eeuwen geleden in Europa is gebeurd, terwijl de Franse Revolutie een van die zeldzame gebeurtenissen is geweest die de situatie van de mensheid een ander karakter hebben gegeven en de loop der geschiedenis hebben gewijzigd. Wat mijzelf betreft, ik ben een van de weinige Amerikanen die zich in de Franse Revolutie hebben gespecialiseerd. Daarom vond ik dat ik zou moeten proberen uit te leggen wat er zo revolutionair aan was, en wel vanuit het standpunt van een burger die voor het gros van zijn medeburgers schrijft (zie het hoofdstuk 'De kus van Lamourette').

Na wat aandringen van mijn kant ging de redacteur akkoord. Ik mocht een geschiedenisessay schrijven. Echte geschiedenis, geen actuele gebeurtenissen. Het mocht natuurlijk ook weer niet te specialistisch worden: ik wist vast wel ongeveer wat ik van de lezers van de *The New York Times* kon verwachten. Hij zou me ruimte geven voor zesduizend woorden, maar niet van die lange alsjeblieft.

Ik dacht dat ik precies begreep wat hij bedoelde. Vijfentwintig jaar daarvoor had ik voor *The Times* de rapportage verzorgd over het hoofdbureau van politie, en ik wist heel goed dat ieder verhaal dat ik schreef afgestemd moest zijn op een denkbeeldig meisje van twaalf (zie het hoofdstuk over journalistiek). Op dat moment sloeg de duizeling toe. Ik stak Times Square over, mijn hoofd vol warrelende herinneringen aan alle verhalen die ik had geschreven over rellen en moorden, en barstte in lachen uit. De Franse Revolutie als 'opdracht'! Kon ik dit 'coveren'? Kon ik er een 'goed verhaal' van maken?

Het antwoord zat een paar weken later bij de post. Nee dus. Mijn zesduizend woorden hadden de plank mooi misgeslagen. Te ingewikkeld. Eiste te veel van de lezer. De bal werd teruggekaatst en kwam hard aan. Toen het hoongelach was weggestorven, maakte mijn teleurstelling plaats voor droefenis. Kunnen wij beroepshistorici dan niets doen om contact te krijgen met het grote publiek? Hebben we ons teruggetrokken achter een muur van monografieën en onszelf afgesneden van een dialoog met gewone burgers die graag iets over het verleden willen weten?

De fout ligt zeker voor een deel bij ons. Onze academische geschiedschrijving is volledig overgenomen door de monografiecultuur en is een obscuur randgebeuren geworden waar professoren boeken schrijven voor andere professoren die ze weer recenseren in tijdschriften die uitsluitend voor vakmensen zijn bedoeld (zie het hoofdstuk over publiceren). We schrijven angstvallig op een manier die ons in de ogen van vakgenoten moet legitimeren met als gevolg dat ons werk voor alle anderen ontoegankelijk is. Ik moest hier ook mee zijn besmet. Hoe was het anders mogelijk dat ik als voormalig misdaadverslaggever niet in staat was de Revolutie te vatten in woorden die in de ogen van een redacteur van *The New York Times* genade konden vinden?

Maar welke codes moet men beheersen om het grote publiek te bereiken? Ik moest denken aan mijn favoriete spreuk onder de graffiti op de muren van de perskeet tegenover het hoofdbureau van politie in Manhattan in 1964: 'We drukken al het nieuws dat ons past' [als variant op het motto van de *The New York Times*: 'We drukken al het nieuws dat gepast is', vert.]. Het terugbrengen van gebeurtenissen tot verhalen, en verhalen gedrukt krijgen, heeft te maken met culturele gepastheid – met verhaalconventies en journalistieke tradities die het razende ratjetoe van de dingen van de dag in een bepaalde vorm gieten. Nadat ik van nieuws op geschiedenis was overgestapt, ben ik enorm gefascineerd geraakt door de processen die bepalen wat cultureel al of niet gepast is. Ik heb onderzoek gedaan naar uitgeverij en journalistiek – of, zoals de huidige codes van het vak luiden, naar 'communicatie' en 'de media'.

Ik had dus kennelijk mijn eigen les niet goed geleerd. Ik had me moeten realiseren dat mijn historische lezing niet gepast was voor *The New York Times*. Of is de redacteur ook schuldig – niet persoonlijk natuurlijk (hij heeft waarschijnlijk net zo'n verheven smaak als wij), maar als onderdeel van het communicatiesysteem dat wij 'het nieuws' noemen? Werken redacteuren, filmregisseurs, televisiemakers en uitgevers misschien onbewust samen in een algemeen streven cultuur verteerbaar te maken door er pulp van te maken? Is de structuur van de cultuurverwerkende industrie zelf misschien gericht op het maken van makkelijk te consumeren produkten?

Dit boek wil op deze vragen ingaan. Het wil niemand veroordelen, want het probleem is van structurele aard. Het is geen kwestie van een samenzwering tussen de mediabonzen. Ik moet toegeven dat ik die soms beschouw als de nieuwe ongekroonde koningen van de wereld, wijzen die de wet voorschrijven in een tijd waarin de communicatie zelf – het verkopen van boodschappen, het verkopen van de president – het hoofdingrediënt schijnt te zijn van het openbare leven. Maar dan houd ik mezelf voor dat communicatiesystemen een geschiedenis hebben, hoewel die door historici nauwelijks is bestudeerd. In de Franse Revolutie vormde de macht van de media, de invloed op gebeurtenissen door er verslag van te doen, een factor van groot belang. De journalistiek ging toen voor het eerst een actieve partij vormen in de nationale politiek. De revolutionairen wisten wat ze deden toen ze in hun burgerprocessies drukpersen meevoerden en op de revolutionaire kalender een dag reserveerden voor de viering van de publieke opinie.

Kort gezegd is dit dus een boek over geschiedenis, de media, en de geschiedenis van de media. Het doel is vierledig: allereerst, aantonen hoe het verleden functioneert als onderstroming in het heden (deel I); ten tweede, het functioneren van de media analyseren aan de hand van specifieke voorbeelden (deel II); ten derde, een schets geven van een bepaalde discipline, de geschiedenis van het boek, die het mediaonderzoek een historische dimensie verleent (deel III); en ten vierde, op basis van die punten tot een bredere discussie komen van de geschiedenis zelf en van de naaste buren van de geschiedenis binnen de menswetenschappen (deel IV en V).

Zo schematisch weergegeven vertoont de opzet van het boek een fraaie coherentie. In werkelijkheid zijn de afzonderlijke essays geschreven bij uiteenlopende gelegenheden, met uiteenlopende oogmerken, en heb ik niet geprobeerd ze te bewerken om er een mooi sluitend geheel van te maken. De eerste zes zijn niet geschreven voor wetenschappelijke tijdschriften of wetenschappers. Ze zijn bedoeld voor de Doorsnee Ontwikkelde Lezer – niet dat meisje van twaalf, maar iemand die ergens in werkelijkheid rondloopt, ver van de redacteuren, producers en andere doorgeefluiken der cultuur die de auteur scheiden van zijn publiek. Deze essays hebben betrekking op het proces binnen de media, het doorgeefproces zelf, zoals ik het spontaan ben tegengekomen op mijn eigen strompeltocht door medialand. Vaak ben ik daarbij uitgegleden. Maar het is een onthullende ervaring geweest die misschien amusant kan zijn voor iemand die wil weten wat het is om nieuws los te peuteren bij de afdeling moordzaken van de politie, geconfronteerd te worden met een onvervalst televisiescript of de overvolle agenda van een redactieraad te moeten doorworstelen.

De laatste negen essays zijn wat wetenschappelijker, maar ik hoop dat ze evengoed de Doorsnee Ontwikkelde Lezer kunnen boeien. Ik heb namelijk een hoge dunk van die lezer(es), ook al kan ik zijn of haar gezicht evenmin onderscheiden als de achterkant van de maan. Deze lezer verdient een gevarieerder voedselaanbod dan de snelle snacks van de media. Daarom durf ik het aan om wat onversneden wetenschap aan te bieden.

Noem het geschiedenis. Geschiedenis zonder voetnoten, of in ieder geval niet te veel, want maar een paar essays zijn gebaseerd op wat in archieven is gevonden. De meeste behelzen een verslag van de gang van zaken in verschillende sectoren van de sociale, culturele en intellectuele geschiedenis. Dus zijn het recensies, of historiografie, of geschiedenis als reportage – en waarom ook niet? Waarom zou geschiedenis niet even interessant zijn als moord? Ik hoop de lezer op de hoogte te brengen van wat er op mijn terrein te koop is, en waar het om gaat in de debatten over schijnbaar ongrijpbare onderwerpen die niettemin pogingen zijn in contact te komen met het grootste deel der mensheid – dat wil zeggen, met de grote meerderheid van het menselijk ras die in het verleden is verdwenen, waarbij het aantal van hun afstammelingen dat nu op aarde rondloopt in het niet zinkt. De opwindendste en meest progressieve soorten geschiedenis proberen onder de gebeurtenissen zelf te graven om het menselijk lot zoals onze voorgangers dat ervoeren bloot te leggen. Dit soort geschiedenis vindt men onder namen als mentaliteitsgeschiedenis, geschiedenis van de etnografie, of gewoon cultuurgeschiedenis (mijn eigen voorkeur). Onder al die etiketten zit hetzelfde streven: de zin van het leven te doorgronden, niet via tot mislukken gedoemde pogingen het definitieve antwoord te vinden op de grote filosofische vragen, maar door antwoorden die anderen hebben gegeven toegankelijk te maken. Dat kunnen zowel antwoorden zijn die blijken uit hun leven van alledag als uit de manier waarop men in vroeger eeuwen het ideeëngoed formeel heeft vormgegeven.

De eeuw die in dit boek blijft opduiken is de achttiende eeuw. Misschien verdient deze niet meer aandacht dan de zeventiende of negentiende eeuw, en het is trouwens toch al geen goede gewoonte om de tijd in willekeurige schijven van honderd jaar te snijden. Maar de achttiende en twintigste eeuw zijn nu eenmaal de eeuwen waarin ik leef, de eeuwen die ik tegen elkaar afzet om te onderzoeken hoe verleden en heden op elkaar ingrijpen. En tot slot is de achttiende eeuw een bron van fantasie. Ze levert een onuitputtelijke voorraad dromenmateriaal: liefde, lach, geloof en vertrouwen, gruwel, seks, dood, vrees – stuk voor stuk gekleed in vreemde kleuren, vreemde stoffen, van Pompadour-roze tot het grove canvas van de *culottes* van de *sans-culottes*. Wie kan de kus van Lamourette weerstaan? Hij nodigt ons uit het spel der hartstochten bij te wonen dat het hele scala van de menselijke *comedia* bestrijkt in een wereld die is verdwenen.

Maar hoe kan fantasie geschiedenis zijn? Dit boek instrueert niet in romantische *Einfühlung* en bevat evenmin filosofieën over de metafysica van verhaalstrategieën en feiten. Wel registreert het twee schokken die het systeem heeft ondergaan – mijn eigen hap-snap systeem waarmee ik van onderwerp naar onderwerp spring, iets dat misschien symptomatisch is voor de processen binnen de geschiedenis als geheel.

De eerste schok kreeg ik in Newark, New Jersey, toen ik besefte dat nieuws niet iets is dat in het recente verleden is gebeurd, maar iemands verhaal over wat er is gebeurd. Die les leek me duidelijk genoeg, en toch kom ik nog dagelijks professionele historici tegen, volwassen mannen en vrouwen in het bezit van hun volle verstand, die kranten zien als leveranciers van harde feiten en niet als een vergaarbak van verhalen.

Mijn eigen ervaringen met nieuws hebben me op het glibberige hellende vlak van de narratologie gebracht. Via de literatuurtheorie begon ik overal verhalen te zien, van de geloofsbelijdenis van Nicaea tot aan de gebaren van verkeersagenten. Maar zodra je alle gedrag als tekst beschouwt beginnen die teksten zich te deconstrueren: al gauw raak je verloren in een eindeloze doolhof van spiegels, dwaal je door een semiotische sprookjeswereld en raak je bezeten van epistemologische waanideeën.

In mei 1981, toen ik aardig in die richting op weg was, belandde ik in Polen en kreeg ik mijn tweede schok (zie het hoofdstuk over Polen). Probeer een havenarbeider van Solidariteit maar eens te vertellen dat data niet belangrijk zijn en gebeurtenissen triviaal. Hij zal je zeggen dat er een wereld van verschil ligt tussen 1 mei, de officiële Dag van de Arbeid, en 3 mei, de dag waarop het volk de constitutionele vrijheid viert en de poging herdenkt uit 1791 om Polen voor deling te behoeden. Een gedenkteken voor een dode soldaat in een kerk in Warschau vermeldt slechts een plaats en een datum: 'Katyn, 1940'. Volgens de officiële Poolse geschiedschrijving* is het Poolse officierskorps – de bloem van een hele generatie – door de Duitsers in een massale slachtpartij vermoord toen het Duitse leger in 1941 het door de Russen bezette gebied introk. Volgens de Duitsers heeft de moordpartij minstens een jaar eerder plaatsgevonden en hebben ze in Katyn alleen een massagraf aangetroffen. Als de gebeurtenis heeft plaatsgevonden in 1940, was deze het werk van de Russen – en zo was het ook. Zo was het. Zo was het!

Voor de Polen is het verschil tussen 1940 en 1941 een zaak van leven of dood. Geconfronteerd met hun directe kennis van het verleden kan de historicus slechts op zijn knieën vallen, zoals Willy Brandt in Israël voor het monument voor de nazislachtoffers. Waar blijft onze wetenschap wanneer er sprake is van grote gebeurtenissen als oorlogen en revoluties? Wat heeft al onze kennis te betekenen wanneer het over levens gaat die nooit het nieuws hebben gehaald, levens waarvoor nooit een in memoriam is geschreven?

Om de doden te bezoeken, heeft de historicus iets nodig dat de methodologie ontstijgt, een geloof als sprong in het duister, de bereidheid te geloven. Hoe sceptisch we ook mogen zijn over de toekomst, ten aanzien van alle levens die voorbij zijn past ons nederigheid. Ik wil hiermee geen mystiek of voorouderverering propageren. Ook wil ik het bestaansrecht van de semiotiek en de narratologie niet aanvechten. Wel ben ik ervan overtuigd dat we als we leven en dood in het verleden willen begrijpen ons heel goed bewust moeten zijn van wat we doen. Maar hoe kunnen we de doden ooit recht doen? Als ik ooit op een punt kom waarop ik me vol zekerheid koester in mijn gelijk, hoop ik nogmaals bij zinnen te worden gebracht door een onverwachte schok, iets als de kus van Lamourette.

Princeton, New Jersey
mei 1989

I

ONDERSTROMINGEN VAN GEBEURTENISSEN

DE KUS VAN LAMOURETTE

Wat was er nu zo revolutionair aan de Franse Revolutie? Nu de hele wereld zich staat te verdringen om Frankrijk te feliciteren met de tweehonderdste verjaardag van de bestorming van de Bastille, de omverwerping van het feodale systeem en de Verklaring van de Rechten van de Mens en Burger lijkt dat misschien een impertinente vraag. Maar al het gedoe rond deze viering heeft weinig te maken met wat er twee eeuwen geleden werkelijk is gebeurd.

Het is oud nieuws dat de Bastille op 14 juli 1789 vrijwel leeg was. Veel historici staan op het standpunt dat het feodalisme al niet meer bestond toen het werd afgeschaft, en bijna niemand zal willen ontkennen dat de rechten van de mens vijf jaar na de Verklaring als gevolg van de Terreur niets meer te betekenen hadden. Is het dan zo dat een nuchtere kijk op de Revolutie alleen maar misplaatst geweld en holle frasen laat zien – niets dan een mythe, om de favoriete term te gebruiken van wijlen Alfred Cobban, een sceptische Engelse historicus die zich niet liet inpakken door slogans en guillotines?

Men zou hierop kunnen zeggen dat mythes bergen kunnen verzetten. Ze kunnen een realiteit aannemen die even onomstotelijk vast staat als de Eiffeltoren, door de Fransen in 1889 gebouwd om de honderdste verjaardag van de Revolutie te vieren. In 1989 geeft Frankrijk miljoenen uit, gebouwen verrijzen, nieuwe centra worden geopend, de kracht die zich tweehonderd jaar geleden explosief in de wereld manifesteerde wordt eigentijds uitgedrukt in beton. Maar wat was die kracht?

Hoewel de geest van '89 zich in woorden even moeilijk laat vangen als in steen en cement, zou men deze kunnen karakteriseren als energie – de wil om uit de puinhopen van het regime dat in de zomer van 1789 ineen was gestort een nieuwe wereld op te bouwen. Die energie bleef tijdens de Franse Revolutie overal voelbaar. Het leven werd erdoor getransformeerd, niet alleen dat van de activisten die de energie probeerden te kanaliseren in de richting die zij wensten, maar ook dat van de gewone mensen die hun gewone dagelijks leven leidden.

Het idee van een fundamentele verandering die doordringt in de sfeer van alledag is als abstract gegeven misschien niet zo moeilijk te vatten, maar niet veel van ons kunnen het werkelijk assimileren. We aanvaarden de wereld zoals ze is en kunnen ons geen andere orde voorstellen, tenzij we momenten van desintegratie hebben meegemaakt – een sterfgeval, een echtscheiding, of het plotseling verdwijnen van iets dat leek vast te staan, zoals het dak boven ons hoofd of de grond onder onze voeten.

Dergelijke schokken die het leven van individuen uit het lood slaan komen vrij veel voor, maar het gebeurt zelden dat een hele samenleving wordt getraumatiseerd. In 1789 moesten de Fransen meemaken hoe een volledige maatschappelijke orde onderuit ging, de wereld die ze later aanduidden met het Ancien Régime. Ze moesten in de hen omringende chaos een nieuwe orde zien te vinden. Ze ervoeren de werkelijkheid als iets dat vernietigd en gereconstrueerd kon worden, en werden geconfronteerd met schijnbaar onbegrensde mogelijkheden zowel ten goede als ten kwade, de kans om een heilstaat te stichten of weer onder tirannie gebukt te gaan.

Er waren vroeger ook wel een aantal aardverschuivingen geweest binnen de Franse samenleving – de builenpest in de veertiende eeuw bijvoorbeeld en de godsdienstoorlogen van de zestiende. Maar in 1789 was niemand klaar voor een revolutie. Het idee zelf bestond niet eens. Als je in standaardwoordenboeken uit de achttiende eeuw 'revolutie' opzoekt vind je alleen maar definities die zijn afgeleid van 'revolvere', ronddraaien.

De Fransen bezaten vóór 1789 niet zo'n uitgebreid politiek vocabulaire, want de politiek werd gemaakt in Versailles, in het isolement van het koninklijk hof. Toen de politiek ook een zaak werd van het gewone volk – door de verkiezingen voor de Staten-Generaal, die werden gehouden op een basis die vrijwel neerkwam op algemeen kiesrecht voor mannen, en door de opstand in de straten – moesten er woorden worden gevonden voor wat men had gedaan en gezien. Er werden fundamenteel nieuwe categorieën ontwikkeld zoals 'links' en 'rechts', begripppen die zijn ontleend aan de plaatsen die men innam in de Nationale Vergadering, en ook het begrip 'revolutie' zelf. Eerst kwam de ervaring, dan volgde het concept. Maar wat was die ervaring?

Slechts een kleine minderheid van de activisten sloot zich aan bij de jacobijnse clubs, maar omdat de Revolutie overal in doordrong bleef niemand onberoerd. Tijd en ruimte bijvoorbeeld werden door de Revolutie opnieuw ingedeeld. Volgens de revolutionaire kalender die in 1793 in gebruik werd genomen en tot 1805 gehandhaafd bleef, begon de tijd op het moment dat de oude monarchie verdween, op 22 september 1792 – 1 vendémiaire jaar I.

Bekrachtigd door formele stemming in de Nationale Conventie, verdeelden de revolutionairen de tijd in eenheden die ze rationeel en natuurlijk achtten. Een week ging tien dagen tellen, een maand drie weken, een jaar twaalf maanden. De vijf dagen die ieder jaar overbleven werden patriottische feestdagen, zogenaamde *jours sans-culottides*, gewijd aan de volgende deugden van de Burger: Deugd, Talent, Arbeid, Oordeel en Beloning.

Gewone dagen kregen nieuwe namen die een mathematische regelmaat suggereerden: *primidi*, *duodi*, *tridi* enzovoort tot en met *décadi*. Elke dag was aan een bepaald aspect van het plattelandsleven gewijd, zodat de agronomie de dagen van de christelijke heiligen van de kalender verdreef. Zo werd 22 november, voorheen aan de heilige Cecilia gewijd, nu de dag van de raap; 25 november, de dag van de heilige Catharina, werd de dag van het varken; 30 november, de dag van de heilige Andreüs, werd de dag van het pikhouweel. Uit de namen van de nieuwe maanden sprak ook de wens de tijdsindeling synchroon te laten lopen met het natuurlijke ritme der seizoenen. De eerste januari 1989 zou bijvoorbeeld 12 nivôse jaar 197 zijn, nivôse als sneeuwmaand, na de nevelmaand (brumaire), rijpmaand (frimaire), en voor de regen- (pluviôse) en windmaand (ventôse).

De invoering van het metrieke stelsel was een poging ook ruimtelijk gezien een rationele en natuurlijke ordening aan te brengen. Volgens een verordening uit 1795 werd de meter ingesteld als 'lengtemaat die overeenkomt met het tienmiljoenste deel van de boog van de aardemeridiaan tussen de Noordpool en de Evenaar'. Uiteraard zei zo'n definitie de gewone *citoyen* weinig. Het duurde een tijd voor ze de meter en het gram, de nieuwe gewichtseenheid, accepteerden en er was weinig enthousiasme over de nieuwe week, waardoor men eens in de tien dagen een rustdag kreeg in plaats van in de zeven. Maar zelfs op terreinen waar oude gewoonten gehandhaafd bleven, wisten de revolutionairen hun ideeën in te prenten door alles een andere naam te geven.

Veertienhonderd Parijse straten kregen een nieuwe naam, omdat de oude een verwijzing bevatte naar een koning, koningin of heilige. Place Louis XIV, waar de spectaculairste guillotineringen plaatsvonden, werd Place de la Révolution. Later kreeg het als poging de strijdbijl te begraven zijn huidige naam, Place de la Concorde. De kerk van Saint-Laurent werd de Tempel van Huwelijk en Huwelijkstrouw; Notre-Dame werd de Tempel der Rede; Montmartre werd Mont Marat. Naar Marat werden dertig steden genoemd – dertig van de zesduizend die het verleden probeerden uit te bannen door nieuwe namen aan te nemen. Montmorency werd Emile, Saint-Malo werd Victoire Montagnarde, en Coulanges werd Cou Sans-Culottes (omdat *anges*, engelen, op bijgeloof wees).

De revolutionairen gaven zelfs zichzelf nieuwe namen. In 1793 en 1794 kon je met goed fatsoen uiteraard geen Louis meer heten. De Louis' noemden zich Brutus of Spartacus. Veel voorkomende achternamen als Le Roy of Lévêque werden La Loi of Liberté. Kinderen kregen allerlei namen opgedrongen, ontleend aan de natuur (Pissenlit – Paardebloem – deed het goed voor meisjes, Rhubarbe – Rabarber – voor jongens) of aan actuele gebeurtenissen (Fructidor, Constitution, De Tiende Augustus, Marat-Couthon-Pique). Minister van buitenlandse zaken Pierre-Henri Lebrun noemde zijn dochter Civilisation-Jémappes-République.

Ondertussen werd de bijenkoningin 'legbij' (*abeille pondeuse*); schaakstukken werden hernoemd omdat een goede revolutionair immers niet met koning en koningin wenste te spelen; de heer, vrouw en boer van het kaartspel werden vrijheid, gelijkheid en broederschap. De revolutionairen wilden alles veranderen: van serviesgoed, meubels, wetboeken en godsdienst tot de kaart van Frankrijk. In plaats van de grillig gevormde oude provincies werd het land opgedeeld in departementen, symmetrische eenheden, allemaal even groot, met de naam van rivieren of bergen. Voor 1789 was Frankrijk een bonte lappendeken van gedeeltelijk samenvallende en ongelijksoortige bestuurseenheden: fiscaal, juridisch, administratief, economisch of godsdienstig. Na 1789 werden die segmenten samengesmolten tot een enkele substantie, de Franse natie. Met haar patriottische feestdagen, haar driekleur, haar hymnen, haar martelaren, haar leger en haar oorlogen slaagde de Revolutie waar Lodewijk XIV en zijn opvolgers hadden gefaald. Ze smeedde de afzonderlijke elementen van het koninkrijk samen tot één natie en wist de rest van Europa te veroveren. Hiermee ontketende de Revolutie een nieuwe stuwkracht, het nationalisme, dat de komende tweehonderd jaar miljoenen zou mobiliseren en regeringen omver zou werpen.

Natuurlijk slaagde de natie niet op alle fronten. Het lukte haar niet de Franse taal in te voeren bij het grootste deel van haar inwoners, die allerlei voor elkaar onverstaanbare dialecten bleven spreken, ondanks de felle propaganda door het revolutionaire comité voor openbaar onderwijs. Door echter de instanties weg te vagen die de burger scheidden van de staat, gaf de Revolutie het openbare leven een fundamenteel ander karakter.

Haar invloed reikte nog verder. Het openbare leven drong door in de privé-sfeer tot in de meest intieme relaties. Intimiteit wordt in Frankrijk onder andere uitgedrukt door het persoonlijk voornaamwoord *tu*, in contrast met de formele aanspreektitel *vous*. Hoewel de Fransen tegenwoordig *tu* nogal losjes gebruiken, was het in het Ancien Régime strikt gelimiteerd tot ongelijkwaardige of zeer persoonlijke verhoudingen. Ouders zeiden *tu* tegen hun kinderen, die op hun beurt hun ouders met *vous* aanspraken. *Tu* werd door meerderen tegen minderen gebruikt, door mensen tegen dieren, en door geliefden – na de eerste kus, of uitsluitend tussen de lakens. Als Franse bergbeklimmers een bepaalde hoogte bereiken, gaan ze nog steeds van *vous* op *tu* over, alsof alle mensen die oog in oog staan met de grootsheid der natuur elkaars gelijken worden.

De Franse Revolutie wilde iedereen *tu* maken. Hier volgt een motie die op 24 brumaire jaar II (14 november 1793) werd aangenomen door het departement van de Tarn, een arme bergstreek in het zuiden van het land:

> Gezien het feit dat de eeuwige beginselen der gelijkheid een burger verbieden een andere burger met 'vous' aan te spreken die hem op zijn beurt 'toi' noemt (...) wordt verordonneerd dat het woord 'vous' wanneer het voor het enkelvoud wordt gebruikt [in tegenstelling tot het meervouds-'vous' dat 'jullie' betekent] vanaf heden wordt uitgebannen uit de taal der vrije Fransen en te allen tijde vervangen zal worden door 'tu' of 'toi'.

Een delegatie *sans-culotten* bood de Nationale Conventie in 1794 een petitie aan waarin werd verzocht het *vous* af te schaffen '(...) wat zal leiden tot minder trots, minder discriminatie, minder sociale afstandelijkheid, een opener vertrouwelijkheid, een sterkere neiging tot broederschap, en daardoor meer gelijkheid'. Dat doet misschien nu wat lachwekkend aan, maar voor de revolutionairen was het bittere ernst. Ze wilden een nieuwe maatschappij creëren op basis van nieuwe sociale verhoudingen.

Daarom herzagen ze alles dat naar de ongelijkheid rook die ingebakken zat in de conventies van het Ancien Régime. Hun brieven besloten ze met een kernachtig 'groeten en broederschap' (*salut et fraternité*) als vervanging voor het onderdanige 'uw zeer toegewijde nederige dienaar'. Monsieur en Madame werden vervangen door Burger en Burgeres. Hun kleding veranderden ze ook.

Kleding is vaak een graadmeter van het politieke klimaat. Om een militant uit de radicale secties van Parijs aan te duiden gebruikte men een term ontleend aan de kleding, namelijk *sans-culotte*, iemand die geen kniebroek maar een lange broek draagt. In werkelijkheid begonnen de arbeiders pas in de negentiende eeuw op grote schaal lange broeken te dragen. Voor die tijd werden ze voornamelijk door zeelui gedragen. Robespierre zelf ging altijd gekleed in het uniform van het Ancien Régime: kniebroek, vest en poederpruik. Maar de modelrevolutionair die men vanaf 1793 tot op heden op pamfletten, posters en serviesgoed ziet afgebeeld droeg een lange broek, een open hemd, een kort jasje (de *carmagnole*), laarzen, en op zijn 'natuurlijke' (dat wil zeggen, ongekamde) haardos, die tot op zijn schouders hing, een vrijheidsmuts (de Frygische of jacobijnenmuts).

Decolleté, hoepelrok en exotisch kapsel bepaalden aan de vooravond van de Revolutie het gezicht van de damesmode, tenminste in de aristocratische kringen. Het 'egelkapsel' (*en hérisson*) stak zestig centimter of meer uit boven het hoofd en was getooid met allerhande opsmuk – dat bijvoorbeeld een fruitschaal, flottielje of ménagerie kon voorstellen. Er is eens een hofkapsel geweest dat gearrangeerd was in de vorm van een landelijk tafereel, compleet met vijver, een man op eendejacht, windmolen (draaiend en wel) en een molenaar die op zijn ezel naar de markt rijdt terwijl een monnik zijn vrouw verleidt.

Na 1789 werd de mode bepaald van onderaf. De kapsels zakten, de rokken slonken, de halslijnen werden hoger en de hakken lager. Weer later, na de Terreur, toen de reactie van Thermidor de Republiek der Deugdzaamheid van de kaart had geveegd, lieten modieuze dames uit de hogere kringen als madame Tallien hun borsten praktisch onbedekt, dansten ze in doorzichtige gewaden en voerden ze de pruik weer in. Een volbloed *merveilleuse*, of elegante dame, had in die tijd voor iedere dag van de *décade* een andere pruik. Madame Tallien had er dertig.

Op het hoogtepunt van de Revolutie, van halverwege 1792 tot halverwege 1794, was deugdzaamheid echter meer dan een modeverschijnsel. Deugdzaamheid vormde het kernpunt van de nieuwe politieke cultuur. De puriteinse kant die er ongetwijfeld aan zat, was echter niet het soort zondagschool-deugdzaamheid dat in het negentiende-eeuwse Amerika werd verkondigd. Voor de revolutionairen betekende deugdzaamheid geestkrachtig elan. Deugdzaam zijn hield in dat men bereid was te vechten voor het vaderland en voor de revolutionaire trits vrijheid, gelijkheid en broederschap.

Tegelijkertijd bracht de cultus der deugdzaamheid een herwaardering van het gezinsleven met zich mee. Rousseau citerend preekten de revolutionairen de heiligheid van het moederschap en het belang van borstvoeding. Ze behandelden voortplanting als een burgerplicht en bestempelden vrijgezellen als onvaderlandslievend. 'Burgeressen! Schenkt het Vaderland kinderen!' luidde een spandoek in een patriottische parade. 'Nu is het goede moment een kind te maken,' maande een slogan die op revolutionair aardewerk geschilderd stond.

Saint-Just, de meest extreme ideoloog van het Comité de Salut Publique, schreef in zijn aantekenboek: 'Het kind en de burger behoren het vaderland toe. Openbaar onderwijs is een noodzaak. Tot de leeftijd van vijf behoren kinderen toe aan de moeder, als ze ze [borst]voeding heeft gegeven. Na die tijd behoren ze aan de Republiek... tot de dood.'

Het zou een anachronisme zijn nazi-achtige propaganda in deze uitspraken te zien. Omdat de Kerk geen autoriteit meer bezat, moesten de revolutionairen een nieuwe morele basis voor het gezinsleven vinden. Ze gebruikten hiervoor de staat en namen wetten aan die onder het Ancien Régime ondenkbaar waren geweest. Ze maakten echtscheiding mogelijk, kenden buiten het huwelijk geboren kinderen een volledig wettige status toe en schaften het eerstgeboorterecht af. De Verklaring van de Rechten van de Mens en Burger stelde immers dat alle mensen in vrijheid en met gelijke rechten zijn geschapen, zodat iedereen aan het begin van zijn leven gelijke kansen moest krijgen. De Revolutie probeerde het 'paternalistische despotisme' in te perken door alle kinderen een even groot deel van de erfenis toe te kennen. De slavernij werd afgeschaft en protestanten en joden kregen volledige burgerrechten.

Het is wel zo dat er lacunes en tegenstellingen in de revolutionaire wetgeving te ontdekken zijn. Ondanks de krachtige taal in de zogenaamde ventôsewetten over inbeslagname van eigendommen van contrarevolutionairen, heeft de wetgevers nooit zoiets als socialisme voor ogen gestaan. En Napoleon heeft de meest democratische wettelijke regelingen van het familierecht weer ongedaan gemaakt. Niettemin is de teneur van de revolutionaire wetgeving zonneklaar. Ze verving de Kerk door de Staat als de hoogste autoriteit over de inrichting van het privé-leven, en verankerde de wettigheid van de staat in de soevereiniteit van het volk.

Zelfbeschikking door het volk, burgerlijke vrijheid, gelijkheid voor de wet – deze woorden liggen ons tegenwoordig zo makkelijk in de mond dat we ons niet kunnen voorstellen hoe controversieel deze termen waren in 1789. We kunnen ons niet meer verplaatsen in de mentaliteit van bijvoorbeeld het Ancien Régime, toen men er over het algemeen van uitging dat mensen fundamenteel ongelijk waren en dat deze ongelijkheid iets positiefs was, omdat het strookte met de hiërarchie die God zelf in de natuur had ingebouwd. Voor de Fransen van het Ancien Régime betekende vrijheid privilege, letterlijk 'bijzondere of eigen wet', een voorrecht dat anderen werd onthouden. De koning, van wie alle wetgeving afkomstig was, kende privileges toe, en dat was zijn goed recht, want hij was gewijd tot plaatsvervanger van God op aarde. Zijn macht was zowel spiritueel als wereldlijk, en daarom ook kon zijn koninklijke aanraking scrofulose genezen, een klierziekte die in Engeland bijvoorbeeld bekend stond als *The King's Evil.*

Gedurende de hele achttiende eeuw werden deze uitgangspunten door de filosofen van de Verlichting onder vuur genomen, en er verschenen talrijke populaire pamfletten die de kroon zijn glans en aura van heiligheid wisten te ontnemen. Om de mentaliteit van het Ancien Régime te breken was echter geweld nodig, en dit revolutionaire geweld, dit alle waarden en zekerheden omverwerpende geweld dat de bestaande verhoudingen openbrak, is ook iets dat wij ons moeilijk kunnen voorstellen.

Toegegeven, verkeersongelukken en berovingen met geweld zijn voor ons aan de orde van de dag. Maar vergeleken met onze voorouders leven we in een wereld waaruit het geweld als dagelijkse ervaring is verdwenen. In de achttiende eeuw vormden de lijken die uit de Seine waren opgevist en aan de rivieroever aan hun voeten waren opgehangen voor de Parijzenaars een alledaags schouwspel. Ze kenden *mine patibulaire* als uitdrukking voor een gezicht dat deed denken aan de afgehakte hoofden die door de beul op een vork werden tentoongesteld. Bij openbare terechtstellingen zagen ze hoe misdadigers in stukken werden gescheurd. En ze konden niet door het centrum van de stad lopen zonder hun schoenen vol bloed te krijgen.

Hier volgt een beschrijving van de Parijse slachthuizen door Louis-Sébastien Mercier, daterend van een paar jaar voor de Revolutie:

> Ze staan midden in de stad. Het bloed stroomt door de straten; het stolt onder je voeten, en je schoenen zien er rood van. Als je ze passeert, word je plotseling getroffen door een verschrikkelijke angstkreet. Een jonge stier wordt tegen de grond gekwakt, de horens worden vastgebonden; een zware hamer verbrijzelt zijn schedel; een reusachtig mes wordt diep in zijn keel gedreven; zijn dampende bloed vloeit in dikke stromen samen met zijn leven weg. (...) Dan verdwijnen bloederige armen in de walmende ingewanden; de ledematen worden afgehakt en ter verkoop opgehangen. Soms breekt de stier als hij door de eerste klap niet is geveld, uit de touwen los en vlucht hij weg in dolle drift, iedereen omver stotend en trappend die hem voor de voeten komt. (...) En de slagers die achter hun voortvluchtige slachtoffer aanrennen zijn al even gevaarlijk. (...) Deze slagers zien er woest en bloederig uit: met hun blote armen, gezwollen nekken, rode ogen, smerige benen en bebloede schorten lopen ze altijd heetgebakerd en vechtlustig met hun zware knuppels te zwaaien. Het bloed dat ze doen stromen lijkt hun koppen en temperament in vuur en vlam te zetten. (...) In de straten rond de slachthuizen hangt een zware kadaverlucht; weerzinwekkende hoeren – volumineuze, vette, monsterlijke objecten die op straat zitten – stellen publiekelijk hun zedeloosheid ten toon. Dit zijn de schoonheden die deze mannen van bloed appetijtelijk vinden.

In 1750 ontstonden er grote rellen omdat in de arbeiderswijken van Parijs het gerucht de ronde deed dat de politie kinderen kidnapte om ten gerieve van een lid van de koninklijke familie een bloedbad aan te richten. Dergelijke rellen stonden bekend als 'volksemoties' – uitbarstingen van diepgewortelde gevoelens die ontvlamden door de een of andere vonk die brandde in het collectieve voorstellingsvermogen.

Het zou makkelijk zijn als we de Revolutie uitsluitend konden associëren met de Verklaring van de Rechten van de Mens en Burger. Maar ze is geboren in geweld en heeft haar principes opgelegd aan een wereld vol geweld. De mensen die de Bastille innamen vernietigden niet alleen een symbool van koninklijk despotisme. Honderdvijftig van hen raakten gedood of gewond in de aanval op de gevangenis, en toen de overlevenden de gevangenisdirecteur te pakken kregen, hakten ze zijn hoofd af en voerden het hoog op een piek mee door de straten van Parijs.

Een week later, in een woedegolf veroorzaakt door de hoge broodprijzen en geruchten over komplotten om de armen dood te hongeren, lynchte een menigte Foullon de Doué, die in dienst was bij het ministerie van oorlog. Men hakte zijn hoofd af, propte zijn mond vol hooi om aan te geven dat hij bij de samenzweringen betrokken was en voerde het geheel in triomf rond bovenop een piek. Een groep opstandelingen greep toen Foullons schoonzoon, de intendant van Parijs Bertier de Sauvigny, en dwongen hem door de straten achter het hoofd aan te lopen, onder de kreet 'Kus Papa, Kus Papa!' Tegenover het Hôtel de Ville vermoordden ze Bertier, rukten zijn hart uit zijn lijf, en gooiden het in de richting van het gemeentebestuur. Toen gingen ze weer in optocht verder met het hoofd van Bertier nu naast dat van Foullon. 'Zo worden verraders gestraft', stond op een prent van het tafereel te lezen.

Gracchus Babeuf, de latere linkse activist, beschreef de collectieve razernij in een brief aan zijn vrouw. De menigte juichte toen ze de hoofden op de pieken zagen, schreef hij, en:

> O! Die uitbundigheid maakte me onpasselijk. Ik voelde me tegelijkertijd voldaan en misnoegd. Ik zei 'net goed' en 'wat vreselijk'. Ik begreep dat het gewone volk nu het recht in eigen handen nam. Dat juichte ik toe (...) maar daarom was het nog wel wreed! Allerlei straffen en martelingen, vierendelen, radbraken, kromsluiten, geselen, op de pijnbank leggen, levend verbranden; beulen, beulen overal, dit alles heeft onze moraal zo geschaad! Onze meesters (...) zullen nu oogsten wat zij hebben gezaaid.

Ook zou het makkelijk zijn als we het verhaal over de Revolutie konden laten ophouden bij het eind van het jaar 1789, waar de huidige Franse regering de grens wil trekken in haar vieringen. Maar het hele verhaal loopt door, door de rest van de eeuw, en ook nog de eeuw daarop, als we sommige historici mogen geloven. Waar ook het einde ligt, de Revolutie was in 1794 in ieder geval nog niet voorbij – en dat betekent dat we ook de Terreur onder ogen moeten zien.

We kunnen verklaringen genoeg vinden voor de officiële Terreur, de Terreur die onder leiding stond van het Comité de Salut Publique en het Revolutionair Tribunaal. Naar twintigste-eeuwse maatstaven gemeten was het resultaat niet eens zo excessief, als je naar het aantal slachtoffers kijkt en als je van mening bent dat dergelijke zaken statistisch kunnen worden vastgesteld. De Terreur heeft ongeveer zeventienduizend mensen het leven gekost. In de helft van de departementen van Frankrijk hebben minder dan vijfentwintig executies plaatsgevonden, in zes departementen is geen enkele executie geweest. 71 procent van de executies heeft plaatsgevonden in gebieden waar de burgeroorlog woedde, driekwart van de slachtoffers van de guillotine waren rebellen die met wapens waren aangetroffen. 85 procent behoorde tot het gewone volk – een statistisch gegeven dat moeilijk te verteren is voor wie de Revolutie ziet als een klassenstrijd van burgers tegen aristocraten. Ten tijde van de Terreur was 'aristocraat' een term waarmee je vrijwel iedereen die als volksvijand werd aangemerkt om de oren kon slaan.

Maar dit soort statistiek valt moeilijk te accepteren. Elke poging iemand te veroordelen door zijn individualiteit te onderdrukken en door hem in een abstracte, ideologisch bepaalde categorie als 'aristocraat' of 'burger' onder te brengen is van nature onmenselijk. De Terreur *was* een schrikbewind, was letterlijk verschrikkelijk. Het maakte de weg vrij voor een totalitair systeem. De Terreur is het geboortetrauma van de moderne geschiedenis dat een blijvend litteken heeft achtergelaten.

Het grootste deel van de Terreur (behalve die laatste vreselijke maand van de 'Grote Terreur' toen het moorden nog erger werd terwijl de dreiging van een invasie al was afgenomen) is inmiddels door historici verklaard als een reactie op de buitengewone omstandigheden van 1793 en 1794. De invasielegers stonden op het punt Parijs onder de voet te lopen; de contrarevolutionairen, sommigen denkbeeldig, velen reëel, smeedden komplotten om de regering van binnenuit omver te werpen; de broodprijs steeg tot een hoogte die het volk van Parijs wild maakte van honger en wanhoop; de burgeroorlog in de Vendée bleef voortwoeden; de steden Lyon, Marseille en Bordeaux kwamen in opstand en binnen de Nationale Conventie heerste een verdeeldheid die iedere poging de situatie meester te worden bij voorbaat verlamde.

Het zou het toppunt van arrogantie zijn om als Amerikaans historicus vanuit een comfortabele studeerkamer de Fransen hun geweld te verwijten en de eigen landgenoten op te hemelen wegens de relatieve geweldloosheid van hun Amerikaanse revolutie, die plaatsvond onder totaal andere om standigheden. Maar toch... wat moet die historicus aan met de septembermoorden van 1792, een orgie van moord en geweld die de dood betekende voor meer dan duizend mensen, waaronder veel prostituées en gewone gevangenen die opgesloten zaten in gevangenissen als de Abbaye?

We weten niet precies wat er is gebeurd, omdat de documenten tijdens de beschieting van de Parijse Commune in 1871 verloren zijn gegaan. Maar de nuchtere analyse van de resterende bewijsstukken door Pierre Caron wijst erop dat de moorden het karakter hebben gehad van rituele, apocalyptische massamoorden. Grote groepen *sans-culotten*, waaronder de slagers uit de beschrijving van Mercier, bestormden de gevangenissen om wat zij aanzagen voor een contrarevolutionaire samenzwering de kop in te drukken. Ze improviseerden een volkstribunaal in de gevangenis van de Abbaye. Eén voor één werden de gevangenen voorgeleid, beschuldigd en zonder veel omhaal op grond van hun houding gevonnist. Standvastigheid werd als onschuld geïnterpreteerd, onzekerheid als schuld. Stanislas Maillard, een van de bestormers van de Bastille, nam de rol van aanklager op zich. De menigte, die uit de straat op rijen banken was neergezet, bekrachtigde zijn oordeel met hoofdknikken en uitroepen. Als een gevangene onschuldig werd verklaard, werd hij omhelsd, beweend, en in triomf door de stad gevoerd. Werd hij schuldig bevonden, dan werd hij in een inferno van pieken, knotsen en sabels doodgehakt. Het lijk werd ontkleed en op de berg lijken gegooid of in stukken gehakt en soms op pieken rondgedragen.

Tijdens dit hele bloedige gebeuren spraken de mensen die deze bloedbaden aanrichtten van zuiveringen, ze wilden de aarde zuiveren van contrarevolutionairen. Ze leken een rol te spelen in een wereldlijke versie van het laatste oordeel, alsof de revolutie een onderstroom van volksgeloof in het duizendjarige rijk had ontketend. Maar volgens welk script men in september 1792 te werk is gegaan valt niet eenvoudig te zeggen. Misschien zullen we nooit in staat zijn dergelijk geweld te peilen of de andere 'volksemoties' te begrijpen die de loop van Revolutie hebben bepaald, zoals de *grande peur* van de boeren in de vroege zomer van 1789; de opstanden van 14 juli en 5-6 oktober 1789; de revolutionaire *journées* van 10 augustus 1792, 31 mei 1793, 9 thermidor jaar II (27 juli 1794) en 12 germinal jaar III (1 april 1795). Bij elk van deze gebeurtenissen schreeuwde het volk om brood en bloed, en het bloedvergieten gaat het begrip van de historicus te boven.

Maar men kan er niet omheen. Het is er, en moet bij iedere poging de Revolutie te begrijpen in aanmerking worden genomen. Men kan stellen dat het geweld een noodzakelijk kwaad was omdat het Ancien Régime niet in vrede wilde heengaan en de nieuwe orde niet kon overleven zonder de contrarevolutie weg te vagen. Bijna alle gewelddadige *journées* droegen een defensief karakter – wanhopige pogingen om het gevaar van een contrarevolutionaire staatsgreep af te wenden. Van juni 1789 tot november 1799, toen Napoleon de macht greep, heeft dit gevaar de Revolutie bedreigd. Na de religieuze scheuring van 1791 en de oorlog van 1792 kon men iedere oppositie als verraad aanmerken, zodat er over politieke principes niet viel te discussiëren om tot overeenstemming te komen.

Voor de meeste gewelddadige uitwassen tijdens dat revolutionaire decennium zijn dus wel oorzaken aan te wijzen. Voor de meeste, niet voor alle – en zeker niet voor de moord op de onschuldigen van september 1792. Het geweld zelf blijft onverklaarbaar, het soort verschijnsel dat iemand tot metahistorische verklaringen dwingt (erfzonde, onderdrukte libido), of zijn toevlucht doet zoeken tot de listige argumentatiekunst van een dialecticus. Ik moet bekennen dat ik zelf niet in staat ben de uiteindelijke oorzaak voor revolutionair geweld aan te geven. Wel denk ik dat ik een aantal gevolgen kan verduidelijken. Het geweld maakte de weg vrij voor de reorganisatie en herbouw waar ik het eerder over heb gehad. Het haalde de instellingen van het Ancien Régime met zoveel plotselinge kracht omver dat alles mogelijk leek. Het ontketende een utopische energie.

Het gevoel van onbeperkte mogelijkheden – 'possibilisme' zou men het kunnen noemen – was de positieve kant van de volksemotie, en deze bleef niet beperkt tot uitbarstingen van extatische heilstaatverwachting op straat. Ook juristen, schrijvers en geleerden die zitting hadden in de Wetgevende Vergadering konden er door worden aangestoken. Op 7 juli 1792 verzekerde Lamourette, een afgevaardigde van de Rhône-et-Loire, zijn mede-afgevaardigden dat al hun problemen te wijten waren aan een enkele oorzaak: de versplintering in diverse partijen. Er was meer broederschap nodig. Waarop de leden, die elkaar een ogenblik daarvoor nog naar het leven stonden, opstonden en elkaar begonnen te kussen en omhelzen alsof al hun politieke verdeeldheid met een grote golf van broederliefde kon worden weggespoeld.

De 'kus van Lamourette' is met een paar geamuseerd-toegeeflijke glimlachjes afgedaan door historici die weten dat men in de Vergadering een maand later als gevolg van de bloedige opstand van 10 augustus weer hopeloos met elkaar overhoop lag. Wat een kinderen waren die mannen uit 1792 toch, met hun opgeblazen retoriek, hun naïeve deugdzaamheidscultus, hun onnozele gebral over vrijheid, gelijkheid en broederschap!

Toch kunnen we iets over het hoofd zien als we neerbuigend doen over mensen uit het verleden. Broederschap, de meest ongrijpbare van de drie revolutionaire waarden, raasde in 1792 als een orkaan van volksemotie door Parijs. Wij kunnen ons nauwelijks een voorstelling maken van die kracht, want wij leven in een wereld die draait om andere zaken, zaken als eigendomsrecht, nettosalaris, bedrijfsresultaten, en wie aan wie moet rapporteren. Wij definiëren onszelf als werkgevers of werknemers, docenten of studenten, als iemand die zich op een bepaalde plek in de hiërarchie van onderling verbonden rollen bevindt. In het meest revolutionaire stadium van de Revolutie probeerde men dit soort verschillen te elimineren. Het was een daadwerkelijke poging de broederschap der mensheid wettelijk vast te leggen. Deze poging van de Revolutie is uiteindelijk misschien net zo weinig geslaagd als die van het christendom om de waarden van Christus in praktijk te brengen. Toch heeft ze ons maatschappijbeeld voldoende hervormd om de loop der geschiedenis te wijzigen.

Hoe kunnen we die momenten van waanzin doorgronden, dat punt van volledig geloof en vertrouwen, waarop alles mogelijk leek en de wereld het voorkomen had van een tabula rasa, schoongeveegd door die golf van volksemotie, klaar om opnieuw vormgegeven te worden? Zulke momenten gaan snel voorbij. De mens kan zo'n toestand van epistemologische verrukking niet lang volhouden. Angst en bezorgdheid komen om de hoek kijken, de behoefte om aan zaken te gaan sleutelen, grenzen op te leggen, bokken te gaan scheiden van schapen, of 'aristocraten' van patriotten. Grenzen stollen snel, en al gauw ziet de wereld er weer statisch uit.

Tegenwoordig leeft de meerderheid van ons in een wereld die ons niet eens de beste maar de enig denkbare lijkt. De Franse Revolutie is verbleekt tot een nauwelijks waarneembaar verleden, haar heldere licht verduisterd door een afstand van twee eeuwen, zo ver weg dat we er nauwelijks nog in kunnen geloven. Want de Revolutie gaat ons verstand te boven. Het lijkt niet te geloven dat een heel volk in opstand kon komen om het bestaan van alledag te transformeren. Wie dat gelooft gaat tegen de praktische basisveronderstelling in dat het leven ingedeeld moet zijn in de vaste patronen van ons gewone alledaagse bestaan.

Hebben we dan nooit iets meegemaakt dat deze overtuiging aan het wankelen heeft gebracht? Neem bijvoorbeeld de moorden op John F. Kennedy, Robert Kennedy en Martin Luther King. Ieder van ons die oud genoeg is weet nog precies waar hij was en wat hij deed op die momenten. We werden als het ware stilgelegd, en door de confrontatie met de monsterachtigheid van het gebeuren voelden we ons met allen om ons heen verbonden. Heel even zagen we elkaar niet meer via onze rollen. We voelden ons als gelijken, de kern van ons gezamenlijk mens-zijn blootgelegd. Als bergbeklimmers ver boven het dagelijks reilen en zeilen van de wereld, schakelden we over van *vous* op *tu*.

Ik denk dat de Franse Revolutie een aaneenschakeling is geweest van zulke gebeurtenissen, gebeurtenissen zo vreselijk dat ze de mensheid tot in het merg hebben geraakt. Uit de vernietiging hebben ze een nieuw gevoel van mogelijkheden geschapen. Niet alleen door grondwetten op te stellen en vrijheid en gelijkheid wettelijk vast te leggen, maar ook door die allermoeilijkste van alle revolutionaire waarden na te leven, de broederschap der mensheid.

Natuurlijk is de idee van broederschap afkomstig van de Revolutie zelf en niet van de een of andere hogere wijsheid onder historici. Weinig historici, hoe wijs ook, zouden trouwens willen beweren dat grote gebeurtenissen een basisrealiteit onthullen die onder de geschiedenis schuilgaat. Ik wil zelfs het tegenovergestelde stellen: grote gebeurtenissen maken een maatschappelijke reconstructie van de werkelijkheid mogelijk, een herordening van de status quo zodat deze niet langer wordt ervaren als een gegeven maar als een bewust gekozen toestand, gekozen vanuit een visie op hoe de dingen zouden moeten zijn.

'Possibilisme' versus een vaststaande werkelijkheid – dat zijn de krachten die in het Frankrijk van 1789 tot 1799 tegenover elkaar stonden. Niet dat er niet ook andere krachten waren, waaronder iets dat men een 'bourgeoisie' kan noemen die tegen iets vocht dat 'feodalisme' heet. Heel wat bezittingen gingen in andere handen over en de armen wisten de rijken wat brood te ontfutselen. Maar al dat soort conflicten vloeiden voort uit iets dat groter was dan de som der delen, namelijk de overtuiging dat het menselijk lot kneedbaar is, niet onwrikbaar vast, en dat gewone mensen geschiedenis kunnen maken in plaats van er passief onder te lijden.

Tweehonderd jaar experimenteren met heilstaten hebben ons sceptisch gemaakt over het construeren van nieuwe maatschappijen. Achteraf gezien kan het 'moment' van de dichter Wordsworth beschouwd worden als een voorspel op het totalitarisme. De dichter blafte tegen een maan van bloed. Hij blafte, en de karavaan trok verder, een rij generaties die aan elkaar verbonden zijn als kettinggangers op weg naar de Goelag.

Misschien ja. Maar te veel interpretatie achteraf kan het beeld van 1789 en van 1793-1793 vervormen. De Franse revolutionairen waren geen stalinisten. Ze waren een samenraapsel van weinig bijzondere mensen in bijzondere omstandigheden. Toen hun wereld ineenstortte, gaven zij gehoor aan de allesoverheersende behoefte de wereld zin te geven door de maatschappij volgens nieuwe principes te ordenen. Die principes staan nog steeds overeind als een aanklacht tegen tirannie en onrecht. Waar het in de Franse Revolutie om ging? Om vrijheid, gelijkheid en broederschap.

LAAT POLEN POLEN BLIJVEN

Toen de stakers in Gdansk in augustus 1980 bijeenkwamen om hun overwinning op de regering te analyseren, beperkte het gespreksonderwerp zich niet tot de praktische problemen waarmee het opzetten van hun nieuwe vakbond gepaard ging.* Ook de behoefte aan een 'nieuwe geschiedenis' kwam aan de orde. 'Ze wilden precies weten hoe Polen zo geworden was. Ze wilden harde feiten, de volledige waarheid,' verklaarde de mediaevist Bronislaw Geremek, die sinds het eerste begin op de scheepswerf van Gdansk een belangrijke rol speelt als adviseur van Solidariteit.

De honger naar geschiedenis, 'ware geschiedenis', dus niet de officiële versie, manifesteert zich in het huidige Polen even duidelijk als de lange rijen wachtenden voor de bakkerswinkels. De partijkrant in Krakau, die na de staking in Gdansk de ene misstand na de andere aan de orde brengt, publiceert op dit moment een artikelenreeks onder de titel 'Witte plekken in de geschiedenis van Polen'. Overal worden straten herdoopt in 'Derde Mei' ter ere van de grondwet van 1791. De officiële 1 mei-viering is in het niet gevallen bij de festiviteiten van 3 mei, voor de oorlog de datum van Polens nationale feestdag, die dit jaar weer in ere is hersteld en aanleiding heeft gegeven tot een lawine van toespraken over grondwetten, democratie en nationaal zelfbeschikkingsrecht. Aangezien de grondwet buiten werking was gesteld door een Russische inval die al snel leidde tot de tweede van de drie delingen van Polen uit de achttiende eeuw, lijken de toepraken evenzeer op het heden als op het verleden van toepassing.

'Geen Targowica's meer', stond op een spandoek dat op de nieuwe meiviering in Warschau werd meegedragen. *Targowica*, een gangbaar scheldwoord in Polen, is afgeleid van de naam van de groep afvallige edelen die in 1792 de Russen had gevraagd naar Polen te komen. Op een spandoek in een recente demonstratie voor Boeren-Solidariteit werd eer betuigd aan Tadeusz Kosciuszko, de Poolse held van de Amerikaanse Revolutie die in 1794 een opstand tegen de deling van Polen leidde. De boer die het spandoek droeg kende de achttiende-eeuwse geschiedenis blijkbaar op zijn duimpje. Toen men hem naar de gebeurtenissen uit 1794 vroeg, zei hij dat de mannen uit zijn dorp een paar weken daarvoor naar een demonstratie waren getrokken met hun zeisen aangebonden als bajonetten, precies zoals hun voorouders hadden gedaan toen ze waren toegestroomd om Kosciuszko te steunen.

Ook over de staking van afgelopen augustus leek de achttiende eeuw zijn schaduw te werpen. Op het hoogtepunt van de crisis deed een partijfunctionaris op de televisie een dringend beroep op het land 'zich te onthouden van een volgende stap in de richting van een catastrofe even rampzalig als de gebeurtenissen van de achttiende eeuw'. En kardinaal Wyszynski drukte voor de heilige Zwarte Madonna in de bedevaartsplaats Jasna Gora de gelovigen op het hart zich goed te realiseren 'met hoeveel moeite we na honderdvijfentwintig jaar onze vrijheid hebben herwonnen'.

Dergelijke opmerkingen betekenen veel in een land dat mij tijdens mijn veertiendaags bezoek in mei 1981 even geobsedeerd leek door het verleden als bezorgd over het heden. De Polen kunnen het heden niet los zien van het verleden. Ze kunnen het verleden niet in geschiedenisboeken wegstoppen omdat het regime zoveel van het verleden taboe heeft verklaard. Toch blijft het hen achtervolgen, en dat zal zo blijven tot de regering naast openheid op alle andere terreinen van het openbare leven een open confrontatie met het verleden toestaat.

De verwijzingen naar de delingen van de achttiende eeuw illustreren de neiging om het verleden en het heden in elkaar te schuiven. Ze maken deel uit van de huidige gebeurtenissen in Polen, omdat de Polen hun geschiedenis ervaren als een constante tot op heden voortdurende strijd tegen deling, zowel door het Oosten als het Westen.

Polen werd als zwakke natie zonder natuurlijke grenzen in 1772, 1793 en 1795 door Rusland, Pruisen en Oostenrijk opgedeeld. In de negentiende eeuw wist het dank zij zijn dichters en zijn Kerk uitsluitend als cultuur voort te bestaan. Na door het Verdrag van Versailles weer een natie te zijn verklaard, kon Polen toen het zich in 1920 in de oorlog tegen de bolsjewistische Russische troepen moest verdedigen ternauwernood aan vernietiging ontkomen. In 1939 werd het land door een geheime bepaling bij het Hitler/Stalin-pact verdeeld tussen Duitsland en de Sovjetunie, dus kort nadat de Tweede Wereldoorlog was losgebarsten vanuit het postkantoor in Gdansk waren de Polen weer verdeeld. En verdeeld voelen ze zich tot op vandaag de dag, omdat hun godsdienst en cultuur hen met het westen verbinden, terwijl het Sovjetrijk hen aan het oosten bindt. De Polen wonen op het meest explosieve stukje van het verdeelde Europa.

Maar ze lijken vastbesloten de loop der geschiedenis niet passief te ondergaan. Een van de bekendste grappen die nu in Warschau circuleert zou op bijna ieder willekeurig moment van de laatste twee eeuwen verteld kunnen zijn. 'Vraag: Als de Russen aanvallen vanuit het oosten en de Duitsers vanuit het westen, tegen wie vechten we dan eerst? Antwoord: Tegen de Duitsers. Zaken gaan voor het plezier.' Amerikanen krijgen vaak te horen: 'Waarom hebben jullie ons op Jalta verkwanseld?' Voor de Polen is Jalta de culminatie van een hele lijdensweg van delingen.

De geschiedenis obsedeert de Polen niet alleen omdat ze zich lijkt te herhalen, maar ook omdat ze zelf verdeeld is. Officieel conformeert ze zich aan de partijlijn. Officieus concentreert ze zich op het verzwegen stuk. Een film die dagelijks wordt vertoond in het Historisch Museum van Warschau laat zien hoe Duitse troepen na de opstand van 1944 de stad met de grond gelijk maken. Uiteindelijk worden de puinhopen bevrijd door de Sovjettroepen, die volgens de officiële geschiedschrijving op de oostoever van de Vistula zijn opgehouden door overbelaste verbindingslijnen. Volgens de mondeling doorgegeven informatie hebben de 'bevrijders' het vuile werk laten opknappen door de Duitsers om zo hun territorium zonder veel tegenstand naar het westen te kunnen uitbreiden. Het is een versie die men in het westen over het algemeen accepteert, maar die in het communistische Polen regelrechte ketterij betekent. Je kan alleen nog maar een ergere doodzonde begaan door het Hitler/Stalin-pact te noemen, dat trouwens in de geschiedenisdiscussies die sinds de staking in Gdansk overal gaande zijn vaak in een adem wordt genoemd met de 'bevrijding' van Warschau.

De ketterijen stapelen zich op naarmate het heden meer aan de orde komt. Vlak bij het Historisch Museum had de Solidariteitstak van de fotografenvakbond een tentoonstelling georganiseerd die simpelweg '1956, 1968, 1970, 1976, 1980' heette. Er hingen foto's van de opstanden die de naoorlogse geschiedenis van Polen markeren en die de machtswisselingen van Gomulka naar Gierek naar Kania aangeven. Voor een Amerikaan die voortdurend straatgeweld op de televisie ziet waren het tamelijk tamme foto's. Onscherpe figuren gooiden stenen en renden weg voor de politie in vaag stedelijk aandoende buurten. De Polen konden er niet genoeg van krijgen. Ze kwamen in drommen naar de expositieruimte en keken en keken. Nu ze eenmaal oog in oog stonden met de witte plekken uit hun geschiedenis dronken ze alles met volle teugen in.

Onder een foto van Gierek en andere leden van het politburo had iemand 'schoften' geschreven. Het gastenboek stond bomvol soortgelijk commentaar. Eén opmerking luidde: 'Volgende keer Katyn'. Voor het regime is de massamoord in het bos van Katyn op ten minste vierduizend Poolse militairen, de meesten officieren, het grootste taboe in het Polen van vandaag. Volgens de officiële geschiedschrijving zijn de militairen vermoord door de Duitsers die hen in 1941 gevangen hadden genomen. Volgens de op gedempte toon gevoerde gesprekken met schichtige blikken achterom, is het bloedbad het werk van de Russen toen die in 1940 hun aandeel in de door Hitler en Stalin bekokstoofde koehandel kwamen invorderen.

Welke versie moet men nu geloven? De Polen discussiëren volop over de bewijzen. Hoeveel namen op de slachtofferlijsten die de nazi's hebben vrijgegeven kunnen geverifieerd worden? Hoe betrouwbaar is de ondergronds circulerende Amerikaanse monografie *Death in the Forest* door J.K. Zawodny? Is het niet veelzeggend dat de familieleden van de gevangenen vanaf 1940 en niet vanaf 1941 nooit post meer hebben ontvangen? De meeste Polen hebben kennelijk hun eigen conclusies getrokken. Een officiële gids die een Amerikaan rondleidde in een kerk wees hem op een aantal gedenkplaten aan de muur. 'Katyn,' zei hij. De bezoeker begreep niet waar hij heen wilde. 'De datum, de datum,' zei de gids om vervolgens behoedzaam te zwijgen. De gedenktekens vermeldden 'Katyn, 1940.'

De emotionele zeggingskracht van een datum is misschien moeilijk na te voelen voor iemand die nooit de kloof heeft ervaren tussen officiële en ondergrondse geschiedenis. Drie mei kan tranen oproepen en 1940 een verbeten trek om de mond, omdat deze data *officieel* niets met geschiedenis hebben te maken. Zo heeft het regime ook altijd geprobeerd de onderdrukking van de staking in Gdansk in 1970 dood te zwijgen. Maar de stakers van 1980 dwongen de overheid hen toe te staan bij de hoofdingang van de scheepswerf een enorm monument op te richten voor de doden van 1970. Het torent hoog boven de werf uit, een stalen pilaar die zich bovenop in drie kruisen splitst. De voet is iedere dag bedolven onder verse bloemen.

Overal in Polen markeren bloemen de littekens die de geschiedenis heeft achtergelaten. In de Tweede Wereldoorlog zijn zes miljoen Polen omgekomen, bijna 20 procent van de totale bevolking. In vrijwel iedere familie zijn slachtoffers gevallen en veel van de overlevenden weten precies waar en hoe hun geliefden gestorven zijn. Ze leggen bloemen op die plek. Op gedenktekens voor het verzet hangen ze rode en witte linten. Ze branden kaarsen op straat, en in de kerk, waar de herinneringen het sterkst zijn. Hoe kunnen de Polen ooit het verleden vergeten? Ze lopen er iedere dag in rond.

De officiële geschiedenis weet alle ellende precies te verklaren. De oorlog en alles wat er daarna is gebeurd komt volledig op rekening van Duitsland, eerst onderdrukking, vervolgens wraakneming. Maar er zijn grenzen aan de haat jegens de Duitsers, zelfs in Polen. De Polen weten dat Willy Brandt in het voormalige getto van Warschau huilend op zijn knieën is gevallen, en ook dat ze niet openlijk over Katyn kunnen spreken.

De tegenstellingen tussen de officiële en de onderdrukte geschiedenis kan met symbolische gebaren worden uitgebeeld. Bloemen herdenken zowel de Polen die tegen de delingen vochten als de doden van de Tweede Wereldoorlog. Er liggen bloemen bij het gedenkteken voor Kosciuszko en bij het standbeeld van Adam Mickiewicz, de nationalistische dichter, op het marktplein van Krakau. De meeste bloemen liggen in de crypt van Josef Pilsudski, in de Wawel-kathedraal van Krakau. De crypt wordt verlicht door kaarsen van gelovigen en ligt vol schoolemblemen die kinderen daar hebben achtergelaten. Toch wordt Pilsudski in de officiële geschiedschrijving nog steeds doodgezwegen. Onder zijn leiding heeft het nieuw herrezen Polen uit 1919, in 1920 de oorlog tegen Rusland gevoerd.

De plek die voor de Polen het meest betekent is waarschijnlijk het graf van de onbekende soldaat. Het is de plek waar de demonstraties van Solidariteit meestal eindigen en waar bezoek van hoge buitenlanders meestal begint. Maar het leggen van een krans op het graf is niet hetzelfde als verbondenheid uitdrukken met de Sovjetunie, want de soldaat die er ligt is gedood toen hij onder Pilsudski tegen de bolsjewieken vocht. Daarom doet het de Polen vooral veel deugd als ze Russische functionarissen daar het symbolische gebaar van een kranslegging zien maken.

Ook zijn ze dol op de ironieën en dubbelzinnigheden die hun geschiedenis doet afwijken van de partijlijn. Volgens de officiële versie wilden de militante opstandelingen in Warschau in 1905 steun betuigen aan de Russische revolutie van dat jaar. Maar op de universiteit zullen de studenten je vertellen dat hun voorgangers in opstand kwamen tegen de russificatie, omdat er tijdens de bezetting in de negentiende eeuw geen college gegeven mocht worden in het Pools. Als leden van Solidariteit door de straten trekken, veranderen ze de woorden van het traditionele gezang 'God houde Polen vrij' in 'God make Polen vrij'. Aan het volkslied hoeven ze niet te sleutelen, want het refrein, 'Dabrowski trek op' is een oproep tot bevrijding die naklinkt uit 1797, toen de Poolse patriotten hoopten dat het Poolse legioen onder leiding van generaal Henryk Dabrowski zich uit het leger van Napoleon in Italië zou losmaken om hen te komen bevrijden van de onderdrukkers die het land verdeeld hielden.

Het regime schijnt de volksopinie over de geschiedenis schoorvoetend wat ruimte toe te staan voor de verering van figuren als Kosciuszko, Dabrowski en Pilsudski. Het heeft een indrukwekkende, met walrussnor getooide Pilsudski toegestaan een hoofdrol te spelen in een nieuwe film, *Polona Restitua*, een ode aan de herwonnen onafhankelijkheid na de Eerste Wereldoorlog. Ook heeft het concessies gedaan ten aanzien van de verering van Wladyslaw Sikorski, de anticommunistische verzetsleider uit de Tweede Wereldoorlog. Zijn lichaam mag vanuit Engeland naar de Wawel-kathedraal worden overgebracht.

Al het gedoe rond liederen, vaandels, spandoeken en graftomben is misschien een symptoom van het aanzwellende nieuwe nationalisme dat zich keert tegen de Sovjetoverheersing, zoals eens de Poolse nationalisten het juk van de tsaristische, Pruisische, en Oostenrijks-Hongaarse overheersing van zich af wilden schudden. Dat men zo bezeten is van de geschiedenis wijst ontegenzeglijk op een herleving van het nationaal bewustzijn, iets dat ook wordt uitgedrukt in de momenteel zo populaire slogan 'Laat Polen Polen blijven'. Maar de sprekers van Solidariteit staan niet brallend te oreren zoals vroeger de negentiende-eeuwse dichters en generaals. Lech Walesa gaat niet op hoge toon tekeer tegen de regering, maar maakt grapjes, hoe hij Gierek bijvoorbeeld de volle veertig uur per week zal laten werken en na iedere ploegendienst in de broodrij zal laten staan. De Polen hebben kennelijk hun buik vol van de hoogdravende abstracties van de officiële geschiedschrijving. Ze willen alle retoriek de deur uit doen om de feiten helder te krijgen. Ze geven de voorkeur aan ironie boven redenaarskunst. De volgende grap doet momenteel de ronde: 'Wij hebben de Amerikanen twee generaals geleverd voor hun revolutie, Kosciuszko en Pulaski. Nu is Amerika aan de beurt om ons er twee te leveren: General Motors en General Electric.'

Waar blijven de beroepshistorici bij deze populaire benadering van de geschiedenis die zich bedient van humor en symbolische gebaren? Polen heeft zonder meer een toereikend aanbod aan voortreffelijke historici. Ze mogen dan op het ogenblik geen papier hebben om hun werk te laten drukken, maar hun werk van voor augustus 1980 kan zeker niet worden afgedaan als propaganda. Een oudere historicus uit Krakau heeft gezegd dat zijn generatie meer op Parijs was georiënteerd dan op Moskou, maar dat zij zich in tegenstelling tot de zich openlijk uitsprekende historici van nu hadden moeten bedienen van listigheden en *double entendre*. Als een Poolse biografische encyclopedie bijvoorbeeld officieren vermeldde die in Katyn waren vermoord, kon het artikel als sterfdatum niet 1940 noemen zonder de Sovjets te beledigen en ook niet 1941 zonder de waarheid geweld aan te doen. Dus kwam er te staan 'na 1939 overleden', en iedereen begreep wat er bedoeld werd.

De oudere generatie historici had te veel van het stalinisme gezien om risico's te durven nemen. Ze hadden geleerd zelfcensuur toe te passen voordat ze hun teksten aan de officiële censuur te lezen gaven en letten bij het collegegeven steeds op hun woorden. Hoewel ze zich, zoals op alle universiteiten gebeurd is, bijna allemaal bij Solidariteit hebben aangesloten, hebben ze soms het gevoel dat ze in de ogen van het publiek de officiële geschiedschrijving vertegenwoordigen. Daarom waren ze blij dat ze op 3 mei in het openbaar over vrijheid en constitutionalisme konden spreken.

De jongere historici lijken vrijmoediger. Maar ook zij maken zich voortdurend zorgen dat de muren oren hebben, ook zij vragen de interviewer hun naam niet te vermelden. Een jonge professor uit Torun zette de radio aan om het gesprek te overstemmen voordat hij ter zake kwam. Na royale porties voorjaarsgroenten te hebben opgediend, zowat het enige voedsel dat men nog kan kopen, begon hij de maaltijd met een oude grap: 'Wij Polen zijn net radijsjes, rood van buiten, wit van binnen.' Vervolgens scheurde hij de officiële partijversie van de geschiedenis aan flarden alsof die uit niets dan leugens bestond, en legde uit hoe zijn studenten de contradicties tussen de officiële en de populaire versies van de geschiedenis ervoeren.

Als kinderen horen ze op school iets heel anders dan thuis. Wat ze van hun ouders horen nemen ze vaak niet serieus. Maar vroeg of laat wordt die versie bevestigd door iets dat ze uit de illegale pers oppikken. Ze volgen misschien lessen op de ondergrondse 'vliegende universiteit'. En nu kunnen ze planken vol ongecensureerde boeken lezen in door Solidariteit opgezette bibliotheken. Hun geschiedenisleerproces vindt dus plaats op drie niveaus. Ze horen mondeling doorgegeven informatie, ze lezen clandestien gestencilde en gefotokopieerde lectuur, en volgen de officiële studie. En uiteindelijk raken ze bezeten van het streven van een Von Ranke om te weten *wie es recht eigentlich gewesen ist*, wat er nu werkelijk precies is gebeurd.

Ondertussen spelen verscheidene van hun hoogleraren hun rol in de geschiedenis door Solidariteit te adviseren. Toen Walesa in april 1981 zijn verstrekkende beslissing nam de algemene staking te beëindigen, had hij Bronislaw Geremek aan de rechtervleugel van de beweging, en een andere mediaevist, Karol Modzelewski, ter linkerzijde geconsulteerd. Walesa dwong het vakbondsbestuur tot een gematigder tactiek. Voor de eerste maal haalde Solidariteit bakzeil, en Modzelewski ging terug naar zijn studenten in Wroclaw. Daar werd hij urenlang door hen aan de tand gevoeld over democratie en politieke besluitvorming. Toen hij de collegezaal verliet, zag hij dat iemand de beginwoorden van de Amerikaanse Onafhankelijkheidsverklaring op de achterwand had gehangen.

Hoewel veel historici Solidariteit van advies dienen, beschouwen ze zich niet als de geestelijke vaders. De beweging is voor hen als een donderslag bij heldere hemel gekomen. Ze waren verrast door de enorme kracht van de golf van onvrede die uit de arbeidende klasse opwelde, en hebben net zo perplex gestaan als iedereen. Ook was het voor hen volkomen nieuw dat de arbeiders via hun eigen kanalen zoveel over de geschiedenis hadden opgestoken. Toen een professor op een gegeven moment aan een discussiegroep van Solidariteit uitleg gaf over de geheime bepaling bij het Hitler/Stalin-pact, werd hij terechtgewezen door een arbeider die erop stond de overeenkomst bij de juiste naam, het von Ribbentrop/Molotow-verdrag, te noemen, omdat dat nu eenmaal de ondertekenaars waren. De Polen zijn vastbesloten de geschiedenis ditmaal recht te doen, ze willen weten 'wat er nu werkelijk precies is gebeurd'.

Als je Poolse historici vraagt wat er sinds augustus 1980 in Polen is gebeurd, zullen ze toegeven dat ze de gebeurtenissen ondanks al hun vakkennis niet hadden voorzien. Velen beschrijven het als een revolutie. 'Het was een geweldloze *glorious revolution*, ons 1688' [toen in Engeland de parlementaire democratie zegevierde over het oude koningschap, vert.] zei de ene professor. 'Het is grootser dan de opstand van Kosciuszko,' zei de andere. 'Dit is een echte revolutie, een beweging vanuit het volk tegen het hele regime.'

Als je de beweging inderdaad als revolutie kan aanmerken, valt ze buiten alle bestaande modellen. In het marxisme is geen plaats voor een opstand van de werkende klasse tegen een zich proletarisch noemend regime. En de op Amerikaanse leest geschoeide politieke sociologie lijkt een te verfijnd instrument voor de hartstochtelijke anti-regeringsgevoelens van de Polen. En in de huidige economische crisis valt geen J-curve te ontdekken, hoewel er onder Gierek een kunstmatige opleving is geweest. Hetzelfde geldt voor alle andere standaardformuleringen: relatieve deprivatie, geblokkeerde mobiliteit, statuskristallisatie, stijgende verwachtingingen, mislukte hervorming, zelfs klassenstrijd. Sommige Polen stellen dat de apparatsjiks een klasse vormen die de produktiemiddelen heeft gemonopoliseerd, maar ze zeggen dat met een ironie die duidelijk het plezier verraadt waarmee ze een marxistisch cliché tegen het marxisme gebruiken. Ze zien wel de zin in van een ander cliché, namelijk de vervreemding van de intellectuelen. Maar ze zijn het er allemaal over eens dat de beweging bij gewone arbeiders is begonnen en dat de intelligentsia hard heeft moeten rennen om haar in te halen.

Volgens de meeste bronnen heeft de beweging drie stadia doorgemaakt. Van de scheepswerf in Gdansk heeft ze zich naar alle industriearbeiders uitgebreid en vervolgens stormenderhand de boeren veroverd, die 30 procent van de bevolking uitmaken en 80 procent van het land bewerken op kleine onafhankelijke boerderijen. Nu verspreidt de beweging zich door de onderste lagen van de communistische partij, die nu haar leiders kiest via geheime stemming en relatief open kandidaatstelling – een ongelooflijke breuk met de traditie. Het laatste stadium is het kritiekst, vooral als het tot een opstand tegen de partijleiding komt op het aanstaande partijcongres in juli. Als de partijstructuur uiteenvalt terwijl de economie instort, bestaat het gevaar dat de Sovjetunie ingrijpt, zodat de gebeurtenissen van augustus 1980 tot juli 1981 een prerevolutie zullen zijn geweest of de prelude tot een bloedige oorlog.

Van de Polen die ik heb ontmoet, verwachten maar weinig dat het tot zo'n tragedie zal komen. Zij vinden gepraat over interventie een kwalijke zaak, een vorm van hysterie die gevoed wordt door rapporten uit Washington. Het is een argument dat gebruikt kan worden om Solidariteit tot matigheid te dwingen, of dat als *self-fulfilling prophecy* kan gaan werken. Een schrijfster uit Warschau zei dat ze er aanvallen van Weinbergeritis van kreeg, waarbij ze uiteraard op de Amerikaanse minister van defensie doelde. Maar paniekaanvallen hebben zich niet voorgedaan. Ondanks wat er zich in de loop der tijden tussen Rusland en Polen heeft afgespeeld, of misschien wel juist daarom, gaan de Polen hun gang zonder voortdurend angstig de lucht naar MIG's af te zoeken.

Als je de Polen zou vragen naar de meest dramatische gebeurtenis van de afgelopen maanden, zou je negen van de tien keer de mislukte aanslag op de paus van 14 mei 1981 als antwoord krijgen. Paus Johannes Paulus II steekt met kop en schouders boven alle autoriteiten in Polen uit. Na de schietpartij leek het hele land de kerk in te stromen. Bij de mis van één uur op 14 mei in de Sint-Johanneskathedraal van Warschau was binnen iedere centimeter bezet. De menigte zette zich buiten voort. De mensen stonden dicht opeengepakt op straat, honderden meters naar weerskanten, tot buiten het bereik van de omroepinstallatie waardoor de mis op straat gevolgd kon worden. Bij de consecratie knielde de menigte in de kathedraal, en het knielen zette zich in golfbewegingen voort door het schip van de kerk de straat op, zover als het oog kon zien. De dood van kardinaal Wyszynski leidde tot soortgelijke massale geloofsbetuigingen. Ruim een kwart miljoen rouwenden woonden op 31 mei in Warschau een mis voor hem bij op het Plein van de Overwinning.

De hartstochtelijke katholieke geloofsbeleving in Polen is in feite een motie van wantrouwen tegen het regime. Evenals in de negentiende eeuw, toen de Kerk als vrijwel het enige overblijfsel van de nationale cultuur fungeerde, drukt het Poolse katholicisme van nu een wil tot distantie uit, een loyaliteitsverschuiving van Staat naar Kerk. Deze interne migratie van de geest manifesteerde zich tijdens het bezoek van de paus in 1979 openlijk en explosief. De Polen beschrijven dit moment vaak als de geboorte van hun 'revolutie'. Het proces heeft zich nu in Solidariteit geinstitutionaliseerd.

Men kan Solidariteit niet los zien van de Kerk. Haar spandoeken werden ontvouwd tijdens de missen voor de paus, net zoals er in alle demonstraties van deze vakbond kruisen worden meegedragen. Toen Boeren-Solidariteit door de rechter legaal was verklaard, vielen de leiders als eerste reactie op hun knieën, en kusten ze een kruis. Toen de stakers in Gdansk de regering trotseerden, namen priesters op de werf de biecht af en droegen ze de mis op. Onder leiding van Wyszynski had de Kerk over het algemeen gematigdheid geadviseerd, maar precies op het moment dat de regering in de ogen van het volk haar bestaansrecht aan het verliezen was, ging de Kerk over tot officiële erkenning van de Solidariteitsbeweging.

Solidariteit en de Kerk lijken nu de enige instellingen die de hele natie achter zich weten te verenigen. 95 procent van de 35 miljoen Polen zijn praktizerende katholieken. Bij de laatste telling hadden tien miljoen mensen zich bij Solidariteit aangesloten, en dat op een moment waarop nog maar net een begin was gemaakt met de organisatie van Solidariteit op het platteland. Tegen het eind van deze zomer, als het eerste nationale congres plaatsvindt, zal de vakbond vrijwel de gehele werkende bevolking onder haar leden tellen, waaronder veel leden van de communistische partij.

Dit totale verlies van vertrouwen in de staat en het opnieuw investeren van dat vertrouwen in een beweging die uit de illegaliteit is voortgekomen, is wat de Polen bedoelen als ze het over de 'revolutie' hebben. Maar ze hebben geen duidelijk omschreven beeld van Solidariteit zelf. Ondanks de invloed van KOR en andere dissidentengroeperingen beschikt de beweging niet over een coherente ideologie of duidelijk gedefinieerde alternatieve maatschappijvorm, en zelfs niet over een algemeen hervormingsprogramma. Het enige wat hen samenhoudt is een diepe, allesdoordringende haat tegen het regime. Niemand kan voorspellen hoe lang het op die manier door kan gaan. Op het ogenblik is er echter sprake van een uitzonderlijke situatie: een volledige samenleving die van de staat is vervreemd.

Misschien is daarom de geschiedenis zo belangrijk voor de beweging. Omaciej Szamowski, redacteur van de *Gazeta Krakowska*, heeft gezegd dat de artikelenreeks over de 'Witte plekken in de geschiedenis van Polen' tot doel had 'het nationale saamhorigheidsgevoel te versterken'. 'We behoeden de geschiedenis voor manipulatie door de politiek,' legde hij uit. De Polen moeten hun verleden weer in bezit nemen zodat Polen Polen kan blijven. Daarom willen ze af van de officiële geschiedschrijving om erachter te komen 'wat er nu werkelijk precies is gebeurd'.

Dit lijkt voor het huidige Polen een zinvolle benadering. Voor West-Europa, waar moderne historici de benadering van Von Ranke al lang geleden hebben verlaten om het spel van structuur en conjunctuur op lange termijn te bestuderen, doet het wat archaïsch aan. Hun terminologieën zijn afkomstig uit de *Annales*-school, die de op gebeurtenissen gerichte evenementiële geschiedenis, de *histoire événementielle*, heeft doodverklaard. 'Een lijk dat we nog steeds van kant moeten maken,' aldus Jacques le Goff, ex-voorzitter van de zesde sectie van de École Pratique des Hautes Études in Parijs.

Maar probeer een Pool maar eens te vertellen dat afzonderlijke gebeurtenissen niet tellen, dat diplomatie en politiek van secundair belang zijn, dat men data kan verwaarlozen omdat het om structuren gaat. Hij zal je zeggen dat het verschil tussen 1940 en 1941 een zaak is van leven of dood, dat niets van meer belang is dan de geheime bepalingen bij het Von Ribbentrop/Molotow-verdrag, en dat de hele betekenis van Polen in een reeks data kan worden uitgedrukt: 1772, 1793, 1795, 1830, 1863, 1919-1920, 1939, 1944-1945, 1956, 1968, 1970 en 1980. De gebeurtenissen van augustus 1980 hebben zijn wereld getransformeerd. Niet-Polen zien door die gebeurtenissen aangetoond dat de geschiedenis zichzelf in rare bochten kan wringen, en dat ze nog steeds in staat is haar oude taak weer op te nemen: de mens een les te leren en een nationaal bewustzijn te kweken. In Polen zal dat bewustzijn zowel het verleden als de toekomst vorm gaan geven.

II

MEDIA

FILM: DANTON EN DOUBLE ENTENDRE

In september 1983, toen de Fransen aan het begin van het politieke seizoen van vakantie terugkwamen om geconfronteerd te worden met een devaluerende franc, een escalerende wapenwedloop, crisis in het Midden-Oosten en allerlei ellende in eigen land, ontbood François Mitterand zijn ministers op het Elysée om ze de les te lezen over de droeve toestand van de geschiedenis – niet de huidige stand van zaken, maar de geschiedenis die de Franse kinderen niet te leren kregen op school. De president had heus nog wel andere zorgen. Maar het punt dat bij hem boven aan de agenda stond was het onvermogen van de kiezers om de thema's van het verleden op een rijtje te zetten. Wat moest er worden van een volk dat het verschil niet meer wist tussen Lodewijk XIII en Lodewijk XIV, tussen de Tweede en de Derde Republiek, of (en dit was kennelijk het teerste punt) tussen Robespierre en Danton?

Mitterand mag dan niet gerept hebben over de controverse die was ontstaan rond Andrzej Wajda's *Danton*, waarschijnlijk is wel dat hij die film in gedachten had. Hij had *Danton* vóór de officiële première in januari 1983 gezien en de film had geen genade bij hem kunnen vinden. Tijdens de vertoning aan de Nationale Vergadering waren Mitterands socialistische en communistische aanhangers furieus geworden. Een halfjaar later konden de linkse intellectuelen nog steeds punten scoren in de populaire pers door te laten zien hoe goed ze in staat waren deze misleidende historische visie te corrigeren en hoe ze stonden te popelen om de bezem te halen door het geschiedenisrooster van de middelbare scholen.

Terwijl de oppositie zich verkneukelde ('Dank u, monsieur Wajda,' kraaide de gaullist Michel Poniatowski) stikte links haast van verontwaardiging. 'Als dat nog geschiedenis is!' riep Pierre Joxe uit, de leider van de socialistische fractie in de Nationale Vergadering. En het ergste was dat de Franse schoolkinderen het als zoete koek zouden slikken. Deze slachtoffertjes van de moderne lesstof die hen 'had afgesneden van de geschiedenis', 'zullen er na dit portret geen notie van hebben wie Danton echt is geweest'. Louis Mermaz, de socialistische voorzitter van de Assemblée, liet een zelfde waarschuwing horen:

> Het geschiedenisonderwijs is zo verslechterd (...) dat de huidige jongeren geen enkel chronologisch besef hebben, iets dat mijn generatie gelukkig al op de lagere school bijgebracht kreeg. De film is misleidend. (...) Hij sterkt me in mijn wens een pleidooi te houden voor de herinvoering van echt geschiedenisonderwijs, hetgeen voor een natie, een beschaving van essentieel belang is.

Zoveel vuur zal het Amerikaanse publiek dat *Danton* heeft gezien misschien verbazen. We weten dat de Fransen hun geschiedenis serieus nemen en dat je vooral af moet blijven van hun Revolutie. Maar waarom maken de socialisten zoveel misbaar over een visie op het conflict tussen Danton en Robespierre die Danton gunstig afschildert? Dantons pogingen om de Terreur te stoppen kunnen toch worden opgevat als een heroïsche voorloper van het verzet tegen het stalinisme? Wajda is toch de held van Solidariteit? En je zou toch verwachten dat Wajda's *Danton* aanslaat bij gematigd links in Frankrijk, bij de voorvechters van het socialisme met een menselijk gezicht, de partij die tijdens de campagne van Mitterand de reclameborden volplakte met posters van een roos in een vuist?

Nu *Danton* te zien is aan beide zijden van de oceaan, lijkt het zinvol een antwoord te zoeken op deze vragen, want ze voeren ons naar die wonderlijk symbolische wereld van Europees links, een wereld waarin intellectuelen verstrikt raken in de mythes die ze zelf hebben gecreëerd en waarin communicatiekanalen gemakkelijk verstopt raken, zelfs al zijn ze tussen de *bien pensants* van Parijs en Warschau met de beste bedoelingen geopend.

Danton is het produkt van beide hoofdsteden, een eigentijdse *Tale of Two Cities*. Nadat hij de onderdrukking van Solidariteit had overleefd, wijdde Wajda zijn volgende film aan een historisch thema, een film die veilig in het Parijs van vroeger was gelokaliseerd, twee eeuwen voor de *zomos* de laatste resten van de vrije meningsuiting in de straten van Warschau de grond in stampten. De film opent met een aantal harde scènes in de straten van Parijs, eind 1793. Danton arriveert van zijn landgoed om de Terreur te keren die hij zelf na de omverwerping van de monarchie in augustus 1792 in het leven had helpen roepen. Al gauw raakt hij verwikkeld in een wanhopige strijd rond het verdere verloop van de Revolutie, waarbij de gematigden of Indulgenten tegenover de voorstanders van de harde lijn rond Robespierre in het Comité de Salut Publique kwamen te staan. De film dramatiseert Dantons onvermogen de guillotine stil te leggen en eindigt met zijn eigen executie op 5 april 1794.

Om zo'n complex verhaal te kunnen verfilmen moest Wajda in de historische feiten snoeien en zijn tekst inkorten. Zijn uitgangspunt was een Pools toneelstuk van Stanislawa Przybyszewska, waarin Robespierre werd gevierd als grote volksheld. Het stuk had in de jaren dertig een magneetfunctie vervuld voor Pools links. Om het tot filmscript te herschrijven had Wajda de Franse scenarioschrijver Carrière ingehuurd en het Franse ministerie van cultuur nam 3 van de 24 miljoen franc van het filmbudget voor haar rekening. De acteurs, evenveel Fransen als Polen, spraken hun eigen taal, waarbij het aan de nasynchronisatie werd overgelaten om de illusie van een wederzijds verstaanbare dialoog te creëren. (In de in Amerika getoonde versie is het geluid Frans, de ondertiteling Engels, terwijl de monden van de Poolse acteurs zichtbaar het ritme van hun eigen taal volgen.) Het gevolg was dat *Danton* zowel door-en-door Pools als door-en-door Frans is geworden. Ook had hij iets van een semi-officiële produktie van de regering Mitterand, alsof de socialisten de Franse revolutionaire traditie op een lijn wilden stellen met de semi-revolutie van Solidariteit. Het mengelmoes aan ingrediënten leidde onherroepelijk tot half begrepen bedoelingen en zaaide grote verwarring onder de recensenten.

Wajda maakte onmiddellijk korte metten met de eenvoudigste uitleg van de betekenis die de film voor de Polen kon hebben. Nee, het was geen allegorie, verzekerde hij keer op keer de interviewers van de Franse pers. 'Laat één ding duidelijk zijn,' zei hij tegen *Le Monde*. 'Danton is geen Lech Walesa en Robespierre geen Jaruzelski!' 'Als je met alle geweld historische analogieën wil zoeken, moet je dat in een heel andere periode doen,' zei hij tegen *Le Matin*. 'Die twee jaar Solidariteit waren geen revolutie, of in ieder geval niet van dezelfde aard als de Franse Revolutie.'

Toegegeven, men zou parallellen kunnen trekken tussen de beide tweetallen politieke rivalen. De starre dogmaticus Robespierre met zijn kieskeurig karakter roept de stijve kaarsrechte Poolse generaal in gedachten, en de levenslustige Danton die geen blad voor zijn mond neemt doet onweerstaanbaar denken aan de zich informeel gedragende volksheld van de scheepswerf van Gdansk. Maar Wajda wil niet dat zijn verhaal wordt gereduceerd tot de simpele formule 'apparatsjik versus de man van het volk'. Hij komt dan ook met allerlei belastend bewijsmateriaal tegen Danton. Als Gérard Depardieu echt een rol had moeten spelen die bedoeld was als apologie voor Walesa, zou het wel bijzonder dom zijn geweest Dantons corruptie uitgebreid aan de orde te stellen op het moment dat de Poolse regering Walesa in diskrediet probeerde te brengen door hem te beschuldigen van verduistering van Solidariteitsgelden.

Feit blijft echter dat Danton en Robespierre twee soorten revolutie personifiëren, en dat in de film de balans uiteindelijk doorslaat in het voordeel van Danton. 'Robespierre is de wereld van het oosten, Danton is de westerse wereld,' heeft Wajda tegen *Le Matin* gezegd. 'Houding en argumenten [van Danton] zijn nauw verwant aan de onze. Het conflict tussen deze twee mannen is precies wat we op het ogenblik doormaken.' De sterke acteerprestatie van Depardieu maakt Danton de meest op de voorgrond tredende en sympathiekste figuur, maar de grote nadruk op Dantons genotzucht en gebrek aan zelfdiscipline zou men kunnen uitleggen als de decadentie van de bourgeois. Als hij met Robespierre gaat eten om hun geschillen uit te praten, drinkt hij zich laveloos. Zijn onvermogen om in de crisis van maart en april 1794 effectief op te treden tegen de Terreur zou zelfs gezien kunnen worden als het onvermogen van het Westen om in 1981 Solidariteit te redden.

Maar de film is te dubbelzinnig om een welomschreven credo voor het heden op te leveren. Men kan zelfs niet inschatten in welke mate Wajda de kant van Danton heeft gekozen, omdat we de teksten van het originele Poolse toneelstuk en het filmscenario niet voor vergelijking beschikbaar hebben. Toch kan men onmiddellijk zien waar de film afwijkt van de historische gebeurtenissen. Drie van die afwijkingen zouden een Pools publiek waarschijnlijk direct opvallen.

Vlak na het begin van de film staat een klein bloot jongetje als toonbeeld van onschuld in een wastobbe. Hij probeert de Verklaring van de Rechten van de Mens en Burger op te zeggen terwijl zijn oudere zus hem inzeept en afspoelt. Telkens wanneer hij hapert, steekt hij zijn handje uit en geeft zij hem er een mep op. Ze spoelt hem niet alleen af, maar geeft hem ook een hersenspoeling om in een goed blaadje te komen bij de voorname kostganger van haar vader, Burger Robespierre. Vlak daarop laat Robespierre een knokploeg van de geheime politie de werkplaats kort en klein slaan waar Camille Desmoulins *Le Vieux Cordelier* drukt, het tijdschrift dat de pogingen van de Dantonisten het geweld van de Terreur te keren steunde. Zoals de camera eerder uitvoerig de pijn registreerde op het gezicht van het jongetje, wordt ook het vernielen van de drukpersen tot in alle details vastgelegd. Geen van beide gebeurtenissen heeft ooit plaatsgevonden – ook niet in het toneelstuk van Przybyszewska voor zover ik weet. Maar de Poolse toeschouwer hoeft niet eens te weten dat Wajda beide episodes heeft verzonnen om ze als een commentaar te ervaren op de censuur, de gedachtenterreur, in eigen land.

De derde episode is een nog ondubbelzinniger aanklacht tegen stalinistische indoctrinatie. Gehuld in het gewaad van een Caesar poseert Robespierre voor de schilder David. Hij onderbreekt het poseren om de aanklager van het Revolutionair Tribunaal onder handen te nemen die problemen heeft met het manipuleren van het proces tegen Danton. Dan ziet hij een enorm doek waarop David met zijn beroemde verbeelding van de eed op de kaatsbaan van 20 juni 1789 is begonnen. Tussen de menigte patriotten ontdekt Robespierre de kop van Fabre d'Eglantine, de verf is nog nat. Fabre staat op dat moment samen met Danton terecht. 'Wegvegen,' gebiedt hij. 'Maar hij was er bij,' protesteert David. Robespierre houdt aan en dus treft Fabre het lot van alle slachtoffers van de stalinistische historiografie en wordt hij uit de geschiedenis verwijderd. Deze gebeurtenis heeft nooit echt plaatsgevonden. Fabre was niet eens bij de eedaflegging op de kaatsbaan aanwezig omdat hij in 1789 geen afgevaardigde was in de Staten-Generaal. Wajda was er kennelijk zo op gebeten de geschiedvervalsing door de stalinisten aan de kaak te stellen, dat hij er geen been in zag zelf te vervalsen.

Van Wajda's Poolse publiek viel niet te verwachten dat ze veel afwisten van een relatief onbekende figuur als Fabre d' Eglantine; zeker was wel dat de Polen er uitgesproken opvattingen over de geschiedenis op nahielden, want het nationaal bewustzijn in Polen is hartstochtelijk historisch. Vanaf het eerste begin heeft Solidariteit geprobeerd zowel het verleden als het heden te bevrijden. Bij de arbeiders van de scheepswerf in Gdansk was de historische ideologie die het regime gebruikte om zichzelf te rechtvaardigen – met name de lijn die van het Robespierrisme naar het bolsjewisme loopt – er altijd goed ingepompt. Nu eisten ze het recht hun geschiedenis te ontdoen van dogma om de feiten onder ogen te kunnen zien, vooral de reeks minder frisse feiten, van de Russische massamoord op de Poolse officieren bij Katyn in 1940, tot de delingen van Polen in de achttiende eeuw.

In 1981 liet Wajda op de scheepswerven een toneelversie van *Danton* spelen. Uit zijn vroege films blijkt hoezeer hij de passie voor het verleden met zijn landgenoten deelt. *Landschap na de slag* (1970) verbond een volksopstand met een toneelstuk-in-een-stuk dat de Poolse overwinning op de ridders van de Duitse Orde herdacht bij de slag van Tannenberg in 1410. *Man van marmer* (1977) registreerde de poging van een filmmaker om onder de berg afval van de stalinistische propaganda het ware verhaal van een proletarische held terug te vinden. Een publiek dat met dat thema vertrouwd is, kan in Wajda's scherpe ontleding van de mythe rond Robespierre een soortgelijke boodschap ontdekken.

Uiteraard kan niemand echt zeggen wat de Polen in *Danton* zien zonder eerst een flink aantal van hen daarnaar te vragen, op veilige afstand van de politie wel te verstaan. Het is wel waarschijnlijk dat veel fragmenten uit de film nu, na de onderdrukking van Solidariteit, een bijzondere betekenis krijgen. De Parijzenaars in de broodrijen die staan te morren over het Comité de Salut Publique zouden de militaire dictatuur in Warschau kunnen verwensen. Danton die fier z'n kop in de wind gooit voor het Revolutionair Tribunaal en ze zegt waar het op staat, zou Walesa kunnen zijn op de scheepswerf van Gdansk: 'Het volk heeft maar een vijand: de regering.'

Robespierres rechtvaardiging van de Terreur – de noodzaak tot tirannie ten behoeve van de democratie – zou die van Jaruzelski kunnen zijn. Zoals Bernard Guetta, de vroegere corespondent van *Le Monde* in Warschau, zei na het zien van de film: 'Er zitten honderd-en-één dingen in die associaties losmaken bij iedere Pool, en bij iedereen die de laatste paar jaar in Polen heeft gewoond.'

Bewust die associaties maken is geen kwestie van de juiste allegorieën herkennen of een geheime code ontcijferen. De Polen hebben geleerd te leven met versluierde betekenissen en meerduidige protesten. Hun alom gehate journaal van zes uur heeft hun reacties op de beelden die ze op het scherm zien verfijnd. Gezien deze speciale antenne kan men ervan uitgaan dat ze de manier waarop de beeldspraak in *Danton* is gebruikt perfect aanvoelen. Alles bij elkaar komt dat neer op een verpletterende veroordeling van onderdrukking door de overheid.

Hoewel de film Robespierre een paar ogenblikken van triomf vanaf het spreekgestoelte gunt, ondergraaft het camerawerk het effect van zijn woorden. Terwijl hij de afgevaardigden in de Conventie intimideert met de officiële beleidslijn rond Terreur en Deugd, vult het scherm zich met een close-up van zijn elegante schoentjes. Op het hoogtepunt van zijn toespraak zien we hem op zijn charmante teentjes gaan staan, meer dansmeester dan volksheld, in groot contrast met Danton, die de menigte in de rechtszaal toebrult als een gekooide leeuw.

Als Robespierre al punten scoort in de debatten, worden die op het eind door de guillotinescène teniet gedaan. De bijl komt met misselijk makende onverbiddelijkheid neer op Dantons nek. Het bloed gutst in het hooi onder het schavot. De beul houdt het afgehakte hoofd op naar de menigte, en de camera volgt dit in een reeks overbelichte shots, van onder genomen, recht in de zon, die de kijker doen walgen en duizelen. Dan verschuift het beeld naar Robespierre die als een gek ligt te zweten in zijn bed, terwijl het jongetje, dat eindelijk zijn lesje heeft geleerd, de Verklaring van de Rechten van de Mens en Burger opzegt. Hij vormt de woorden zonder te begrijpen wat hij zegt en wordt overstemd door dissonante achtergrondmuziek. Met dat wrange gegeven eindigt de film.

Ondanks de geringe publiciteit en de paar recensies, trok *Danton* in heel Polen overvolle zalen. Naar de reacties kan men slechts raden, maar men kan zich moeilijk toeschouwers voorstellen die de bioscoop uitkwamen zonder hernieuwde walging te voelen voor de Poolse regering. In Frankrijk leek alles erop te wijzen dat *Danton* een geweldig succes zou worden. Wajda werd gefêteerd, Solidariteit had het hart van de mensen gewonnen en de pas gekozen socialistische regering wilde de film maar al te graag gebruiken als ouverture op de viering van de tweehonderdste verjaardag van de Franse Revolutie in 1989.

Toch viel *Danton* totaal verkeerd, vooral bij links, waar de ongemakkelijke alliantie tussen socialisten en communisten tot onzekerheid leidt over wie van beiden De Revolutionaire Traditie vertegenwoordigt. De communisten brachten hun grofste geschut in stelling om de film te veroordelen: 'De film is contrarevolutionair,' schreef een criticus in *L'Humanité*. De socialisten wilden daar niet voor onderdoen. 'De film bezoedelt alles wat mooi is [in de Revolutie],' schreef Philippe Boucher in *Le Monde*. En Pierre Joxe voegde daar aan toe: '[Wajda's] geschiedenis is niet de onze.'

'Onze' geschiedenis was die van links, een grote traditie[1] ontwikkeld door een reeks grote historici – Michelet, Jaurès, Mathiez, Lefebvre – en sinds het succes van de *école laïque* in de negentiende eeuw onderwezen aan talrijke generaties schoolkinderen. Om goede burgers te worden, moesten de leerlingen op de scholen van de oude stempel een groot aantal feiten uit hun hoofd leren. De kinderen kregen een voorproefje van dit chronologische stampwerk op de lagere school, vaak met behulp van de boekjes uit de 'Petit Lavisse' reeks, die het werk van de grote historici opdienden in kleine, licht verteerbare porties. Vervolgens begonnen ze op het *lycée* aan het serieuze systematische leerwerk.

Tegen het eind van hun *cinquième*, een klas waarin de meeste kinderen zo rond de dertien zijn, hadden de kinderen de barbaarse invasies behandeld. Ze waren toe aan de 'moderne' tijd, de zestiende tot en met de achttiende eeuw, in de *troisième*. In de *seconde*, op ongeveer zestienjarige leeftijd, besteedden ze een vol jaar aan het bestuderen van de Revolutie en het Keizerrijk, waar in de *terminale* (rond de achttien jaar) herhaaldelijk op teruggegrepen werd. De Revolutie vormde de spil van het geheel. Als de scholieren toe waren aan hun *baccalauréat* wisten ze precies wat er gebeurd was tussen 1789 en 1799, en vooral wat er op het hoogtepunt van de crisis in 1793-1794 was voorgevallen. Hoewel de leerboeken onderling varieerden, bleef de boodschap hetzelfde: in het jaar van de Terreur was een republikeins Frankrijk belaagd door de samenspannende feodale machten van Europa, en het had gezegevierd.

Danton speelde een belangrijke rol in dit geheel – niet de Danton van de septembermoorden maar de Danton van *il nous faut de l'audace* ('we hebben durf nodig'), die nog steeds de vreemde troepen die Frankrijk binnendringen trotseert vanaf zijn voetstuk bij de Boulevard Saint-Germain. Hij was ook op een voetstuk gezet door Alphonse Aulard, de eerste historicus die de leerstoel voor de Franse Revolutie bezette die de Universiteit van Parijs in 1891 had ingesteld. Albert Mathiez, leerling en opvolger van Aulard, keerde zich tegen zijn leermeester en probeerde Danton naar beneden te halen door te bewijzen dat hij zich aan de contrarevolutie had verkocht. Mathiez zette Robespierre voor hem in de plaats, de ideologische strateeg die een verbond sloot met het gewone volk om, zo stelde Mathiez, Frankrijk met geweld de weg naar de sociale revolutie op te duwen.

De Robespierre van Mathiez past aardig in het leninisme en het idee van de dictatuur van het proletariaat, en Mathiez's opvolgers Georges Lefebvre en Albert Soboul, respectievelijk marxist en marxistisch communist, zorgden ervoor dat dit imago van Robespierre gehandhaafd bleef. Het geheel stolde al gauw tot een orthodoxe visie op de Franse Revolutie en op revoluties in het algemeen, die van toen af aan geacht werden de route te volgen van klassenstrijd naar Terreur en socialisme, tenzij ze natuurlijk op een dwaalspoor werden gebracht door een reactie als die van Thermidor, die volgde op de val van Robespierre in juli 1794.

Deze orthodoxe visie bepaalt nog steeds de manier waarop in Oost-Europa geschiedenis wordt onderwezen. Daarom was Wajda's rehabilitatie van Danton ook zo gedurfd. Maar in Frankrijk heeft deze visie andere interpretaties nooit volledig van de kaart geveegd. De meeste huidige Franse historici zullen waarschijnlijk toegeven dat Dantons financiële handelwijze de toets der kritiek niet kan doorstaan. In 1789 was hij een matig succesvolle advocaat met ten minste drieënveertigduizend *livre* aan schulden. In 1791 betaalde hij al zijn crediteuren af en kocht hij een landgoed ter waarde van tachtigduizend *livre* zonder dat zijn praktijk er noemenswaardig op vooruit was gegaan en zonder een andere wettige bron van inkomsten te hebben verkregen. Waarschijnlijk accepteerde hij geld van het hof. Maar een politicus kan zijn beurs spekken zonder landverraad te plegen, en zeker is dat Danton het verzet tegen de binnenvallende legers heeft geleid na de omverwerping van de monarchie op 10 augustus 1792. Zijn standbeeld staat nog steeds als de belichaming van het patriottisme op het Place Danton. Het zou Wajda's Man van IJzer kunnen zijn.

Robespierre neemt in de geest van zijn landgenoten geen vergelijkbare plaats in, hoewel hij in hun historiografie nog steeds domineert. 'Ondanks zijn aanzienlijke historische rol heeft Robespierre als persoon in Frankrijk nooit veel waardering gevonden,' verklaarde Louis Mermaz in *Le Monde*. 'Er is bijvoorbeeld geen Rue Robespierre in Parijs.' Jean Marcenacs verwoording van het communistische standpunt voor de lezers van *L'Humanité* leek wel een antwoord hierop:

> Ik woon in Saint-Denis, de enige plaats in Frankrijk waar een standbeeld van Robespierre staat. (...) Ik zal drie rode rozen kopen en die aan de

voet van zijn borstbeeld leggen op het Place Robespierre. Dat ligt op mijn weg. Dat is altijd mijn weg geweest. Wajda is op een zijspoor geraakt en is verdwaald.

Uit de zware symboliek van dit soort uitspraken blijkt hoezeer de Revolutie in Frankrijk haar mythische kracht heeft behouden. Wie die mythe beheerst kan daar politieke macht aan ontlenen, kan aanspraak maken op de status van de ware vertegenwoordiger van links. De basisgroeperingen van de Franse politiek zijn gevormd door de Revolutie. Allereerst het onderscheid tussen links en rechts, dat is afgeleid van de zitplaatsen in de Grondwetgevende Vergadering. De politici die heden ten dage in de Nationale Vergadering zitten zijn zich ervan bewust dat ze zich kunnen indekken tegen kritiek door die categorieën te manipuleren. Net als Robespierre proberen ze te spreken in naam van de hoogste autoriteit, het volk, om zo hun vijanden ter linkerzijde met hun eigen wapens te verslaan.

De linkervleugel van de socialisten leek in een kwetsbare positie te verkeren toen *Danton* in januari 1983 in première ging. De regering had haar koers gewijzigd en was een economische politiek gaan voeren die meer overeenkomsten begon te vertonen met die van Raymond Barre of Margaret Thatcher dan met het radicale program waarmee Mitterand de verkiezingen had gewonnen. Dit opportunistische tijdrekken rook naar dantonisme, en de communisten begonnen de regering onder vuur te nemen, net als Robespierre die in de Conventie de gematigden aanviel, en zichzelf op één lijn stelde met de volkseisen van de *sans-culottes*. De socialisten moesten hun ideologische zuiverheid bewijzen. Dus zochten ze dekking bij de orthodoxe visie op de Franse Revolutie. Ze struikelden over elkaar in hun haast de ketterijen in *Danton* te veroordelen. Het was een bijzonder schouwspel, waarbij trouwe partijaanhangers elkaar als schoolmeesters de les lazen over de historie. Ieder punt dat men tegen Wajda scoorde telde voor de overwinning op de oppositie en werd gretig benut als bewijs hoe men de ware revolutionaire traditie op superieure wijze trouw was.

Iedereen kon dit spelletje natuurlijk spelen – dat wil zeggen, iedereen met een degelijke ouderwetse scholing. Tegen Wajda werd ingebracht dat hij de Terreur als ongegrond had afgeschilderd door alle verwijzingen naar de context weg te laten: de burgeroorlog in de Vendée, de federalistische opstanden in de provincie, de contrarevolutionaire komplotten in Parijs, en de vijandelijke legers die op het punt stonden de grenzen over te trekken. Wajda had Robespierres campagne tegen de linkse extremisten onder leiding van Jacques Hébert volledig weggelaten, zodat de linkse oppositie tegen Robespierre in het Comité de Salut Publique volkomen onbegrijpelijk werd. Ook de politieke achtergronden van Robespierres aanval op de Dantonisten kwamen zo niet uit de verf. Robespierre moest namelijk de steun van de *sans-culottes* zien te behouden en voorkomen dat de Revolutie een zwaai naar rechts zou maken na de wegzuivering van de linkse Hébertisten. Wajda had zelfs de *sans-culottes* weggelaten. Het gewone volk figureert nauwelijks in de film, en dat terwijl de Franse Revolutie een opstand van de massa was, geen parlementair duel tussen een stelletje bourgeois redenaars. (Wajda had trouwens een aantal massascènes willen filmen in Krakau, maar de Poolse regering, die genoeg aan het hoofd had met de eigen massa's, had hiervoor geen toestemming willen geven.)

Tot slot werd de film naarstig uitgevlooid op anachronismen. De Saint-Just van Wajda huppelde met een ring in zijn oor rond als een moderne hippie en leek dus in niets op de grimmige 'Engel des Doods' uit de orthodoxe versie. Hij gooide zijn hoed in het vuur in de kamer van Robespierre, terwijl die woedeaanval in werkelijkheid plaatsvond tijdens een dramatisch debat in het Comité de Salut Publique. Robespierre en Danton werden in de film door hun volgelingen 'Maxime' en 'Georges' genoemd, terwijl de revolutionairen zelden voornamen gebruikten, ook al hadden ze het democratische *tu* ingevoerd.

Deze details waren de critici een doorn in het oog, niet omdat ze gewoon niet klopten, maar omdat de leiders van de Revolutie er alledaagser en minder heroïsch door leken dan de figuren uit de geschiedenisboeken. Billaud-Varenne was te ongeschoren, Desmoulins te slap, Danton te dronken. De manier waarop Wojciech Pszoniaks een ijskoude, neurotische en onmenselijke Robespierre neerzette was bijzonder aanstootgevend, want een juiste interpretatie van Robespierre was immers een gevoelig criterium voor de correcte orthodoxe visie op de Revolutie. En wat ook zwaar meetelde was dat hij altijd model had gestaan voor de moderne intellectueel. Hij was de verpersoonlijking van het *engagement*. Hij was een theoreticus die een man van de daad werd, die partijlijnen uitstippelde en strategieën ontwierp ten behoeve van het gewone volk.

De socialistische leiders beschouwen zichzelf als zulke intellectuelen. Mitterand wordt graag gezien als een belezen man en gaat er prat op dat hij Michelets geschiedenis van de revolutie op zijn nachtkastje heeft liggen. Als een van zijn eerste sleutelbenoemingen koos hij de historicus van de revolutie Claude Manceron tot zijn *attaché culturel*, met als speciale opdracht een spectaculaire viering van de tweehonderdste verjaardag van de Revolutie voor te bereiden, een die tevens de socialistische overwinning bij de presidentsverkiezingen van 1988 alle eer zou doen. Regeringswoordvoerder Max Gallo is een voormalig hoogleraar in de geschiedenis, met een biografie van Robespierre op zijn naam die leest als Mathiez opgepept met een freudiaans sausje.

Deze mensen vinden het net zoals vele anderen in de socialistische partijtop een natuurlijke gang van zaken dat intellectuelen macht uitoefenen. Ze gaan er zelfs van uit dat macht intellectueel is, tenminste gedeeltelijk, zoals Michel Foucault heeft gesteld in een reeks invloedrijke boeken.[2] Zo vond Jack Lang, de voormalige theaterdirecteur die nu minister van cultuur is en de man achter de Franse subsidie voor *Danton*, dat het een goed idee was in Parijs een reusachtige jamboree voor intellectuelen te organiseren om de recessie de baas te worden. Dus hielden ze afgelopen winter twee dagen lang toespraken voor elkaar om uiteen te gaan in de hoop dat ze, zo niet het BNP, dan toch het moreel der natie flink hadden opgekrikt. Maar het enthousiasme daalde weer, dus deed de overheid de volgende zomer weer een algemeen beroep op steun van de linkse intellectuelen. Zelfs dat bleek niet afdoende, en op het laatste partijcongres stond een afgevaardigde op, wees met priemende vinger naar de leiders, en citeerde Robespierre over de noodzaak koppen te laten rollen.

Dergelijke taal wordt begrepen in een politieke cultuur die nog het stempel van 1794 draagt. Zo ging het in het Dantondebat eigenlijk over symbolische macht, hoewel het leek te gaan over omstreden feitelijkheden die men met de schoolboekjes uit de Derde Republiek in de hand kon aantonen. Door een beroep te doen op de feiten werkten de politici zich echter in de nesten, omdat hun fellowtravellers uit de intelligentsia namelijk te berde brachten dat de leerboekjes inmiddels waren verouderd. Sterker nog, feitelijkheid zelf was door de progressieve voorhoede op de afvalhoop voor verouderde begrippen gegooid, naast liberalisme en positivisme. Foucault en een groot aantal literatuurwetenschappers hadden de feiten verdronken in *discours*. De meest modieuze historici, die zich met de *Annales*-school van de École des Hautes Études en Sciences Sociales associeerden, hadden politiek en gebeurtenissen de rug toegekeerd om zich aan de studie van structuren en *mentalités* te wijden.

Lang voor de première van *Danton* was de kloof tussen de nieuwe en de oude geschiedenis al gedramatiseerd in een vete tussen twee belangrijke historici van de Revolutie, de kopstukken Albert Soboul en François Furet. Soboul, communist en professor aan de Sorbonne, vertegenwoordigde de traditie van Mathiez. Furet, ex-communist en vooraanstaand *Annaliste* aan de Écoles des Hautes Études, veroordeelde de hele traditie van Mathiez tot Lefebvre als een mythe die ten behoeve van het stalinisme in stand was gehouden.

Het geruzie was aan de linkeroever van de Seine in de jaren zeventig niet van de lucht. Maar de vinnigste polemieken waren tegen de tijd dat de socialisten en communisten samenwerkten om Mitterand gekozen te krijgen al bedaard. In de herfst van 1982 stierf Soboul. Zijn begrafenis was een droeve vertoning, een communistische hoogmis met rode rozen en zwarte pakken bij de Mur des Fédérés, het heilige der heiligen van links op het Cimetière du Père-Lachaise. Het leek het eind te symboliseren van een visie op de Revolutie die de Fransen meer dan honderd jaar had geïnspireerd.

Voorzover er nu sprake is van een andere dominante visie, is het die van de École des Hautes Études. Furet, inmiddels aan het hoofd van de École, heeft geprobeerd de Revolutie te benaderen als een strijd om de beheersing van politiek *discours*.[3] In een van de schaarse gunstige artikelen over *Danton* prees hij Wajda omdat die de mythe van het Robespierrisme had doorgeprikt en de banden met het stalinisme aan de kaak had gesteld.

Terwijl de professoren hun vetes uitvochten, moesten de schoolkinderen hun huiswerk blijven doen en hun *baccalauréat* halen. Dat ging niet langer door op de teksten te blokken die hun ouders in hun veelgeplaagde hoofd hadden gepropt, want geschiedenis was van het rooster verdwenen. Na een wervelstorm van hervormingen was het weggemoderniseerd, opgegaan in de *sciences humaines*. Franse kinderen stampen niet langer chronologisch het hele verleden van hun land in hun hoofd. Ze bestuderen thema's als de stedelijke samenleving, vergelijkingen tussen agrarische gemeenschappen, en ecologische systemen. Ze zijn sterk in *discours* maar feiten zijn hun zwakke punt, dus kennen ze het verschil niet tussen Robespierre en Danton.

Bij de discussie over *Danton* bevonden de politici zich in een lastig dilemma. Ze deden een beroep op een verouderd soort geschiedenis dat voor hun intellectuele avant-garde niet langer houdbaar bleek en voor hun kinderen en kleinkinderen had opgehouden te bestaan. Ze hadden dat aan zichzelf te wijten, want ze hadden een linkse held, een intellectueel van het zuiverste antistalinistische water, opgedragen hun revolutie te bewieroken, en hij had die revolutie omlaag gehaald. Waar moest het met de wereld naar toe? De socialisten konden alleen maar hun wijze hoofd schudden en elkaar de les lezen over Wajda's ketterijen, zich er niet van bewust dat hun verontwaardiging aantoonde hoezeer ze gevangen zaten in hun eigen mythologie.

Om aan het dilemma te ontsnappen, zijn ze met iets wel heel voorspelbaars gekomen, namelijk weer een onderwijshervorming. Er is al een 'Staten-Generaal' van historici bijeengekomen die nieuwe veranderingen in de lesstof heeft voorgesteld. Opgejut door het werk van Michelet, wil de president van de republiek dat in dit nieuwe systeem geschiedenis centraal komt te staan – een strakke geschiedschrijving met de juiste feiten keurig op een rijtje en de juiste helden in de juiste hokjes.

Het enige probleem is nu nog: hoe krijg je die feiten juist? De feiten hebben zo trouw gefigureerd in de oude orthodoxe versie en zo geleden in de laatste hervormingsacties dat ze zich waarschijnlijk niet meer verder laten moderniseren. Het debat over *Danton* heeft in ieder geval een ding overduidelijk gemaakt, namelijk dat feiten níet voor zich spreken. Men kon de film op volkomen verschillende manieren zien. In Warschau was hij anders dan in Parijs. Dat deze film zo'n *double entendre* heeft kunnen genereren wijst erop dat betekenis zelf gevormd wordt door de context, en dat de betekenis van de Franse Revolutie altijd op nieuwe manieren kan worden ingevuld. Het debat heeft misschien wat weg van onschuldig schaduwboksen, maar er zit nog een hoop leven in die oude schaduwen. De geesten van Robespierre en Danton waren nog door Europees links, en misschien moet ieder van ons, tussen die symbolische data 1984 en 1989, opnieuw zijn houding bepalen tegenover terreur.

TELEVISIE: OPEN BRIEF AAN EEN TELEVISIEPRODUCER

Geachte heer,
ik geef toe dat ik hoogleraar ben aan een prestigieuze universiteit, maar ik vind mezelf geen snob. Toen u me vroeg of ik het televisiescript over Napoleon en Josephine wilde bekijken, heb ik met plezier ja gezegd. Het leek me fascinerend een Hollywoodversie onder ogen te krijgen van het tijdperk dat ik bestudeer. Tot mijn onderzoeksterrein hoort ook de geschiedenis van de volkscultuur, en daarom bood u me een gelegenheid de cultuur vorm te geven die miljoenen Amerikanen op de televisie zien. Uw telefoontje leek wel een oproep mijn monografieën opzij te leggen: hier kwam een kans om vanuit mijn vakgebiedje iets te doen aan de kwaliteit van de geschiedenis die het grote publiek bereikt. En omdat professoren net zo hebberig zijn als iedereen, besloot ik erop in te gaan om wat extra's te verdienen.

Aangezien u me gewaarschuwd had dat het een script betrof voor een docudrama, had ik wat gefingeerde dialogen verwacht, en ik probeerde me zo weinig pedant op te stellen als een professor maar kan. Ik was op het ergste voorbereid. En dat kwam dan ook, op de allereerste bladzij:

> *CLOSE SHOT* – AFGEHAKT HOOFD
> Mond hangt open in verbazing. Scherp afgehakte aderen en pezen slierten bloederig uit het hoofd. De oogleden trillen.
> GEBRUL VAN MENIGTE ZWELT AAN *OFF STAGE*

Nu zal ik de laatste zijn om te ontkennen dat de Franse Revolutie een bloederige aangelegenheid is geweest. De mensen gingen echt onder de guillotine, al is het zo dat de meeste geëxecuteerden contrarevolutionairen waren die met wapens in de hand gevangen genomen waren achter de Franse linies, tijdens een wanhopige strijd waarin de nieuwe republiek moest opboksen tegen de vereende militaire krachten van de oude regimes van Europa. Maar uw scriptschrijver laat het bloed van het scherm druipen. Als hij niet genoeg bloed kan vinden in de historische handboeken, zo hij die al heeft gelezen, maakt hij het gewoon zelf.

Neem bijvoorbeeld de beroemde ontsnapping van Josephine, die tijdens haar bezoek aan Napoleon midden in de eerste Italiaanse campagne in een rit in een koets langs het Gardameer weet te ontkomen aan het Oostenrijkse vuur. Dat was kantje boord, en ik had me zo voorgesteld dat de scriptschrijver dit gegeven tot en met zou uitbuiten. Maar het komt allemaal uit zijn duim. In plaats van de Oostenrijkse kogels zo dichtbij te laten inslaan dat ze een paard en een van Josephines lijfwachten dodelijk treffen, laat hij de Oostenrijkers de koets bestormen:

> Josephine verstijft als de Oostenrijker de koetsdeur opengooit. Hij aarzelt, verbaasd een vrouw aan te treffen. Marchand (lijfwacht van Josephine) doorsteekt zijn keel met zijn bajonet. Bajonet draait. En wentelt. De Oostenrijker valt voorover de koets in. Zijn halsslagader pompt bloed over Josephines kleding.

Uw schrijver, kennelijk in de overtuiging dat het publiek dat bij een stukje waar gebeurde geschiedenis zeker in slaap was gevallen nu op het puntje van de stoel zit, smijt dan Josephine de koets uit, een slagveld op bezaaid met lijken. De nacht valt. Ze kruipt dicht aan tegen Marchand, een fantasiefiguur ter vervanging van generaal Junot, die Josephine in werkelijkheid op een uiterst moedige manier heeft gered, maar helaas zonder bloedvergieten. Ze horen hoe een stel schurken lijken beroven en voor hun plezier gewonden vermoorden. De camera registreert uitvoerig hoe een van hen een hoofd kapotbeukt en een ander een mes drijft in een hulpeloze soldaat. Josephine staat op het punt te gillen, dan zinkt ze op de grond neer:

> STANDPUNT VAN JOSEPHINE – CAMERA TWEE *CLOSE UP* VAN EEN LIJK
> Een lijk in ontbinding. Haar hand op het uiteengereten gezicht.

Ik neem aan dat op dit punt de pappa's en mamma's in het hele land wakker worden en de kinderen niet bij het scherm zijn weg te branden. Op school was geschiedenis héél anders.

Ik moet nu niet de indruk wekken dat er alleen maar geweld voorkomt in het script. Er zit ook veel seks in. Ook dat had ik verwacht, want Josephine werd de minnares van Napoleon in Thermidor, en dat was een periode van reactie op het republikeinse puritanisme. In werkelijkheid wervelden de vrouwen ook in doorschijnende gewaden de balzaal door om minnaars en fortuinen op te pikken – dat wil zeggen, de vrouwen uit de hogere stand, want de armen hadden zwaar te lijden onder honger en inflatie, hoewel het script over hen met geen woord rept, behalve in de openingsscènes waar de armen 'orgastische' juichkreten mogen leveren bij de guillotine. Niettemin heb ik perplex gestaan van het talent van uw schrijver steeds weer nieuwe voorwendsels te verzinnen om Josephine uit de kleren te werken of haar te tonen 'in een verfomfaaide, postcoïtale staat, eerder levendig dan *triste*.' (Hij schijnt behoefte te voelen aan vreemde woorden wanneer hij het over seks heeft, en vooral ook Franse, die hij goed spelt. Nonlibidineuze woorden als *victoire* en *Tuileries* vallen buiten het bereik van zijn spelvermogen, maar uiteraard hoeft televisie zich niet om zulke pedante details te bekommeren.)

De ruigste seks is aan de bijrollen voorbehouden, misschien omdat uw schrijver zijn flair vooor dialoog verliest als hij de hoofdpersonen tussen de lakens legt:

> BONAPARTE
> Ik hou van je. Ik hou van je. Ik hou van je. Hou je van mij?

Als woorden tekortschieten, krijgen we beelden, soms niet meer dan een glimp weliswaar, zoals bij dit inventieve camerashot:

> Het dienstmeisje staat in een deuropening. In haar ondergoed, dat geen naam mag hebben.

Het summum is ongetwijfeld het gedrag van Napoleons zuster Pauline, zestien jaar oud. Tijdens de Italiaanse campagne vat ze liefde op voor een van zijn generaals, Charles-Victor Leclerc. Eerst zien we hoe ze

> (...) hem publiekelijk aanrandt. Ze knopt zijn uniformhemd los, laat haar hand heen en weer glijden over zijn in de schede gestoken zwaard terwijl haar ogen wegdraaien en ze in zijn oorlelletje bijt.

Vervolgens sleept ze hem achter een scherm dat zich in een eetzaal in Milaan op onverklaarbare wijze vlak voor een groot gezelschap dinergasten bevindt. Uit pure hartstocht schoppen ze het scherm omver en het beeld onthult:

> CAMERA TWEE OP PAULINE EN LECLERC
> Ze bevinden zich *in flagrante delicto*. Paulines borsten zijn ontbloot. De broek van Le Clerc hangt op zijn knieën. Er wordt duidelijk vurig geploegd.

En waarom zou geschiedenis geen tekst uit *Penthouse* stelen? Het kan de huiskamer wat opfleuren en de kinderen nieuwe lust tot studeren geven. Waarom zou men zich om feitjes en details bekommeren? Maakt het iets uit dat uw schrijver Robespierre lang maakt (geeft een beter contrast met de dikke dwerg Napoleon, die voortdurend de hand-in-tuniek pose aanneemt die we kennen uit de cognacadvertenties) als we weten dat hij klein was? Maakt het uit dat we te horen krijgen dat Bonaparte kapitein was terwijl hij in werkelijkheid al brigadegeneraal was? Of dat Robespierre hem laat arresteren omdat hij weigert naar de Vendée te gaan terwijl hij in werkelijkheid gevangen werd gezet na de val van Robespierre en pas later de Vendée-opdracht heeft afgewezen? Of dat Robespierre als een soort Hitler wordt afgeschilderd, als de oorzaak van alle ellende en alle guillotine-executies, terwijl hij in werkelijkheid maar een van de twaalf leden was van het Comité de Salut Publique, dat zich voornamelijk bezighield met oorlogszaken en politiek, en de guillotine grotendeels zaak was van het Comité de Sûreté Général en het Revolutionair Tribunaal?

Progressieve historici vegen al veertig jaar de vloer aan met de oppervlakkigheid van de evenementiële geschiedenis. Ze hebben zich afgezet tegen feitjesnoemerij, dus wat hebben ze te klagen als de televisie er een potje van maakt? Toch krommen mijn tenen als ik zie hoe de Bonapartes, vrij welvarende leden van de Corsicaanse adel, worden neergezet als smerig lomp boerenvolk. Bij wijze van impressie van hun huiselijk leven laat de camera Lodewijk Bonaparte zien die met een zak rapen loopt te sjouwen en Jerome die rond hun bouwval een haan achterna zit. Dan grijpt hun moeder, de formidabele Madame Mère, het beest en breekt zijn nek, onder de uitroep:

> Zo draait de moeder van de grote generaal Nabouglione Buonaparte, de trots van ons geslacht, een nek om.

Het is een levendig tafereel. Wat maakt het uit dat het evenmin heeft plaatsgevonden als de confrontatiescènes tussen Bonaparte en Robespierre, Bonaparte en Talleyrand, en Talleyrand en Madame de Staël? Wat maakt het uit, we zijn toch in de sprookjeswereld van het docudrama?

Toch begint er iets te knagen terwijl de onfeiten en nongebeurtenissen om me heen tollen. Een stemmetje van binnen, misschien een restje beroepseer en pre-tv-cultuur of een verre fluistering van Leopold von Ranke, zegt dat de Franse Revolutie zoals die 'werkelijk precies is gebeurd' wel degelijk iets uitmaakt, dat het Amerikaanse publiek een nauwkeurig beeld van de Napoleontische tijd verdient, dat de geschiedenis gered moet worden van het docudrama.

Wanneer er geen zorg meer is voor nauwkeurigheid, raakt de geschiedenis op drift en wordt alles mogelijk, zoals uw script bewijst. Neem bijvoorbeeld de manier waarop uw schrijver revolutionaire politiek behandelt. Hij wil de kijker niet lastig vallen met een ingewikkeld relaas over partijen en coups, dus dirigeert hij de politiek naar de achtergrond. Dat kan ik volgen. Hij schrijft een liefdesgeschiedenis, geen historische lezing. Maar waarom kan die achtergrond niet gewoon met de feiten kloppen? Ik vind het niet zo vreselijk, tenminste niet zo heel erg, wanneer het script Bonaparte het beroemde 'een vleugje kartetsvuur' laat zeggen tijdens de couppoging van 13 vendémiaire (5 oktober 1795), en het hem nog eens laten herhalen, voor het geval we het de eerste keer gemist hebben. Het is een Engels citaat (*whiff of grapeshot*) verzonnen door Thomas Carlyle, in de bloei van het Victoriaanse tijdperk. Dat maakt op zich niet zoveel uit. Wat wél uitmaakt is dat het kartetsvuur uit het script een bende 'onverbeterlijke Robespierre-aanhangers' neermaait. In werkelijkheid richtte Bonaparte zijn kanonnen op opstandelingen uit precies de tegenovergestelde kant van het politieke spectrum. Het waren royalisten, en hij beschermde een nog steeds grotendeels jacobijnse Conventie tegen een opstand van rechts, niet van links, op het moment dat de Revolutie de fase verliet die bekend staat als de reactie van Thermidor en een republikeinse regeringsperiode begon, het Directoire. Het script suggereert dat het Directoire begon onmiddellijk na de val van Robespierre op 9 thermidor (27 juli 1794). Het geeft een volkomen vertekend beeld van Thermidor. Barras richt simpelweg vals grijnzend een geweer op Robespierre, waarop Robespierre beseft dat het uit is met de pret. Vervolgens laat het script de gevangenissen leegstromen en wordt Barras de sterke man van het Directoire, alsof er nooit sprake is geweest van de tussenfase van Thermidor. Zodra de guillotine Robespierre een kopje kleiner heeft gemaakt, lost het jacobinisme eenvoudig op in het niets en kunnen we dollen met de beau monde in hun nauwsluitende broeken en doorschijnende jurken.

Ik hoop dat ik niet al te demagogisch klink als ik stel dat de Revolutie een zaak is geweest van de hele Franse natie. Het was een opstand van het gewone volk tegen een hen uitbuitende aristocratie, een absolute monarchie en een obscurantistische kerk. Arm kwam tegen rijk te staan, boer tegen heer, burger tegen edelman. Bij de kampen onderling was sprake van verdeeldheid en tegenstrijdigheden. Maar de revolutionairen waren verenigd in een gemeenschappelijk streven: de rechten van de mens en het ideaal van vrijheid, gelijkheid en broederschap. Ikzelf vind dit streven waardevol en ontroerend, een cruciaal onderdeel van de geschiedenis zoals die 'werkelijk precies is gebeurd'.

Uw schrijver heeft het daar niet over. Zaken die voor de revolutionairen een kwestie waren van leven of dood – onderscheid tussen links en rechts, revolutie en contrarevolutie – zullen hem een zorg zijn, hij husselt alles dooreen tot een vaag achtergrondgebeuren. Van de Revolutie blijft niets anders over dan een 'openingsshot, breed overzicht' en een 'brullende menige, *off stage*'. Dit is het soort revolutie dat hij misschien heeft opgeduikeld in Dickens' *A Tale of Two Cities* en dat hij dacht te kunnen vertalen in het idioom van *Dallas* en *Animal House*. Het is een revolutie als een soap opera, vol seks en geweld, zonder enige zin.

Ondanks al mijn goede voornemens merk ik dat ik toch als de professor begin te klinken. Als historicus sluit ik me aan bij degenen die de geschiedenis zien als een gedachtenconstructie, iets dat steeds weer opnieuw overdacht en herschapen moet worden door de geest en het voorstellingsvermogen van de mens. Maar dat betekent niet dat we er alles van kunnen maken dat ons leuk lijkt. We kunnen de feiten niet negeren of ons de moeite besparen ze op te sporen, alleen maar omdat men ons vertelt dat alles *discours* is. Daar kan de geschiedenis alleen maar op achteruitgaan. En het dieptepunt is waarschijnlijk, tenminste voor een natie van televisiekijkers, geschiedenis als docudrama.

Hoogachtend,
Robert Darnton

JOURNALISTIEK: WE DRUKKEN ALLES WAT ONS PAST

Iedereen die worstelt met de sociale ideeëngeschiedenis gaat vroeg of laat bij de sociale wetenschappen te rade, om inspiratie op te doen of zich tijd en moeite te besparen. Als ik zelf kom vast te zitten in mijn onderzoek naar de ideologische wortels van de Franse Revolutie, zoek ik vaak steun bij sociologie, antropologie of politieke wetenschappen, in de hoop iets aan te treffen dat me een magische doortocht naar het verleden kan verlenen, tot dusver zonder resultaat.

Ik weet dat de fout ligt bij mijn eigen gebrek aan scherpzinnigheid, maar toch bekruipt me soms het vermoeden dat sociale wetenschappers leven in een wereld waar wij gewone stervelingen niet bij kunnen, een wereld die keurig is gerangschikt in gedragspatronen, die wordt bevolkt door mensentypen die precies voldoen aan de theorie, en die wordt geregeerd door correlatiecoëfficiënten die alleen standaardafwijkingen toelaten. In zo'n wereld is geen plaats voor de chaos die geschiedenis heet. In zo'n wereld is zelfs geen plaats voor het heden – tenminste zo leek het mij na een poging de literatuur te verkennen van een van de vitaalste sociale wetenschappen, de communicatietheorie. Ik ben gestrand bij het lezen van 'Newsmen's Fantasies, Audiences, and Newswriting' door Ithiel de Sola Pool en Irwin Shulman in *Public Opinion Quarterly* (zomernummer 1959). Het artikel is aanleiding geworden tot een aantal reflecties over mijn vroegere ervaring als journalist, die ik hier aanbied in de hoop wat duidelijk te maken van wat zich momenteel aan het uitkristalliseren is tot een afzonderlijk vakgebied, de sociologie van de media.

Pool en Shulman begonnen met een analyse van het communicatieproces dat zich voordoet bij nieuwsrapportages. Ze gaven vier groepen journalistiekstudenten feiten uit kranteartikelen, sommige goed en andere slecht nieuws. Elke student verwerkte die feiten tot een eigen verhaal, en schreef op aan wie hij dacht tijdens het reviseren van het geschrevene. Het resultaat was een lijstje 'image persons', die dus eigenlijk het geïnternaliseerde beeld vertegenwoordigden dat de schrijvende studenten hadden van hun lezers. Vervolgens werden de studenten geïnterviewd, zodat de onderzoekers de lezers die de studenten zich voorstelden in twee categorieën konden splitsen: een 'kritische' en een 'ondersteunende' groep. Tot slot beoordeelden ze de verhalen op nauwkeurigheid, en, eureka!, er viel een correlatie te ontdekken. De studenten met ondersteunende 'image persons' bleken het goede nieuws accurater te rapporteren dan het slechte, terwijl die met de kritische 'image persons' het slechte nieuws nauwkeuriger hadden weergegeven.

Pool en Shulman hadden een formule gevonden om de vervormingsfactor in nieuwsrapportage te meten. Ze leken wetten te hebben ontdekt die met mathematische precisie konden worden opgesteld, wetmatigheden die ten grondslag lagen aan het mysterieuze proces waarmee de dingen van de dag tot verhalen worden gesmeed. En hun werk sloot keurig aan bij het op gang komende debat over 'feedback' en 'ruis' en andere belangrijke variabelen in de communicatietheorie, het werkterrein van een nieuwe generatie die het oude model ver achter zich heeft gelaten, het oude model dat werd gehanteerd in de dagen der onschuld, toen communicatie werd gezien als eenrichtingsverkeer waarbij ontvangers boodschappen kregen ingeprent. Nu zijn we gepromoveerd tot 'images'.

De logica van de wet van Pool en Shulmans leek waterdicht. Maar toen ik terugdacht aan mijn eigen werk bij *The New York Times*, bedacht ik dat de enige 'image person' die ik ooit had gehad een meisje van twaalf was geweest. De journalisten van de krant daar waren ervan overtuigd dat ze van de redactie hun artikelen moesten schrijven met dit denkbeeldige wezen in gedachten. Sommigen verkeerden in de veronderstelling dat ze ook echt werd genoemd in *The Style Book of the New York Times*, hoewel ze alleen maar in onze verbeelding heeft bestaan. 'Waarom twaalf?' vroeg ik me regelmatig af. 'Waarom een meisje?' 'Wat is haar mening over de sloop van krottenwijken in de South Bronx?' Maar tegelijkertijd wist ik dat ze alleen maar een figuur was in de folklore van *43rd Street* en dat ze alleen maar als aansporing diende om onze kopij simpel en helder te houden.

Wij schreven nooit voor de 'image persons' die de sociale wetenschap heeft bedacht. Wij schreven voor elkaar. Onze primaire 'referentiegroep', zoals het in de communicatietheorie zou heten, bevond zich om ons heen op de krant zelf, 'de slangekuil' zoals we zeiden. Wij wisten dat niemand zo snel boven op onze artikelen zou duiken als onze collega's, want journalisten zijn de meest fanatieke lezers. Ze moeten iedere dag opnieuw hun status bevechten door zich in inkt aan hun collegawolven bloot te geven.

De hiërarchie van het redactielokaal is heel stelselmatig opgebouwd, zoals uit de ruimte-indeling al blijkt. De hoofdredacteur heerst vanuit zijn kantoor, en de gewone redacteuren geven leiding aan gespecialiseerde redacties (redactie buitenland, redactie binnenland, stadsredactie) aan een kant van de ruimte, die duidelijk herkenbaar is aan de groepering van het meubilair en aan de lage scheidswand eromheen. Aan de andere kant staan rijen bureaus voor de verslaggevers, die met hun gezicht naar de redacteuren achter het muurtje zitten. De verslaggevers vallen in vier groepen uiteen. Vooraan een paar rijen sterverslaggevers, aangevoerd door grote namen als Homer Bigart, Peter Kihss en McCandlish Phillips. Dan drie rijen persklaarmakers of bewerkers, die vooraan naast de sterren zitten zodat ze tegen de tijd dat de deadline nadert vlak bij hun opdrachtgevers zitten. Daarachter zit een groepje gearriveerde veteranen van middelbare leeftijd aan wie ieder verhaal kan worden toevertrouwd. En daar weer achter de grote groep jonge verslaggevers die het nog moeten maken, waarbij de jongsten gewoonlijk het verst naar achter zitten. Functie bepaalt verder nog een aantal lokaties: sport, handel, 'cultuur' en 'society' hebben hun eigen hoekjes, met kopijvoorbereiders binnen handbereik. Voor het oog van een ingewijde springen de grote lijnen van de hiërarchie er duidelijk uit.[1]

Het meest ervaren oog bij de stadsredactie is dat van de redacteur stadszaken. Vanaf de plaats waar hij zit, is hij maximaal zichtbaar, kan hij zijn hele staf overzien en iedereen plaatsen, want alleen hij weet de preciese status van iedereen. Een gewone journalist weet niet meer dan dat hij zich ergens in de hiërarchie van een van de afdelingen bevindt. Daarom probeert hij het verloop van zijn carrière te volgen door de belangrijkste variabele in het functioneren van de stadsredactie nauwlettend in de gaten te houden: de opdracht. Een verslaggever die een paar weken achtereen een aantal goede opdrachten weet rond te krijgen, zal uiteindelijk een bureau opschuiven naar voren, dichter naar de plaats waar de redacteuren zitten. Wie het ene verhaal na het andere verknoeit zal op zijn huidige plaats blijven zitten of worden verbannen naar Brooklyn, 'society' of de 'West Side shack' (een politiedistrict dat inmiddels is opgeheven; de afdeling New Jersey heeft nu deze functie overgenomen). Uit de krant blijkt iedere dag weer wie de beste opdrachten heeft gekregen. De krant is een soort blauwdruk, die de verslaggevers leren interpreteren en vergelijken met de blauwdruk van de stadsredactie in eigen hoofd in een poging erachter te komen hoe ze er voor staan en wat ze kunnen verwachten.

Als je eenmaal het statussysteem hebt leren interpreteren, moet je nog leren schrijven. Hoe weet je dat je een goed artikel hebt afgeleverd? Toen ik nog een groentje was bij *The Times*, begon ik eens een bepaalde week met een profiel van iemand in het nieuws. Naast een compliment van de adjunct-stadsredacteur, leverde het me voor de volgende dag een felbegeerde opdracht buiten de stad op. Het halve politiekorps van een kleine stad was gearresteerd wegens verduistering van gestolen goederen, en ik wist een politieman te vinden die bereid was te praten, dus het artikel haalde de 'tweede voorpagina', de voorpagina van het tweede katern, een plek die veel aandacht krijgt. Op de derde dag versloeg ik de eeuwviering van Cornell University. Dat bevredigde mijn ego (ik vloog naar New York terug in het privé-vliegtuig van de voorzitter van de universiteit) maar niet mijn redacteur, want van de zevenhonderdvijftig woorden die ik inleverde werden er maar vijfhonderd geplaatst. De volgende dag ging ik naar een tweedaagse conferentie van stadsplanologen in West Point. Weer voelde ik mijn ego zwellen terwijl de planologen zich om mij verdrongen om hun naam in *The Times* te krijgen, maar met de beste wil van de wereld lukte het me niet iets interessants over ze te zeggen. Ik leverde vijfhonderd woorden af, die de krant niet eens haalden. De week daarop schreef ik alleen maar overlijdensberichten.

Opdrachten, inkortingen, en de pagina waar het artikel terechtkomt zijn daarom zaken die deel uitmaken van een systeem van straffen en belonen. In tegenstelling tot veel andere kranten vermeldt *The Times* vaak de naam van de verslaggever, zodat de journalisten er veel voldoening in vinden wanneer hun artikelen ongewijzigd de redactietafel passeren en op een gunstige plaats in de krant belanden (gunstig is zo ver mogelijk vooraan en boven de vouw). Verslaggevers in het buitenland krijgen iedere dag hun straf of beloning in de vorm van *frontings*, telegrammen waarin staat welke artikelen de voorpagina hebben gehaald en welke op een andere pagina zijn terechtgekomen. Complimenten wegen ook zwaar, vooral als ze afkomstig zijn van iemand met prestige, bijvoorbeeld de avond-stadsredacteur, een sterverslaggever, of een kopstuk op je eigen terrein. De stads- en hoofdredacteur delen schouderklopjes uit, zo nu en dan een lovend briefje, en uitnodigingen voor de lunch. Bovendien kent de uitgever iedere maand geldprijzen toe voor de beste artikelen. Naarmate de beloningen zich ophopen, win je aan status. Een groentje kan uiteindelijk als veteraan eindigen of meer opmerkelijke wegen van opwaartse mobiliteit inslaan door een nationale of buitenlandse opdracht. Tot de veteranen wordt ook de droeve schare mannen gerekend die hun beste tijd hebben gehad, buitenlandse correspondenten die naar huis zijn gehaald om daar vreedzaam hun laatste dagen te slijten, of verbitterde, ambitieuze mannen die het nooit tot redacteur hebben gebracht. Ik heb vaak horen zeggen dat journalistiek iets is voor jonge mensen, dat je na je veertigste al op je retour bent en dat alle verhalen op elkaar beginnen te lijken als je ouder wordt.

Verslaggevers schrijven van nature om de redacteuren te behagen die vanuit de overkant van het lokaal het beloningssysteem hanteren. Het is echter niet simpel een kwestie van een zo goed mogelijk artikel schrijven om daarmee beloningen los te peuteren. Bij doorsnee-opdrachten sommeert een stem via de omroepinstallatie – 'Jones, stadsredactie' – de verslaggever bij de redacteur te komen die de opdracht uiteenzet. 'De Kiwanis Club in Brooklyn houdt zijn jaarlunch, waar de opbrengst van de inzamelingsactie van dit jaar en de winnaar van de man-van-het-jaar-verkiezing bekend wordt gemaakt. Waarschijnlijk goed voor minstens een halve kolom, want we hebben al lang niets aan Brooklyn gedaan en die liefdadigheidsactie is daar erg belangrijk.' De redacteur probeert het beste uit Jones te halen door de opdracht zo gewichtig mogelijk voor te stellen, en geeft hem een paar hints over wat hij van 'het verhaal' verwacht. Als Jones in de metro naar Brooklyn zit, spookt er waarschijnlijk al een mogelijke opening door zijn hoofd: 'De Kiwanis Club heeft gisteren op de jaarlijkse lunchbijeenkomst aangekondigd dat de liefdadigheidsactie van dit jaar het recordbedrag van $... heeft opgebracht.' Jones arriveert in Brooklyn, interviewt de voorzitter, zit het etentje uit, plus verscheidene toespraken, komt erachter dat de aktie een teleurstellende 300.000 dollar heeft opgebracht en dat de club een sociaalvoelende kweker heeft aangewezen als man van het jaar. 'En wat is het nieuws?' vraagt de avond-stadsredacteur hem als hij terugkomt. Jones weet wel dat hij niet hoeft te proberen dit nongebeuren op te kloppen, maar hij wil toch genoegdoening voor al het werk dat hij er die dag heeft ingestopt. Dus legt hij het weinig spectaculaire resultaat uit van de actie, en voegt eraan toe dat de bloemkweker wel een interessant figuur is. 'Dan kun je het best met de kweker openen. Tweehonderd woorden,' zegt de redacteur. Jones gaat naar zijn plaats achter in het lokaal en begint het artikel: 'Anthony Izzo, een kweker die al tien jaar bomen laat groeien in Brooklyn, heeft gisteren de man-van-het-jaar-prijs gekregen van de Kiwanis Club in Brooklyn als beloning voor zijn inspanningen om de straten van onze stad te verfraaien. De club heeft ook bekendgemaakt dat de jaarlijkse liefdadigheidsactie $300.000 heeft opgebracht, een lichte achteruitgang vergeleken bij vorig jaar, wat de president van de club, Michael Calise, toeschreef aan het hoge werkloosheidscijfer in de wijk.' Het artikeltje beslaat net een kwartkolom achter in het tweede katern. Niemand zegt er de volgende dag iets over tegen Jones. Er komen geen brieven voor hem uit Brooklyn. En hij voelt zich niet zo best over de hele zaak, temeer niet omdat Smith, die naast hem zit in deze afgelegen middenveldsector van de stadsredactie, de tweede voorpagina haalt met een kleurrijk verhaal over de vuilstort. Maar Jones troost zich met de gedachte dat hij vandaag misschien een betere opdracht krijgt, en met het idee dat de verwijzing naar de boom die in Brooklyn groeit een aardige vondst was, die de stadsredacteur misschien is opgevallen en die Smith in ieder geval goed had gevonden. Maar Jones beseft ook dat het artikeltje hem niet in aanzien heeft doen stijgen bij de redacteur die hem de opdracht heeft toegewezen, omdat die er een andere verwachting van had, en ook niet bij de avondstadsredacteur, die geen tijd had gehad om er meer dan twee of drie minuten aandacht aan te besteden, en bij de andere redacteuren al evenmin, want die hadden het waarschijnlijk als het onbeduidende routineklusje gezien dat het in feite was.

Bij een belangrijke opdracht, bijvoorbeeld voor een artikel over meerdere kolommen, zal de stadsredacteur waarschijnlijk naar Jones' bureau komen om het artikel in een samenzweerderig onderonsje onder een zee van ogen te bespreken. Jones neemt contact op met een tiental verschillende bronnen en schrijft een verhaal dat aanzienlijk afwijkt van wat de redacteur voor ogen stond. De redacteur, die van alles dat op de redactietafel terechtkomt een doorslag krijgt, ziet de tekst niet zitten en vraagt Jones via de omroepinstallatie zich bij hem te melden. Na dit ongemakkelijk verblijf op vreemd terrein loopt Jones door de zee van ogen weer terug naar zijn bureau om een nieuwe poging te wagen. Uiteindelijk produceert hij een versie die een compromis vormt tussen de ideeën van de redacteur en zijn eigen indrukken. Hij beseft echter dat hij beter gescoord zou hebben als de indrukken van zijn eerste versie nauwer hadden aangesloten bij wat de redacteur aanvankelijk in gedachten had. Bovendien was het geen pretje geweest spitsroeden te moeten lopen tussen zijn bureau en de stadsredacteur, in het volle gezicht van alle verslaggevers die erop zitten te wachten dat zijn status keldert.

Net als anderen verschillen verslaggevers onderling in de mate van gevoeligheid voor druk vanuit hun kring van vakgenoten, maar ik denk dat bijna niemand – vooral de nieuwelingen niet – erg blij is met het verzoek bij het bureau stadsredactie te komen. Ze leren te ontsnappen naar de wc of achter fonteintjes weg te duiken als het gretige oog van de redacteur over de rijen gaat. Als het fatale 'Jones, stadsredactie' klinkt, kan Jones in het voorbijlopen zijn collega's voelen denken 'ik hoop dat hij een flauwekulopdracht krijgt, en als hij wel iets goeds krijgt hoop ik dat hij het verknalt'. In de krant van morgen zal iedereen het resultaat kunnen zien. Soms proberen redacteurs het beste uit hun mensen te krijgen door ze tegen elkaar uit te spelen en een ellebogenmentaliteit te kweken. 'Heb je gezien wat Smith met die vuilnisopdracht heeft gedaan?' zegt de stadsredacteur tegen Jones. 'Zoiets hebben we nou nodig van de man die de volgende vrijkomende post op het bureau

Chicago gaat bezetten. Jij zou je wel eens wat meer mogen inspannen.' Twee dagen later heeft Jones Smith misschien naar de kroon gestoken. Het directe karakter en de onvoorspelbaarheid van het straf- en beloningssysteem bij het hele proces rond opdrachtgeven en publiceren houdt in dat met uitzondering van een paar grote namen niemand zeker kan zijn van zijn status in het redactielokaal.

Constante onzekerheid kweekt wrok. Terwijl ze over de rug van een ander de gunst van de redacteuren proberen te winnen, ontwikkelen de verslaggevers een grote vijandigheid tegenover de mannen aan de andere kant van het lokaal. Anderzijds ontstaat er een zeker collegiaal gevoel als tegenwicht voor de concurrentiesfeer. De verslaggevers weten zich vereend door het gevoel van 'wij' tegen 'hen', wat zich uit in dollen en insidersgrappen. (Ik herinner me een clandestiene bijeenkomst op de heren-wc waar een verslaggever een parodie weggaf op 'hun' techniek van urineren.) Veel verslaggevers, vooral de verbitterde veteranen, geven af op de redacteuren, zelf grotendeels voormalige verslaggevers, omdat die zich hebben laten paaien door het management, en het contact met de dagelijkse realiteit hebben verloren dat aan de werkers aan de basis is voorbehouden. Deze anti-managementmentaliteit maakt het moeilijk redacteuren openlijk naar de mond te praten en geeft sommige verslaggevers het idee dat ze alleen maar schrijven om zichzelf en hun collega's te plezieren.

Het solidariteitsgevoel tegen 'hen' komt het duidelijkst tot uiting in het taboe op verfraaiing (of verdraaiing) van de feiten om het verhaal aan te passen aan de verwachtingen van de redacteur. De redacteuren zien zichzelf kennelijk als de jongens met de ideeën, die een verslaggever op het spoor zetten van een verhaal en verwachten dat hij het binnenhaalt in een vorm die te publiceren valt. De verslaggevers zien een redacteur als iemand die zowel zijn mensen als de werkelijkheid manipuleert. In hun ogen houdt een redacteur zich voornamelijk bezig met het handhaven van zijn positie in de eigen hiërarchie door met slimme ideeën te komen en zijn personeel zover te krijgen dat ze schrijven op een manier die die ideeën bevestigt. De macht van redacteur over verslaggever leidt evenals die van uitgever over redacteur inderdaad tot vervormingen in de nieuwsrapportage, zoals in onderzoek naar sociale controle in het redactielokaal altijd is benadrukt. Maar de afkeer van schrijven-op-recept die de verslaggevers hebben fungeert als tegengif. Zo was er eens een adjunct-stadsredacteur van *The Times* wiens zoontje had geklaagd dat zijn ijswafeltje zo smerig was geworden terwijl hij op straat liep dat hij zijn ijsje in de afvalbak had moeten gooien. Dat had de redacteur het idee gegeven voor een artikel over milieuvervuiling. Gehoorzaam bouwde de verslaggeefster haar verhaal op rond deze anekdote, en voegde er nog als verfraaiing aan toe dat het anonieme ventje de afvalbak gemist had en vervolgens zijns weegs was gegaan. De redacteur had dat laatste laten staan. Hij was verrukt over het artikel, dat waarschijnlijk zijn status bij de andere redacteuren opvijzelde en de positie van de verslaggeefster bij hem evenmin kwaad deed. Maar de reputatie van de verslaggeefster bij haar collega's daalde subiet, wat als waarschuwing fungeerde tegen verdere slijmschrijverij om aan de andere kant van het muurtje een wit voetje te halen.

De eigen normen over goed vakmanschap onder de verslaggevers veroorzaken ook constant wrijving met de correctors of persklaarmakers. Persklaarmakers vormen over het algemeen een apart slag onder de krantemensen. Het is een zwijgzaam en intens soort, misschien ook wat excentrieker en geleerder dan de doorsneeverslaggever. Zij worden geacht op iedere taalslak zout te leggen. Ze werken precies volgens het boekje – *The Style Book of The New York Times* in dit geval – en kennen ook hun eigen hiërarchie, van de laagste tot de sleutelfiguur die de kopij verdeelt onder de mensen in het 'zweethok', waar de uiteindelijke vormgeving van ieder nummer zijn beslag krijgt. Aan de absolute top van deze hiërarchie staat een adjunct-hoofdredacteur. In mijn tijd was dat Theodore Bernstein, een machtig man met veel prestige. De persklaarmakers vinden eigenlijk dat ze gediscrimeerd worden op de krant. Ze behoeden de verslaggevers dagelijks voor tientallen blunders, zowel feitelijke onjuistheden als taalfouten, en toch krijgen ze stank voor dank. 'De truc is om zoveel mogelijk kleur en sjeu langs die troep humorloze zombies te smokkelen,' heeft een journalist me eens uitgelegd. De persklaarmakers zien artikelen als segmenten in een nooit aflatende stroom 'kopij' die schreeuwt om standaardisatie, terwijl de verslaggevers ieder artikel als persoonlijk eigendom beschouwen. Individuele trekjes als briljant gevonden citaten of eigen vondsten en observaties bevredigen weliswaar het gevoel voor vakmanschap van de verslaggever zelf, maar roepen bij de corrector onherroepelijk het rode-potlood-instinct wakker. Koppen en openingszinnen zijn voor de verslaggever de meest kwetsbare plekken in de eindeloze strijd met zijn redacteuren en correctors. Inkorting en ongunstige plaatsing van zijn artikel kan hij nog aan de druk der omstandigheden toeschrijven. Maar een wijziging in zijn opening is een aanval op zijn nieuwsinstinct, op die ondefinieerbare eigenschap die hem tot professional maakt. Wanneer de volgorde van zijn eerste twee alinea's wordt omgedraaid betekent dat een ernstige ondermijning van zijn beroepsidentiteit. Zelfs kleine wijzigingen in zijn opening, die hij verderop in het artikel nauwelijks zou opmerken, kunnen een verslaggever behoorlijk de dampen aandoen. En een goed foute opening kan iemands carrière kapotmaken. Een vriend van mij is eens een artikel begonnen met een opmerking over een baby die bij een brand 'vrijwel onherkenbaar was geroosterd'. De redacteuren waren vooral gevallen over het 'vrijwel'. Die opening is hem op tien jaar loopjongenwerk komen te staan, tenminste daar zijn wij altijd heilig van overtuigd geweest.

Verslaggevers vormen subgroepjes die de concurrentiestrijd en de onzekerheid wat verminderen en de schrijfstijl beïnvloeden. Verslaggevers met dezelfde leeftijd, levensstijl of culturele achtergrond vormen groepjes (bij *The Times* was dat begin jaren zestig City College versus het meer elitaire Harvard). Sommigen lunchen samen, betalen elkaars drankjes in het café of gaan thuis bij elkaar op bezoek. Een verslaggever gaat zijn subgroep vertrouwen. Als hij met een opdracht bezig is, vraagt hij advies en hij luistert goed als het gesprek over het vak gaat. Een verslaggever uit mijn groepje moest eens een spoedopdracht doen over een verwarrende verandering bij de toch al ondoorzichtige welzijnszorg in New York. We zaten met een stuk of vijf man op zijn materiaal te puzzelen om er enige lijn in te ontdekken totdat iemand met de opmerking kwam: 'Het komt gewoon neer op handhaving van de status quo.' Dat is toen de opening en het leidmotief van het artikel geworden. Bijna ieder artikel ontwikkelt zich rond een basisidee, de kern van het verhaal. Die kern kan de verslaggever te pakken krijgen via contacten met bevriende collega's op de stadsredactie en ook via gesprekken met de redacteuren. Net zoals boodschappen bij de ontvanger een uit meerdere fasen bestaand communicatieproces doorlopen, doorlopen ze bij hun ontstaan ook verschillende stadia. Als de zender een stadsverslaggever is, filtert hij zijn ideeën via zijn referentiegroep en via de verschillende daartoe aangewezen personen op de stadsredactie voor hij ze op het publiek loslaat.

De afstemming van de schrijver op zijn omgeving wordt ten slotte nog gecompliceerd door een laatste factor, namelijk de traditie binnen het desbetreffende bedrijf. Belangrijke verschuivingen in de machtsstructuur van een krant beïnvloeden de manier waarop de verslaggevers schrijven, zelfs al zijn de meeste werknemers er niet van op de hoogte wat zich precies bij redacteuren en directie afspeelt. Veel kranten zijn onderverdeeld in halfautonome hertogdommetjes die geregeerd worden door stadsredacteuren, de redacteur buitenland en de redacteur binnenland. Dezen hebben ieder een groepje adjunct-redacteuren onder zich en zijn verantwoording schuldig aan de hoofdredacteur, die op zijn beurt de macht deelt met andere directieleden, zoals de commercieel directeur, en die rekenschap moet afleggen aan de hoogste baas, de uitgever. Bij *The Times* regeert iedere redacteur over een bepaald deel van de krant, zodat in een nummer van *n* kolommen de stadsredacteur kan rekenen op *x* kolommen, de redacteur buitenland op *y* kolommen, enzovoort. Uiteraard varieert hun aandeel dagelijks al naar gelang het belang van de actuele gebeurtenissen, maar op langere termijn wordt dit bepaald door het vermogen van ieder afzonderlijk potentaatje het eigen territorium te verdedigen en te vergroten. De 'vergadering van vier uur' speelt een grote rol in die terreinafbakening. Dan wordt in het kantoor van de hoofdredacteur de vorm van de krant van de dag bepaald. Hier geeft iedere redacteur een kort overzicht van wat zijn staf heeft geproduceerd en legt hij dag in dag uit verantwoording af voor de de ruimte die hij claimt. Een stadsredacteur die de zaak goed weet te verkopen kan meer ruimte loskrijgen voor de stadsverslaggevers en ze extra inspireren omdat de nieuwswaarde van hun onderwerpen nog eens is bevestigd.

In de periode dat ik bij *The Times* heb gewerkt, was er sprake van een dergelijke opleving bij het stadsnieuws dank zij de invloed van een nieuwe stadsredacteur, A.M. Rosenthal. Voor diens komst waren de artikelen over New York doorgaans degelijk, betrouwbaar, conventioneel en saai. Rosenthal wilde sappiger, origineler materiaal. Hij probeerde het onderste uit de kan te halen bij zijn mensen door een competitiesfeer te kweken. Daarom gaf hij de verslaggevers die zijn ideaal het dichtst benaderden ongeacht hun positie de beste opdrachten. Dit beleid maakte de veteranen razend, want zij hadden leren schrijven volgens de oude richtlijnen en waren grootgebracht met de traditie dat men door jarenlange trouwe dienst het recht op de beste opdrachten verkreeg. Ze begonnen te klagen over modieus geschrijf, schreeuwerige stijl, oppervlakkigheid en jeugdige arrogantie. Een aantal van hen nam ontslag, sommigen slaagden erin kleurrijker materiaal te leveren, maar het merendeel trok zich alleen of met een groepje collega's verbitterd terug in een eigen wereldje. De meeste nieuwelingen reageerden door zich enthousiast uit de naad te werken. Er groeide een saamhorigheid tussen deze groep en Rosenthal, een arme jongen uit de Bronx met een City College-achtergrond die door hard te knokken de top van *The Times* had bereikt. De eigenschappen die hem hadden doen slagen – talent, doorzettingsvermogen, enthousiasme – werden nu ook binnen de stadsredactie voorwaarden voor succes. Natuurlijk waren deze eigenschappen ook belangrijk onder het oude systeem dat naar anciënniteit werkte (anders had Rosenthal zelf ook nooit zo'n spectaculaire carrière kunnen maken), maar hij zorgde als nieuwe redacteur voor een normverschuiving. Door het accent te verleggen van de anciënniteitsnorm naar je door keihard werken bewijzen, werd de naam of positie die je je inmiddels had verworven minder belangrijk dan het telkens opnieuw presteren.

De komst van dit nieuwe waardensysteem heeft meer verwarring en pijn veroorzaakt dan men in sociologische termen kan uitdrukken. Toen Rosenthal het traditionele carrièreverloop in de war schopte, had hij niet alle veteranen van zich vervreemd. De sterren liet hij ongemoeid, en ook was het niet zo dat hij de nieuwelingen en bloc achter zich kreeg. Wel had hij overal voor paniek over de eigen status gezorgd, misschien zelfs bij zichzelf, want de vijandigheid die hij opriep bij zijn voormalige vrienden had hij kennelijk niet verwacht. Ook heeft hij waarschijnlijk wel zijn zorgen gehad over zijn positie bij de andere redacteuren en bij de directie. De eerste maanden van zijn redacteurschap vormden een moeilijke overgangstijd op de stadsredactie. De spelregels veranderden, en niemand wist meer waar hij aan toe was, want het statusverloop leek even grillig als de toekenning van opdrachten. Een verslaggever kon een weeklang uitstekende opdrachten in de wacht slepen terwijl het om hem heen overlijdensberichten regende, maar hij kon evengoed van de ene op de andere dag worden verbannen naar de overlijdenspagina of de 'bezemwagen' (de laatste nieuwssectie van de zondagskrant). Vandaar dat een oproep via de geluidsinstallatie iedereen met angst en beven vervulde. Na verloop van tijd ontstond er echter een nieuw stabiel statussysteem volgens de nieuwe normen. Aangemoedigd door salarisverhogingen en promoties begon een slimme agressieve nieuwe generatie de toon aan te geven op de krant en de zwaardere posten te bezetten. Een aantal van hen zijn inmiddels sterren geworden. Ook in het management vonden veranderingen plaats. De krant kreeg een nieuwe redacteur buitenland, nieuwe stadsredacteur, nieuwe redacteur binnenland, nieuw hoofd afdeling Washington, en uiteindelijk ook een nieuwe hoofdredacteur – A.M. Rosenthal. Er werd over geroddeld dat deze veranderingen het gevolg waren van persoonlijk gemanipuleer, maar in werkelijkheid was *The Times* zich op deze genadeloze en pijnlijke manier aan het verjongen door de macht in handen te geven van de generatie die stond te trappelen om de generatie die tijdens de Tweede Wereldoorlog op zijn top was op te volgen. De ontwikkelingen binnen het bedrijf – herverdeling van de macht, verstoring van de rolpatronen, en een wijziging van de normen – hadden een aanzienlijke invloed op de manier waarop we het nieuws brachten, zelfs al waren we ons vaak maar ten dele bewust van de factoren die hierbij een rol speelden.

SECUNDAIRE REFERENTIEGROEPEN EN HET PUBLIEK

Afgezien van wat er in zijn onderbewuste mag spelen aan 'images' en fantasieën, heeft de verslaggever weinig contact met en vrijwel geen feedback van het grote publiek. De communicatie via de krant is veel minder intiem dan via de vakbladen met hun schrijvers- en lezerskring die tot hetzelfde vakgebied behoren. Ik heb altijd veel meer respons gekregen op artikelen in wetenschappelijke tijdschriften met piepkleine abonneebestanden dan op voorpagina-artikelen in *The Times* die door minstens een half miljoen mensen moeten zijn gelezen. Zelfs bekende journalisten ontvangen wekelijks niet meer dan een paar brieven van lezers, en er zijn maar een handjevol journalisten die echt bekend zijn. Het publiek leest nauwelijks *wíe* er schrijft en is zich er niet van bewust dat Smith nu de gemeentepolitiek verslaat in plaats van Jones.

Het is misschien misleidend te spreken van 'het publiek' alsof dat een afgeronde identiteit bezit, net zoals volgens diffusieonderzoek het begrip 'lezerspubliek' als term voor ongedifferentieerde, atomistische individuen zinloos is. Het management van *The Times* gaat ervan uit dat het lezerspubliek uit heterogene groepen bestaat: huisvrouwen, juristen, onderwijzend personeel, joden, voorstadbewoners enzovoort. Het gaat ervan uit dat bepaalde groepen bepaalde delen van de krant lezen, en baseert zich niet op een hypothetische doorsneelezer die de hele krant leest. Daarom worden verslaggevers aangemoedigd zich te specialiseren. Er wordt een arts gevraagd om medisch nieuws te verslaan; iemand die op de nominatie staat de gang van zaken bij het Hooggerechtshof te verslaan laat men een jaar rechten studeren, en er worden voortdurend nieuwe specialisaties gecreëerd zoals reclame, architectuur, volksmuziek. Een serieus sociologisch onderzoek van nieuwsverslaggeving zou zeker de ontwikkeling van specialistische terreinen moeten nagaan. Het zou ook kunnen profiteren van het marktonderzoek dat gedaan wordt door de kranten zelf, die deskundigen inhuren om via verfijnde marktstrategieën hun oplage te kunnen vergroten.

De tendens naar specialisatie binnen de journalistiek moedigt verslaggevers aan zich op een bepaald publiek te richten. De mensen die zelf nauw zijn betrokken bij de gemeentepolitiek hebben heel goed in de gaten dat Jones door Smith is vervangen, en Smith gaat ervan uit dat diezelfde mensen zijn artikelen zorgvuldig zullen lezen. Toen Tom Wicker ten tijde van Kennedy het reilen en zeilen van de president versloeg, wist hij niet alleen dat Kennedy zijn artikelen nauwlettend volgde, maar ook wanneer en waar hij ze las. Men heeft me verteld dat de defensieverslaggever precies wist dat minister van defensie MacNamara zijn artikelen dagelijks tussen zeven en acht uur 's morgens las terwijl hij naar zijn werkplek werd gereden. Deze verslaggevers moeten Kennedy en MacNamara levendig voor ogen hebben gehad, op een bepaalde tijd en plaats, fronsend of glimlachend bij wat ze lazen. Dat heeft hun schrijven waarschijnlijk meer beïnvloed dan welk vaag beeld van een doorsneelezer dan ook. Voor een verslaggever die op een bepaald terrein werkt, begint de 'ochtend na de avond ervoor' psychologisch gesproken vroeg in de middag, wanneer hij een korte samenvatting inlevert van het artikel dat hij gaat schrijven. Hij beseft namelijk dat hij zijn zegslieden de dag daarop weer onder ogen moet komen en dat ze hem kunnen dwarsbomen bij zijn verdere verslaggeving als hij ze met het huidige artikel voor het hoofd stoot. Een verslaggever met een algemeen werkterrein zal over het algemeen minder last hebben van angst voor represailles omdat hij een minder stabiele relatie ontwikkelt met de mensen over wie hij schrijft.

Mijn indruk is altijd geweest dat verslaggevers zich uitermate bewust zijn van het gevaar uit afhankelijkheid van hun informanten zelfcensuur te gaan toepassen. Ik vond dat de conventionele nieuwsbronnen, vooral die bij de overheid, het spel van geven en nemen met de journalisten uiterst behendig speelden. Persvoorlichters en officiële woordvoerders zijn vaak voormalige verslaggevers die een samenzweerderige toon hanteren en bij hun officieus commentaar zo open en eerlijk mogelijk proberen te klinken en zonder al te veel respect. Op die manier kunnen ze niet zozeer de feitelijke inhoud zelf, maar wel de toonzetting van een artikel beïnvloeden, de manier waarop het wordt gepresenteerd en de algemene indruk die het wekt. Ze proberen de verslaggever te beïnvloeden voordat het verhaal in diens gedachten vaste vorm heeft aangenomen, terwijl hij nog op zoek is naar een centraal thema, naar de kerngedachte. Als hij zijn artikel opent met 'De daling van de werkeloosheid...' in plaats van 'De stijging van de inflatie...' hebben ze hun werk goed gedaan. Sommige persvoorlichters bewaren belangrijke informatie voor verslaggevers die gunstig schrijven, maar dat kan averechts werken omdat verslaggevers gevoelig zijn voor voorkeursbehandeling. Bovendien heb ik altijd ervaren dat er eerder sprake is van clubgeest dan onderlinge concurrentie. Regelrechte manipulatie is doorgaans minder effectief dan het over een lange periode handhaven van een soort vriendschappelijke verstandhouding tijdens dagelijkse contacten. Na ongeveer een jaar op een bepaald werkterrein gaan verslaggevers zich ongemerkt identificeren met het standpunt van de mensen over wie ze schrijven. Ze krijgen steeds meer begrip voor de ingewikkelde problematiek van de burgemeestersfunctie, de druk waaronder politieambtenaren werken en de beperkte speelruimte binnen de sociale dienst. Het hoofd van de afdeling Londen van *The Times* was toen ik daar werkte fanatiek pro-Brits, en dat van de afdeling Parijs fanatiek pro-Frans. Tijdens de onderhandelingen over het toetreden van Groot-Brittannië tot de EEG zaten ze elkaar in hun artikelen voortdurend in de haren. Bij *The Times* is men zo op zijn hoede voor de neiging van de buitenlandse correspondenten thuisschrijvers te worden, dat men ze iedere drie jaar stuivertje laat wisselen. Op wat bescheidener niveau ontwikkelen de in het vak doorknede misdaadverslaggevers die in de perskamers van de meeste hoofdbureaus van politie de zaak domineren een symbiotische relatie met de politie. In Newark was er een ploegje van vier doorgewinterde journalisten die langer op het hoofdbureau hadden meegedraaid dan de meeste politieagenten. Ze kenden iedereen die daar iets te betekenen had, dronken een glas met de politie, speelden poker met de politie, en namen de opvattingen over misdaad over van de politie. Nooit schreven ze over gewelddadig optreden van de politie.

Bij een sociologische analyse van nieuwsverslaggeving mogen zowel deze symbiose als de vijandige gevoelens die ontstaan tussen een verslaggever en zijn bronnen, evenals het feit dat deze bronnen zelf een belangrijk onderdeel van zijn 'publiek' uitmaken, beslist niet buiten beschouwing blijven. Nieuwsrapportage vindt plaats in gesloten circuits. Er wordt geschreven voor en over dezelfde mensen, soms zelfs in een privé-code. Na het lezen van een artikel door James Reston waarin sprake is van 'bezorgdheid' over het Midden-Oosten 'in de hoogste kringen' begrijpt de ingewijde dat de president bij 'Scotty' zijn hart heeft gelucht. Er werd vroeger altijd verteld dat de defensieverslaggever van de *Manchester Guardian* schreef in een code die alleen de minister van defensie en zijn kring begreep, terwijl de ogenschijnlijke boodschap van zijn artikelen bestemd was voor het grote publiek. Het gevoel om samen met de personen over wie men schrijft tot een groepje ingewijden te behoren – de neiging tot meegevoel en symbiose – schept een soort conservatisme bij de verslaggever. Je hoort vaak dat veel journalisten progressief zijn of democraat, en een aantal zal in het stemhokje inderdaad links kiezen. Maar als verslaggever vond ik ze doorgaans vijandig tegenover iedere ideologie, wantrouwig tegenover abstracties, cynisch over principes, met veel gevoel voor het concrete en het complexe, en als zodanig vol begrip voor de status quo. Ze leken minachting te koesteren voor prekers en professoren en veroordelingen als 'geitewollensokken figuur' of 'knapste jongetje van de klas' lagen hen voor op de tong. Totdat de een of andere sociaalpsycholoog erin slaagt het waardensysteem van journalisten te analyseren, ben ik geneigd het oneens te zijn met de veelgehoorde opvatting dat de journalistiek lijdt aan progressieve of linkse vooroordelen. Dat wil echter niet zeggen dat de pers de gevestigde orde bewust de hand boven het hoofd houdt. De misdaadverslaggever en de politieman, de diplomatieke correspondent en de minister van buitenlandse zaken hebben uit hoofde van hun werk een zekere band met elkaar en ontwikkelen onherroepelijk een aantal gemeenschappelijke standpunten.

Tot de nieuwsproducenten-consumenten in het vaste kringetje van insiders onder het lezerspubliek van de verslaggever behoren ook verslaggevers van andere kranten. Zij vormen zijn bredere referentiegroep, de referentiegroep van vakgenoten. De verslaggever weet dat de concurrentie zijn artikelen nauwlettend volgt, hoewel er paradoxaal genoeg nergens minder concurrentie te vinden is dan onder een groep journalisten die aan hetzelfde onderwerp werken. De nieuweling arriveert met de aansporing van zijn redacteur flink met de ellebogen te werken nog in zijn oren, maar hij komt er al gauw achter dat hij geen grotere zonde kan begaan dan de tegenpartij een hak te zetten door er met een primeur vandoor te gaan, en dat je dan het risico loopt bij de volgende opdracht compleet genegeerd te worden. Als hij buiten het bureau van zijn eigen krant op een perscentrum werkt, kan hij totaal opgaan in een groepje collega's van verschillende kranten. 'Zij' worden dan de stadsredacties van alle kranten en de nieuwsdiensten in de stad, die de rust en veiligheid van de mensen ter plekke verstoren. In zulke omstandigheden is het voor zich houden van informatie zo'n halsmisdaad dat sommige verslaggevers primeurs doorspelen naar collega's bij hun eigen krant zodat het verhaal van 'hen' lijkt te komen en de goede verstandhouding op het perscentrum niet wordt verstoord. In sommige gevallen doet één man al het veldwerk of onderzoek terwijl de anderen zitten te pokeren. Als hij alle feiten bij elkaar heeft, dicteert hij ze aan de rest, waarop iedereen zijn eigen versie schrijft of het geheel doorbelt aan een persklaarmaker op zijn stadsredactie. Als iemand door zijn redactie onder druk wordt gezet, wordt stilzwijgend getolereerd dat hij extra telefoontjes pleegt om exclusieve uitspraken, kleurrijke details en dergelijke op te duiken, maar het zou hem kwalijk worden genomen als hij dit extra spitwerk op eigen initiatief ondernam. Een op eigen houtje opererende fanatiekeling kan iedereen dwingen hetzelfde te doen en dat verstoort in ieder geval het pokeren, dat op veel perscentra een belangrijke rol speelt. In de oude (inmiddels afgebroken) perskeet achter het hoofdbureau van politie in Manhattan zat vaak wel vijftig dollar in de pot, en bij de groep gokkers die erop af kwam, zat naast de journalisten ook politie en een zootje ongeregeld. Op kritieke momenten in het spel was het niet ongebruikelijk dat een politieman die zijn kaarten al had neergelegd telefoontjes aannam van de krant. Verslaggevers negeerden soms berichten om het spel niet te hoeven onderbreken. De groep was saamhorig genoeg om te zorgen dat 'zij' er niet achter kwamen, behalve wanneer het om opzienbarend nieuws ging, dat de veiligheid van de hele groep bedreigde omdat de redacteuren dan op primeurs en extra achtergrondinformatie aasden. Om zichzelf te beschermen deelden de verslaggevers zowel openingen als details. Na een persconferentie kwamen ze bij elkaar om indrukken uit te wisselen en elkaar uit te horen over wat het 'verhaal' was, tot ze tot een eensluidende interpretatie kwamen en hun kranten varianten konden leveren op hetzelfde thema. 'Nou, wat vind jij ervan?' 'Moeilijk te zeggen.' 'Niet veel nieuws eigenlijk.' 'Nee, wat hij zei over het uitroeien van corruptie, dat hebben we al eerder gehoord.' 'Misschien dat stukje over het demilitariseren van het korps...' 'Ja, dat burgerkarakter...'

De concurrentiedrang is ook verminderd omdat het aantal kranten is afgenomen. Verslaggevers in steden met maar één lokale krant hoeven alleen maar voor te blijven op radionieuwsdiensten en televisie, die een heel ander genre nieuws brengen en geen echte concurrentie vormen. Maar als ze voor een belangrijk persagentschap werken zullen ze worden gelezen door collegaverslaggevers die voor kranten in andere steden hetzelfde terrein bestrijken. Ze weten dat het oordeel van die collega's bepalend is voor hun status binnen de lokale pershiërarchie. Voor veel verslaggevers is een goede reputatie als vakman een doel op zichzelf, maar het leidt ook tot aanbiedingen voor een baan. Wervingen gaan vaak via collega's die elkaar hebben leren respecteren door samen te werken, en promoties zijn vaak het gevolg van indrukken die iemand in zijn eigen krant heeft gemaakt. *The Times* kent vaste aanstellingen. Als iemand eenmaal is aangenomen kan hij er zijn hele leven blijven zitten, maar er zijn veel mensen die eeuwig als veteraanverslaggever op de stadsredactie blijven steken. Vakkundigheid is daarom belangrijk bij de verslaggeving, want via je artikelen verkrijg je status, en verslaggevers schrijven om indruk te maken op hun collega's.

Ze krijgen ook wel wat feedback van familie en vrienden, die kijken of ze hun naam zien staan en commentaar geven als: 'Dat was een leuk stukje over Kew Gardens. Ik ben er vorige week nog geweest, en het vliegt echt achteruit.' Of: 'Is Joe Namath echt zo onuitstaanbaar als hij klinkt?' Dit soort opmerkingen leggen minder gewicht in de schaal dan de reacties van vakgenoten, maar geven verslaggevers het geruststellende gevoel dat de boodschap is overgekomen. Je moeder mag dan niet kritisch lezen, ze geeft je wel steun. Zonder haar kan je artikel een steen lijken die je in een bodemloze put gooit. Je wacht en je wacht, maar hoort nooit iets aankomen. Verslaggevers kunnen ook reacties verwachten uit een specifiek deel van het lezerspubliek. Lezers die in Kew Gardens werken, of in het geval van Namath bijvoorbeeld mensen uit de sportwereld. Veel van dit soort feedback is negatief, maar verslaggevers leren niet te zwaar te tillen aan ontevredenheid bij specifieke belangengroepen. Wat ze wel moeilijk kunnen inschatten is het effect van hun artikelen op het grote publiek, de massa die waarschijnlijk helemaal geen massa is maar een heterogene verzameling groepen en individuen.

Alles bij elkaar genomen denk ik dat Pool en Shulman het bij het verkeerde eind hebben als ze ervan uitgaan dat nieuwsrapportage bepaald wordt door het beeld dat een verslaggever heeft van het grote publiek. Journalisten hebben misschien wel zo'n beeld, hoewel ik ook dat betwijfel, maar schrijven doen ze met een hele reeks referentiegroepen in gedachten. Hun correctors, hun redacteuren, de verschillende groepen collega's op de stadsredactie, de bronnen en onderwerpen van hun artikelen, verslaggevers bij andere kranten, vrienden en familie en specifieke belangengroeperingen. Wie hiervan het zwaarst weegt zal van schrijver tot schrijver en van artikel tot artikel variëren. De referentiegroepen onderling kunnen tegenstrijdige eisen stellen aan de verslaggever. Soms zal het hem zelfs niet lukken de ideeën over 'het verhaal' van de opdracht gevende redacteur, de stadsredacteur, de avondstadsredacteur, de kopijvoorbereider en zijn collega's met elkaar te verenigen. Vaak probeert hij dan zo min mogelijk 'ruis' te krijgen en zo'n beetje de middenweg te bewandelen.

BEROEPSSOCIALISATIE

Hoewel sommige verslaggevers misschien leren schrijven op een journalistenopleiding, waar Pool en Shulman hun proefpersonen vandaan haalden, leren de meesten (veel afgestudeerden van de opleiding inclusief) het klappen van de zweep tijdens een stage of inwerkperiode. Terwijl ze hun werk doen als jongste bediende maken ze zich bepaalde denkwijzen, waarden en de code van het beroep eigen. Later, als ze ingewerkt worden als beginnend verslaggever leren ze nieuws herkennen en doorgeven.

De loopjongen die de vonken van Homer Bigarts schrijfmachine ziet springen als de deadline nadert, die diens kopij heet van de naald naar de redacteuren brengt en het de volgende dag in druk leest, leert een aantal regels van het vak. Door zijn oren goed open te zetten maakt hij zich de toon van het redactielokaal eigen. Geleidelijk aan leert hij meer als een New Yorker te klinken, harder te praten, journalistenjargon te gebruiken, en de hoeveelheid krachttermen in zijn conversatie op te voeren. Deze technieken vergemakkelijken de communicatie met collega's en zegslieden. Het is bijvoorbeeld niet zo eenvoudig via de telefoon iets van een inspecteur van politie te weten te komen tenzij je recht in de hoorn obsceniteiten kunt schreeuwen. Terwijl hij zich deze gewoonten aanleert, registreert de leerjongen ongemerkt ook allerlei normen en waarden. Ik herinner me levendig de afkeer op het gezicht van een kopijvoorbereider toen hij een telegram van een correspondent uit de Kongo las met een aantal hysterische zinnen over kogels die door de hotelkamer floten. Het was geen stijl je te laten meeslepen. Een andere correspondent, die tijdens de Algerijnse revolutie heel wat bloedige gevechten had meegemaakt, maakte diepe indruk op me met een verhaal over een hagedis die in een ventilator was terechtgekomen op het perskantoor in Algerije. Geen woord over het afslachten van de Algerijnen, wel een heel verhaal over hoe moeilijk het was te schrijven terwijl je besproeid werd met gehakte hagedis. Je hoeft niet al te ingespannen te luisteren om de strekking van journalistenpraat te kunnen volgen. Journalisten praten over zichzelf, niet over de mensen uit hun reportages – net zoals geschiedenisprofessoren over geschiedenisprofessoren praten en niet over Frederik de Tweede. Je hoeft maar een paar weken kopij rond te brengen en je weet precies hoe Mike Berger ooit Clare Booth Luce heeft geïnterviewd, hoe Abe Rosenthal Polen heeft geanalyseerd en hoe Dave Halberstam in Zuid-Vietnam de Diems heeft afgetroefd. Dit soort praat verschijnt zelfs officieel als *Times Talk*, een interne publikatie waarin verslaggevers hun werk beschrijven. Dus als je het niet aandurft om Tom Wicker aan te spreken, dan kun je altijd nog zijn eigen versie lezen van de manier waarop hij de moord op president Kennedy heeft verslagen.

Net als ieder ander vak kent ook het krantenvak zijn eigen mythevorming. Vaak heb ik horen vertellen hoe Jamie McDonald vanuit de geschutkoepel van een RAF-bommenwerper een aanval op Duitsland versloeg en hoe zijn vrouw Kitty, grootste telefoniste aller tijden, contact legde tussen Mike Berger, de grootste stadsverslaggever, en de gouverneur van New York, door een radioverbinding tot stand te brengen met een jacht midden op de Atlantische Oceaan, waar de gouverneur uit alle macht incommunicado probeerde te blijven. Op het redactielokaal zal men niet licht de dag vergeten waarop Edwin James hoofdredacteur werd. Hij arriveerde in zijn fameuze bontjas, sloot zich aan bij de pokerspelers achter de bureaus van de persklaarmakers, waar altijd een spel aan de gang was, speelde iedereen blut, en vervoegde zich vervolgens bij 'hen' aan het andere eind van het lokaal, waar hij van toen af aan met onovertroffen autoriteit regeerde. Verslaggevers voelen zich verplicht te voldoen aan de maatstaven die in het verleden zijn gesteld, hoewel ze beseffen dat ze bij deze mythische reuzen in het niet moeten vallen. Het is geen onoverkomelijke ramp dat Gay Talese nooit zo goed over New York zal kunnen schrijven als Mike Berger of dat Abe Rosenthal zijn hoofdredacteurschap nooit zal kunnen uitoefenen met de intelligentie en flair van Edwin James. De verering van de doden geeft bezieling aan de levenden. Wij schreven net zo goed voor Berger en James als voor de levenden op de stadsredactie.

Journalistenpraat gaat ook over de werkomstandigheden, zoals de problemen met de telefoon- en telegraafverbindingen in Derde-Wereldlanden, de censuur in Israël en de Sovjetunie, onkostenvergoedingen. (Ik was in Londen nog zo onnozel wat dat betrof dat ik nooit de clou snapte van de klassieke verhalen over die Canadese correspondent die vergoeding aanvroeg voor zijn hondeslee, of de correspondent in Afrika die verslaggevers voor het weekend uitnodigde in zijn villa en ze dan valse hotelrekeningen gaf voor hun onkostenlijst. Ze hebben me echt moeten vertellen dat mijn zielige declaraties de levensstandaard van het hele bureau omlaag brachten.) Een stadsverslaggever heeft me als zijn grootste wapenfeit verteld dat hij erop uit was gestuurd een brand te verslaan, ontdekte dat het een vals alarm was, en terugkwam met een verhaal over vals alarm. Hij had het gevoel dat hij iets alledaags tot 'nieuws' had omgetoverd door een nieuwe invalshoek te vinden. Een andere verslaggever zei dat hij voelde de grens tussen nieuweling en veteraan te hebben overschreden op een bepaalde dag toen hij de burgeroorlog in de Kongo versloeg. Zijn verbinding met Londen kwam onverwacht vroeg, toen hij nog nauwelijks zijn aantekeningen had doorgelezen. Hij wist dat hij het gesprek niet uit kon stellen en dat iedere minuut vreselijk veel geld kostte, en heeft toen het artikel razendsnel direct op de telex gezet. Sommige verslaggevers zeiden dat ze zich pas echte professionals voelden nadat ze een jaar op de avondpersklaarmaak hadden gewerkt, iets dat grote snelheid en een heldere schrijfstijl vereist. Anderen zeggen dat ze pas echt zelfvertrouwen hebben gekregen nadat ze met goed gevolg een opzienbarend verhaal dat net tegen de deadline bekend werd rond hadden gekregen.

Verslaggevers ontwikkelen geleidelijk het gevoel dat ze hun vak beheersen – dat ze in een uur een kolom kunnen schrijven over ieder willekeurig onderwerp, ook onder de meest moeilijke omstandigheden. De staf in Londen had diepe bewondering voor het vermogen van Drew Middleton ter plekke een nieuwe opening voor een artikel te dicteren nadat hij midden in de nacht uit bed was gebeld omdat er zich een belangrijke nieuwe ontwikkeling had voorgedaan. Een deadline missen wordt gezien als onuitsprekelijk onprofessioneel. Iemand die vlak bij me zat op de stadsredactie had verscheidene deadlines gemist. Om ongeveer vier uur 's middags goot hij als hij een belangrijk artikel moest doen steels een theebeker whisky naar binnen uit een fles die hij verstopt hield in de onderste la van zijn bureau. De loopjongens wisten precies wat er met hem aan de hand was. Met één oogopslag waren alle deadlineworstelingen van tientallen mannen hun volkomen duidelijk. Hun werk dwingt ze eigenlijk tot een versnelde socialisatie, want ze hebben geen vaste plek maar zwerven door de hele ruimte rond en werken zowel voor redacteuren en kopijvoorbereiders als verslaggevers. Ze leren snel hoe het statussysteem in elkaar zit en zijn goed in staat positieve en negatieve rolmodellen te kiezen. Door naar gesprekken over het vak te luisteren en gedragspatronen te observeren maken ze zich een bepaald ideaalbeeld eigen: onverstoorbaar, nauwkeurig, snel, slim, keihard, grof en vol ambitie. Verslaggevers lijken cynisch ten aanzien van de mensen over wie ze schrijven en sentimenteel over zichzelf. Ze hebben het over de hardwerkende journalist aan de basis alsof dat de enige eerlijke en intelligente persoon is in een wereld van schurken en dwazen. Terwijl iedereen om hem heen de waarheid manipuleert en verdraait, staat hij terzijde en legt de waarheid vast. Ik herinner me hoe een verslaggever de figuur van de journalist introduceerde in een anekdote over politici, reclame- en pr-mensen: '(...) en toen kwam die figuur met zijn trenchcoat.' Ik heb bij *The Times* nooit een trenchcoat gezien. De meeste verslaggevers staken zich in de kleren bij Brooks Brothers, wat je zou kunnen zien als een teken van ambivalentie ten aanzien van het 'establishment' dat ze zeiden te minachten. Maar ze hadden wel een trenchcoatachtig beeld van zichzelf. Ze hadden eigenlijk een hele reeks stereotiepe beelden die de manier waarop ze het nieuws versloegen vorm gaven, en dat was een mentaliteit die ze zich eigen maakten tijdens hun inwerktijd bij de krant zelf.

STANDAARD EN STEREOTYPE

Hoewel de loopjongen via verschillende *rites de passage* verslaggever kan worden, krijgt hij zijn opleidingsperiode meestal bij het hoofdbureau van politie. Na deze 'proeftijd', zoals dit bij *The Times* heet, wordt hij geacht alles aan te kunnen, want het politieverhaal geldt als een archetypische nieuwsvorm, en als hij het hoofdbureau heeft overleefd is hij rijp voor het Witte Huis – hetgeen trouwens een parallel is die veel onthult over de geest waarin de verslaggevers hun materiaal benaderen.

In de zomer van 1959, toen ik bij de *Newark Star Ledger* was, werd ik aan het werk gezet bij het hoofdbureau van politie in Newark, New Jersey. Op mijn eerste werkdag kreeg ik een rondleiding door een ervaren verslaggever die een climax bereikte op de fotoafdeling. Aangezien ieder lijk dat in Newark wordt gevonden door een politiefotograaf wordt gefotografeerd, heeft de politie een opmerkelijke verzameling kiekjes van opengereten en wegrottende kadavers (de lijken van verdronkenen zijn het meest indrukwekkend), en ze vinden het daar leuk om die aan nieuwelingen van de pers te laten zien. Persfotografen bouwen hun eigen verzameling op, soms met hulp van de politie, die gearresteerde prostituées voor ze laat poseren. Toen ik in de perskamer terug kwam, gaf een fotograaf van de *Mirror* me een van zijn obscene politiekiekjes en liet me zijn pin-up-collectie zien van eigen fabrikaat, met zijn verloofde in de hoofdrol. Toen vroeg een verslaggeefster me of ik nog maagd was, wat aan de pokerspelende mannen een bulderend gelach ontlokte. Ze zat achterovergeleund in haar stoel met haar benen op het bureau en haar rok omhooggeschoven, en mijn groene gezicht werd ogenblikkelijk rood. Na deze uitnodiging werd het pokerspel hervat en werd ik aan mijn lot overgelaten om voor iedereen werk op te knappen. Dat betekende onder andere in een kantoor boven de *squeal sheets* ophalen, de korte rapportjes van iedere lopende politieactie. De verslaggevers rekenden op de politieradio en tips van vrienden bij het korps voor het grote nieuws. De rapportjes gebruikten ze om het incidentele man-bijt-hond verhaal met potentiële nieuwswaarde uit te schiften. Ongeveer eens per uur bracht ik een stapeltje rapportjes naar de perskamer en las ze hardop voor aan de pokerspelers, waarbij ik alles waar ik een verhaal in zag extra aankondigde. Al gauw bleek dat ik geen neus had voor nieuws, want als ik iets de moeite waard vond, zeiden de veteranen bijna altijd dat daar niks in zat, terwijl zij er vaak dingen uitpikten die mij onbelangrijk leken. Natuurlijk wist ik best dat geen nieuws goed nieuws is en dat alleen iets afgrijselijks een 'goed' verhaal opleverde. Maar het duurde enige tijd voor ik geleerd had niet opgewonden te raken over een 'dba' (dood bij aankomst – vaak bij hartaanvallen) of een 'sneetje' (een steekpartij, vaak bij kleine diefstallen of familieruzies, te frequent om nieuws te zijn). Op een keer dacht ik een spectaculair rapport gevonden te hebben. Ik geloof dat er moord, verkrachting en incest op voorkwam. Onmiddellijk liep ik naar de afdeling moordzaken om het na te trekken. De rechercheur las het en keek me vol minachting aan: 'Zie je dan niet dat het zwart is, jongen? Dat is geen nieuws.' Achter de namen van het slachtoffer en de verdachte stond een hoofdletter Z. Ik had nog niet geleerd dat gruwelijkheden onder zwarten geen 'nieuws' waren.

Hoe hoger de status van het slachtoffer, hoe groter het verhaal. Dat principe werd wel duidelijk toen Newark zo gelukkig was het grootste misdaadverhaal van de zomer te krijgen. Een beeldschone, rijke debutante was op het vliegveld van Newark op geheimzinnige wijze verdwenen. Onmiddellijk zat de perskamer vol topjournalisten uit het hele oosten van het land, die reportages maakten als NEWARK JAAGT OP VERDWENEN SCHONE, VERLOOFDE VERDWIJNT OP KLAARLICHTE DAG, en VADER TREURT OM GEKIDNAPTE ERFGENAME. Het was ons tot dusverre nooit gelukt voor de beste berovingen en verkrachtingen meer dan een alinea te krijgen, maar over het verdwenen meisje plaatsten ze alles. Samen met een collega diende ik een lang verslag in onder de titel HAAR LAATSTE STAPPEN, dat niets meer om het lijf had dan een beschrijving van de plattegrond van het vliegveld vergezeld van enige speculaties over waar het meisje kon zijn gebleven. Naderhand bleek dat bij artikelen over ontvoeringen en verdwijningen vaak zogenaamde *side bars* (verhalen over secundaire aspecten van een gebeurtenis) over 'laatste stappen' worden gevoegd. Wij hadden zonder het te weten geput uit een traditioneel repertoire. Het was zoiets als koekjes bakken met een antieke speculaasplank.

Spectaculair nieuws levert vaak verhalen op met speciale patronen die enigszins archaïsch aandoen, alsof het metamorfoses zijn van oerverhalen die verloren zijn gegaan in de krochten der tijd. Het eerste dat een stadsverslaggever doet als hij een opdracht heeft gekregen is relevant materiaal zoeken onder oude artikelen die zijn opgeslagen in het archief, de *morgue* (het 'lijkenhuis', waar de dode verhalen uit de krant van gister hun laatste rustplaats hebben gevonden). De dode hand van het verleden leidt dus zijn perceptie van het heden. Als hij eenmaal door het archief heen is, pleegt hij een paar telefoontjes en voert hij misschien een paar gesprekken buiten het kantoor of gaat hij ergens kijken. (Mijn bevinding is dat verslaggevers niet gauw hun schoenen verslijten maar gigantische telefoonrekeningen hebben.) Maar de nieuwe informatie die hij opdoet moet in de categorieën passen die hij van zijn voorgangers heeft geërfd. Zo komen veel artikelen opvallend overeen qua vorm, of het nu 'hard nieuws' betreft of meer gestileerde speciale onderwerpen. Met uitzondering van de sociologe Helen MacGill Hughes hebben alle specialisten in de geschiedenis van de Amerikaanse journalistiek de culturele determinanten van 'nieuws' op lange termijn kennelijk over het hoofd gezien. Franse historici hebben echter in hun eigen journalistieke traditie een aantal opmerkelijke gevallen van continuïteit gevonden. Eén verhaal betreft een geval van identiteitsverwisseling waarbij een vader en een moeder hun eigen zoon hadden vermoord. Het werd voor het eerst gepubliceerd in een primitief Parijs nieuwsblad van 1618. Vervolgens onderging het een aantal reïncarnaties. Het dook in 1848 op in Toulouse, in 1881 in Angoulême, en ten slotte in een moderne Algerijnse krant, waar Albert Camus het oppikte en er een op existentiële leest geschoeid verhaal van maakte voor *L'Étranger* en *Malentendu*.[2] Hoewel de namen, data en plaatsen variëren, is de vorm van het verhaal in die drie eeuwen onmiskenbaar dezelfde gebleven.

Het zou natuurlijk absurd zijn de suggestie te wekken dat de fantasieën van journalisten worden gevoed door primitieve mythes zoals die Jung en Lévi-Strauss voor ogen stonden. Wel wordt de journalistiek sterk beïnvloed door stereotypen en vooraf bestaande ideeën over de elementen waaruit 'een verhaal' dient te zijn opgebouwd. Zonder vooraf geformuleerde categorieën van waaruit 'nieuws' bestaat, kan men het geheel aan ervaringen niet assimileren. Er bestaat een epistemologie van de *faits divers*. Een *squeal sheet* omzetten in een artikel vereist een geoefend waarnemingsvermogen en bedrevenheid in het werken met gestandaardiseerde beelden, clichés, bepaalde invalshoeken en scenario's, die bij redacteuren en lezers een conventionele respons oproepen. Een slimme schrijver stopt nieuw materiaal in een oude vorm op een manier die spanning oproept, om die vervolgens op te lossen door op een vertrouwd element terug te vallen. Daarom was Jones zo tevreden over zijn openingszin. Hij begon met een standaardbeeld op te roepen, de boom die in Brooklyn groeit, en net op het moment dat de lezer zich begon af te vragen waar dit in vredesnaam over moest gaan, hing Jones het beeld op aan de gebeurtenis van die dag, namelijk de man-van-het-jaar-verkiezing. Een kweker krijgt een prijs omdat hij bomen laat groeien in Brooklyn, denkt de lezer. Mooi gevonden. Juist omdat het zo mooi past geeft het zo'n gevoel van voldoening, zoiets als het gevoel van welbehagen als het je na veel moeite is gelukt je voet in een nauwe laars te krijgen. De truc werkt niet als de schrijver te ver afwijkt van het repertoire aan standaardbegrippen dat hij met zijn lezers deelt, en van de technieken om dat te benutten zoals hij die van zijn voorgangers heeft geleerd.

De neiging tot het volgen van stereotypen hield niet in dat de vijf à zes verslaggevers op het hoofdbureau van politie in Newark precies hetzelfde schreven, hoewel onze kopij erg op elkaar leek en we al onze informatie met elkaar deelden. Sommige verslaggevers hadden voorkeur voor bepaalde onderwerpen. Een van de twee vaste vrouwelijke verslaggevers in de perskamer had de gewoonte alle politiebureaus af te bellen met de vraag 'Zijn er nog tienerorgies te melden?' Als erkend expert op haar terrein leverde ze artikelen in over gevallen van tienerseks waar de rest van ons zich verre van hield. Zo was er onder de verslaggevers in Manhattan ook iemand die gek was op branden – een eigenaardige man met een houten been, die altijd een revolver droeg – en die meer branden versloeg dan alle anderen. Om je als vaste verslaggever in een politieperskamer te kunnen handhaven, moest je qua temperament waarschijnlijk wel enigszins bij je onderwerpen passen en een laag eelt op je ziel hebben. Ik leerde tamelijk nonchalant te worden over 'sneetjes' en zelfs 'springers' (mensen die zelfmoord plegen door van gebouwen te springen), maar wat ik nooit heb begrepen is hoe verslaggevers het konden opbrengen bewust 'reactie'verhalen uit te lokken door ouders van de dood van hun kinderen op de hoogte te stellen. ' "En het was altijd zo'n goeie jongen," huilde mevrouw MacNaughton, terwijl haar lichaam schokte van het snikken.' Als ik dit soort uitspraken nodig had, verzon ik ze zelf, evenals een paar andere collega's van me – want wij wisten wat de 'diepbedroefde moeder' en de 'treurende vader' gezegd zouden hebben, en gaven daarmee soms meer onze eigen gevoelens weer dan de hunne. Bij extra achtergrondverhalen of speciale hoofdartikelen had je meer ruimte om te improviseren, maar die hadden ook weer hun conventionele patronen. Dierverhalen bijvoorbeeld deden het goed bij de stadsredactie. Ik leverde een artikel in over politiepaarden om er na de publikatie achter te komen dat mijn krant de afgelopen tien jaar al minstens tweemaal een soortgelijk verhaal had geplaatst.

Tegen het eind van mijn zomer in Newark had ik een hoop artikelen geschreven zonder dat mijn naam ook maar één keer was vermeld. Toen ik op een dag niks beters te doen had, ging ik aan de gang met een *squeal sheet* over een jongen wiens fiets was gestolen in een park. Ik wist dat het niet geplaatst zou worden, maar schreef er bij wijze van schrijfoefening vier alineaatjes over die ik tijdens een pauze in het pokeren aan een van de vaste mannen liet zien. Zo'n verhaal kan je niet clean schrijven alsof het een telexbericht is, legde hij me uit. En zowat binnen een minuut typte hij een totaal andere versie uit, met de nodige verzonnen details. Het ging ongeveer zo:

> Iedere week deed Billy zijn kwartje zakgeld in zijn spaarvarken. Hij wilde een fiets kopen. Eindelijk kwam de grote dag. Hij koos een glimmende rode Schwinn en ging er een rondje op fietsen in het park. Een weeklang reed hij iedere dag trots diezelfde route. Maar gisteren werd hij door drie onverlaten midden in het park besprongen. Ze sloegen hem van de fiets en gingen ermee vandoor. Bloedend en onder de blauwe plekken sleepte Billy zich naar huis, naar zijn vader, George Wagner uit Elm Street 43. 'Kop op jongen,' zei zijn vader. 'Ik koop een nieuwe fiets voor je, en die kan je gebruiken voor een krantewijk waarmee je het geld kan verdienen om me terug te betalen.' Billy hoopt gauw zo'n baantje te vinden. Maar hij zal zich wel tweemaal bedenken voor hij weer door het park fietst.

Ik belde vader Wagner weer op met een nieuwe reeks vragen. Kreeg Billy zakgeld? Stopte hij dat in een spaarvarken? Welke kleur had zijn fiets? Wat had hij tegen Billy gezegd toen de fiets gestolen was? Zo had ik al gauw genoeg details om het verhaal volgens de nieuwe opzet in te vullen. Vervolgens herschreef ik het in de nieuwe stijl. De volgende dag stond het in de krant, in een speciaal kader, boven de vouw, op de voorpagina, met mijn naam erbij. Er kwamen heel wat reacties op, vooral uit Elm Street, waar de buren van de Wagners een inzameling organiseerden voor een nieuwe fiets, zoals ik later van vader Wagner hoorde. De hoofdambtenaar die over de parken ging was geschokt en belde op om uit te leggen dat er toch echt goed gepatrouilleerd werd in de parken en dat er nieuwe maatregelen werden genomen om de veiligheid van de bewoners rond Elm Street te vergroten. Ik was verbijsterd over de ontdekking dat ik zoveel had losgemaakt door met een aantal standaardsentimenten en clichéfiguren te goochelen, namelijk de jongen met zijn fiets, sparen in een spaarvarken, harteloze schurken, de troostende vader. Het hele verhaal had iets vreemd ouderwets. Afgezien van de fiets had het uit het midden van de negentiende eeuw kunnen stammen.

Verscheidene jaren later, toen ik bezig was met onderzoek naar volkscultuur in het vroeg-moderne Frankrijk en Engeland, stuitte ik op verhalen die verrassend veel leken op de artikelen die wij produceerden in de perskamer van het hoofdbureau van politie in Newark. Engelse volksboekjes, de op losse vellen gedrukte volksliedjes en ballades, de stuiverromans, de Franse *canards*, *images d'Epinal* en de *bibliothèque bleue* werken met dezelfde basisthema's, die ook voorkomen in kinderboeken en waarschijnlijk zijn terug te voeren op oude mondelinge tradities. En misschien speelde er in een halfbewust hoekje van mijn brein wel een kinderrijmpje of een illustratie uit Moeder De Gans toen ik het verhaal schreef van Billy en de boeven.

I had a little moppet
I kept it in my pocket
And fed it on corn and hay;
Then came a proud beggar
And said he would have her,
And stole my little moppet away.

Ik had een lief Lijsje
waarop ik goed paste
ik gaf haar tarwe en hooi;
toen kwam een arme schobbejak
die zei, ik denk dat ik haar pak,
en hij stal mijn Lijsje zo mooi.

In hun oorspronkelijke vorm waren kinderversjes vaak voor volwassenen bedoeld. Toen journalisten hun verhalen op het grote publiek gingen richten, schreven ze alsof ze met kinderen communiceerden, met *le peuple, ce grand enfant*. Vandaar de neerbuigende, sentimentele en moralistische toon van de populaire journalistiek. Toch zou het misleidend zijn om cultuurspreiding uitsluitend te zien als een beweging van boven naar beneden, want er zijn evengoed stromingen vanuit het gewone volk naar de elite als andersom. De sprookjes van Perrault, Mozarts *Die Zauberflöte* en Courbets *Enterrement à Ornans* zijn voorbeelden van het dialectische proces tussen Cultuur en volkscultuur in drie verschillende genres en eeuwen. Ofschoon we er ons totaal niet van bewust waren dat de manier waarop wij in Newark misdaden versloegen mede bepaald werd door culturele factoren, gingen we natuurlijk niet volkomen blanco achter onze schrijfmachine zitten. Onze neiging onmiddellijke gebeurtenissen te zien in plaats van processen op langere termijn, maakte ons blind voor de archaïsche elementen binnen de journalistiek. Toch was het idee dat wij over nieuws hadden een uitvloeisel van traditionele verhaaltechnieken.

De verhalen en de misdaadverslaggeving in de sensatiepers volgen misschien wat meer stereotiepe patronen dan de artikelen in *The New York Times*, maar toen ik in 1963-1964 voor het Londense bureau van *The Times* werkte, trof ik daar een enorme dosis standaardisatie en stereotypen aan. Omdat ik langer in Engeland had gewoond dan de andere correspondenten van het bureau, had ik het idee dat ik een waarheidsgetrouwer beeld van het land kon geven, maar mijn kopij was even gestileerd als die van hen. We moesten werken binnen de conventies van ons vak. Als we diplomatieke onderwerpen versloegen, gaf de persvoorlichter van het ministerie van buitenlandse zaken een officiële verklaring uit, een officieuze uitleg plus een achtergrondanalyse van alles wat we moesten weten. Deze informatie werd zo keurig verpakt aangeleverd dat het moeilijk was alles weer uit te pakken om er een andere vorm aan te geven, met als gevolg dat alle verhalen over buitenlandse betrekkingen veel van elkaar weg hadden. Als we sfeer- en achtergrondverhalen schreven was het bijna onmogelijk Amerikaanse clichébeelden over Engeland te vermijden. Het bureau buitenland verslond alles dat ging over het koninklijk huis, sir Winston Churchill, cockneys, pubs, Ascot en Oxford. Toen Churchill ziek was, schreef ik een artikel over de menigte die zich op straat voor zijn raam verzamelde, waarin ik een man ten tonele voerde die een glimp van hem opving en uitriep 'Blimey he's beautiful.' Deze combinatie van cockney en Churchill bleek onweerstaanbaar. *The Times* zette het op de voorpagina, en het werd overgenomen door tientallen andere kranten, persbureaus en weekbladen. Weinig buitenlandse correspondenten spreken de taal van het land waarover ze schrijven. Dat is een handicap waar ze trouwens weinig onder schijnen te lijden, want als ze een neus voor nieuws hebben, hebben ze geen tong of oren nodig, en brengen ze meer mee naar de gebeurtenissen die ze verslaan dan ze er van meenemen. Met als gevolg dat wij over het Engeland van Dickens schreven en dat onze collega's in Parijs het Frankrijk van Victor Hugo portretteerden met een vleugje Maurice Chevalier.

Na Londen kwam ik weer terug op het redactielokaal van *The Times*. Een van mijn eerste verhalen betrof een 'maniakale moordenaar' die bij verscheidene huizen in de West Side ledematen van zijn slachtoffers op de stoep had gedeponeerd. Ik versloeg het alsof ik een traditionele *canard* schreef in de trant van: '*Un homme de 60 ans coupé en morceaux. (...) Détails horribles!!!*'[3] Toen ik het verhaal af had, viel mijn oog op de graffiti op de muren van de perskamer in het hoofbureau van politie in Manhattan: 'We drukken alles wat ons past.' Degene die dat had geschreven bedoelde waarschijnlijk dat je alleen je artikelen in de krant kan krijgen als er genoeg ruimte voor is, maar drukte misschien ook een diepere waarheid uit, namelijk dat kranteartikelen moeten passen in ons cultureel bepaalde vooraf bestaande beeld van nieuws. Toch leven in New York dagelijks 8 miljoen mensen hun leven, en ik voelde een soort duizeling als ik dacht aan de kloof tussen hun ervaringen, van welke aard dan ook, en de sprookjes die ze in *The Times* lazen.

De ervaring van een enkele man bij twee verschillende kranten levert natuurlijk onvoldoende materiaal voor een sociologie van de nieuwsverslaggeving. Ik matig me geen oordeel aan over de betekenis van de ervaringen van andere verslaggevers omdat ik het groentjesstadium nooit te boven ben gekomen en omdat ik noch voor uitgesproken sensatiebladen noch voor typische kwaliteitskranten heb gewerkt. De stijl van verslaggeving varieert al naar gelang tijd en plaats en aard van de krant. De Amerikaanse stijl verschilt van de Europese en is in de loop van de Amerikaanse geschiedenis steeds veranderd. Benjamin Franklin maakte zich waarschijnlijk niet druk over beroepsethiek toen hij de kopij schreef, letters zette, de bladen drukte, de nummers distribueerde en de inkomsten ophaalde van *The Pennsylvania Gazette*. Maar sinds de tijd van Franklin zijn journalisten in toenemde mate betrokken geraakt bij allerlei ingewikkelde onderlinge verhoudingen, op het redactielokaal, bij de nieuwsagentschappen en ter plekke bij de gebeurtenissen. Omdat alles gespecialiseerder en professioneler is geworden, wordt men steeds gevoeliger voor invloeden uit de kring van vakgenoten, een invloed die veel ingrijpender is dan welk geïnternaliseerd beeld van het lezerspubliek ook.

Dat ik het belang van deze invloed benadruk, betekent niet dat ik alle andere wil ontkennen. Sociologen, politicologen en communicatiedeskundigen hebben veel geschreven over de effecten van economische belangen en politieke vooroordelen op de journalistiek. Toch ben ik van mening dat ze de manier waarop verslaggevers werken niet goed hebben begrepen. Het feit dat het om je baan gaat, beïnvloedt de manier waarop je het nieuws brengt, terwijl de vorm van de artikelen ook wordt bepaald door traditionele verhaaltechnieken. Deze twee factoren in de journalistiek lijken elkaar misschien tegen te spreken maar tijdens de trainingsperiode van een verslaggever, wanneer hij nog het meest kwetsbaar en beïnvloedbaar is, spelen beide factoren samen een rol. Terwijl hij deze vormende fase doorloopt maakt hij zich vertrouwd met nieuws, zowel als een produkt dat op het redactielokaal wordt vervaardigd als een manier om de wereld te zien, een manier die op de een of andere wijze bij *The New York Times* is terechtgekomen vanuit *Moeder de Gans*.

PUBLICEREN: REDDENDE RAAD VOOR ACADEMISCHE AUTEURS

Je bent onbekend, hebt nooit iets gepubliceerd en hebt zojuist je proefschrift voltooid over gemeentepolitiek in het Midwesten. Of je hebt al een vaste aanstelling sinds de jaren zestig, maar er is nog nooit een letter van je gedrukt hoewel je vrienden je verzekeren dat je manuscript over de structuur van de metafoor bij Jane Austen er bij een universitaire uitgeverij in zal gaan als koek. Of je bent kampioen hoorcollege geven, en wilt je lezingencyclus 'Byzantium tussen Oost en West' herschrijven tot een boek. Wat te doen? Je krijgt het zeker niet gemakkelijk, want door de moeilijke tijden bij zowel hoger onderwijs als uitgeverij is het voor academische acteurs lastiger dan ooit hun werk door de universitaire uitgeverijen gepubliceerd te krijgen.

Ik kan daar zelf over meepraten, omdat ik net mijn vier jaar bij de redactieraad van de Princeton University Press erop heb zitten. Na het leegruimen van mijn kaartenbakken – of liever, zeven kartonnen dozen barstensvol leesverslagen en notulen van commissievergaderingen – kan ik het publikatieproces beschrijven voor de persoon die er het diepst door geraakt wordt maar er het minste van weet, namelijk de academische auteur. Princeton volgt bepaalde procedures die andere uitgevers niet kennen, maar is als geheel tamelijk karakteristiek voor de betere universitaire uitgever. Daarom is informatie over de acceptatie van manuscripten bij Princeton waarschijnlijk nuttig voor alle schrijvers die wetenschappelijke publikaties gedrukt willen krijgen.

Allereerst, beste schrijver, moet je weten dat je kans op slagen niet groot is, ik denk ongeveer één op de negen of tien, als ik uitga van het aantal manuscripten dat wordt aangeboden en het aantal dat het haalt. Ondanks de barre tijden aan de universiteit – of misschien wel juist daarom – wordt het aantal aanbiedingen ieder jaar groter. In het belastingjaar 1972, het eerste jaar waarover we cijfers hebben, heeft de Princeton University Press 740 manuscripten ontvangen. In 1981 waren het er 1129 – een toename van 52 procent. In 1971 werden 83 manuscripten geaccepteerd, in 1981, 118 – een toename van 42 procent. Achteraf is het patroon duidelijk: in de jaren zeventig steeg het aantal aangeboden manuscripten geleidelijk, in 1976 en 1977 was de stijging extra groot, en in 1980 werd de duizendgrens overschreden. De uitgever reageerde op de stroom manuscripten door het aantal publikaties op te voeren, en is momenteel van plan rond de 120 manuscripten per jaar te accepteren voor zover de financiële situatie dat toelaat.

Dat is een enorme klus voor de redactieraad, die iedere vergadering moeilijker beslissingen moet nemen, en voor de redacteuren, die de gigantische stroom manuscripten moeten verwerken en steeds vaker nee moeten verkopen aan een groeiende groep teleurgestelde schrijvers. Vanuit de schrijver gezien is de toestand nog ernstiger. In een bepaald jaar is je manuscript een van de 1100 die door de uitgever bekeken moeten worden en moet je hopen dat het tot de uitverkoren 120 zal behoren. Er moeten eerst een aantal hindernissen worden genomen. Het moet een uitgever opvallen, in de smaak vallen bij twee, soms drie, proeflezers, erdoor komen op de vergadering van de voorbereidingscommissie en ten slotte de laatste selectie overleven op de maandelijkse vergadering van de redactieraad, waar vier professoren uit een aanbod van vijftien tot negentien boeken twaalf manuscripten moeten kiezen. Dat aantal twaalf is geen wet van Meden of Perzen, maar afvallers zijn er gegarandeerd – en naarmate de concurrentie moordender wordt zijn dat er ieder jaar meer. Dus wat moet je doen om te slagen? Ik heb mijn kartonnen dozen doorgewerkt en het antwoord gevonden in de vorm van een waterdichte overlevingsstrategie voor schrijvers, gebaseerd op zes simpele kunstgrepen.

I Kom niet met een boek. Kom met een reeks. We wijzen bij Princeton honderden boeken af, maar zover ik weet hebben we nog nooit een reeks afgewezen, en tijdens de vier jaar dat ik in de commissie heb gezeten hebben we er zes geaccepteerd. Bij andere uitgeverijen gaat het ook zo, vooral bij de natuurwetenschappen, daar zijn ze het gekst op series. Als je het niet verder hebt gebracht dan de humaniora, kun je altijd nog een reeks voorstellen over *la condition humaine*, en dan als eerste deel je monografie over Jane Austen of over gemeentepolitiek in het Midwesten ertussen frommelen.

II Wil je per se met een boek komen, schrijf er dan een over vogels. Vogelgidsen wijzen we nooit af, en we hebben boeken geaccepteerd over vogels in iedere denkbare uithoek van de aarde – Columbia, West-Afrika, Rusland, China, Australië... Hiermee zit je altijd goed, tenminste bij Princeton. Andere universitaire uitgevers hebben weer een zwak voor andere onderwerpen. Probeer het met landhuizen bij Yale of iets over koken bij Harvard.

III Lukt een vogelgids je niet, kies dan een van de volgende onderwerpen: William Blake, Samuel Beckett, de adel van vrijwel iedere Franse provincie tussen de zestiende en achttiende eeuw, een nieuwe rechtstheorie, een vertaling van iets Japans, liefst poëzie, die 'gesitueerd' moet worden op enig tijdstip in de periode tussen 2000 v.Chr. en 1960, hoewel iedere andere periode ook best is.

IV Tactiek. Het juiste onderwerp kiezen is niet genoeg. Je moet het ook op de juiste manier benaderen, en de tactiek hangt van het onderwerp af. Bijvoorbeeld:

Politiek. De proeflezer moet in zijn leesverslag kunnen zeggen: 'Dit onderzoek slaagt erin een gedegen analyse van empirische gegevens te combineren met een belangrijke bijdrage aan de theorievorming.' Ik beveel in het bijzonder de mijnbouw in Peru en de afhankelijkheidstheorie aan, of Boliviaans koper en modernisatie, in gepast kritische benadering.

Engelse letterkunde. Je moet aantonen dat je alles weet van de nieuwste literatuurwetenschappelijke trends uit Paris en New Haven, en dat je er niets in ziet.

Kunstgeschiedenis. Houd het esoterisch. Dertiende-eeuwse gebrandschilderde ramen zijn prima, maar dan wel uit Bourgondië, niet uit Parijs of Chartres. Je kunt altijd een *catalogue raisonné* inleveren van de een of andere kunstverzameling, hoewel we het Metropolitan Museum of Art wel zo ongeveer gehad hebben.

Geschiedenis. Zeg dat het antropologie is.

Antropologie. Zeg dat het geschiedenis is.

Geschiedenis en antropologie. Gebruik de microkosmos-macrokosmos truc. Bij geschiedenis moet je het heelal kunnen zien in een zandkorrel – Springfield, Massachusetts in de achttiende eeuw bijvoorbeeld. Bij antropologie moet je een symbolisch universum kunnen construeren uit een *rite de passage* – bijvoorbeeld een Javaanse begrafenis.

V Hier volgen wat tactische principes die je ongeacht je terrein moet volgen.

Wees interdisciplinair. Hussel de wetenschappen door elkaar, het geeft je een vernieuwend image. Je kunt zelfs metaforen door elkaar gooien om te laten zien hoe flitsend je je in de allervoorste linies van de wetenschap beweegt. Neem een voorbeeld aan de echtgenote van een staflid van Princeton die op een universiteitsreceptie voor leden van het Institute for Advanced Study tegen een bezoekende hoogwaardigheidsbekleder zei: 'Wat enig van jullie van het instituut om ons hier te komen kruisbestuiven.'

Wees gewaagd, of liever, lijk gewaagd. Zeg zoiets als 'Dit is een heel buitennissig boek. Ik daag u uit het te publiceren.' En schrijf dan iets gewoons. Toen ik in de redactieraad zat, kreeg ik het benauwd van alle monografieën, die tendens om steeds meer te schrijven over steeds minder, om onderwerpen te smoren in eruditie, en de verhouding idee-voetnoot tot het verdwijnpunt te reduceren. Daarom stelde ik risicoquota voor. Dat hield in dat we risico's inbouwden in ons normale publikatieprogramma door zo'n zes plaatsen te reserveren voor onorthodoxe boeken. Ik wilde zelfs iedere redacteur twee risicoboeken toestaan waarbij de redactieraad een minimum aan vetorecht kreeg zodat de redacteuren enigszins de vrije hand hadden. Het resultaat was dat we nog steeds dezelfde monografieën de revue zagen passeren, nu alleen met de nieuwe aanbeveling: 'Het is een gewaagd boek, er zal kritiek op komen, maar het zal zeker leven in de brouwerij brengen.' Hierdoor voelden we ons allemaal een stuk beter.

Wees revisionistisch. Het is altijd goed om de een of andere klassieke theorie aan te vallen. Maar zorg ervoor dat je dat op het goeie moment van de cyclus doet, want als je een revisie geeft van een revisie lijkt het net of je weer terug bent bij af.

Wees een klein beetje ondeugend. Een manuscript dat behalve riskant ook risqué is maakt kans op te vallen tussen de andere 1.119. Deze tactiek is vooral aan te bevelen voor de inhoudsopgave, trouwens toch het enige dat de meeste commissieleden zullen kunnen lezen. Een recent voorbeeld: 'Consecutieve geslachtswisseling', 'Conflictsituaties voor de sekseratio', 'Gekruiste hermafrodieten'. We hebben dit manuscript zonder blozen geaccepteerd voor onze reeks over populatiebiologie. Het gaat over vogels en bijen, hoewel het ook een stuk over zeepokken bevat. Voordat ik commissielid werd, had ik me nooit iets over het seksleven van zeepokken afgevraagd.

VI Kies de juiste titel. Twee dingen zijn hier belangrijk: alliteratie en de dubbele punt. De alliteratie komt doorgaans in de titel zelf voor. Deze moet kort zijn, suggestief, poëtisch indien mogelijk, en zo literair dat de lezer zich slechts een vaag idee kan vormen over de inhoud van het boek. Dan komt de dubbele punt, gevolgd door een tweede titel die uitlegt waar het boek over gaat. Hier volgen wat voorbeelden die zijn gekozen uit de lijst van ingediende manuscripten die de uitgeverij bijna wekelijks ontvangt (ik moet erbij zeggen dat hiervan maar een enkele voor publikatie in aanmerking is gekomen):

De slinger stilgezet: Portugal tussen revolutie en contrarevolutie

De letter *M* schijnt het prima te doen in alliterende titels, misschien omdat deze de lezer lekker maakt:

De Muze als middelaar: Engelse vertalingen van Ovidius, 1560-1700
Maatregelen en mensen: visuele en verbale politieke satire in het achttiende-eeuwse Engeland, van Pope tot Churchill
Metaforen van mannelijkheid: seks en status in de Andalusische folklore

De *L* kan een lief-luchthartig effect hebben:

Levens, liefde en lyriek: de biografieën van de troubadours

De *R* wordt ook aanbevolen. Hij doet ruig en rauw aan:

Retoriek, Royce en romantiek: de invloed van het idealisme op negentiende-eeuwse theoretische verhandelingen

Die laatste titel illustreert nog een punt van aanbeveling: Ga van groot naar klein. Een titel moet fungeren als een trechter. Zuig de lezer naar binnen door iets groots aan te kondigen in de titel, en pers hem dan via de subtitel de monografie binnen:

Reformatie, repressie en revolutie: radicalisme en loyalisme in Noordwest-Engeland van 1789-1803
Klasse, conflict en macht: cultuur en ideologie in twee buurten van Kingston, Jamaica
Persoonlijkheid en politiek: verborgen patronen in het mecenaat van de late Medici
Alcohol en anarchie: hervorming binnen de geheelonthoudersbeweging in Cincinnati van de revival in Washington tot de WCTU

Bij wijze van verfijning kun je een 'van...tot'-constructie toevoegen. De lezer krijgt dan het idee dat het werk ergens toe leidt. Dit lijkt vooral goed te werken met de letter *c* of *k*:

Van concessies tot confrontatie: de politiek van de Mahar gemeenschap in Maharashtra
Van clan tot klasse: de relatie van sociale structuur tot economische en demografische kans in Sâo Paulo, Brazilië, 1554-1850

Heel soms, maar dan moet je wel goed weten wat je doet, mag je de alliteratie loslaten. Je moet zeer gegronde redenen hebben, zoals de dringende behoefte de lezer plat te krijgen met een stoot poëzie:

Gevorkte takken: ongepubliceerde middeleeuwse vertalingen van Ezra Pound
De windloze eeuwige morgen: archetypische primitieve symboliek in de poëzie van Theodore Roethke

De poëtische aanpak doet het uiteraard het best bij literaire onderwerpen:

Vreemde akkoorden, glanzend lover: genie en gekte bij John Ruskin

maar kan ook worden gebruikt in de kunstgeschiedenis:

Het pantser van licht: gebrandschilderd glas in het westen van Frankrijk, 1250-1325

en is prima geschikt voor een onderwerp dat diep genoeg is:

Het geheim van de zwarte chrysant: Charles Olsons gebruik van het werk van C.G. Jung

Men kan ook een poëtisch effect bereiken door suggestief gebruik van het onbepaald lidwoord:

Een complex weefpatroon: het schrijven van Thoreaus 'A Week on the Concord and Merrimack Rivers' met de tekst van de eerste versie
Een speels oordeel: satire en samenleving in het Duitsland van Wilhelm

Heb je voorkeur voor het bepaalde lidwoord, dan kun je beter aan de alliteratie vasthouden:

De speelse strijder: een analyse van de Elizabethaanse dramaconventies en de neergang van de figuurlijke weergave

Als je beeld pregnant genoeg is, mag je onder de alliteratie uit. Zo'n beeld kan zelfs een hele beschaving oproepen, vooral als het het oostelijke halfrond betreft:

Mandarijneenden en vlinders: populaire fictie in de Chinese steden van de vroege twintigste eeuw
Beer in het land van de ochtendstilte: Sovjetpolitiek jegens Korea, 1964-1968
De pagode, de schedel en de Samurai

Deze laatste titel is een uniek voorbeeld van poëzie die triomfeert over de dubbele punt. Maar je moet altijd een subtitel inlassen, tenzij je absoluut zeker bent van de kracht van je poëzie, zoals:

Trompetten klinkend in de lege nacht

Ik weet nog steeds niet waar dat boek over ging, evenmin als ik het flauwste benul heb van een ander manuscript zonder subtitel dat we onlangs binnenkregen: *Grotendeels chaos*. Het schijnt iets met fysica te maken te hebben.

Een laatste groep uitzonderingen betreft bijzondere kunstgrepen, waarmee je de lezer verrast in plaats van hem te boeien met klanken en beelden. Door de strategie van de alomvattende titel te volgen ben je van zijn aandacht verzekerd zodat je de alliteratie kunt laten vallen:

Marxisme en overheersing: een neo-Hegeliaanse, feministische, psychoanalytische theorie van seksuele, politieke, en technologische bevrijdingen
Psycho-esthetica, psychologisme, psychologie: een fenomenologisch onderzoek naar hun relaties

Je zou zelfs kunnen proberen op de lachspieren van de lezer te werken:

On the rocks: een geologie van Groot-Brittannië
La vie en prose: interpretaties van vroege Franse romans

Ten slotte kun je het nog proberen met een welgemikte voltreffer:

De fallische imperatief: analyse en kritiek van masculiene seksuele prioriteiten
Zeker: een weerlegging van scepticisme

Met dat positieve geluid wil ik besluiten. Maar nu ik zo de beschikbare strategieën voor academische auteurs op een rijtje heb gezet, moet ik bekennen scepsis te koesteren ten aanzien van enige vorm van zekerheid in de uitgeverij – alsmede een geheime bewondering voor twee professoren; de ene is een fysicus die zijn boek de titel meegaf *College-aantekeningen voor astrofysische wetenschap 522*, de ander een bioloog die het zijne *Het nestgedrag van mestkevers* noemde. Helaas is het geen van beiden gelukt het manuscript gedrukt te krijgen.

III

HET GEDRUKTE WOORD

WAT IS 'DE GESCHIEDENIS VAN HET BOEK'?

Histoire du livre in Frankrijk, *Geschichte des Buchwesens* in Duitsland, *history of books* of *history of the book* in Engelstalige landen – de naamgeving varieert, maar overal wordt de geschiedenis van het boek gezien als een belangrijke nieuwe discipline. Als het niet zo'n mondvol was, zou men het de sociaal-culturele geschiedenis van de communicatie via het gedrukte woord kunnen noemen. Het doel is namelijk inzicht te verwerven in de manier waarop ideeën in druk werden doorgegeven en hoe confrontatie met het gedrukte woord denken en gedrag van de mens in de laatste vijfhonderd jaar heeft beïnvloed. Sommige boekhistorici gaan met hun onderwerp ver terug, tot voor de uitvinding van het drukken met losse letters. Andere wetenschappers houden zich in plaats van met boeken voornamelijk bezig met kranten, pamfletten en andere gedrukte teksten. Men kan het onderzoeksterrein op veel manieren uitbreiden, maar over het algemeen gaat het om boeken sinds de tijd van Gutenberg. Er hebben zich de afgelopen paar jaar razendsnelle ontwikkelingen op dit terrein voorgedaan. Waarschijnlijk zal het zich dan ook als erkende wetenschappelijke discipline een plaats verwerven, naast gebieden als wetenschapsgeschiedenis en kunstgeschiedenis.

Hoe de geschiedenis van het boek zich in de toekomst ook zal ontwikkelen, haar verleden laat zien hoe kennis op een bepaald terrein een uitgesproken wetenschappelijk karakter kan verkrijgen. Het nieuwe wetenschapsgebied is ontstaan doordat een aantal verschillende disciplines op het gebied van communicatie elkaar tegenkwam bij een gemeenschappelijke problematiek. Aanvankelijk ging het om concrete vragen op totaal ander wetenschappelijk terrein. Wat waren de originele teksten van Shakespeare? Wat waren de oorzaken van de Franse Revolutie? Wat is het verband tussen cultuur en sociale stratificatie? Bij het zoeken naar antwoorden kwamen de wetenschappers elkaar tegen in een niemandsland dat zich tussen een stuk of zes vakgebieden in bevond. Ze besloten er een eigen vakgebied van te maken waarop de historicus, de literatuurwetenschapper, de socioloog, de bibliotheekwetenschapper en verder iedereen die belang stelde in onderzoek naar de rol van het boek in de geschiedenis welkom was. De geschiedenis van het boek begon zijn eigen tijdschriften, onderzoekscentra, congressen en lezingencircuits te krijgen. Het vak kreeg zijn eigen stamoudsten en ambitieuze dwarsliggers. En hoewel de wachtwoorden, geheime handdrukken of het eigen clubje doctors nog op zich laten wachten, kunnen de toegewijden elkaar herkennen aan een bepaalde glans in het oog. Ze dienen een gemeenschappelijke zaak, een van de weinige terreinen van de humaniora waar nog sprake is van expansiedrift, groei en frisse wind.

Het geschiedenisonderzoek naar het boek dateert niet van vandaag of gister. Het gaat minstens terug tot de geleerden uit de renaissance, en is goed op dreef gekomen in de negentiende eeuw, toen het onderzoek naar boeken als materiële objecten in Engeland aanleiding gaf tot de opkomst van de analytische bibliografie. Wat er momenteel wordt gedaan wijkt echter af van het traditionele wetenschappelijke onderzoek op dit terrein, dat via oude nummers van *The Library* en *Börsenblatt für den Deutschen Buchhandel* of verhandelingen voor de Écoles des Chartes is terug te voeren op zijn negentiende-eeuwse oorsprong. De nieuwe aanpak is ontstaan in het Frankrijk van de jaren zestig, in instellingen als de École Pratique des Hautes Études, en heeft zich verspreid via publikaties als *L'Apparition du livre* (1958) van Lucien Febvre en Henri-Jean Martin, en *Livre et société dans la France du XVIIIe siècle* (2 dln, 1965 en 1970) door een groep die verbonden was aan de VIe sectie van de École Pratique des Hautes Études.

De nieuwe boekhistorici brachten het onderwerp binnen bereik van de *Annales*-school binnen de sociaal-economische geschiedenis. Deze stroming hield zich niet bezig met allerlei bibliografische details maar probeerde de grote lijn te ontdekken in boekproduktie en -consumptie over langere tijd. Ze stelde statistieken op van aanvragen voor *privilèges* (een soort auteursrecht), analyseerde het bestand van privé-bibliotheken, en traceerde via verwaarloosde genres als de *bibliothèque bleue* (een soort vroege pocketboekjes) het verloop van stromingen in denkbeelden en zienswijzen. Zeldzame boeken en fraaie uitgaven vonden ze niet interessant. Ze concentreerden zich op alledaagse boeken omdat ze de leeservaring van gewone lezers wilden onderzoeken. Ze wierpen een nieuw licht op bekende fenomenen als de contrareformatie en de Verlichting door aan te tonen dat de traditionele cultuur veel meer invloed had op het literaire gebeuren in de maatschappij als geheel dan de avant-garde. Hoewel ze niet met duidelijk afgeronde conclusies kwamen, lieten ze het belang zien van nieuwe vraagstellingen, nieuwe methodieken en tot dusver onbenutte bronnen.[1]

Ze hebben in heel Europa en de Verenigde Staten navolging gevonden, hetgeen vaak nieuwe impulsen opleverde voor reeds gevestigde tradities, zoals in Duitsland het receptieonderzoek en de geschiedenis van het drukken in Engeland. Uit geestdrift voor een gemeenschappelijke onderneming, en bezield door enthousiasme voor nieuwe ideeën, begonnen de boekhistorici bij elkaar te komen, aanvankelijk in het café, later op congressen. Ze riepen nieuwe tijdschriften in het leven – *Publishing History*, *Bibliography Newsletter*, *Nouvelles du livre ancien*, *Revue française d'histoire du livre* (nieuwe reeks), *Buchhandelsgeschichte* en *Wolfenbütteler Notizen zur Buchgeschichte*. Ze richtten nieuwe studiecentra op – het Institut d'Étude du Livre in Parijs, de Arbeitskreis für Geschichte des Buchwesens in Wolfenbüttel, het Center for the Book in de Library of Congress in Washington. Via speciale academische conferenties (in Genève, Parijs, Boston, Worcester, Wolfenbüttel en Athene, om er maar een paar uit het eind van de jaren zeventig te noemen) werd het onderzoek internationaal verspreid. In de korte tijd van twintig jaar was de geschiedenis van het boek uitgegroeid tot een veelomvattend en gevarieerd onderzoeksterrein.

Het bleek zo veelomvattend dat het inmiddels meer weg heeft van een tropisch regenwoud dan een terrein. De onderzoeker kan zich er nauwelijks een weg door banen. Bij iedere stap raakt hij verstrikt in de weelderige onderbegroeiing van tijdschriftartikelen en gedesoriënteerd door de kriskras naar elkaar verwijzende disciplines – de analytische bibliografie wijst in de ene richting, kennissociologie in de andere, terwijl geschiedenis, Engels en vergelijkende literatuurwetenschap elkaar overlappende terreinen afbakenen. De onderzoeker wordt bestormd door allerlei zichzelf als nieuw aanprijzende fenomenen – *la nouvelle bibliographie matérielle, the new literary history* – en raakt het spoor bijster door elkaar beconcurrerende methodes volgens welke hij uitgaven moet vergelijken, statistieken opstellen, de regeling van het auteursrecht bestuderen, stapels manuscripten door moet ploegen, een zware gereconstrueerde drukpers moet bedienen, en een psychoanalytische benadering moet geven van de mentale processen van lezers. De geschiedenis van het boek is omgeven door zo'n wildgroei aan ondersteunende disciplines dat niemand meer de contouren kan onderscheiden. De boekhistoricus kan niet heen om de geschiedenis van de bibliotheek, van het drukken, van het papier, van de letter, van het lezen. Maar hoe kan hij zich al die specialistische terminologieën eigen maken, vooral wanneer die verschijnen in indrukwekkende buitenlandse formuleringen als *Geschichte der Appellstruktur* en *Bibliométrie bibliologique*? Het is genoeg om je tussen een verzameling zeldzame boeken te willen terugtrekken om watermerken te tellen.

Om enige afstand te nemen van deze op hol geslagen interdisciplinaire situatie, en om het onderwerp als geheel te kunnen zien, is het misschien raadzaam een algemeen model te ontwerpen ter analyse van de manier waarop boeken ontstaan en door de maatschappij verspreid raken. Het is natuurlijk zo dat sinds de uitvinding van de losse letters de omstandigheden al naar gelang tijd en plaats enorm verschillend zijn geweest, en het zou dan ook niet realistisch zijn te verwachten dat de biografie van ieder boek een soortgelijk patroon te zien geeft. Toch maakt ieder gedrukt boek doorgaans een soortgelijke levenscyclus door. Die zou omschreven kunnen worden als een communicatiecircuit dat loopt van schrijver via uitgever (als de boekverkoper niet als zodanig fungeert), drukker, vervoerder, boekverkoper tot lezer. De lezer maakt het kringetje rond omdat hij de schrijver beïnvloedt, zowel voor als na het schrijven. Schrijvers zijn zelf lezers. Door lezen en door contact met andere lezers en schrijvers vormen ze zich denkbeelden over genre en stijl en literatuur in het algemeen. Dit beïnvloedt hun tekst, of dat nu een Shakespeareaans sonnet is of een handleiding om een transistor in elkaar te zetten. Een schrijver kan in zijn tekst reageren op kritiek op eerder werk of vooruitlopen op reacties die de tekst zal oproepen. Hij richt zich tot de impliciete lezer en krijgt reacties van expliciete recensenten. Zo is het circuit weer rond. Het brengt boodschappen over en transformeert die van gedachten via het geschreven naar het gedrukte woord en vandaar weer tot gedachten. De geschiedenis van het boek houdt zich bezig met iedere fase in dit proces en met het proces als geheel, in al zijn variaties door ruimte en tijd en in al zijn relaties met andere systemen eromheen, economisch, sociaal, politiek en cultureel.

Dat is nogal een onderneming. Om hun taak beheersbaar te houden, nemen boekhistorici doorgaans een bepaald segment van het communicatiecircuit en analyseren dan volgens de werkwijze van een bepaalde discipline. Ze richten zich bijvoorbeeld op het boekdrukken, dat ze bestuderen door middel van de analytische bibliografie. De afzonderlijke delen krijgen pas hun volle betekenis als ze worden gerelateerd aan het geheel, en het lijkt nodig een soort holistische visie op het boek als communicatiemiddel te ontwikkelen om te vermijden dat de geschiedenis van het boek versnipperd raakt in allerlei zwaar specialistische terreinen die door esoterische technieken en onderling onbegrip van elkaar zijn gescheiden. Het model van figuur 1 visualiseert het hele communicatieproces. Met wat kleine wijzigingen zou het bruikbaar moeten zijn voor alle perioden in de geschiedenis van het gedrukte boek (handschriften en illustraties moeten worden uitgezonderd). Ik zou het willen bespreken met betrekking tot de periode die ik het beste ken, de achttiende eeuw, en alle fases afzonderlijk willen behandelen om te zien hoe deze verband houden met 1) andere activiteiten die een bepaald individu op een gegeven punt in het circuit onderneemt, 2) andere individuen op hetzelfde tijdspunt in andere circuits, 3) andere individuen op andere punten in hetzelfde circuit en 4) andere maatschappelijke factoren. De eerste drie

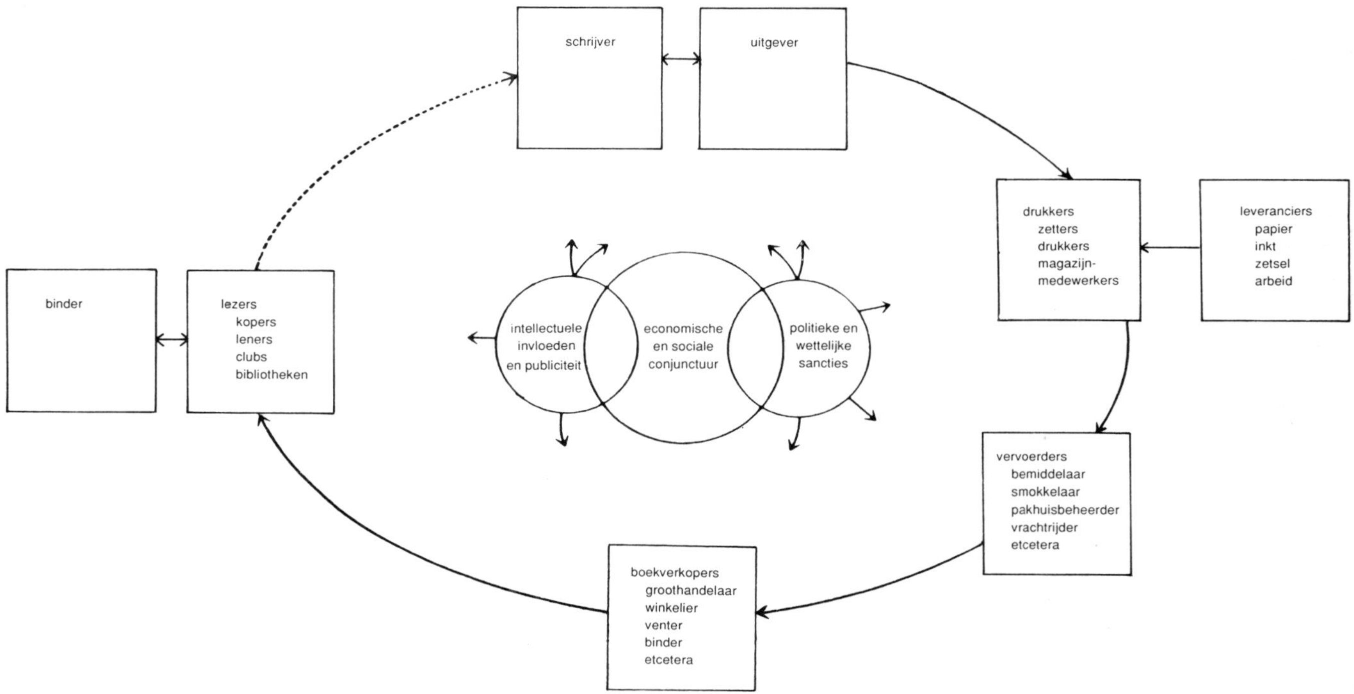

figuur 1 Het communicatiecircuit

houden direct verband met de overdracht van een tekst, terwijl punt 4 verband houdt met invloeden van buitenaf die eindeloos kunnen variëren. Om het eenvoudig te houden heb ik dat laatste punt gereduceerd tot de drie algemene categorieën die staan aangegeven midden in het diagram.

Modellen hebben de neiging de mens buiten de geschiedenis te sluiten. Om dit model wat vlees en bloed te geven, en te laten zien hoe het een concreet geval kan verduidelijken, zal ik het toepassen op de publikatiegeschiedenis van Voltaires *Questions sur l'Encyclopédie*, een belangrijk werk uit de Verlichting dat in het leven van veel achttiende-eeuwers die iets met het boekenvak te maken hadden een rol heeft gespeeld. Men zou het doorgeefcircuit van dit boek kunnen bestuderen op ieder punt – het schrijfstadium bijvoorbeeld, toen Voltaire de tekst vormgaf en de veelvormigheid van het werk orkestreerde om zijn campagne tegen godsdienstige onverdraagzaamheid kracht bij te zetten, zoals is aangetoond door zijn biografen; of tijdens het drukken, een fase waarbij de bibliografische analyse ons kan helpen de verschillende uitgaven na te trekken; of op het moment dat het werk werd opgenomen in bibliotheken, waar volgens statistisch onderzoek door literatuurhistorici de werken van Voltaire een indrukwekkend deel van de plankruimte innamen.[2] Ik wil hier echter kijken naar de minst bekende schakel in het verspreidingsproces, de rol van de boekverkoper, waarbij ik aan de hand van Isaac-Pierre Rigaud uit Montpellier de vier bovengenoemde punten zal behandelen.[3]

I

Op 16 augustus 1770 bestelde Rigaud dertig exemplaren van de negen delen tellende octavo-uitgave van de *Questions*, die de Société Typographique de Neuchâtel (STN) kort daarvoor in druk had genomen in het Pruisische vorstendom Neuchâtel aan de Zwitserse kant van de grens tussen Frankrijk en Zwitserland. Normaal gesproken stelde Rigaud er prijs op minstens een paar bladzijden van een nieuw boek te lezen alvorens het te bestellen, maar de *Questions* leek hem zo'n veilige investering dat hij het risico nam deze vrij grote bestelling ongezien te plaatsen. Persoonlijk had hij niet veel op met de filosoof Voltaire. Hij verafschuwde diens neiging met zijn boeken te rommelen, wat inhield dat Voltaire voortdurend passages toevoegde en wijzigde en ondertussen achter de rug van de oorspronkelijke uitgevers om medewerking verleende aan roofdrukken. Dergelijke praktijken gaven klachten van de klanten, die geen genoegen namen met inferieure (of te weinig gewaagde) teksten. 'Het verbaast mij in hoge mate dat monsieur de Voltaire zich aan het eind van zijn loopbaan er niet van kan weerhouden boekverkopers te duperen,' klaagde Rigaud bij de STN. 'Als al deze listigheidjes, zwendel en bedriegerijtjes voor rekening van de schrijver kwamen zou het niet uitmaken. Maar onfortuinlijk genoeg worden de drukkers en vooral ook de boekverkopers er meestal op aangesproken.'[4] Voltaire maakte het de boekverkopers niet gemakkelijk, maar hij verkocht uitstekend.

De meeste andere boeken in Rigauds winkel hadden niets voltairiaans. Uit zijn verkoopcatalogi blijkt dat hij tamelijk gespecialeerd was in medische boeken, waar in Montpellier dank zij de beroemde medische faculteit altijd veel vraag naar was. Rigaud had ook een bescheiden voorraad protestantse werken in huis, want Montpellier lag op hugenotenterrein. En als de autoriteiten de andere kant op keken, liet hij een paar ladingen verboden boeken komen.[5] Maar over het algemeen leverde hij zijn klanten de meest uiteenlopende boeken uit een voorraad ter waarde van ten minste vijfenveertigduizend *livre*, de grootste in Montpellier en waarschijnlijk ook in heel Languedoc, volgens een rapport van de *subdélégué* van de intendant.[6]

De bestellingen van Rigaud bij de STN illustreren zijn handelsbeleid. In tegenstelling tot andere grote boekhandelaren in de provincie, die op honderd of meer exemplaren van een boek gokten als ze een bestseller roken, bestelde hij er zelden meer dan zes. Hij las heel veel, raadpleegde zijn klanten, peilde de markt door middel van zijn handelscorrespondentie en bestudeerde nauwkeurig de catalogi die de STN en zijn andere leveranciers hem toezonden (in 1785 bevatte de catalogus van de STN zevenhonderdvijftig titels). Vervolgens selecteerde hij ongeveer tien titels en bestelde er net genoeg exemplaren van om een kist van ruim 22 kilo vol te krijgen, het minimumgewicht voor het goedkope vervoerstarief per paard en wagen. Als de boeken goed verkochten deed hij een nabestelling, maar doorgaans hield hij zijn bestellingen klein en plaatste hij er vier à vijf per jaar. Op die manier hield hij zijn kapitaal bij elkaar, liep hij een minimum aan risico en bouwde hij zo'n uitgebreide en gevarieerde voorraad op dat zijn winkel uitgroeide tot het centrale verkooppunt in de streek voor literaire wensen op elk gebied.

Het patroon van Rigauds bestellingen, zoals dat duidelijk uit de boekhouding van de STN naar voren komt, laat zien dat hij zijn klanten van alles wat te bieden had – reisboeken, geschiedenisboeken, romans, religieuze werken en zo nu en dan een wetenschappelijke of filosofische verhandeling. In plaats van zijn eigen voorkeur te volgen, leek hij vrij nauwkeurig de vraag bij te houden en te werk te gaan volgens de aloude wijsheid van de boekhandelaar, die een andere klant van de STN als volgt had samengevat: 'Het beste boek voor een boekverkoper is een boek dat verkoopt.'[7] Gezien deze behoedzame wijze van zakendoen krijgt Rigauds beslissing in te tekenen voor dertig negen delen tellende exemplaren van de *Questions sur L'Encyclopédie* extra betekenis. Hij zou nooit zoveel geld in één enkel werk hebben gestopt als hij niet volkomen zeker was geweest van de vraag – en uit zijn latere bestellingen blijkt dat zijn inschatting juist was geweest. Op 19 juni 1772, kort nadat hij de verzending van het laatste deel had ontvangen, bestelde Rigaud nog eens zes reeksen, en twee jaar later nog eens twee, hoewel de STN toen inmiddels door de voorraad heen was. De STN had een enorme oplage gedrukt van vijfentwintighonderd exemplaren, ongeveer tweemaal zoveel als normaal, en de boekverkopers waren er als vliegen op de stroop op afgekomen. De aankoop van Rigaud was dus geen uitschieter, maar weerspiegelde een stroming van voltairiaans denken die onder het lezerspubliek van het Ancien Régime op grote schaal verspreid was.

II

Wat valt er over de aankoop van de *Questions* te zeggen in het licht van Rigauds betrekkingen tot de andere boekverkopers in Montpellier? Een almanak van de boekhandel uit 1777 vermeldt er negen[8]:

Drukker-boekverkopers:	Aug. Franç. Rochard
	Jean Martel
Boekverkopers:	Isaac-Pierre Rigaud
	J.B. Faure
	Albert Pons
	Tournel
	Bascon
	Cézary
	Fontanel

Maar volgens een verslag van een handelsreiziger van de STN waren er maar zeven.[9] Rigaud en Pons waren samengegaan en vormden de onbetwiste top van de plaatselijke boekhandel; Cézary en Faure wisten zich net in de middenmoot te handhaven en de rest ploeterde op de rand van faillissement voort in vage winkeltjes. Een enkele boekbinder en een rondtrekkende boekventer leverden ook nog wat, meest illegale, boeken aan de wat avontuurlijker ingestelde lezers in de stad. Demoiselle Bringand bijvoorbeeld, die bekend stond als 'de studentenmoeder', had verboden vruchten in voorraad 'onder het bed in de rechterkamer op de eerste verdieping' volgens het verslag van een huiszoeking die door de officiële boekverkopers op touw was gezet.[10] In de meeste provinciesteden volgde de handel een bepaald patroon, dat men zich voor kan stellen als een aantal concentrische cirkels. Middenin probeerden één à twee firma's de markt te monopoliseren, verder naar buiten toe wisten een aantal kleine handelaren rond te komen door zich in populaire en oude boeken te specialiseren, door leesclubs (*cabinets littéraires*) op te zetten en binderijen, of door hun waren op het omringende platteland uit te venten; en aan de buitenrand van de legaliteit vertoonden zich bij tijd en wijle avonturiers op de markt die verboden literatuur verkochten.

Toen Rigaud zijn lading *Questions* bestelde, was hij zijn positie in het centrum van de lokale handel aan het consolideren. Zijn samengaan met Pons in 1770 had hem genoeg kapitaal en activa opgeleverd om de tegenslagen – vertraagde zendingen, wanbetalers, liquiditeitscrises – op te vangen waar kleinere handelaren vaak aan kapot gingen. Bovendien stelde hij zich keihard op. Toen Cézary, een van de middenmoters, in 1781 niet al zijn schulden kon voldoen, werkte Rigaud hem de markt uit door een komplot van zijn crediteuren te organiseren. Ze weigerden hem een andere betalingsregeling, lieten hem wegens zijn schulden in de gevangenis gooien, en dwongen hem zijn voorraad te verkopen op een veiling waar zij de prijzen laag hielden en de boeken in de wacht sleepten. Rigaud had de meeste boekbinders van Montpellier via klantenbinding in zijn macht. Door deze binders onder druk te zetten, zadelde hij andere boekverkopers op met vertragingen en andere narigheid. In 1789 was er nog maar één over, Abraham Fontanel, die zich alleen maar staande wist te houden via een *cabinet littéraire*, 'hetgeen vreselijke aanvallen van jaloezie teweegbrengt bij Rigaud, die de enige overgeblevene wil zijn en iedere dag laat zien hoezeer hij me haat',[11] liet Fontanel de STN weten.

Rigaud schakelde zijn concurrenten niet alleen uit door hen in de meedogenloze stijl van de handelswereld in het vroeg-kapitalistische Frankrijk te overtroeven. Uit brieven van hemzelf, zijn concurrenten en andere boekverkopers blijkt dat de boekhandel aan het eind van de jaren zeventig en in de jaren tachtig van de achttiende eeuw hard achteruitging. In moeilijke tijden verstikten de grote boekverkopers de kleine, en wonnen de harde het van de zachtaardige. Rigaud was vanaf de eerste contacten met de STN een lastige klant geweest. Omdat hij in Neuchâtel, waar de STN een roofdruk uitbracht, betere voorwaarden had kunnen krijgen, had hij zijn exemplaren van de *Questions* daar besteld, en niet in Genève, waar de vaste drukker van Voltaire, Gabriel Cramer, het origineel maakte. Hij eiste ook betere service, vooral toen de andere boekverkopers in Montpellier, die met Cramer in zee waren gegaan, hun exemplaren vroeger ontvingen. Wegens deze vertraging bestookte Rigaud de STN met brieven. Waarom kon de STN niet sneller werken? Wisten ze niet dat hij zo klanten verloor aan zijn concurrenten? Hij zou voortaan bij Cramer moeten bestellen als ze niet sneller konden leveren tegen een lagere prijs. Toen de delen één tot en met drie eindelijk uit Neuchâtel arriveerden, lagen in de andere winkels deel vier tot en met zes uit Genève al te koop. Rigaud vergeleek de teksten woord voor woord, en ontdekte dat in de uitgave van de STN niets te vinden was van het beweerde extra materiaal dat ze ondershands van Voltaire zouden hebben ontvangen. Hoe kon hij nu in zijn wervende verkooppraatjes nog van 'toevoegingen en correcties' spreken? Er werd in brieven tussen Montpellier en Neuchâtel flink met modder gegooid. Uit die brieven blijkt duidelijk hoe vastbesloten Rigaud was de kleinste voorsprong op zijn concurrenten uit te buiten. Bovendien blijkt eruit dat de *Questions* overal in Montpellier werden verkocht, hoewel dat in feite in Frankrijk wettelijk was verboden. Bij Voltaires werk was geen sprake van clandestiene handel door marginale figuren als de 'studentenmoeder', integendeel, het bleek bij de reguliere topboekhandels een nummer één te zijn in de race om de winst. Nu handelaren als Rigaud om levering vochten, kon Voltaire met recht aannemen dat zijn pogingen zijn ideeën via de hoofdkanalen van Frankrijks communicatiesysteem te verbreiden succes afwierpen.

III

De rol van Voltaire en Cramer in het verspreidingsproces brengt de vraag naar voren wat Rigauds handelwijze heeft te maken met de andere fases in de levenscyclus van de *Questions*. Rigaud wist dat hij geen eerste druk geleverd zou krijgen, want de STN had hem en de andere belangrijke klanten een circulaire gezonden met de uitleg dat de tekst van Cramer gereproduceerd zou worden, echter met correcties en toevoegingen door de schrijver zelf, zodat deze versie beter zou zijn dan het origineel. Een van de directeuren van de STN had Voltaire in april 1770 in Ferney bezocht, en was teruggekeerd met de belofte dat Voltaire de bedrukte losse vellen die hij van Cramer zou ontvangen zou corrigeren en ze dan voor een roofdruk naar Neuchâtel zou sturen.[12] Voltaire haalde vaker van dat soort grappen uit. Hij vergrootte er de kwaliteit en kwantiteit van zijn boeken mee, en werkte zo aan zijn belangrijkste doelstelling, de verspreiding van de Verlichting. Hij was niet uit op winst, want hij verkocht zijn proza niet aan de drukkers. Maar alle mensen eromheen werden wel door winstbejag gemotiveerd. Dus toen Cramer lucht kreeg van de poging van de STN onder zijn duiven te schieten, tekende hij protest aan bij Voltaire. Deze trok daarop zijn belofte aan de STN in, die toen genoegen moest nemen met een vertraagde versie van de tekst, die weliswaar uit Ferney kwam maar slechts marginale toevoegingen en correcties bevatte.[13] De verkoop liep door deze tegenslag niet noemenswaard terug, want er was genoeg ruimte op de markt voor andere uitgaven, niet alleen voor die van de STN maar ook voor een oplage die Marc Michel Rey had laten drukken in Amsterdam. Misschien zijn er nog wel meer geweest. De boekverkopers konden kiezen uit verschillende leveranciers. Ze lieten zich in hun keuze leiden door marginale voordelen op het gebied van prijs, kwaliteit, snelheid en betrouwbare levering. Rigaud deed regelmatig zaken met uitgevers in Parijs, Lyon, Rouen, Avignon en Genève. Hij speelde ze tegen elkaar uit en bestelde vaak bij twee of drie hetzelfde boek om er zeker van te zijn dat hij het vóór zijn concurrenten in huis zou hebben. Door in verscheidene circuits tegelijk te opereren, vergrootte hij zijn speelruimte. Maar in het geval van de *Questions* waren anderen hem te slim af geweest en moest hij zijn leverantie ontvangen via de omslachtige Voltaire-Cramer-Voltaire-STN-route.

Die route bracht alleen nog maar de kopij van schrijver naar drukker. Voordat de gedrukte vellen vanuit de STN in Neuchâtel Rigaud in Montpellier bereikten, moesten ze hun weg vinden via een van de ingewikkeldste fases in het circuit van het boek. Er konden twee hoofdroutes worden gevolgd. De ene leidde van Neuchâtel via Genève, Turijn, Nice (toen nog niet Frans) en Marseille. Deze had het voordeel dat het Franse grondgebied werd gemeden – met minder kans op inbeslagname – maar bracht enorme omwegen en extra kosten met zich mee. De boeken moesten over de Alpen worden gesleept en een heel leger van tussenpersonen passeren – distributeurs, binnenschippers, vrachtvervoerders, dépotbazen, scheepskapiteins en havenarbeiders – voor ze in Rigauds magazijn belandden. De beste Zwitserse transporteurs beweerden dat ze een kist voor dertien *livre* – acht *sous* per 45 kilo – in Nice konden krijgen, maar deze schatting bleek veel te laag. De directe route van Neuchâtel naar Lyon en dan de Rhône af was snel, goedkoop en gemakkelijk – maar riskant. De kisten moesten verzegeld worden bij de Franse grens, door het boekverkopersgilde en de koninklijke boekcontroleur in Lyon worden geïnspecteerd, weer vervoerd en vervolgens in Montpellier nogmaals worden gecontroleerd.[14]

Voorzichtig als altijd vroeg Rigaud de STN de eerste delen van de *Questions* via de omweg te sturen, omdat hij wist dat zijn betrouwbare tussenpersoon in

Marseille, Joseph Coulomb, zonder mankeren de boeken Frankrijk binnen zou krijgen. Ze vertrokken 9 december 1771 maar kwamen pas aan in april, toen de eerste drie delen van Cramers uitgave al door Rigauds concurrenten werden verkocht. Deel twee en drie arriveerden in juli, echter met hoge vervoerskosten en beschadigd door onvoorzichtige behandeling. 'Het lijkt wel of er vijfentwintigduizend kilometer tussen ons in ligt,' klaagde Rigaud, eraan toevoegend spijt te hebben niet voor Cramer te hebben gekozen, die ondertussen al deel zes leverde.[15] De STN was inmiddels zo bezorgd haar klanten in het zuiden van Frankrijk te verliezen dat ze een smokkeloperatie op touw zette in Lyon. De als smokkelaar fungerende Joseph-Louis Berthoud, een kleine boekhandelaar, wist deel vier en vijf voorbij de gilde-inspecteurs te krijgen maar ging toen failliet, en om de zaak nog te verergeren legde de Franse regering een heffing van zestig *livre* per vijfenveertig kilo op alle ingevoerde boeken. De STN viel terug op de Alpenroute, en bood aan het vervoer tot Nice te verzorgen tegen vijftien *livre* per vijfenveertig kilo als Rigaud de rest van de kosten zou betalen, ook de invoerrechten. Maar Rigaud vond de invoerbelasting zo zwaar drukken op de internationale handel dat hij al zijn bestellingen bij buitenlandse leveranciers introk. Het nieuwe tarievenbeleid had het onbetaalbaar gemaakt illegale boeken voor legaal te doen doorgaan en ze via de gewone handelskanalen te verzenden.

In december wist de vertegenwoordiger van de STN in Nice, Jacques Deandreis, op de een of andere manier een verzending van deel zes van de *Questions* via de haven van Sète, die officieel was gesloten voor de boekinvoer, bij Rigaud te krijgen. Later realiseerde de Franse regering zich dat ze de boekhandel met het buitenland praktisch om zeep had geholpen en verlaagde ze het tarief tot zesentwintig *livre* per vijfenveertig kilo. Rigaud stelde toen zijn leveranciers voor de kosten te delen: hij een derde, zij twee derde. De STN ging met dit voorstel akkoord, maar in het voorjaar van 1772 besloot Rigaud dat de route over Nice nog steeds te duur was. De STN had inmiddels zoveel klachten van andere klanten gehad dat ze tot dezelfde conclusie was gekomen en stuurde een van haar directeuren naar Lyon. Daar werd een betrouwbaarder handelaar, J.-M. Barret, bereid gevonden de verzendingen van de STN door het lokale gilde te loodsen en ze naar de klanten in de provincie te verzenden. Dank zij deze regeling arriveerden de laatste drie delen van de *Questions* in de zomer veilig bij Rigaud.

Het had onophoudelijke inspanning en aanzienlijke uitgaven gekost om de totale bestelling in Montpellier te krijgen, en ook na deze transactie moesten Rigaud en de STN hun bevoorradingsroutes voortdurend bijstellen. Omdat de economische en politieke omstandigheden telkens veranderden, moesten ze steeds hun regelingen aanpassen binnen het complexe geheel van tussenpersonen die de schakel vormden tussen drukker en boekwinkel, en die uiteindelijk vaak uitmaakten welke literatuur de Franse lezers zou bereiken.

De respons van de lezers op hun boeken kan niet worden achterhaald. Uit bibliografische analyse van alle exemplaren die kunnen worden gelokaliseerd zou blijken welke varianten van de tekst voorhanden waren. Onderzoek van notariële archieven in Montpellier zou kunnen uitwijzen hoeveel exemplaren in erfenissen opdoken, en statistieken op basis van veilingcatalogi zouden een schatting kunnen opleveren van het aantal exemplaren in grotere privébibliotheken. Maar op grond van de momenteel beschikbare documentatie kan men niet weten wie Voltaires lezers zijn geweest en hoe ze op zijn werk hebben gereageerd. Het lezen blijft het moeilijkst te onderzoeken stadium in het circuit dat boeken afleggen.

IV

Alle stadia werden beïnvloed door de sociale, economische, politieke en intellectuele omstandigheden van die tijd. Voor Rigaud waren deze algemene invloeden merkbaar binnen een lokale context. Hij verkocht boeken in een stad met eenendertigduizend inwoners. Ondanks de belangrijke textielindustrie was Montpellier in wezen een ouderwets administratief en religieus centrum, rijkelijk bedeeld met culturele instellingen, waaronder een universiteit, een natuurwetenschappelijke academie, twaalf vrijmetselaarsloges en zestien kloostergemeenschappen. En omdat de stad zetel was van de provinciale staten van Languedoc en van een intendant, en ook een aantal gerechtshoven bezat, telde ze een groot aantal juristen en ambtenaren onder haar inwoners. Als deze overeenkomst vertoonden met hun tegenhangers in andere provinciecentra,[16] was een groot deel van Rigauds klanten waarschijnlijk uit hun midden afkomstig en hadden ze veel belangstelling voor de werken van de Verlichting. In zijn brieven zegt hij niets over hun sociale achtergronden maar merkt hij wel op dat er veel vraag was naar de werken van Voltaire, Rousseau en Raynal. Velen tekenden in voor de *Encyclopédie*, en er was zelfs vraag naar atheïstische werken als *Système de la nature* en *Philosophie de la nature*. Montpellier was bepaald geen achtergebleven uithoek en boeken deden het er goed. ‘De boekhandel is zeer uitgebreid in deze stad,’ schreef iemand in 1768. ‘Sinds het onder de inwoners mode is geworden er een boekenverzameling op na te houden, houden de boekverkopers hun winkels ruim bevoorraad.’[17]

Deze gunstige omstandigheden duurden nog voort toen Rigaud zijn

Questions bestelde. Maar na 1770 kwamen er moeilijke tijden, en in de jaren tachtig klaagde Rigaud net als de meeste andere boekverkopers over een ernstige teruggang van de verkoop. Volgens het standaardwerk van C.E. Labrousse holde de hele Franse economie in die jaren hard achteruit.[18] Het financiële beheer door de staat vertoonde in ieder geval paniekverschijnselen. Vandaar het rampzalige boektarief van 1771, onderdeel van Terrays mislukte poging de schuldenlast weg te werken die was ontstaan tijdens de zevenjarige oorlog. De regering probeerde ook roofdrukken en illegale boeken te bestrijden, eerst door de verscherpte politiecontrole van 1771 tot 1774, vervolgens door een algemene reorganisatie van de handel in boeken in 1777. Deze maatregelen ruïneerden uiteindelijk Rigauds commerciële betrekkingen met de STN en met de andere uitgeverijen die zich in de welvarende jaren van het midden van de eeuw aan de grenzen van Frankrijk gevestigd hadden. Buitenlandse uitgeverijen produceerden zowel originele uitgaven van boeken die door de censuur in Parijs waren verboden als roofdrukken van boeken van Parijse uitgevers. Omdat de Parijzenaars bijna het monopolie bezaten in de legale uitgeverij, werkten hun rivalen in de provincie samen met de buitenlandse uitgevers en keken ze de andere kant op als in de provinciale gildehallen (*chambres syndicales*) de zendingen uit het buitenland voor inspectie arriveerden. Onder Lodewijk XIV had de regering het Parijse gilde gebruikt om de illegale handel te bestrijden, maar onder Lodewijk XV werd het steeds minder strikt totdat na de val van de regering Choiseul (december 1770) weer een verscherping intrad. Zo passen Rigauds betrekkingen met de STN precies in het economische en politieke patroon dat sinds het begin van de achttiende eeuw de handel in boeken had beheerst en dat net uiteen begon te vallen toen de eerste kisten *Questions* onderweg waren tussen Neuchâtel en Montpellier.

Ander onderzoek zou misschien andere patronen aan het licht brengen, want het model hoeft niet precies op deze wijze te worden toegepast, en kan ook worden weggelaten. Ik bepleit geen geschiedenis van het boek volgens een standaardformule, maar probeer te laten zien hoe de ongelijksoortige onderdelen binnen een coherent schema kunnen worden samengebracht. Andere boekhistorici preferen misschien andere schema's. Ze kunnen zich bijvoorbeeld concentreren op de boekhandel in heel Languedoc, zoals Madeleine Ventre heeft gedaan, of op het gehele oeuvre van Voltaire, zoals Giles Barber, Jeroom Vercruysse en anderen momenteel doen, of op het algemene patroon van de boekproduktie in het achttiende-eeuwse Frankrijk, op de manier van François Furet en Robert Estivals.[19] Welk onderwerp ze ook nemen, ze zullen het nooit in zijn volle betekenis doorgronden als ze het niet relateren aan alle elementen die samen het circuit voor tekstoverdracht uitmaken. Om het nog duidelijker te stellen, zal ik het modelcircuit nogmaals behandelen, waarbij ik problemen aan de orde zal stellen waarop een bevredigend antwoord is gevonden of die rijp lijken voor verder onderzoek.

I SCHRIJVERS

Ondanks de talrijke biografieën van grote schrijvers die zijn verschenen, blijven de basisomstandigheden van het schrijverschap in grote perioden van de geschiedenis duister. Wanneer hebben de schrijvers zich bevrijd van het beschermheerschap door rijke edellieden en de staat door van hun pen te gaan leven? Hoe zag een literaire carrière eruit, en hoe streefden ze die na? Hoe gingen schrijvers om met uitgevers, drukkers, boekverkopers, recensenten, en met elkaar? Pas als deze vragen zijn beantwoord zullen we de overdracht van teksten volledig kunnen doorgronden. Voltaire kon geheime banden met piratenuitgevers aanknopen omdat hij voor zijn levensonderhoud niet van schrijven afhankelijk was. Een eeuw later verklaarde Zola dat een schrijver onafhankelijkheid verkreeg door zijn proza te verkopen aan de hoogste bieder.[20] Hoe is deze verandering ontstaan? Het begin van een antwoord is te vinden in het werk van John Lough. Systematischer onderzoek naar het ontstaan van de republiek der letteren in Frankrijk zou gebaseerd kunnen zijn op politiearchieven, literaire almanakken en bibliografieën (*La France littéraire* vermeldt in 1757 de namen en publikaties van 1187 schrijvers, in 1784 van 3089). De situatie in Duitsland is minder duidelijk wegens de versnippering van de Duitse staten voor 1871. Maar Duitse wetenschappers hebben inmiddels bronnen aangeboord als *Das gelehrte Teutschland*, dat in 1779 vierduizend schrijvers vermeldde. Ook beginnen ze in streekgerichte en monografische werken de betrekkingen tussen schrijvers, uitgevers en lezers te analyseren.[21] In Italië heeft Marino Berengo laten zien hoeveel er te ontdekken valt over de relatie tussen schrijvers en uitgevers.[22] En het werk van A.S. Collins is nog steeds een onovertroffen studie van het schrijverschap in Engeland, hoewel het bijgewerkt moet worden en de periode na de achttiende eeuw ontbreekt.[23]

II UITGEVERS

De sleutelrol van de uitgever wordt steeds duidelijker, dank zij artikelen in het *Journal of Publishing History* en monografieën als Martin Lowry's *The World of Aldus Manutius*, Robert Pattens *Charles Dickens and His Publishers* en Gary Starks *Entrepreneurs of Ideology: Neoconservative Publishers in Germany, 1890-1933*. Maar de ontwikkelingsgang van de uitgever die zich gaandeweg duidelijk onderscheidt van de zelfstandige boekverkoper en de drukker moet nog systematisch worden onderzocht. De historici hebben niet meer dan een eerste begin gemaakt met het onderzoek van uitgeversarchieven, hoewel dat de rijkste bronnen zijn voor de geschiedenis van het boek. De archieven van de Cotta Verlag in Marbach bijvoorbeeld omvatten ten minste honderdvijftigduizend documenten, maar zijn tot nu toe slechts bekeken op verwijzingen naar Goethe, Schiller en andere beroemde schrijvers. Nader onderzoek zou hoogstwaarschijnlijk een schat aan informatie opleveren over de rol van het boek in het negentiende-eeuwse Duitsland. Hoe stelden uitgevers contracten op met schrijvers, hoe knoopten ze betrekkingen aan met boekverkopers, onderhandelden ze met politieke autoriteiten, hoe regelden ze hun financiën, voorraden, verzendingen en hun publiciteit? De antwoorden hierop zouden de geschiedenis van het boek verder voeren op het terrein van de sociale, economische en politieke geschiedenis, tot voordeel van alle betrokken disciplines.

Het Project for Historical Biobibliography in Newcastle upon Tyne en het Institut de Littérature et de Techniques Artistiques de Masse in Bordeaux illustreren de richtingen die dergelijk interdisciplinair werk inmiddels is ingeslagen. De groep uit Bordeaux heeft geprobeerd de gang van boeken door de verschillende distributiesystemen te analyseren om de literaire ervaring van verschillende groepen in Frankrijk bloot te leggen.[24] De onderzoekers uit Newcastle hebben het verspreidingsproces bestudeerd door middel van kwantitatieve analyse van intekenlijsten, die in de verkoopcampagnes van Britse uitgevers van de vroege zeventiende tot de vroege negentiende eeuw op grote schaal werden gebruikt.[25] Men zou soortgelijk onderzoek kunnen doen naar uitgeverscatalogi en prospectussen, die bijeengebracht zijn in onderzoekscentra als de Newberry Library. Alles wat met adverteren van boeken samenhangt moet nader worden onderzocht. Men zou veel te weten kunnen komen over attitudes omtrent boeken en de context waarin ze werden gebruikt door te bestuderen hoe ze in allerlei vormen van publiciteit, van dagbladadvertenties tot reclameposters, werden gepresenteerd. Men zou bijvoorbeeld kunnen kijken naar de reclamestrategie en de waarden die uit de formuleringen spreken. Amerikaanse historici hebben op basis van kranteadvertenties de verspreiding van het gedrukte woord tot diep in de koloniale samenleving in kaart gebracht.[26] Door uitgeversarchieven te onderzoeken konden ze verder doordringen in de negentiende en twintigste eeuw.[27] Helaas behandelen uitgevers hun archieven echter doorgaans als afval. Hoewel ze misschien een enkele brief van een beroemd schrijver bewaren, verdwijnt de financiële en handelsadministratie in de prullenbak, terwijl dat voor de boekhistoricus juist de belangrijkste informatiebronnen zijn. Het Center for the Book in de Library of Congress stelt momenteel een gids voor uitgeversarchieven samen. Als die archieven behouden en bestudeerd kunnen worden, zouden ze een ander licht kunnen werpen op de loop van de Amerikaanse geschiedenis.

III DRUKKERS

Over het drukken is veel meer bekend dan over de andere stadia in het produktie- en verspreidingsproces van het boek omdat het altijd een favoriet onderzoeksterrein is geweest in de analytische bibliografie, die zich volgens de definitie van R.B. McKerrow en Philip Gaskell ten doelt stelt 'de tekstoverdracht te verduidelijken door de processen van boekproduktie te analyseren.'[28] Bibliografen hebben veel bijgedragen tot de tekstanalyse, vooral wat Shakespeare betreft, door op basis van de structuur van het boek terug te grijpen naar het drukproces en vandaar naar de originele tekst, zoals de verloren gegane manuscripten van Shakespeare. Deze benadering is onlangs aangevallen door D.F. McKenzie.[29] Maar ook al kan er dan geen oer-Shakespeare gereconstrueerd worden, bibliografen kunnen wel het bestaan van verschillende tekstuitgaven aantonen en de verschillen binnen een uitgave identificeren, een techniek die voor het verspreidingsonderzoek onontbeerlijk is. Hun technieken maken het ook mogelijk drukkersarchieven te ontcijferen en hebben zo tot een nieuwe archiveringsfase geleid in de geschiedschrijving van het drukken. Dank zij het werk van McKenzie, Leon Voet, Raymond de Roover en Jacques Rychner, hebben we nu een duidelijk beeld van hoe het in de tijd van de handpers (circa 1500-1880) op drukkerijen toeging.[30] Naar de latere perioden moet nog meer onderzoek worden gedaan, en men zou nieuwe vraagstellingen kunnen poneren. Hoe berekenden drukkers hun kosten, hoe organiseerden ze hun produktie, vooral na de grote groei van het aangenomen drukwerk en de journalistiek? Wat betekenden de ontwikkeling van machinaal vervaardigd papier in het begin van de negentiende eeuw en van de regelzetmachine in de jaren tachtig van die eeuw voor een boekbudget? Hoe beïnvloedden de technologische veranderingen de arbeidsverdeling? En welke rol hebben de drukkers, die uitzonderlijk assertieve en militante sector van de arbeidersklasse, gespeeld in de geschiedenis van de arbeid en de vakbonden? De analytische bibliografie mag voor buitenstaanders onbegrijpelijke materie zijn, ze zou zowel aan de sociale als de literatuurgeschiedenis een belangrijke bijdrage kunnen leveren, zeker als er een flinke dosis printershandboeken en autobiografieën aan te pas kwam, te beginnen met die van Thomas Platter, Thomas Gent, N.E. Restif de la Bretonne, Benjamin Franklin en Charles Manby Smith.

IV TRANSPORT

Er is weinig bekend over de wijze waarop boeken vanuit de drukkerijen bij de boekhandel terechtkwamen. Paard en wagen, binnenschip, zeeschip, postdienst en trein hebben de literatuurgeschiedenis waarschijnlijk meer beïnvloed dan men zou vermoeden. Hoewel vervoersfaciliteiten in grote uitgeverscentra als Londen en Parijs waarschijnlijk weinig effect hadden op de handel, werd die handel in afgelegen gebieden er soms door bepaald. Tot aan de negentiende eeuw werden boeken gewoonlijk verstuurd in losse vellen, die de klant naar eigen smaak en draagkracht kon laten inbinden. Ze werden vervoerd in grote balen in dik papier gewikkeld, en raakten makkelijk beschadigd door de regen en het schuren van de touwen. Vergeleken met gebruiksgoederen als textiel was hun intrinsieke waarde gering, maar de vervoerskosten waren hoog omdat de vellen zo groot en zwaar waren. Dus maakte het vervoer vaak een aanzienlijk deel uit van de totale kosten en was het een belangrijk element in de verkoopstrategie van de uitgever. In veel delen van Europa konden de drukkers er in augustus en september niet op rekenen hun zendingen bij de boekverkoper te krijgen omdat de wagenvoerders dan met de oogst hielpen. De Baltische handel kwam vaak vanaf oktober stil te liggen omdat de havens waren dichtgevroren. Overal gingen routes open of dicht in reactie op oorlogen, politiek en zelfs verzekeringspremies. Vanaf de zestiende eeuw tot op heden zijn er enorme hoeveelheden onorthodoxe boeken clandestien vervoerd, dus de invloed van dit soort literatuur is altijd afhankelijk geweest van de effectiviteit van het smokkelwezen. Andere genres, de volksboekjes en stuiverromans bijvoorbeeld, circuleerden via speciale distributiesystemen, die nog onderzocht moeten worden hoewel boekhistorici hier het eerste begin al hebben gemaakt.[31]

V BOEKVERKOPERS

Dank zij een aantal klassieke onderzoeken – H.S. Bennett over het vroegmoderne Engeland, L.C. Wroth over koloniaal Amerika, H.-J. Martin over het zeventiende-eeuwse Frankrijk en Johann Goldfriedrich over Duitsland – is het mogelijk een algemeen beeld samen te stellen van de ontwikkeling van de boekhandel.[32] Er is echter nog onderzoek nodig naar de boekverkoper als culturele tussenpersoon die op het belangrijkste ontmoetingspunt tussen vraag en aanbod bemiddelde. We weten nog steeds niet genoeg over de sociale en intellectuele wereld van mensen als Rigaud, over wat zij waardevol en mooi vonden en welke plaats ze innamen binnen hun gemeenschap. Ze waren ook actief binnen handelsnetwerken die zich net zo uitbreidden en weer uiteenvielen als diplomatieke bondgenootschappen. Welke wetten beheersten de opkomst en ondergang van de handelsimperia in de uitgeverswereld? Vergelijking van de naties onderling kan wellicht gemeenschappelijke tendensen aan het licht brengen, zoals de centripetale kracht van grote centra als Londen, Parijs, Frankfurt en Leipzig, die provinciale handelaren in hun invloedssfeer aantrokken, en de tegengestelde trend waarbij onafhankelijke enclaves werden gevormd, zoals Luik, Bouillon, Neuchâtel, Genève en Avignon waar provinciale handelaren en leveranciers één front vormden. Maar vergelijkingen tussen landen onderling zijn moeilijk te trekken omdat de handel in verschillende landen via verschillende instellingen liep, hetgeen uiteenlopende soorten archieven heeft opgeleverd. De verslagen en archieven van de Stationers' Company in Londen, van de Communauté des Libraires et Imprimeurs in Parijs, en van de beurzen in Leipzig en Frankfurt hebben een sleutelrol gespeeld bij de verschillende richtingen die de geschiedenis van het boek in de desbetreffende landen is ingeslagen.[33]

Feit blijft dat boeken overal als handelsartikelen werden verkocht. Een onvervalst economisch onderzoek naar het boek zou een nieuwe kijk op de literatuurgeschiedenis kunnen opleveren. James Barnes, John Tebbel en Frédéric Barbier hebben voor respectievelijk het Engeland, Amerika en het Frankrijk van de negentiende eeuw het belang aangetoond van het economische element in de handel in boeken.[34] Maar er kan nog veel meer onderzoek worden gedaan – naar de kredietmechanismen bijvoorbeeld, naar de manier waarop wissels werden gebruikt en verhandeld, naar manieren waarop men zich kon indekken tegen uitstel van betaling, en naar de praktijk om gedrukte vellen uit te wisselen in plaats van ze te betalen in klinkende munt. De handel in boeken was net als de andere takken van handel tijdens de renaissance en de vroeg-moderne periode grotendeels een spel van vertrouwen waar we nog steeds niet alle spelregels van kennen.

VI LEZERS

Ondanks de omvangrijke literatuur over de psychologie, fenomenologie, tekstwetenschap, en sociologie van het lezen, blijft het een mysterieus proces. Hoe kent een lezer betekenis toe aan de tekens op de bladzij? Wat zijn de sociale gevolgen van die ervaring? En in welke verschillende vormen manifesteert die ervaring zich? Voor literatuurwetenschappers als Wayne Booth, Stanley Fish, Walter Ong en Jonathan Culler is literatuur niet zozeer een canon van teksten. Zij hebben het lezen centraal gesteld in de tekstanalyse omdat ze literatuur zien als activiteit, als het construeren van betekenis binnen een communicatiesysteem.[35] Hun begrippenkader – fictief lezerspubliek, impliciete lezer, interpretatieve groepen – kan voor de boekhistoricus goed bruikbaar zijn. Wel zal hij hun observaties misschien te sterk tijdsgebonden vinden. Hoewel deze wetenschappers goed thuis zijn in de literatuurgeschiedenis (vooral in zeventiende-eeuwse Engelse literatuur zijn ze sterk), gaan ze er kennelijk van uit dat teksten altijd op dezelfde manier op de ontvankelijkheid van de lezer werken. Maar een zeventiende-eeuwse burger uit Londen leefde in een ander geestelijk universum dan een Amerikaanse professor uit de twintigste eeuw. Het lezen zelf is in de loop van de tijd veranderd. Het gebeurde vaak hardop in groepen, of in het geheim, met een intensiteit die we ons vandaag de dag niet meer kunnen voorstellen. Carlo Ginzburg heeft laten zien hoeveel betekenis een zestiende-eeuwse molenaar in een tekst kon stoppen, en Margaret Spufford heeft aangetoond dat nog eenvoudiger arbeiders in de tijd van Miltons *Areopagitica* met veel moeite probeerden meester te worden over het gedrukte woord.[36] Overal in het vroeg-moderne Europa probeerden lezers van het niveau van een Montaigne tot dat van een Menocchio, uit alle macht betekenis te destilleren uit boeken. Dat was niet alleen maar een kwestie van ontcijferen. Ook lang vóór de *Lesewut* en de *Wertherfieber* van de romantiek was lezen een hartstocht, en nog steeds is er sprake van *Sturm und Drang*, ondanks de opkomst van het snellezen en de mechanistische benadering die literatuur ziet als het coderen en decoderen van boodschappen.

Maar hoe actief de lezer ook mag zijn, de tekst dwingt zijn respons in een bepaalde richting. Zoals Walter Ong zegt, scheppen de eerste bladzijden van *The Canterbury Tales* en *A Farewell to Arms* een bepaald kader en dwingen ze de lezer, ongeacht diens mening over pelgrimstocht of burgeroorlog, in een bepaalde rol waaraan niet valt te ontkomen.[37] Behalve zinsopbouw en stijl bepaalt ook de typografie de manier waarop een tekst betekenis overdraagt. McKenzie heeft laten zien dat het de wijziging van het boekontwerp is geweest die de wilde ongetemde Congreve van de vroege uitgaven in kwartoformaat heeft getransformeerd tot de keurige neoclassicus van de *Works* uit 1709, en niet de veranderde opvattingen over kuisheid.[38] De geschiedenis van het lezen zal zich moeten bezighouden met de vrijheden die lezers nemen met de tekst, maar ook met de beperkingen die de tekst oplegt aan de lezer. Van de spanning tussen deze beide neigingen is sprake zodra mensen boeken confronterend tegemoet treden. Dit heeft een aantal uitzonderlijke resultaten opgeleverd, zoals de manier waarop Luther de psalmen, Rousseau *Le Misanthrope*, en Kierkegaard het offeren van Isaac las.

Ook al is het mogelijk de grote interpretaties uit het verleden te doen herleven, de kans blijft aanwezig dat de innerlijke ervaring van de gewone lezer ons blijft ontgaan. Maar we kunnen op zijn minst de maatschappelijke context van het lezen grotendeels reconstrueren. De discussie die in de middeleeuwen werd gevoerd over stillezen heeft uiterst bruikbare gegevens over leesgewoonten opgeleverd.[39] Uit het onderzoek naar leesgezelschappen in Duitsland, die daar in de achttiende en negentiende eeuw een bijzondere bloei doormaakten, blijkt hoe belangrijk het lezen is geweest voor de ontwikkeling van een specifiek burgerlijke culturele stijl.[40] Duitse wetenschappers hebben ook veel gedaan aan bibliotheekhistorie en allerlei vormen van receptie-onderzoek.[41] In navolging van Rolf Engelsing stellen ze vaak dat er aan het eind van de achttiende eeuw een transformatie heeft plaatsgevonden in de leesgewoonten. Vóór deze *Leserevolution* getroostten lezers zich vaak veel moeite met relatief weinig werken die ze voortdurend herlazen, zoals bijvoorbeeld de bijbel. Na deze revolutie consumeerden ze met grote snelheid allerhande materiaal, waarbij het meer om vermaak dan lering ging. De verschuiving van intensief naar extensief lezen viel samen met de ontheiliging van het gedrukte woord. De wereld begon verstopt te raken met leesmateriaal, en men begon teksten te behandelen als consumptiemiddelen die men even achteloos terzijde kon schuiven als de krant van gisteren. Deze interpretatie is onlangs aangevochten door Reinhart Siegert, Martin Welke en andere jonge wetenschappers, die 'intensief' lezen hebben ontdekt in de receptie van vluchtige werken als almanakken en kranten, met name het *Noth- und Hülfsbüchlein* van Rudolph Zacharias Becker, die ongelooflijke bestseller uit de tijd van Goethe.[42] Maar afgezien van de vraag naar de legitimiteit van het begrip leesrevolutie heeft het ons geholpen het onderzoek naar het lezen beter af te stemmen op algemene probleemstellingen binnen de sociale en culturele geschiedenis.[43] Hetzelfde geldt voor onderzoek naar het vermogen tot lezen en schrijven,[44] dat de wetenschappers in staat heeft gesteld het vage silhouet te ontwaren van uiteenlopende lezersgroepen van twee en drie eeuwen geleden. Op verschillende lagen in de maatschappij konden ze zo het spoor volgen van boek naar lezer. Hoe lager het niveau, hoe intensiever het onderzoek. Populaire literatuur is de afgelopen tien jaar een favoriet onderzoeksterrein geweest,[45] ondanks een groeiende twijfel aan het idee dat goedkope boekjes als de *bibliothèque bleue* een autonome cultuur van het gewone volk vertegenwoordigden. Ook het idee dat men een duidelijk onderscheid kan maken tussen een elitaire en een volksstroming binnen de cultuur wordt steeds meer in twijfel getrokken. Het lijkt niet langer gerechtvaardigd culturele verandering op te vatten als een lineaire, zich van boven naar beneden voortzettende beweging van invloeden. Stromingen sijpelden zowel van beneden naar boven als omgekeerd, waarbij ze samenvloeiden en in elkaar overgingen. Figuren als de reus Gargantua, Assepoester en Buscon bewogen zich door de mondelinge tradities, volksboekjes en ook De Literatuur, van de ene nationaliteit naar de andere, en door alle genres heen.[46] Men zou bijvoorbeeld zelfs de metamorfosen van dit soort stereotiepe figuren in almanakken kunnen analyseren. Wat onthult de reïncarnatie van *Poor Richard* als *le Bonhomme Richard* over de literaire cultuur in Amerika en Frankrijk? En wat kan men opmaken over de Duits-Franse verhoudingen door de verschijningen van de manke boodschapper te volgen als der hinkende Bote en *le messager boiteux* in de almanakken aan weerszijden van de Rijn?

Vragen over wie wat leest, onder welke omstandigheden, wanneer, en met welke gevolgen, verbinden het onderzoek naar het lezen met de sociologie. De boekhistoricus kan uit het werk van Douglas Waples, Bernard Berelson, Paul Lazarsfeld en Pierre Bourdieu te weten komen hoe hij dergelijke problemen moet benaderen. Hij kan putten uit het vele onderzoek naar het lezen dat tussen 1930 en 1950 is gedaan aan de Graduate Library School van de universiteit van Chicago, en dat af en toe nog in een Gallup-rapport naar boven komt.[47] En voor een voorbeeld van de sociologische stroming binnen de geschiedenisliteratuur kan hij terecht bij het onderzoek naar het leesgedrag (of niet-leesgedrag) van de Engelse arbeidersklasse in de laatste twee eeuwen door Richard Altick, Robert Webb en Richard Hoggart.[48] Al dit onderzoek mondt uit in de grotere vraag: hoe beïnvloedt het gedrukte woord de manier waarop mensen denken? Heeft de uitvinding van de losse letters het geestelijk universum van de mens getransformeerd? Misschien is er niet één enkel bevredigend antwoord te geven omdat deze vraag zoveel verschillende raakvlakken heeft met het leven in het vroeg-moderne Europa, zoals Elizabeth Eisenstein heeft laten zien.[49] Maar het moet mogelijk zijn tot een beter begrip te komen van wat boeken voor mensen hebben betekend. De rol van het boek bij het zweren van eden, het uitwisselen van geschenken, het toekennen van prijzen, en het nalaten van erfenissen zou licht kunnen werpen op hun betekenis binnen de verschillende samenlevingen. De iconogafie van het boek zou een aanwijzing kunnen geven omtrent de autoriteit die mensen eraan toekenden, zelfs de dagloner die kon lezen noch schrijven en die in de kerk afbeeldingen van de tafelen van Mozes zag. De plaats van boeken in de folklore, en van volkse motieven in boeken, laat zien dat er sprake is geweest van tweerichtingsverkeer toen de verhaaltradities en het gedrukte woord elkaar ontmoetten, en dat men boeken moet bestuderen in relatie tot de andere media.[50] Het onderzoek kan vele kanten opgaan, die echter stuk voor stuk zullen uitmonden in een beter begrip van de invloed van het drukken op de pogingen van de mens inzicht te verwerven in zijn bestaan.

Men verliest makkelijk het zicht op het totaalbeeld van deze onderneming omdat boekhistorici vaak zijpaden inslaan en in niet ter zake doende specialisaties verzeild raken. Hun werk kan zelfs binnen de literatuur van één bepaald land zeer gefragmenteerd zijn, met het gevolg dat het een hopeloze poging lijkt de geschiedenis van het boek te beschouwen als een enkel onderwerp dat vanuit het hele scala aan historische disciplines aan vergelijkend onderzoek zou kunnen worden onderworpen. Maar de boeken zelf storen zich niet aan linguïstische of nationale grenzen. Ze zijn vaak geschreven door mensen die tot een internationale republiek der letteren behoorden, gemaakt door drukkers die niet in hun moedertaal werkten, verkocht door boekverkopers die ook buiten de staatsgrenzen zaken deden, en gelezen door mensen die een andere taal spraken dan lazen. Boeken weigeren ook zich te laten inperken binnen één enkele discipline wanneer men er onderzoek naar doet. Geschiedenis noch literatuur, economie, sociologie noch bibliografie kunnen alle aspecten in het leven van een boek volledig recht doen. Gezien haar wezen moet de geschiedenis van het boek daarom qua opzet internationaal, en qua methode interdisciplinair zijn. Hetgeen niet betekent dat er geen sprake kan zijn van een consistente basisvisie, want boeken maken deel uit van communicatiecircuits die consequente patronen volgen, hoe complex ook. Door die circuits bloot te leggen, kunnen historici laten zien dat boeken de geschiedenis niet alleen verhalen, maar ook maken.

DE VERGETEN TUSSENPERSONEN VAN DE LITERATUUR

Nu de literatuurwetenschappers hun buik vol hebben van theorie, beginnen ze aan de geschiedenis. 'Het nieuwe historicisme' en 'de nieuwe literatuurgeschiedenis' die zich hebben aangekondigd in een recente stortvloed van boeken en artikelen, zijn pogingen de deconstructie tot staan te brengen en de literatuurwetenschap weer een stevige basis te bezorgen in een opnieuw op waarde geschat verleden. Maar welk verleden? De oude literatuurgeschiedenis sneed de tijd in partjes die gemarkeerd werden door de verschijning van grote schrijvers en meesterwerken – *l'homme et l'oeuvre*, volgens de klassieke Franse stelregel. De historicus van vandaag moet werken met een ruimere literatuuropvatting, die geen enkele man of vrouw, ongeacht hun sociale positie, mag buitensluiten die goed met woorden overweg kon.

Tot de volkse vormen van woordgebruik worden moeders gerekend die kinderliedjes zingen, kinderen die versjes zingen bij het touwtjespringen, tieners die schuine moppen vertellen, en zwarten die rituele beledigingen uitwisselen (*playing the dozens*). De historici laten deze groepen misschien liever aan de antropologen over. Maar zelfs als ze het begrip literatuur beperken tot communicatie via het gedrukte woord, kunnnen er nog heel wat ongebruikelijke figuren onder vallen – de voddenman, de papierfabrikant, de letterzetter, de voerman, de boekverkoper en zelfs de lezer. Boekenliteratuur is onderdeel van een systeem van boekproduktie en boekdistributie. Toch zijn de meeste mensen die dat systeem draaiende hielden uit de literatuurgeschiedenis verdwenen. De grote mannen hebben de tussenpersonen verdrongen. Als men de literatuurgeschiedenis bekijkt vanuit het perspectief van degenen die het werk overbrachten, ontstaat er een heel ander beeld.

Ik wil dit illustreren door een aantal personen ten tonele te voeren die ik ben tegengekomen in de papieren van de Société Typographique de Neuchâtel (STN). De STN was tijdens de laatste twintig jaar van het Ancien Régime een belangrijk uitgever en grootleverancier van Franse boeken. Neuchâtel, een kleine Zwitserse gemeente aan de oostgrens van Frankrijk, was een ideale plek om de boeken te produceren die in Frankrijk niet door de censuur kwamen – namelijk alles waaraan de katholieke Kerk, de staat of de conventionele moraal aanstoot zou kunnen nemen. Sommige boeken van de STN wisten die alle drie te beledigen en werden bestsellers – *Het privé-leven van Lodewijk XV* bijvoorbeeld, of *De zwarte gazette door een man die niet wit is.* Maar ook deze boeken zijn uit de literatuurgeschiedenis verdwenen. Andere waren klassieke werken van de Verlichting of onschuldig materiaal dat de STN in roofdruk uitbracht, reisboeken en sentimentele romans bijvoorbeeld. Voor de Zwitserse uitgevers en hun klanten in de Franse boekverkoop was literatuur handel. Zoals een klant het uitdrukte: 'Het beste boek voor een boekverkoper is een boek dat verkoopt.'[1]

Hoe keken de betrokkenen hier tegenaan? Neem bijvoorbeeld de uitgever en zijn pogingen schrijvers kopij te ontfutselen. De belangrijkste partners binnen de STN, Frédéric-Samuel Ostervald en Abraham Bosset de Luze, ondernamen op het hoogtepunt van de Verlichting een aantal zakenreizen naar Parijs. Via hun verslagen aan Neuchâtel kan men ze volgen terwijl ze per koets door Frankrijk reizen, een geschikt hotel zoeken, hun pruiken laten opknappen, een bediende huren en hun bezoeken afleggen aan de literaire wereld.

Met hun weliswaar Franse culturele achtergrond maar provinciaalse en protestantse temperament voelden ze zich aanvankelijk overweldigd door 'deze immens grote, lawaaierige stad'. Ze hadden een gids nodig om de weg te kunnen vinden. Toen ze boekverkopers opzochten, kwamen ze tot de ontdekking dat de Parijzenaars na twee uur 's middags geen zaken meer deden, en nooit thuis gaven als er iets te betalen viel. Maar de avonden vergoedden de frustraties van de dag ruimschoots. 'Ik moet bekennen,' schreef Ostervald naar huis na een feestelijk etentje, 'dat ik wat graves heb gedronken, wat champagne, wat hermitage, wat malaga; en terwijl ik daar tussen twee beminnelijke dames zat, raakten mijn gedachten een weinig in de war.'[2]

De uitgevers kwamen literaire roddel aan de weet. D'Alembert vertelde dat hij Frederik de Grote had gevraagd een dienst te houden voor de zielerust van Voltaire kort na diens dood. 'Ik wil dat wel doen,' had Frederik geantwoord, 'hoewel ik niet zo in de eeuwigheid geloof.'[3]

Maar over het algemeen hielden ze zich bezig met zaken. Ze berekenden hoe ze de Parijse uitgevers onder hun duiven konden schieten door kosten en winsten laag te houden en vervolgens de beste schrijvers weg te kapen. Al gauw raakten ze overspoeld met aanbiedingen van obscure broodschrijvers. Bosset schreef: 'Gisteren kwam er weer een schrijver langs, zo arm als Job, die me een manuscript over de jezuïeten te koop aanbood.' Maar hij en Ostervald gaven bij voorkeur de grootste namen uit. Ze hadden in Zwitserland met Voltaire en Rousseau te doen gehad en wisten hoe ze een filosoof moesten strikken. Ze voerden onderhandelingen met d'Alembert, Raynal, Beaumarchais, Mably, Marmontel en Morellet. Ze benaderden zelfs Benjamin Franklin met een plan om in de Nieuwe Wereld Franse boeken aan de man te brengen.[4]

Al dit gepraat leverde niet veel contracten op, maar het is wel illustratief voor de aard van de activiteiten van de uitgever. De uitgevers waren eeuwig aan het onderhandelen. Er waren altijd wel een stuk of tien plannetjes in de maak, waarvan er uiteindelijk maar een paar succes hadden. Dat waren de transacties die een klein stukje verwezenlijkten van die in nevelen gehulde oneindigheid, de literatuur-die-had-kunnen-zijn.

Een werk dat zich via de onderhandelingen in Parijs uitkristalliseerde was *Du Gouvernement et des loix de la Pologne* (1781) van Gabriel Bonnot de Mably. Net als veel andere schrijvers voelde Mably dat zijn boek een bestseller werd, en in ruil voor zijn manuscript vroeg hij slechts honderd gratis gedrukte exemplaren. Maar het werd een flop. De schuld lag bij de STN, klaagde Mably in een post-mortem discussie die per post werd gevoerd. In plaats van tijdig in te spelen op de publieke belangstelling voor de deling van Polen (1772), waren de Zwitsers enorm achter geraakt op hun produktieschema.

Ostervald verdedigde de STN met een kort verslag van hun marktonderzoek:

> Na een groot aantal titelpagina's en inhoudsopgaven te hebben gedrukt die we aan verscheidene goede boekhandelaren zonden in Parijs, Versailles, Lyon en Rouen, kwam er niet één vooruitbestelling. Ze zeiden dat ze weliswaar overtuigd waren van de kwaliteit van het werk, maar dat het publiek niet langer in het onderwerp was geïnteresseerd. Ik moest terugvallen op Duitsland en Noord-Europa, en zodra ik zeker was van honderd bestellingen, liet ik de persen draaien... Voilà, Monsieur, een onaangenaam twistpunt.[5]

Schrijvers waren een lastig soort. Ostervald vond ze 'ijdel'. 'Ze zijn opgeblazen met echte of vermeende kennis.' Hoe geestig ook aan het diner, ze leken bezeten door hebzucht wanneer het op tekenen van contracten aankwam. Zelfs d'Alembert, een innemend causeur, trof Bosset als iemand die 'gepreoccupeerd is met de lucratieve kant van zijn schrijverschap'.[6]

Niet dat de uitgevers aan een onderontwikkeld winstinstinct leden. De Verlichting werd voor hen Handel. 'We moeten nogmaals benadrukken,' schreven Ostervald en Bosset vanuit Parijs, 'dat het niet moeilijk is goede, bewonderenswaardige en prachtige zaken te vinden die we kunnen drukken. De hoofdzaak, het voornaamste waar we ons op moeten richten, is ons er vóór het drukken ervan te vergewissen dat we de kopij te gelde kunnen maken.' Als de winsten daalden, legden de Zwitsers de drukpersen stil, ontsloegen ze arbeiders en teerden ze op hun voorraad. Ze koesterden geen illusies over de literatuur als edele roeping. 'Dit werk maakt je zwartgalliger dan welk beroep dan ook,' was hun oordeel. Na jaren gemarchandeer met schrijvers en opboksen tegen de concurrentie vatte Ostervald zijn visie op zijn vak als volgt samen: 'Je moet nooit meer boter dan brood beloven, nooit iets geloven dat je niet met eigen ogen kunt zien en evenmin rekenen op iets dat je niet met alle vier je vingers en je duim in je hand kunt houden.'[7]

Dergelijke opmerkingen schetsen het perspectief vanuit één bepaald punt in het communicatiecircuit. Er waren er nog veel meer. Het dossier van Jean-Nicolas Morel, een papierfabrikant uit het dorpje Meslières in het Juragebergte van de Franche-Comté, laat zien hoe de handel in boeken overkwam op iemand die de grondstof leverde. Morel vulde zijn brieven met kletspraatjes, die hij neerschreef zonder zich om spelling of grammatica te bekommeren. Twee onderwerpen waarover hij bijzonder veel te melden had waren de uitstekende kwaliteit van zijn papier en zijn eigen voortreffelijk karakter. Hij verzekerde de STN dat hij slechts de hoogste kwaliteit lompen kocht voor zijn papiergoed (de waterige pulp waarvan het papier werd gemaakt). Hij zorgde op goede voet te staan met de voddenmannen die het neusje van de zalm wisten te bemachtigen door dienstmeisjes om te kopen met zoete praatjes en door ze naalden en spelden te schenken. Het water van Morel was het zuiverste uit de hele bergstreek. Hij was de koning van zijn vak in de Franche-Comté. En in tegenstelling tot zijn concurrenten zou hij nooit bedrog plegen door inferieur textiel in zijn kuipen te doen of heimelijk ondeugdelijke vellen tussen te lichte riemen papier te stoppen. Nee, verzekerde hij de mensen uit Neuchâtel, die hij voor vrome calvinisten hield, hij dreef zijn zaak volgens de beginselen van de apostel Paulus en de bergrede.

Maar als ze een paar *sous* minder wensten te betalen, wilde hij wel wat ongebluste kalk door zijn pulp mengen. Dat maakte de vellen papier zo wit als de hoogste kwaliteit. Een ongewenst bijverschijnsel was helaas dat na enige tijd de inkt op het papier geel werd. Daarom had de Franse regering het gebruik van ongebluste kalk bij de papierfabricage verboden op straffe van een boete van driehonderd *livre*. Maar Morel verwachtte niet gepakt te worden omdat hij noch zijn naam noch zijn watermerk in zijn papiervorm had gevlochten – wat ook tegen de wet was.

De Zwitsers bezweken niet voor deze verleiding, maar lieten Morel ongestraft riemen leveren die iets te licht wogen (de kwaliteit van het papier werd afgemeten aan gewicht en kleur) – om het hem later betaald te zetten door hem wissels te zenden die op zwakke maatschappijen waren getrokken, met ongebruikelijk late inningsdata.

Morel reageerde met een beroep op de sentimentele kant van de uitgevers. Zijn zoon was door een vreemde ziekte geveld. De artsen hielden vol dat er maar één geneesmiddel was, en dat was wijn uit Neuchâtel. Morel had allerlei medicijnen geprobeerd en allerlei drank: 'Bourgogne, malaga, côte roti, hermitage, muscaatwijn, tinto, Elzasser... zelfs de kwaliteitswijnen uit de Comté.' Alleen de allerbeste witte of rode Neuchâtel kon uitkomst bieden. Morel wilde in plaats van de wissels twee vaten accepteren die hij af zou halen als hij de volgende lading papier kwam brengen.[8]

Zo ging het brief na brief verder, met wederzijds gemarchandeer over het kleinste voordeel dat men de ander kon afdwingen. De produktie van ieder boek ging in die tijd gepaard met dit soort uiterst uitvoerige onderhandelingen, vaak met veel hartstocht en humor gevoerd. Maar dit is onbekend gebleven omdat we nooit toegang hebben gehad tot uitgeversarchieven. Vooral het marchanderen over papier was van belang, want papier maakte in die tijd 50 tot 75 procent uit van de produktiekosten van een boek. En de lezers hadden toentertijd oog voor papier. Ze kochten de boeken doorgaans ongebonden en inspecteerden de vellen zorgvuldig, wreven ze tussen hun vingers en hielden ze tegen het licht om ze te controleren op structuur, kleur en eventuele onvolkomenheden.

De lezers letten ook scherp op het drukwerk. Na de levering van deel 15 van de uitgave in kwartoformaat van Diderots *Encyclopédie*, kreeg de STN klachten van klanten die exemplaren hadden ontvangen die ontsierd waren door vingerafdrukken van drukkers. Toen ik in de gemeentebibliotheek van Neuchâtel een exemplaar bekeek, vond ik op bladzijde 635 een vette duimafdruk. Uit het loonboekje van de ploegbaas bleek dat de desbetreffende bladzijde (vel 4L) was gedrukt door een zekere 'Bonnemain'. Bonnemain duikt ook op in de briefwisseling tussen de STN en haar agenten die voor haar arbeiders moesten werven. Deze arbeiders trokken in een soort typografische tour de France van de ene drukkerij naar de andere. Zo ben ik het een en ander te weten gekomen over zijn leven.

Bonnemain, die als zoveel drukkers onder een bijnaam reisde, was een donkerharige Normandiër. Hij had de kneepjes van het vak geleerd in de drukkerijen van Parijs en was toen aan het rondtrekken geslagen. In Lyon voegde hij zich bij het gezin Kindelem – vader, moeder en zoon – die ook rondtrokken om met allerlei onregelmatig werk aan de kost te komen. Samen trokken ze door Bresse en de Franche-Comté naar het noorden, naar de stad Dôle, waar ze werk vonden bij de meesterdrukker Tonnet. De jonge Kindelem verleidde de verkoopster van de drukkerij, en de anderen raakten met Tonnet in ruzies verwikkeld. Toen ze op een dag hun weekloon hadden gebeurd, smeten ze hun halfgedrukte vellen op de grond en vluchtten naar Zwitserland. Het meisje namen ze mee.

Een paar dagen later doken ze op in Neuchâtel. Allemaal hebben ze aan de *Encyclopédie* gewerkt, maar de Kindelems kregen moeilijkheden met de ploegbaas van de STN en gingen weer zwerven. Bonnemain is twintig maanden bij de drukkerij gebleven, een van de langste perioden die een drukkersgezel ooit bij de STN heeft volgemaakt. Niet dat hij zich overwerkte. De STN ontdekte dat hij een overdreven hoeveelheid inkt op de letters gebruikte om niet zo veel kracht te hoeven zetten om een afdruk te krijgen. Vandaar de duimafdruk.

Door de oorsprong van de vingerafdrukken te achterhalen krijgt men een indruk van de mensen achter dit grootste boek van de Verlichting. De *Encyclopédie* was door en door mensenwerk, zowel het produkt van vaklieden als Bonnemain als van filosofen als Diderot. Niet alleen als tekst verdient het werk wetenschappelijke aandacht, maar ook als fysiek object, met al zijn gebreken.[9]

Men kan ook de verkoopcampagne voor het boek onderzoeken. De STN maakte met advertenties en prospectussen reclame voor de *Encyclopédie*, maar vertrouwde voornamelijk op de handelscorrespondentie, omdat de handelaren vooral veel aandacht schonken aan informatie via de officieuze kanalen. Ook luisterden ze goed naar wat de vertegenwoordigers te vertellen hadden. Dus stuurde de STN in 1778 een van haar werknemers, Jean-François Favarger, als vertegenwoordiger op reis.

Hij reisde te paard, en leurde een half jaar lang met encyclopedieën en de andere voorraad van de uitgever, langs een route die door bijna alle belangrijke steden van Zuid- en Midden-Frankrijk voerde. Het was een zware tocht. Favarger droeg een koppel pistolen voor het geval hij een stel van de struikrovers zou tegenkomen die de reizigers in de Rhônevallei beroofden. Toen hij in Aix-en-Provence was, hoorde hij van overvallen door werkeloze arbeiders uit de zijde-industrie, dus wijzigde hij zijn reisroute en wist heelhuids Toulon te bereiken. Maar eenmaal in Nîmes kreeg hij met een ander probleem te kampen, namelijk zadelpijn door open wonden. Het werd zo erg dat hij bang was het bed te moeten houden, ondanks de beste hulp die de geneeskunst uit die tijd kon bieden: 'Ik moet me de ene dag laten aderlaten en de andere purgeren.'[10]

In Montpellier begon het paard mank te lopen. Op weg naar Toulouse begon het te braken en neer te vallen. Begin oktober verslechterde het weer, en in Rochelle waren man en paard nat tot op hun botten na twee weken onophoudelijke regen. 'De paden waren zo slecht dat ik niet meer dan dertig kilometer per dag haalde, vooral omdat het arme dier zo zwak was dat het ieder moment kon bezwijken.' In Loudun deed Favarger het paard ten slotte van de hand. Omdat zijn benen vol zwellingen en kloven zaten bracht het maar vier *louis* op, en Favarger moest het dubbele neertellen voor een sterker paard. Dit blijkt uit zijn onkostenopgave, waarop ook de behandeling voor de wonden en de zo nu en dan voorkomende uitspatting in een *cabaret* staan vermeld. Toen hij eenmaal een paard onder zich had dat bestand was tegen het weer en de lading catalogi, prospectussen en presentexemplaren, reisde Favarger zonder verdere tegenslagen door de Loirevallei en het Juragebergte. Begin december keerde hij met modder overdekt en doodmoe terug op zijn thuisbasis.[11]

Het was een moeilijke maar leerzame reis geweest, want Favarger had gedetailleerde kennis opgedaan van de boekenwereld in de provincie. Hij had de inspecteur van de handel in boeken te Marseille leren vermijden, 'een uitermate slecht mens, iemand die zijn broer op zou eten om een volle maag te hebben.' In Lyon daarentegen kwam hij te weten hoe enorme ladingen verboden boeken letterlijk dóór de kantoren van de autoriteiten vervoerd konden worden. Dijon was ook een prima plaats voor de clandestiene handel, maar Toulouse, 'een centrum van onverdraagzaamheid', moest worden vermeden. Slechts een van de boekverkopers ter plaatse, ene La Porte, was bereid protestantse werken te verhandelen. 'Ze pluizen zelfs alle binderijen uit om alles in beslag te nemen dat niet honderd procent recht in de leer is. Ze hebben het strengste gilde dat men zich maar kan voorstellen, en de boekverkopers hebben het er zelf naar gemaakt door elkaar met ongelofelijke rancune aan te geven.' Toulon en Bordeaux vielen ook tegen, maar dat had meer economische dan politieke oorzaken, want hun handel had vreselijk te lijden gehad door de Amerikaanse oorlog. De beurs van Beaucaire stelde als handelscentrum nauwelijks nog iets voor en in de kleinere steden bleek een verbazend tekort aan boekwinkels te bestaan. In Carpentras, Viviers en Montélimar was geen boekhandelaar te bekennen. 'In Orange is er maar één, de pruikenmaker Touït, die bij wijze van bijverdienste wat religieuze werkjes verkoopt. Calamel, die in de boekverkopersalmanak vermeld staat, is een handelaar in manufacturen die vroeger boeken verkocht maar er nu niet meer in handelt.' Zo tekende Favarger stad voor stad aan welke boeken er circuleerden en wat voor soort mensen daarbij waren betrokken.[12]

Om een duidelijker beeld te krijgen van de vraag, moest hij de handelaren in het hol van de leeuw opzoeken. Maar hij vond het moeilijk ze te krijgen waar hij ze hebben wilde:

Als je je aanbiedingen hebt gedaan, zeggen ze dat ze je catalogus zullen

> bekijken, enz., en dat je nog maar eens terug moet komen. Dan kom je drie of vier keer terug, en iedere keer is de baas er niet. Is hij er wel, dan heeft hij nog geen tijd gehad om je voorstellen te overwegen. Dus moet je nog een keer terugkomen, en waarvoor? Meestal voor niets. Ze zijn bijna allemaal zo. Ze laten een vreemde van hot naar her hollen en dwingen hem al zijn zaken 's morgens af te handelen, want zelden tref je een van deze heren na het middageten in hun winkel aan. Ik wou dat ik wat sneller kon werken, maar de mensen met wie ik te maken krijg zijn te zeer op hun gemak gesteld, zelfs al stelt hun zaak nauwelijks iets voor. Nooit kunnen ze tijd vinden om het een vreemdeling wat makkelijker te maken.[13]

Culturele tussenpersonen deden overal in dit soort omstandigheden hun werk, dat bestond uit vraag en aanbod op elkaar afstemmen, en de stroom literatuur uitfilteren voordat deze de vorm kreeg van karrevrachten boeken die getransporteerd werden naar de lezer, als eindpunt in het distributiesysteem. De handelsreizigers hielden het systeem aan de gang, maar hoe verder ze erin doordrongen hoe moeilijker ze het kregen. Favarger kwam tot de ontdekking dat de Zwitserse efficiëntie rond de Middellandse Zee stukliep op de onderhandelingsstijl van de bazaar. Maar ook al had hij aan Buchet in Nîmes of Mossy in Marseille zijn waren niet kunnen slijten, hij had toch weer iets over de markt opgestoken. Vaak deed men hem tips aan de hand voor roofdrukken. In Bourg-en-Bresse bijvoorbeeld vroeg Vernarel hem met klem op een herdruk aan te dringen van '*Lois et constitutions de Pensilvanie*, traduit de l'anglais, dédié au docteur Franklin, chez Jombert et Cellot' (*The Laws and Constitutions of Pennsylvania*, vertaald uit het Engels en opgedragen aan Dr Franklin). Vernarel zegde een afname van vijftig exemplaren toe als de STN een oplage zou produceren. In zijn volgende halteplaats, Lyon, lanceerde Favarger het idee van Vernarel, naast zijn plan voor een nieuwe uitgave van de werken van Condillac. Maar geen boekverkoper hapte. 'Niemand denkt hier dat de Condillac het goed zou doen als herdruk. Ze zeggen dat Barret nog steeds niet door zijn voorraad heen is. Wel zien ze iets in het werk van Riccoboni. Een nieuwe uitgave als reproduktie van de Parijse zou zeker goed verkopen. Er is altijd vraag gebleven naar dat boek. Wat het voorstel van Vernarel betreft, niemand heeft hier van het boek gehoord en men is ook niet geïnteresseerd.' Verder op de route, in de boekwinkel van Brette in Grenoble, kreeg Favarger een soortgelijke respons. 'Ik heb *Lois de Pensilvanie* zien staan in zijn winkel; hij zegt dat niemand het hier wil. Het is alleen maar een opsomming van reglementen en dergelijke, (...) het soort boek dat alleen maar verkoopt als het pas uit is. Hij vindt dat we de *Dictionnaire de chimie* moeten herdrukken.'[14]

De meningen liepen uiteen, en de vraag leek per plaats te verschillen. Een paar werken leken echter overal bestsellers te worden, met name *Les Confessions* van Rousseau. Het boek was nog niet gepubliceerd, maar alle boekverkopers gingen er terecht van uit dat de uitgevers in het geheim aan het bieden waren op het manuscript, en zaten stuk voor stuk om exemplaren te springen. Na zijn oor te luisteren te hebben gelegd in de geruchtencircuits van Lyon, Valence, Orange, Avignon, Nîmes en Marseille, rapporteerde Favarger: 'Iedereen vraagt me om de memoires van J.J. Rousseau, en iedereen is er vast van overtuigd dat ze bestaan, zo niet in Parijs, dan hoogstwaarschijnlijk in Nederland. Als we het boek tijdig kunnen krijgen is het goed voor een oplage van drieduizend.' Deze dialoog ging zo door terwijl hij een groot deel van het koninkrijk bestreek. Toen Favarger in Neuchâtel terugkwam, bezat hij meer kennis over de sociale omstandigheden van de achttiende-eeuwse literatuur dan een historicus ooit kan hopen te krijgen.[15]

Als arbeiders als Bonnemain eenmaal een boek hadden gedrukt en vertegenwoordigers als Favarger het hadden verkocht, moest het klanten over heel Europa zien te bereiken. Ongeveer de helft van de klanten van de STN waren boekhandelaren in Frankrijk, en een groot gedeelte van hun bestellingen was illegaal, roofdrukken van al in Frankrijk gepubliceerde werken, of verboden boeken die niet openlijk konden worden verkocht en uiterst behoedzaam moesten worden vervoerd – wij zouden het smokkelen noemen, in de clandestiene handel in boeken van de achttiende eeuw heette het 'verzekering'.

Ondernemers ('verzekeraars') sloten een contract met de STN om de boeken over de Franse grens te krijgen. Ze huurden een ploeg dragers, gaven ze in een herberg aan de Zwitserse kant van de grens een stevige borrel en stuurden ze de bergen in met rugzakken boeken die ze aan de Franse kant in geheime opslagplaatsen moesten afleveren. Een Franse tussenpersoon pakte de boeken dan in kisten en stuurde die als nationale handelswaar met valse vrachtpapieren naar boekhandels overal in het land. Vliegende brigades van de douane patrouilleerden langs de grens. Als een drager gepakt werd, namen ze de boeken in beslag en moest de 'verzekeraar' de STN een vergoeding betalen. De drager kon worden gebrandmerkt met de letters GAL (*galérien*) en in boeien worden afgevoerd om een paar jaar op de galeien te roeien. Of de rest van zijn leven, als hij al eens eerder was gepakt.

Verzekeren was daarom een hard vak, en de zakenlieden die zich ermee inlieten waren keiharde onderhandelaars, die zorgvuldig hun winstmarges en risico's berekenden. Guillon *l'aîné*, een verzekeraar uit Clairvaux, vroeg 16 procent van de waarde van de boeken voor vervoer over de grens. Zijn mannen droegen vrachten van vijfendertig kilo op hun rug, bij diepe sneeuw dertig. In maart 1773 werden twee dragers en hun chef gepakt. Guillon vreesde dat hij ze niet uit de gevangenis zou kunnen krijgen, want de bisschop van Saint-Claude toonde speciale belangstelling voor de zaak en onder de boeken bevond zich Merciers utopische roman *L'An deux mille quatre cent quarante* ('Het jaar 2440'), waarin de Kerk er niet best afkwam. Guillon betaalde, tweehonderveertig *livre* (ongeveer een halfjaarloon van een arbeider bij de STN) en liet de STN nog eens duidelijk weten hoe betrouwbaar hij was als zakenman. 'Ik verklaar eerlijk en rechtschapen te zijn. (...) Het zou mij ten zeerste verdrieten als ik u ook maar een cent verlies had berokkend.' Vervolgens verhoogde hij zijn tarief tot 20 procent. Over het lot van de dragers is verder niets bekend.[16]

Als de boeken in de winkel waren gearriveerd, waren de moeilijkheden nog niet voorbij, want de verkopers moesten ze zien te slijten en hun rekening betalen aan de STN, die op haar beurt het geld gebruikte om de drukkers, papierfabrikanten en schrijvers te betalen in de volgende produktieronde. De boekverkoper was waarschijnlijk de belangrijkste tussenpersoon uit het hele systeem, want hij bewoog zich op het kritieke terrein waar vraag en aanbod elkaar ontmoetten.

Je had zeer uiteenlopende boekverkopers. Sommigen waren steunpilaren van de maatschappij, anderen scharrelden aan de rand van de illegaliteit. Ik heb een zwak voor de laatsten, wier manier van zakendoen geïllustreerd kan worden aan de hand van Nicholas Gerlache.

Gerlache begon als leerlooier. Looien leidde tot boekbinden, boekbinden tot venten, venten tot smokkelen en smokkelen naar de gevangenis. In het politierapport wordt Gerlache beschreven als de leider van een smokkelcircuit dat aan de noordoostgrens van Frankrijk opereerde. 'Hij verblijft in het riool van Parnassus, leeft van de drek daarvan, en animeert de zwermen insekten die het grensgebied bedekken en zich over het koninkrijk dreigen te verspreiden.' (De politie van het Ancien Régime drukte zich iets bloemrijker uit dan haar opvolgers van de twintigste eeuw.)[17]

Na zijn vrijlating in 1767 beloofde Gerlache beterschap. Hij werd weer leerlooier in Metz, en rapporten van politiespionnen meldden dat hij zich verre hield van 'slechte boeken' zoals de politie ze noemde. (Voor de mensen uit het vak waren het 'filosofische boeken'.) In 1770 begon het er rooskleuriger uit te zien. Gerlache had met succes een jonge vrouw het hof gemaakt die een bruidsschat van vierentwintighonderd *livre* – een aardig bedrag voor een vrouw in de top van de arbeidersklasse – en een lieve schoonmoeder inbracht.[18]

Het jonge paar besloot een kleine boekwinkel annex binderij op te zetten.

De moeder van de bruid schoot achthonderd *livre* voor aan huiden, en de bruidsschat ging op aan meubels, huur en benodigdheden voor de binderij. De voorraad werd geleverd door J.L. Boubers, de in 'filosofische boeken' gespecialiseerde uitgever-groothandelaar te Brussel die op dat moment met de STN aan een uitgave van Holbachs beruchte *Système de la Nature* werkte.

Op dit punt duikt Gerlache op in een briefwisseling met Neuchâtel. Uit zijn brieven krijgen we een beeld van een serieuze, hardwerkende jongeman die graag een eigen zaak wil opzetten en iets van zijn leven wil maken.

> Ik kom uit een familie die moeilijke tijden heeft gekend en nu niets meer bezit. Ik moest het leerlooiersvak leren, maar omdat ik vurig wenste in de handel te gaan, liet ik na het aanbod van Monsieur Boubers mijn vak met plezier in de steek. (...) En in mijn zaak heb ik nu de honderd *louis* gestoken die ik heb ontvangen door de persoon te trouwen die ik nu tot mijn geluk bezit, en die geschapen lijkt te zijn voor werk en handel.[19]

Men moet hierbij in aanmerking nemen dat Gerlache indruk probeerde te maken op een leverancier en een goede naam wilde krijgen. Desondanks liet de STN navraag doen bij plaatselijke zakenlieden, die hem beschreven als 'een hardwerkende jongeman van onberispelijk gedrag'. Gerlache kocht voor 803 *livre* een *lettre de maîtrise*, die hem het recht gaf onder supervisie van het gilde in het naburige Nancy het vak van boekhandelaar uit te oefenen. Hij trof naast Boubers in Brussel ook bevoorradingsregelingen met de STN en de Société typographique van Saarbrücken. Hij kocht paard en wagen en ventte boeken uit op het platteland terwijl zijn vrouw voor de winkel in Metz zorgde. En hij richtte een leesclub (*cabinet littéraire*) op waarvan de leden uit de stad, grotendeels soldaten uit het plaatselijke garnizoen, alles in zijn winkel konden lezen voor drie *livre* per maand – iets meer dan het dagloon van een goede timmerman.[20]

Gerlache had een algemene boekhandel, maar leek zich speciaal toe te leggen op het 'slechte' danwel 'filosofische' soort dat hem vijf jaar daarvoor moeilijkheden met de politie had bezorgd. Uit zijn brieven blijkt dat zijn klanten vooral de strengst verboden vruchten begeerden: atheïsme (*Système de la Nature*, *De drie bedriegers*), pornografie (*Theresa de filosofe*) en politieke roddel (*De dagbladschrijver in wapenrusting*).

De brieven van Gerlache maken het mogelijk het lot van zijn kleine onderneming van maand tot maand te volgen. Het eerste jaar was bijzonder moeilijk omdat het opbouwen van een klantenkring tijd vroeg. Maar de leesclub bracht het jaar daarop een veelbelovende stroom klanten, al was Gerlache vaak van huis voor zijn langdurige en zware zakenreizen. Ook smokkelde hij het een en ander voor Boubers, die hem kennelijk liever zag als vertegenwoordiger dan als boekverkoper. De relatie met Brussel raakte in het slop, en aan de bevoorrading vanuit het noordwesten kwam een eind. Maar Gerlache verstevigde zijn banden met de Société typographique van Saarbrücken. In juni 1772 was zijn leesclub gegroeid tot hondervijftig leden, en berekende hij dat de winkel vierentwintighonderd *livre* per jaar opbracht, genoeg om een gezin te onderhouden.

De Gerlaches maakten ruimte voor de komende baby in hun woning boven de winkel. Maar toen Madame Gerlache het eind van haar zwangerschap naderde, werd haar moeder ernstig ziek. 'Ik maak een moeilijke periode door,' schreef Gerlache naar de STN. 'Mijn schoonmoeder ligt op sterven en mijn vrouw staat op punt van bevallen, en ik vrees dat de dood van haar moeder haar ernstig zal schaden.' Gerlaches vrouw en baby haalden het, maar zijn schoonmoeder overleed. Ze liet zesduizend *livre* na, en Gerlache begon grotere bestellingen te plaatsen, waarvoor hij betaalde met wissels met een vervaltijd van één tot anderhalf jaar.[21]

Al gauw bleek dat hij te roekeloos was geweest. Toen in 1773 het garnizoen soldaten werd overgeplaatst zodat hij een aantal van zijn beste klanten verloor, ontdekte hij dat hij niet alle rekeningen kon betalen. Hij verzocht om uitstel, met de verzekering 'Ik zou nog liever sterven dan een rekening onbetaald laten.'[22]

Maar een paar maanden later stond hij met zijn rug tegen de muur en vocht hij voor zijn leven. De toon van zijn brieven veranderde. Als een schuldeiser hem failliet probeerde te verklaren, dreigde hij: 'Ik zal alles wat ik heb in brand steken om het uit handen van de wet te houden.' Hij smeekte de STN hem meer gewaagde werken te leveren 'in de trant van *Système social*' (een radicale verhandeling door Holbach) zodat hij de vraag naar verboden boeken zoveel mogelijk zou kunnen uitbuiten. Maar toen de STN merkte dat hij steeds grotere risico's nam, weigerde ze hem nog meer krediet te geven. In oktober 1774 ging zijn leverancier in Saarbrücken failliet – een ramp, aldus Gerlache, die 'me in een wanhopige situatie stort'. Hij regelde een wettelijke scheiding van zijn vrouw zodat haar bezit niet door zijn crediteuren kon worden opgeëist. En in november verdween hij, zijn vrouw en kleine kind achterlatend.[23]

Eén enkele boekverkoper kan nooit het hele beroep karakteriseren, maar ik ben op talrijke loopbanen gestuit die op dezelfde wijze aan hun einde zijn gekomen. Pascot uit Bordeaux: 'met de noorderzon vertrokken'; Brotes uit Anduze: 'voortvluchtig'; Boyer uit Marseille: 'bestaat niet meer, is naar Amerika gevlucht'; Planquais uit Saint-Maixant: 'men zegt dat hij dienst heeft genomen bij het leger'; Blondel uit Bolbec: 'weggelopen, werd door de stadsomroeper onder tromgeroffel voor het gerecht gedaagd'; de weduwe Reguilliat uit Lyon: failliet verklaard en zich schuilhoudend om 'op een veilige plek te blijven zodat de verschrikkingen van de gevangenis mij bespaard blijven'; de klerk van Boisserand uit Roanne: met de geldkist verdwenen, 'zodat ik hem niet kan laten arresteren'; Boisserand zelf: 'de stad ontvlucht, omdat hij zijn schulden niet kon voldoen. (...) Zijn arme vrouw vraagt mij u om medelijden te smeken... want hij heeft hard gewerkt, een ellendig leven gehad en verscheidene kinderen achtergelaten die nog niet voor zichzelf kunnen zorgen'; Jarfaut uit Melun: 'Drie jaar geleden is deze boekverkoper verdwenen, naar de koloniën vertrokken, zegt men. Zijn vrouw en kinderen, die hier van de bedeling leven, hebben nooit bericht van hem ontvangen. Misschien is hij dood. (...) Het enige dat zeker is is dat Jarfauts vrouw en vijf kinderen afschuwelijk gebrek lijden.'[24]

Natuurlijk waren er veel boekverkopers die 'solide' bleven, om een van hun favoriete termen te gebruiken. Maar ik heb met verbazing geconstateerd hoeveel er zijn stukgelopen. Vóór de beperkte aansprakelijkheidsregeling en de industriële revolutie, kampte het kapitalisme met een hoog afvalpercentage onder de ondernemers. Grote zakenlieden en kleine ondernemers zetten vaak hun hele bezit op het spel, en als ze verloren, verloren ze alles. Veel van de dossiers in Neuchâtel bevatten als laatste document een brief van een in de steek gelaten echtgenote of vriend van de familie die eindigt met de uitdrukking die in de achttiende eeuw het verlies van alle hoop betekende: 'Il a mis la clef sous la porte.'[25]

Veranderen deze vluchtige indrukken van de levens van literaire tussenpersonen ons beeld van de literatuur? Ik zal niet beweren dat de werken van Voltaire en Rousseau een nieuwe betekenis krijgen als je weet door wie ze werden verkocht. Maar via een kennismaking met Ostervald, Bosset, Morel, Bonnemain, Favarger, Guillon en Gerlache kan men de boeken uit de achttiende eeuw beter appreciëren als fysiek door mensen gemaakt object. Daarbij is het uiteraard essentieel om de originele uitgaven ter hand te nemen. Op die manier kan men letterlijk en figuurlijk iets vatten van de literatuurbeleving van twee eeuwen geleden.

Dat mag iets mystieks hebben, maar het kan ook wat van de misleiding wegnemen die de opvatting van de literatuurgeschiedenis die zich uitsluitend op 'grote schrijvers' en 'meesterwerken' concentreerde heeft teweeggebracht. Die 'grote werken' behoren tot een canon van klassieke boeken die achteraf in de loop der jaren is ontstaan onder de handen van de mensen die zich beroepsmatig van de literatuur hebben meester gemaakt, namelijk de literatuurwetenschappers en professoren wier opvolgers nu de literatuur deconstrueren. Misschien heeft deze literatuur buiten de verbeelding van de wetenschappers en hun studenten nooit bestaan.

Voor de Fransen uit de achttiende eeuw behoorden Voltaire en Rousseau zeker tot de literatuur – of de republiek der letteren, zoals zij zouden hebben gezegd. Maar ook Pidansat de Mairobert, Moufle d'Angerville en talloze andere schrijvers die uit de literatuurgeschiedenis zijn verdwenen hoorden erbij. Op de achttiende-eeuwse boekenplank stonden hun werken naast *Candide* en *Du Contrat social*. Op een bestsellerslijst uit het Ancien Régime zouden *L'An deux mille quatre cent quarante*, *Theresa de filosofe* en een groot aantal andere 'slechte' boeken zeker niet mogen ontbreken. Hoe slecht waren ze eigenlijk? Ze zijn nog steeds heel goed te lezen. En wat nog belangrijker is, ze maken een nieuwe interpretatie van de literatuurgeschiedenis mogelijk. En als ze worden bestudeerd in de context van het produktie- en distributiesysteem van het gedrukte woord, zouden ze ons zelfs kunnen dwingen ons hele literatuurbegrip te herzien.

EERSTE AANZET TOT EEN GESCHIEDENIS VAN HET LEZEN

Ovidius geeft ons advies voor het lezen van een liefdesbrief: 'Als je minnaar avances maakt door je door een slimme bediende op schrijftabletten geschreven woorden te laten overhandigen, overdenk deze dan zorgvuldig, weeg zijn woorden, en probeer uit te vinden of zijn liefde slechts is voorgewend of dat zijn smeekbeden werkelijk afkomstig zijn uit een hart dat oprecht verliefd is.' De Romeinse dichter zou een van ons kunnen zijn. Hij behandelt een probleem dat in iedere periode kan voorkomen en dat lijkt te bestaan buiten de tijd. Als we over het lezen lezen in de *Ars Amatoria*, lijken we een stem te horen die over een afstand van twee duizend jaar direct tot ons spreekt.

Maar als we blijven luisteren, begint de stem vreemder te klinken. Ovidius beschrijft technieken om achter de rug van een echtgenoot om met een minnaar te communiceren:

> Het strookt met de goede zeden en de wet dat een oprechte vrouw haar man dient te vrezen en door een strikte bewaking is omgeven. (...) Maar ook al heb je net zoveel bewakers als Argus ogen, als je wil sterk genoeg is, kun je ze stuk voor stuk te slim af zijn. Kan iemand bijvoorbeeld je dienstmeid en medeplichtige verhinderen je briefjes in haar lijfje te stoppen of tussen haar voet en de zool van haar sandaal? Veronderstel dat je bewaker al deze trucjes doorziet. Laat dan je medeplichtige in plaats van de schrijftabletten haar rug aanbieden en laat haar lichaam een levende brief zijn.[1]

De minnaar wordt geacht de dienstmaagd te ontkleden en haar lichaam te lezen – niet direct het soort communicatie dat we heden ten dage met het schrijven van brieven associëren. Ondanks het bedrieglijk eigentijdse karakter van de *Ars Amatoria* verplaatst het boek ons in een wereld die we ons nauwelijks kunnen voorstellen. Om de boodschap te begrijpen, moeten we iets weten van Romeinse mythologie, van schrijftechnieken en van het huiselijk leven in die tijd. We moeten ons kunnen inleven in de vrouw van een Romeins patriciër en het contrast kunnen begrijpen tussen de formele moraal en de verfijnde en cynische mentaliteit van die wereld, in de tijd waarin ook, ergens ver buiten het gehoor van de Romeinen in een barbaarse taal de bergrede klonk.

Ovidius lezen is geconfronteerd worden met het mysterie van het lezen zelf. Het is tegelijkertijd vertrouwd en vreemd, een activiteit die we weliswaar delen met onze voorouders maar die voor ons nooit hetzelfde kan betekenen als voor hen. We genieten misschien van de illusie buiten de tijd te stappen om contact te maken met schrijvers die eeuwen geleden hebben geleefd. Maar al zouden hun teksten ons nog onveranderd bereiken – hetgeen gezien de evolutie van het boekontwerp en van het boek als fysiek object trouwens vrijwel onmogelijk is – dan nog kan onze relatie tot die teksten nooit hetzelfde zijn als die van lezers in het verleden. Het lezen heeft een geschiedenis. Maar hoe kunnen we die achterhalen?

Om te beginnen kunnen we kijken wat er aan lezers valt te vinden. Carlo Ginzburg heeft er een gevonden in de papieren van de inquisitie, een eenvoudige molenaar uit de zestiende eeuw die in Friulia leefde. De inquisiteur was op zoek naar ketterij en vroeg zijn slachtoffer wat hij had gelezen. Menocchio somde een reeks titels op vergezeld van uitgebreide commentaren. Door de teksten en het commentaar te vergelijken, ontdekte Ginzburg dat Menocchio veel bijbelse verhalen, kronieken en reisverhalen had gelezen van het soort dat in veel bibliotheken van de aristocratie voorhanden was. Maar het was niet eenvoudig zo dat Menocchio boodschappen ontving die van de toplaag in de maatschappij werden doorgegeven naar beneden. Hij las agressief, en transformeerde het materiaal dat hij tot zijn beschikking kreeg tot een radicaal onchristelijke visie op de wereld. Men kan erover twisten of die visie teruggevoerd kan worden op oude volkstradities, zoals Ginzburg stelt; zeker is echter dat Ginzburg heeft aangetoond dat het mogelijk is een studie te maken van het lezen als activiteit onder de gewone mensen van vier eeuwen geleden.[2]

Tijdens mijn eigen onderzoek naar het achttiende-eeuwse Frankrijk ben ik op een welgestelde lezer uit de middenklasse gestuit. Deze Jean Ranson was een koopman uit La Rochelle en een hartstochtelijk fan van Rousseau. Hij beperkte zich niet tot het wenend lezen van diens werken, maar verwerkte Rousseaus ideeën in het weefsel van eigen leven terwijl hij zijn zaak opzette, verliefd werd, trouwde en zijn kinderen grootbracht. Lezen en leven lopen als leidmotieven parallel in een omvangrijke reeks brieven die Ranson tussen 1774 en 1785 heeft geschreven. Uit die brieven blijkt hoezeer de theorieën van Rousseau werden geïncorporeerd in het leven van de provinciale bourgeoisie van het Ancien Régime. Na het verschijnen van *La Nouvelle Héloïse* had Rousseau een stroom brieven ontvangen van lezers als Ranson. Dit is voor zover ik weet in de literatuurgeschiedenis de eerste vloedgolf van fanmail geweest, hoewel Richardson in Engeland ook al heel wat indrukwekkende golven had veroorzaakt. Uit deze brieven blijkt dat de lezers in heel Frankrijk net zo reageerden als Ranson, terwijl hun reacties strookten met wat Rousseau in de twee voorwoorden bij zijn roman had beoogd. Hij had zijn lezers geïnstrueerd hoe ze hem moesten lezen. Hij had hun rollen toebedacht en ze een strategie gegeven om zijn roman te interpreteren. Deze nieuwe manier van lezen sloeg zo aan dat *La Nouvelle Héloïse* de grootste bestseller werd van de eeuw, en de belangrijkste bron van het romantische bewustzijn. Deze romantische sensibiliteit bestaat nu niet meer. De lezer van nu kan niet meer wenend de zes delen van *La Nouvelle Héloïse* lezen op de manier waarop zijn voorgangers van twee eeuwen geleden dat konden. Maar in zijn tijd wist Rousseau een hele generatie lezers te boeien door een revolutie te ontketenen in het lezen zelf.[3]

De voorbeelden van Menocchio en Ranson lijken erop te wijzen dat lezen en leven, het construeren van teksten en zin geven aan het leven, in de vroeg-moderne tijd veel sterker verweven waren dan tegenwoordig. Voordat we overhaaste conclusies trekken, moeten we echter meer archieven doorwerken om wat lezers over hun ervaringen schrijven te vergelijken met de leesstrategieën die men aantreft in de boeken zelf, en zo mogelijk ook met het gedrag van die lezers. Men heeft lang gedacht dat *Die Leiden des jungen Werthers* in Duitsland een golf van zelfmoorden teweeg had gebracht. Wordt het geen tijd de *Wertherfieber* opnieuw te bezien? Bij de prerafaëlieten in Engeland was op soortgelijke wijze sprake van het leven dat de kunst imiteerde, en het is een thema dat men kan volgen van *Don Quichot* via *Madame Bovary* tot *Miss Lonely Hearts*. In elk van deze gevallen zou men de fictie kunnen isoleren en vergelijken met allerlei documenten – feitelijke zelfmoordbrieven, dagboeken en brieven aan de redactie. De brieven aan schrijvers en de archieven van uitgevers vormen ideale informatiebronnen over werkelijke lezers. In de gepubliceerde correspondentie van Voltaire en Rousseau en onder de ongepubliceerde papieren van Balzac en Zola bevinden zich tientallen brieven van lezers.[4]

Het zou dus mogelijk moeten zijn tot zowel een geschiedenis als een theorie van de lezersrespons te komen. Mogelijk, maar niet gemakkelijk, want in de documenten zien we zelden lezers aan het werk, lezers die uit hun teksten betekenis destilleren. En bovendien zijn die documenten zelf weer teksten die een bepaalde interpretatie vereisen. En slechts een klein deel ervan is uitgebreid genoeg om hoogstens een indirecte toegang te krijgen tot de cognitieve en affectieve elementen van het lezen. Die paar uitzonderingsgevallen zijn waarschijnlijk niet genoeg om een goede basis op te leveren voor een reconstructie van de innerlijke dimensies van de leeservaring. Maar boekhistorici hebben al veel informatie boven tafel gehaald over de externe geschiedenis van het lezen. Door het te bestuderen als sociaal fenomeen, kunnen ze antwoord geven op veel van de 'wie', 'wat', 'waar', en 'wanneer' vragen, antwoorden die zeer nuttig kunnen zijn bij de beantwoording van het moeilijkere 'waarom' en 'hoe'.

Het onderzoek naar wie in een bepaalde periode wat las, valt in twee hoofdcategorieën uiteen, de macro- en de microanalytische. De macroanalyse heeft vooral in Frankrijk veel opgeld gedaan, omdat daar een rijke voedingsbodem lag in de sterke Franse traditie van de kwantitatieve sociale geschiedenis. Henri-Jean Martin, François Furet, Robert Estivals en Frédéric Barbier hebben de ontwikkeling van de leesgewoonten gevolgd van de zestiende eeuw tot heden, waarbij ze lange-termijnreeksen hebben gebruikt op basis van het *dépôt légal*, de registers van de boekprivileges, en van de jaarlijks verschijnende *Bibliographie de la France*. Men kan uit de golfbewegingen van hun grafieken veel intrigerende fenomenen aflezen: de neergang van het Latijn, de opkomst van de roman, en de intense belangstelling voor de wereld van de natuur in eigen omgeving en voor de verafgelegen exotische landen, die zich in de tijd van Descartes en Bougainville op grote schaal manifesteerde onder het ontwikkelde lezerspubliek. De Duitsers hebben nog langere reeksen statistieken gemaakt, dank zij een bijzonder rijke bron, namelijk de catalogi van de boekenbeurzen in Frankfurt en Leipzig van het midden van de zestiende tot en met het midden van de negentiende eeuw. (De catalogus van Frankfurt is zonder onderbreking gepubliceerd van 1564 tot 1749, en die van Leipzig, die uit 1594 dateert, kan vanaf 1797 worden vervangen door de *Hinrichssche Verzeichnisse*.) De catalogi hebben weliswaar een aantal nadelen maar geven niettemin een globaal beeld van het lezen in Duitsland sinds de renaissance. Na de publikatie van Johann Goldfriedrichs monumentale *Geschichte des deutschen Buchhandels* (1908-1909), zijn ze door een lange reeks Duitse boekhistorici tot en met uitgeplozen. De Engelstalige wereld bezit geen vergelijkbare bron, maar voor de periode na 1557, toen Londen het boekdrukken begon te domineren, hebben de archieven van de London Stationers' Company voor onder andere H.S. Bennett en W.W. Greg veel onderzoeksmateriaal opgeleverd voor de ontwikkeling van de Engelse handel in boeken. Binnen de Britse bibliografische traditie is nooit veel animo geweest voor statistische berekening, maar in de verkorte titelcatalogi vanaf 1457 is veel kwantitatieve informatie te vinden. Giles Barber heeft op basis van klantenlijsten een aantal op Franse leest geschoeide grafieken samengesteld. Robert Winans en Thomas Tanselle hebben het lezen in het vroege Amerika onderzocht door de enorme *American Bibliography* van Charles Evans te bewerken (achttienduizend titels voor de periode van 1638–

1783, waaronder helaas een onbekend aantal loze vermeldingen).[5]

Al dit rangschikken en rekenen heeft weliswaar wat aanwijzingen over het leesgedrag opgeleverd, maar de generalisaties lijken vaak te algemeen om nog iets om het lijf te hebben. De roman is net als de bourgeoisie altijd en eeuwig 'in opkomst', en de grafieken gaan op de voorspelbare punten keurig omlaag – het duidelijkst op de beurs van Leipzig tijdens de Dertigjarige Oorlog, en in Frankrijk tijdens de Eerste Wereldoorlog. De meeste kwantitatief werkende boekhistorici delen hun statistieken in in vage categorieën als 'kunst en wetenschappen' en 'belletrie', ongeschikt voor de identificatie van specifieke verschijnselen als de Successieoorlog, het jansenisme, de Verlichting of de neogotiek – juist die onderwerpen die voor literatuurwetenschappers en cultuurhistorici altijd het interessantst zijn geweest. De kwantitatieve boekgeschiedenis zal haar categorieën moeten verfijnen en zich op specifiekere gebieden moeten richten als ze enig effect wil sorteren bij de traditioneel werkende wetenschappers.

Toch hebben de 'kwantitatieven' een aantal belangwekkende statistische patronen aan het licht gebracht. Hun resultaten zouden nog meer indruk maken als men vaker zou proberen landen met elkaar te vergelijken. Uit de statistieken blijkt bijvoorbeeld dat de culturele opleving in Duitsland aan het eind van de achttiende eeuw verband hield met de leeskoorts die op dat moment als een epidemie om zich heen greep, de zogenaamde *Lesewut* of *Lesesucht*. Na de Dertigjarige Oorlog had de catalogus van Leipzig nooit meer haar oude niveau bereikt van voor de oorlog, tot 1764, toen er onder andere 1200 titels van nieuwe publikaties in voorkwamen. Aan het begin van de *Sturm und Drang*-periode steeg dat aantal tot 1600 titels in 1770, toen tot 2600 in 1780 en 5000 in 1800. In Frankrijk was sprake van een ander patroon. Daar steeg de boekproduktie constant gedurende een eeuw na de vrede van Westfalen (1648) – een eeuw van grote literatuur, van Corneille tot de *Encyclopédie*, die samenviel met de daling in Duitsland. Maar toen in de vijftig jaar daarna de Duitse cijfers met sprongen omhooggingen, was de stijging in Frankrijk relatief gering. Volgens Robert Estivals kwamen er 729 verzoeken binnen om toestemming voor publikatie van een nieuw boek (*privilèges* en *permissions tacites*) in 1764, 896 in 1770, en maar 527 in 1780, en het aantal nieuwe titels dat in 1800 aan het *dépôt légal* werd voorgedragen kwam niet boven de 700. Het is natuurlijk wel zo dat andere soorten documenten en meetmethodes andere resultaten te zien kunnen geven; bovendien laten de officiële bronnen de enorme produktie aan illegale boeken buiten beschouwing. Desondanks geven de cijfers aan dat er na een eeuw van Franse dominantie in het literaire leven van Duitsland een grote sprong voorwaarts werd gemaakt. Duitsland had ook meer schrijvers, hoewel het bevolkingsaantal in de Duits- en Franssprekende gebieden vrijwel gelijk was. Een Duitse literaire almanak, *Das gelehrte Teutschland*, registreerde 3000 levende schrijvers in 1772 en 4300 in 1776. Een vergelijkbare Franse publikatie, *La France littéraire*, vermeldde 1187 schrijvers in 1757 en 2367 in 1769. Terwijl Voltaire en Rousseau naar hun levenseinde toesukkelden, speelden Goethe en Schiller de hoofdrol in een golf van literaire creativiteit die veel krachtiger is geweest dan men uit de conventionele literatuurgeschiedenis kan opmaken.[6]

Vergelijkingen tussen statistieken onderling kunnen culturele stromingen in kaart helpen brengen. Na de boekrechten uit de hele achttiende eeuw te hebben getabelleerd ontdekte François Furet een opmerkelijke achteruitgang in de oudere takken van wetenschap, met name in de humanistische en de klassieke Latijnse literatuur die volgens de statistieken van Henri-Jean Martin een eeuw eerder zo hadden gefloreerd. Na 1750 kwam het zwaartepunt te liggen op de nieuwere genres zoals de boeken die onder de rubriek 'kunst en wetenschap' vielen. Daniel Roche en Michel Marion hebben een soortgelijke verschuiving gesignaleerd op basis van hun onderzoek van Parijse notariële archieven. In de bibliotheken van de adel en de rijke bourgeoisie begonnen romans, reisboeken, en natuurhistorische werken de klassieken te verdringen. Alle onderzoeken laten wat de achttiende eeuw betreft een sterke achteruitgang zien van de religieuze literatuur. Ze bevestigen de uitkomsten van het kwantitatieve onderzoek op andere terreinen van de sociale geschiedenis – dat van Michel Vovelle naar begrafenisrituelen bijvoorbeeld, en Dominique Julia's onderzoek naar de benoeming van geestelijken en naar onderwijsactiviteiten.[7]

De thematische overzichten van het lezen in Duitsland vormen een aanvulling op die van de Fransen. Rudolf Jentzsch en Albert Ward vonden een sterke achteruitgang in Latijnse boeken en in de beurscatalogi van Leipzig en Frankfurt constateerden ook zij een toename in de romans. Tegen het eind van de negentiende eeuw waren volgens Eduard Reyer en Rudolf Schenda de uitleenpatronen in de Duitse, Engelse en Amerikaanse bibliotheken een opvallend gelijkenis gaan vertonen: 70-80 procent van de boeken behoorde tot de categorie lichte fictie (voornamelijk romans), 10 procent tot geschiedenis, biografie en reizen, en minder dan 1 procent tot religie. Binnen de tweehonderd jaar was de wereld van het lezen getransformeerd. De opkomst van de roman had de achteruitgang in de religieuze literatuur gecompenseerd. In bijna ieder onderzoek kon men het keerpunt lokaliseren in de tweede helft van de achttiende eeuw, met name rond 1770, de jaren van de *Wertherfieber. Die Leiden des jungen Werthers* veroorzaakte in Duitsland een nog spectaculairder respons dan *La Nouvelle Héloïse* in Frankrijk of *Pamela* in Engeland. Deze drie romans wezen elk op de triomf van een nieuwe literaire gevoeligheid, en de laatste zinnen van *Werther* leken samen met de dood van een traditionele christelijke cultuur de komst van een nieuw lezerspubliek aan te kondigen: 'Arbeiders droegen [het lijk]. Geen priester vergezelde het.'[8]

Ondanks hun uiteenlopend karakter en de zo nu en dan optredende tegenstrijdigheden lijken de macroanalytische onderzoeken een aantal algemene conclusies op te leveren in de trant van Max Webers 'demystificatie van de wereld'. Dat doet wellicht wat al te kosmisch aan. Wie precisie prefereert kan zich tot de microanalyse wenden, hoewel die vaak in het tegenovergestelde extreem belandt – een excessieve gedetailleerdheid. Er bestaan van de middeleeuwen tot nu honderden inventarislijsten van bibliotheken, meer dan iemand ooit zou kunnen lezen. Toch zal bijna iedereen van mening zijn dat een catalogus van een privé-bibliotheek een goed profiel van een lezer op kan leveren, zelfs al lezen we niet alle boeken die we in ons bezit hebben en al lezen we veel boeken die we nooit kopen. Wie de bibliotheekcatalogus in Monticello bekijkt, inspecteert de uitrusting van Jeffersons geest.[9] En het onderzoek van privé-bibliotheken heeft als voordeel dat het het 'wat' en het 'wie' van het lezen met elkaar verbindt.

Ook op dit terrein hebben de Fransen het voortouw genomen. Daniel Mornets essay uit 1910, 'Les Enseignements des bibliothèques privées', had aangetoond dat het onderzoek van bibliotheekcatalogi conclusies kon opleveren die een aantal gevestigde ideeën in de literatuurgeschiedenis aan het wankelen brachten. Na de titels uit vijfhonderd achttiende-eeuwse catalogi getabelleerd te hebben, trof hij slechts één exemplaar aan van het boek dat de bijbel van de Franse Revolutie zou worden, *Du Contrat social* van Rousseau. De bibliotheken puilden uit van de werken van schrijvers die later volledig vergeten zijn, en ze boden geen enkel aanknopingspunt om bepaalde soorten literatuur (het werk van de filosofen bijvoorbeeld) te koppelen aan bepaalde lezersgroepen (zoals de bourgeoisie). Zeventig jaar en ettelijke weerleggingspogingen later ziet het werk van Mornet er nog steeds indrukwekkend uit. Er is een enorme literatuur omheen ontstaan. We beschikken nu over statistieken van de bibliotheken van de adel, van rechters, priesters, leden van de academies, burgers, handwerkslieden, en zelfs van een aantal dienstboden. Franse wetenschappers hebben het lezen bestudeerd in de verschillende maatschappelijke lagen van bepaalde steden – het Caen van Jean-Claude Perrot, het Parijs van Michel Marion – en in hele streken – het Normandië van Jean Quéniart, de Languedoc van Madeleine Ventre. Zij baseren zich grotendeels op *inventaires après décès*, notarieel vastgelegde boeken in de nalatenschap van overledenen. Dus gaan ze op bepaalde punten mank, omdat deze documenten boeken met een geringe handelswaarde over het algemeen niet vermelden of zich beperken tot vage aanduidingen als 'een stapel boeken'. Maar het oog van de notaris heeft in Frankrijk veel waargenomen, veel meer dan in Duitsland, waar Rudolf Schenda boedelbeschrijvingen hopeloos ontoereikend vindt als maatstaf voor de leesgewoonten van het gewone volk. Het grondigste Duitse onderzoek is waarschijnlijk Walter Wittmanns overzicht van boedelbeschrijvingen uit de late achttiende eeuw in Frankfurt am Main. Hieruit blijkt dat 100 procent van de hogere ambtenaren, 51 procent van de kooplieden, 35 procent van de meester-handwerkslieden en 26 procent van de dagloners boeken in hun bezit hadden. Daniel Roche heeft een soortgelijk patroon gevonden onder het gewone volk van Parijs: slechts 35 procent van de arbeiders in vaste dienst en de huisbedienden die rond 1780 in de notariële archieven voorkomen bezaten boeken. Maar Roche heeft wel veel andere aanwijzingen gevonden van vertrouwdheid met het geschreven woord. In 1789 kon bijna al het huishoudelijk personeel hun naam schrijven op de boedelbeschrijvingen. Veel van hen bezaten schrijfbureaus, volledig uitgerust met schrijfmateriaal en vol persoonlijke papieren. De meeste handwerkslieden en winkeliers hadden in hun jeugd een aantal jaren op school gezeten. Voor 1789 telde Parijs vijfhonderd lagere scholen, dat is één op de duizend inwoners, de meeste gratis. De conclusie van Roche is dat de Parijzenaars veel lazen, maar dat betrof vaak niet het lezen in boeken die in boedelbeschrijvingen terechtkomen. Het betrof populaire boekjes, pamfletten, posters, persoonlijke brieven en ook borden op straat. De Parijzenaars lazen op weg door hun stad en op weg door hun leven, maar het was een manier van lezen die weinig archiefmateriaal achterlaat zodat de historicus hun sporen niet kan volgen.[10]

Daarom moet hij op zoek gaan naar andere bronnen. Intekenlijsten zijn altijd favoriet geweest, hoewel die normaal gesproken alleen informatie opleveren over de meer bemiddelde lezers. Van de late zeventiende tot de vroege negentiende eeuw werden in Engeland boeken vaak gepubliceerd via een systeem van intekenlijsten die in de boeken werden opgenomen. Medewerkers aan het Project for Historical Biobibliography in Newcastle upon Tyne hebben deze lijsten gebruikt om tot een historische sociologie van de lezer te komen. In Duitsland werkt men aan soortgelijke projecten, vooral onder Klopstock- en Wielandkenners. In Duitsland werd tussen 1770 en 1810, toen deze praktijk op zijn hoogtepunt was, ongeveer een zesde van alle nieuwe boeken gepubliceerd volgens het intekensysteem. Maar zelfs in die *Blütezeit* geven de intekenlijsten geen accuraat beeld van de lezers. Veel intekenaars bleven onvermeld, en anderen die begunstiger maar geen lezer waren werden wel opgenomen. Volgens de vernietigende kritiek die Reinhard Wittmann heeft geleverd op dit intekenonderzoek, weerspiegelen de lijsten dan ook eerder de verkooptechnieken van een aantal ondernemers dan de leesgewoonten van het ontwikkelde publiek. Het werk van Wallace Kirsop wijst erop dat dergelijk onderzoek een betere kans van slagen heeft in Frankrijk, waar het systeem ook floreerde in de late achttiende eeuw. Maar ook de Franse lijsten slaan meestal op de rijkste lezers en de luxeboeken.[11]

Archieven van uitleenbibliotheken bieden een betere basis om literair genre te koppelen aan bepaalde maatschappelijke klassen, maar er zijn er maar weinig bewaard gebleven. De meest opmerkelijke zijn de uitleenregisters van de hertogelijke bibliotheek van Wolfenbüttel, die zijn bijgehouden van 1666 tot 1928. Volgens Wolfgang Milde, Paul Raabe en John McCarthy, laten ze tussen 1760 en 1770 een duidelijke 'democratisering' van het lezen zien. Het aantal geleende boeken verdubbelde, de leners kwamen uit lagere maatschappelijke klassen (onder anderen een paar dragers, lakeien, en lagere legerofficieren), het leesmateriaal werd luchtiger, voor de dikke geleerde werken kwamen sentimentele romans in de plaats (vooral imitaties van *Robinson Crusoe* deden het erg goed). Uit de registers van de Bibliothèque du Roi in Parijs blijkt dat deze in diezelfde tijd toevallig een zelfde aantal leners kende – ongeveer vijftig per jaar, waaronder ene Denis Diderot. De Parijzenaars konden de boeken niet mee naar huis nemen, maar genoten wel de gastvrijheid van die minder jachtige tijd. De bibliothecaris opende zijn deuren voor hen weliswaar niet meer dan twee ochtenden in de week, maar gaf ze wel een maaltijd voor hij ze er weer uitzette. De omstandigheden in de huidige Bibliothèque Nationale zijn daarmee niet meer te vergelijken. De bibliothecarissen hebben inmiddels een economische basiswet moeten accepteren, namelijk dat er niet zoiets bestaat als een gratis lunch.[12]

De microanalytici hebben nog veel meer ontdekt – zoveel zelfs dat ze voor hetzelfde probleem komen te staan als hun macrocollega's: hoe breien we dit aan elkaar? Het uiteenlopende karakter van het materiaal – veilinglijsten, notarisarchieven, intekenlijsten, bibliotheekregisters - maakt het er niet makkelijker op. Wanneer er sprake is van verschillende conclusies zijn de eigenaardigheden van het bronmateriaal daar vaker debet aan dan het gedrag van de lezers. En de monografieën spreken elkaar vaak vierkant tegen. In de ene zijn handwerkslieden redelijk geletterd, in de andere pure analfabeten. Reisliteratuur blijkt bij bepaalde groepen in bepaalde plaatsen zeer geliefd te zijn en niet geliefd in andere. Een systematische vergelijking van genres, milieus, tijden en plaatsen zou eruitzien als een samenzwering van uitzonderingen die de regels willen weerleggen.

Tot nu toe heeft slechts één boekhistoricus het kunnen opbrengen om een algemeen model voor te stellen. Volgens Rolf Engelsing heeft er aan het eind van de achttiende eeuw een leesrevolutie (*Leserevolution*) plaatsgevonden. Hij stelt dat er vanaf de middeleeuwen tot rond 1750 'intensief' werd gelezen. De mensen hadden maar een paar boeken in huis – de bijbel, een almanak, een paar stichtelijke werken – die men voortdurend herlas, vaak gezamenlijk en hardop, met als gevolg dat een beperkt genre traditionele literatuur diep in het bewustzijn verankerd raakte. Tegen het eind van de achttiende eeuw was de omwenteling naar 'extensief' lezen voltooid. Men las toen allerlei materiaal, vooral tijdschriften en kranten, die maar eenmaal werden gelezen voor er weer snel naar het volgende werd gegrepen. Engelsing draagt niet veel bewijs aan voor zijn stelling. Het grootste deel van zijn onderzoek heeft in feite slechts betrekking op een kleine groep burgers in Bremen. Maar de simpele vóór-en-na redenering is uiterst aantrekkelijk en bovendien levert zijn hypothese een handige formule op om de manier van lezen in de oudere en nieuwere Europese geschiedenis tegen elkaar af te zetten. Het grootste nadeel van Engelsings hypothese is naar mijn mening het unilineaire karakter. Het ontstaan van een extensieve manier van lezen is niet de enige richting waarin het lezen zich heeft ontwikkeld. Het lezen heeft onder verschillende sociale groeperingen in verschillende gebieden zeer uiteenlopende vormen gekend. Mannen en vrouwen lazen om hun ziel te redden, hun manieren te verbeteren, hun machines te repareren, hun lief te winnen, op de hoogte te raken van wat er in de wereld gebeurde, en gewoon voor hun plezier. In veel gevallen, vooral onder de lezers van Richardson, Rousseau en Goethe, werd het lezen juist intensiever in plaats van extensiever. Toch lijkt de late achttiende eeuw een keerpunt te zijn, een tijd waarin meer leesmateriaal toegankelijk werd voor een breder publiek, en waarin men de opkomst kan zien van het massale lezen dat in de negentiende eeuw, met zijn machinaal vervaardigd papier, door stoom aangedreven drukpersen, regelzetmachines en vrijwel niet meer voorkomend analfabetisme gigantische afmetingen zou aannemen. Al deze veranderingen hebben nieuwe mogelijkheden geschapen, niet door het intensieve lezen te doen afnemen maar door de variatie te doen toenemen.[13]

Daarom moet ik enige scepsis bekennen ten aanzien van de 'leesrevolutie'. Toch is er een Amerikaanse boekhistoricus, David Hall, die bij de inwoners van New England tussen 1600 en 1850 in bijna dezelfde termen als Engelsing een transformatie van de leesgewoonten heeft beschreven. Voor 1800 lazen ze een klein corpus van eerbiedwaardige vaste bestsellers zoals de bijbel, almanakken, de *New England Primer*, *Rise and Progress of Religion* van Philip Doddridge, *Call to the Unconverted* van Richard Baxter, die ze voortdurend en bijzonder intensief herlazen. Na 1800 werden ze overstelpt met nieuwe soorten leesmateriaal – romans, kranten, een nieuw en zonnig soort kinderliteratuur – die ze met grote gretigheid lazen, het oude opzij leggend zodra er weer iets nieuws was. Hoewel Hall en Engelsing nooit van elkaar hadden gehoord, ontdekten ze voor twee zeer uiteenlopende gebieden van de westerse wereld een soortgelijk patroon. Er heeft waarschijnlijk aan het eind van de achttiende eeuw inderdaad een fundamentele verschuiving in de manier van lezen plaatsgevonden. Het is dan misschien geen revolutie geweest, maar het gaf wel het eind aan van een literair Ancien Régime, het eind van de heerschappij van Thomas à Kempis, Johann Arndt en John Bunyan.[14]

Het 'waar' van het lezen is belangrijker dan men zou denken, want als men de lezer in zijn omgeving plaatst, krijgt men tegelijkertijd informatie over de aard van diens ervaring. In de Universiteit van Leiden hangt een uit 1610 daterende prent van de universiteitsbibliotheek. Daarop zijn de boeken te zien, zware exemplaren in folioformaat, die met kettingen vastliggen op hoge planken aan de muur, gerubriceerd volgens de klassieke bibliografie: *Jurisconsulti*, *Medici*, *Historici* enzovoort. Over de ruimte verspreid staan studenten boeken te lezen die op de op schouderhoogte onder de boekenplanken gebouwde lessenaars liggen. Ze lezen staande, met dikke mantels en hoeden tegen de kou, één voet op een stang om wat makkelijker te staan. Het lezen kan in de tijd van het klassieke humanisme niet erg comfortabel zijn geweest. Op schilderijen van anderhalve eeuw later, 'La Lecture' en 'La Liseuse' van Fragonard bijvoorbeeld, ziet men lezers in zachtbeklede leun- of ligstoelen met hun benen op een bankje. Vaak zijn het vrouwen, in wijdhangende gewaden die men in die tijd *liseuses* noemde. Doorgaans houden ze een sierlijk duodecimoboekje in de hand en ligt er een verre blik in hun ogen. Van Fragonard tot Monet, die ook een *Liseuse* heeft geschilderd, verplaatst het lezen zich van het boudoir naar buiten. De lezer gaat met boeken in de rugzak op weg naar velden en bergtoppen waar hij net als Rousseau en Heine in contact kan treden met de natuur. Een paar generaties later moet die natuur behoorlijk ontwricht hebben geleken in de loopgraven van de Eerste Wereldoorlog, waar de jonge luitenants uit Göttingen en Oxford op de een of andere manier plaats wisten te vinden voor een paar dunne deeltjes poëzie. Een van de meest dierbare boeken uit mijn eigen kleine verzameling is een uitgave van Hölderlins *Hymnen an die Ideale der Menschheit*, met de inscriptie 'Adolf Noelle, januari 1916, Noord-Frankrijk' – een gift van een Duitse vriend die Duitsland probeerde te verklaren. Hetgeen hem niet echt gelukt is, maar wel denk ik dat meer aandacht voor de iconografie van het lezen, en voor verdere bijkomstigheden zoals meubels en kleding, ons begrip van lezen in het algemeen ten goede zou komen.[15]

Men kan schilderijen uiteraard niet letterlijk opvatten, als afbeeldingen van hoe mensen in werkelijkheid lazen. Maar ze kunnen verborgen aanwijzingen bevatten over wat men dacht dat lezen zou moeten zijn, of in welke sfeer het zou moeten plaatsvinden. Greuze heeft in ieder geval het collectieve karakter van het lezen geromantiseerd met zijn schilderij *Een vader leest zijn kinderen voor uit de bijbel*. Restif de la Bretonne heeft waarschijnlijk hetzelfde gedaan met de bijbellezingen in het gezin die hij beschrijft in *La Vie de mon père*: 'Ik kan niet zonder tedere gevoelens terugdenken aan die volledige overgave waarmee naar dat lezen werd geluisterd en de gevoelens van vriendschappelijke verbroedering die het opriep in de hele familie (waartoe ik ook de huisbedienden reken). Mijn vader begon altijd als volgt: "Breng je zielen in gereedheid, mijn kinderen, de Heilige Geest gaat tot je spreken." '

Hoe sentimenteel ook, aan zulke beschrijvingen lag een zelfde uitgangspunt ten grondslag, namelijk dat voor het gewone volk in het vroeg-moderne Europa lezen een sociaal gebeuren was. Het speelde zich af in werkplaatsen, boerenschuren en herbergen. Het gebeurde bijna altijd hardop maar hoefde niet altijd stichtelijk te zijn. Zo beschrijft Christian Schubart in 1786 – een tikje zoetelijk – de boer in de plattelandstaveerne:

Und bricht die Abendzeit herein,
So trink ich halt mein Schöpple Wein;
Da liest der Herr Schulmeister mir
Was Neues aus der Zeitung für.[16]

Ik drink er vaak mijn flesje wijn
Als d'avond weer is aanbeland;
De schoolmeester leest mij dan voor
Wat er aan nieuws is in de krant.

De meest voorkomende vorm van lezen onder het gewone volk van het Ancien Régime was de *veillée* in Frankrijk (*Spinnstube* in Duitsland) waarbij men 's avonds bij het haardvuur zat en de kinderen speelden, de vrouwen naaiden en verstelden, de mannen gereedschap repareerden, en een lid van het gezelschap dat een tekst kon ontcijferen de anderen vermaakte met de avonturen van *De vier Heemskinderen, Tijl Uylenspiegel* of een andere favoriet uit het standaardrepertoire van de goedkope en populaire volksboekjes. Sommige van deze vroege pocketboeken gaven zelf al aan dat ze voor het oor bedoeld waren door beginzinnen als: 'Wat je nu gaat horen...' In de negentiende eeuw waren er groepen ambachtslieden, vooral sigaren- en kleermakers, die om de beurt lazen of een lezer inhuurden om tijdens het werken wat vermaak te hebben. Ook tegenwoordig nog zijn er veel mensen die het nieuws vernemen doordat ze het door een nieuwslezer horen voorlezen. De televisie vormt misschien niet zo'n grote breuk met het verleden als doorgaans wordt aangenomen. In ieder geval betekenden voor de meeste mensen in de geschiedenis boeken eerder luisteren dan lezen. Ze kwamen via het oor beter over dan via het oog.[17]

Voor de kleine groep goed opgeleide mensen die het zich kon veroorloven boeken te kopen was lezen meer een privé-aangelegenheid. Maar veel van hen werden lid van leesclubs, *cabinets littéraires* of *Lesegesellschaften*, waar ze tegen een geringe maandelijkse vergoeding in een gezellige sfeer vrijwel alles konden lezen. Françoise Parent-Lardeur heeft de snelle groei onderzocht van deze clubs in het Parijs tijdens de Restauratie, maar men vindt ze ook al veel vroeger terug in de achttiende eeuw. Provinciale boekverkopers gebruikten hun voorraad vaak als bibliotheek en gaven mensen tegen vergoeding het recht er gebruik van te maken. Goede verlichting, een paar gemakkelijke leunstoelen, een paar schilderijen aan de muur en een abonnement op een krant of vijf was genoeg om vrijwel iedere boekwinkel tot club te maken. Zoals bijvoorbeeld het *cabinet littéraire* waarmee P.J. Bernard, een kleine boekhandelaar in Lunéville, adverteerde: 'Een groot, comfortabel, goed verlicht en verwarmd huis, dagelijks open van negen uur 's morgens tot twaalf en van 's middags één tot tien uur 's avonds, waar de leden tweeduizend boeken tot hun beschikking hebben, terwijl de voorraad jaarlijks met vierhonderd toeneemt. (...) Een kamer op de begane grond en nog een op de eerste verdieping zal gereserveerd zijn voor conversatie, alle andere ruimten zullen ter beschikking staan van de lezers van kranten en boeken.' In november 1779 telde de club tweehonderd leden, meest officieren van de plaatselijke *gendarmerie*. Voor het bescheiden bedrag van drie *livre* per jaar konden ze beschikken over vijfduizend boeken, dertien tijdschriften en speciale conversatieruimten.[18]

De Duitse leesclubs hebben volgens Otto Dann de maatschappelijke ondergrond gelegd voor een specifiek soort bourgeoiscultuur in de achttiende eeuw. Ze schoten als paddestoelen uit de grond, vooral in de steden in het noorden. Martin Welke schat dat één op de vijfhonderd volwassen Duitsers in 1800 lid was van een *Lesegesellschaft*. Marlies Prüsener heeft ruim vierhonderd van deze clubs kunnen identificeren en heeft enigszins een beeld kunnen schetsen van hun leesmateriaal. Alle clubs hadden een basisvoorraad tijdschriften die ze aanvulden met een onregelmatige aanvoer van boeken, meestal vrij zware kost zoals geschiedenis en politiek. De clubs waren eigenlijk een soort serieuzere versie van het koffiehuis, ook een belangrijke leeslokatie, die vanaf de late zeventiende eeuw in heel Duitsland populair was. In 1760 telde Wenen minstens zestig koffiehuizen. Ze boden kranten, tijdschriften en eindeloze mogelijkheden voor politieke discussie, net zoals in Londen en Amsterdam al meer dan een eeuw het geval was.[19]

We weten zo al heel wat over de maatschappelijke achtergronden van het lezen. We hebben een paar antwoorden gevonden op het 'wie', 'wat', 'waar', en 'wanneer'. Maar het 'waarom' en 'hoe' blijft onopgelost. We hebben nog geen strategie ontwikkeld om de innerlijke processen te begrijpen waarmee lezers betekenis toekenden aan woorden. We begrijpen niet eens hoe wij zelf lezen, ondanks de pogingen van psychologen en neurologen om oogbewegingen te traceren en de hersenhelften in kaart te brengen. Is het cognitieve proces voor een Chinees, die pictogrammen leest, anders dan voor een westerling, die regels aftast? En hoe zit het met Israëli's, die woorden zonder klinkers lezen, van rechts naar links, en met blinden, die via hun vingers impulsen doorgeven? En met mensen uit Zuidoost-Azië, wier talen geen tijdsvormen kennen voor de werkwoorden en die de werkelijkheid ruimtelijk ordenen, en met de Indianen wier talen nog maar sinds kort door anderstalige wetenschappers in schriftvorm zijn gegoten? Wat is het verschil tussen een religieus man in tegenwoordigheid van het Woord en de consument die in de supermarkt etiketjes leest? De verschillen lijken eindeloos, want lezen is behalve een simpele vaardigheid ook een manier om betekenis toe te kennen, en die manier varieert van cultuur tot cultuur. Het is verspilde moeite naar een formule te zoeken die al die variaties kan verklaren. Toch moet het mogelijk zijn een werkwijze te ontwikkelen om de veranderingen in het lezen binnen onze eigen cultuur te bestuderen. Ik wil hier vijf benaderingen aangeven van het probleem.

Allereerst denk ik dat het mogelijk moet zijn meer te weten te komen over de ideaalbeelden en vooronderstellingen die in het verleden bij het lezen een rol hebben gespeeld. We kunnen daartoe onderzoeken hoe men in het verleden het lezen heeft gepresenteerd in romans, autobiografieën, polemieken, brieven, schilderijen en prenten, om zo een aantal basisbegrippen te isoleren over wat mensen dachten dat er gebeurde als ze aan het lezen waren. Neem bijvoorbeeld het grote debat over de leeswoede in het Duitsland van de late achttiende eeuw. Degenen die de *Lesewut* afkeurden veroordeelden niet alleen de morele en politieke gevolgen. Ze waren bang dat de volksgezondheid gevaar zou lopen. In een verhandeling van 1795 somde J.G. Heinzmann de lichamelijke gevolgen op van overmatig lezen: 'vatbaarheid voor verkoudheden, hoofdpijnen, ogenzwakte, vurige huiduitslag, jicht, arthritis, aambeien, asthma, beroertes, maagkwalen, slechte spijsvertering, darmverstoppingen, zenuwstoornissen, migraine, epilepsie, hypochondrie en melancholie.' Van de voorstanders in de discussie accepteerde Johann Adam Bergk de uitgangspunten van zijn tegenstanders, maar hij was het niet eens met hun conclusies. Hij nam zonder meer aan dat men nooit staande moest lezen of vlak na het eten. Maar met een juiste lichamelijke aanpak kon men het lezen heilzaam laten werken. De 'kunst van het lezen' behelsde naast concentratie en meditatie onder meer gezichtswassingen met koud water en wandelingen in de frisse buitenlucht.

Niemand betwistte het idee dat lezen een fysiek element in zich had, want niemand maakte een duidelijk onderscheid tussen de fysieke en de morele wereld. In de achttiende en negentiende eeuw probeerden lezers boeken te 'verteren', ze te absorberen in hun hele wezen, met lichaam en ziel. Er waren fanatici die dat lezen-als-verteren letterlijk opvatten. Zo was er de vrouw uit Hampshire in Engeland die 'het Nieuwe Testament opat, iedere dag een bladzijde als beleg tussen twee boterhammen, als geneesmiddel voor haar stuipen'. Het verslinden van boeken nam vaker de vorm aan van een spirituele oefening, waarvan de resterende pagina's nog de fysieke gevolgen tonen. De boeken uit de bibliotheek van Samuel Johnson, nu in het bezit van mevrouw Donald F. Hyde, zijn gekreukt en gehavend alsof hij er zich letterlijk doorheen heeft geworsteld.[20]

Lezen als spirituele oefening was vooral in de zestiende en zeventiende eeuw heel belangrijk. Maar hoe deed men dat dan? Men zou aanwijzingen kunnen zoeken in de handboeken van de jezuïeten en de hermeneutische verhandelingen van de protestanten. Aan beide zijden van de grote religieuze kloof deed men aan bijbellezingen in het gezin. En zoals blijkt uit het voorbeeld van Restif de la Bretonne, werd de bijbel zelfs onder katholieke boeren met heilig ontzag benaderd. Natuurlijk waren er door Boccaccio, Castiglione, Cervantes, Erasmus en Rabelais voor de elite andere toepassingen van geletterdheid ontstaan. Maar voor de meeste mensen bleef lezen een gewijde bezigheid. Het bracht je in contact met het Woord en ontsloot heilige mysteriën. Als voorlopige hypothese kan men dan ook stellen dat hoe verder je teruggaat in de tijd, hoe minder het lezen als instrument wordt gezien. Niet alleen in de zin dat er weinig praktische handleidingen en veel meer religieuze boeken waren, ook het lezen zelf was anders. In de tijd van Luther en De Loyola ontsloot het de toegang tot de absolute waarheid.

Op een wat wereldlijker niveau zou men vooronderstellingen over het lezen kunnen afleiden uit advertenties en prospectussen voor boeken. Hier volgen een aantal karakteristieke formuleringen uit een willekeurige achttiende-eeuwse prospectus in de omvangrijke collectie van de Newberry Library. Een boekhandelaar biedt een uitgave in kwartoformaat aan van de *Commentaires sur la coutume d'Angoumois*, een excellent werk, verzekert hij, zowel wat drukwerk als inhoud betreft. 'De tekst van de *Coutume* is gedrukt in *gros-romain*; de samenvattingen die aan het commentaar voorafgaan zijn gedrukt in *cicéro*, en de commentaren in *Saint-Augustin*. Het gehele werk is vervaardigd uit prachtig papier, gemaakt in Angoulême.'[21] Geen uitgever zou het tegenwoordig in zijn hoofd halen om in een advertentie voor een juridisch boek het soort papier en drukwerk te vermelden. In de achttiende eeuw gingen de adverteerders ervan uit dat hun klanten waarde hechtten aan de fysieke kwaliteit van het boek. Koper en verkoper deelden een gevoel voor typografie dat nu nauwelijks meer bestaat.

Censuurrapporten kunnen ook veel onthullen, tenminste over boeken in het vroeg-moderne Frankrijk, waar de censuur sterk ontwikkeld was, waarschijnlijk ook zeer effectief. Een doorsneereisboek, *Nouveau Voyage aux isles de l'Amérique* (Parijs, 1722) van J.-B. Labat, bevat vier drukvergunningen (*approbations*) die volledig afgedrukt staan naast het *privilège*. Daarin legt een van de censoren uit hoe het manuscript zijn nieuwsgierigheid prikkelde: 'Het is moeilijk het begin te lezen zonder die lichte maar verlangende nieuwsgierigheid te voelen die ons aanspoort verder te lezen.' Een ander beveelt het aan wegens 'de eenvoudige en beknopte stijl' en vermeldt ook het nut: 'Niets kan naar mijn mening nuttiger zijn voor reizigers, voor de inwoners van dat land, voor kooplieden, en voor wie zich bezighoudt met de natuurlijke historie.' Een derde vond het gewoon een aangenaam boek om te lezen: 'Ik heb het met veel genoegen gelezen. Het bevat tal van wonderbaarlijke zaken.' Censoren waren niet alleen op jacht naar ketters en revolutionairen, zoals we tegenwoordig neigen te denken als we terugkijken op de Inquisitie en de Verlichting. Zij gaven koninklijke goedkeuring aan een boek, en gaven daarbij tevens aan hoe het boek gelezen zou kunnen worden. Hun waardeoordelen gaven een officiële norm aan waaraan men het gewone lezen zou kunnen toetsen.

Maar hoe las de gewone lezer? Mijn tweede suggestie om dat probleem te lijf te gaan hangt samen met de manier waarop men leerde lezen. In haar onderzoek naar geletterdheid in het zeventiende-eeuwse Engeland, heeft Margaret Spufford ontdekt dat er heel wat geleerd werd buiten de school, in werkplaatsen en op het land, waar de arbeiders zichzelf en elkaar leerden lezen en schrijven. Op school leerden de Engelse kinderen eerst lezen en dan pas schrijven, in plaats van beide vaardigheden tegelijk te leren aan het begin van hun schooltijd zoals tegenwoordig gebeurt. Vóór hun zevende, de leeftijd waarop ze gingen leren schrijven, begonnen ze vaak al te werken. Wanneer men dus geletterdheid afmeet aan het vermogen tot schrijven komt men wellicht op te lage aantallen uit, en onder het lezerspubliek hebben zich misschien veel mensen bevonden die hun naam niet konden schrijven. Het verschil tussen lezen en schrijven was nog groter in Zweden, waar genoeg archieven bewaard zijn gebleven om betrouwbare statistieken op te leveren. Volgens Egil Johansson kwam er in 1770 in Zweden vrijwel geen analfabetisme meer voor. Uit kerkarchieven blijkt dat 80 tot 95 procent van de bevolking zowel kon lezen als bevredigend kon antwoorden op vragen naar de betekenis van religieuze teksten. Toch kon maar 20 procent schrijven, en was slechts een zeer klein gedeelte van de bevolking ooit op school geweest. Door de mensen zelf was thuis een enorme alfabetiseringscampagne gevoerd, zonder de hulp van beroepsonderwijzers. Dit was het gevolg van een kerkelijke wet uit 1686, die bepaalde dat iedereen, en in het bijzonder kinderen, boerenknechten en huisbedienden, moest 'leren lezen en met eigen ogen zien wat God vraagt en gebiedt in Zijn Heilig Woord'.[22]

Natuurlijk betekende 'lezen' voor deze mensen iets heel anders dan vandaag, zoals het ook in het protestantse noorden iets anders was dan wat het was geworden in het katholieke zuiden. De kinderen in het vroeg-moderne Frankrijk leerden lezen, schrijven en rekenen, in die volgorde, en niet gelijktijdig. Hun leerboekjes, ABC-boeken als *Croix de Jésus* en *Croix de par Dieu*, begonnen net als de moderne boekjes met het alfabet. Maar de losse letters werden anders uitgesproken. De leerling zei voor iedere medeklinker een uh-klank, 'p' werd dus 'uh-p' en niet 'pee' zoals nu. Als die letters hardop werden gezegd bij het spellen van een woord kreeg je geen fonetische reeksen die je op het gehoor kon herkennen als de lettergrepen van een woord. Zo klonk *p-a-t* van *pater* bijvoorbeeld als 'up-a-ut'. Maar deze fonetische verwarring was toen niet echt van belang, omdat de letters bedoeld waren als visuele prikkel voor het geheugen om een tekst te reproduceren die al uit het hoofd was geleerd – en die tekst was altijd in het Latijn. Het hele systeem was gebaseerd op het uitgangspunt dat Franse kinderen niet moesten beginnen met lezen in het Frans. Van het alfabet gingen ze direct over naar eenvoudige lettergrepen en vandaar naar het *Pater Noster*, *Ave Maria*, *Credo*, en *Benedicite*. Als ze deze standaardgebeden hadden leren herkennen, werkten ze de liturgische responsies door die stonden afgedrukt in de kleine standaardboekjes met slappe kaft. Op dit punt gingen veel van hen van school af. Ze hadden voldoende macht gekregen over het gedrukte woord om de plichten te vervullen die de kerk van hen verwachtte – wat inhield dat ze konden deelnemen aan haar rituelen. Maar ze hadden nog nooit een tekst gelezen in een taal die ze konden verstaan.

Sommige kinderen – we weten niet hoeveel, misschien een minderheid in de zeventiende en de meerderheid in de achttiende eeuw – bleven lang genoeg op school om Frans te leren lezen. Maar zelfs dan bleef lezen vaker een kwestie van het herkennen van iets dat ze al kenden dan een proces van kennisverwerving. Bijna alle scholen werden geleid door de kerk, en bijna alle schoolboeken hadden een religieus karakter, het waren catechismen en vrome teksten zoals de *Escole paroissiale* van Jacques de Batencour. In de vroege achttiende eeuw begonnen de Frères des Écoles Chrétiennes verscheidene leerlingen tegelijk dezelfde tekst te geven en ze als groep te onderwijzen – de eerste stap naar standaardonderwijs, dat een eeuw later de regel zou zijn. Tegelijkertijd begonnen een paar lesmeesters in aristocratische huishoudens direct in het Frans te onderwijzen. Ze ontwikkelden fonetische technieken en audiovisuele hulpmiddelen zoals de systeemkaartjes met plaatjes van abbé Berthaud en het *bureau typographique* van Louis Dumas. In 1789 werd hun voorbeeld op een aantal progressieve lagere scholen nagevolgd. Maar de meeste kinderen leerden nog steeds lezen door voor de meester te komen staan en passages op te zeggen van elke tekst die ze in handen konden krijgen, terwijl hun klasgenootjes op de schoolbanken achterin zich door een bonte verzameling boekjes worstelden. Sommige van deze 'schoolboekjes' doken 's avonds weer op bij de *veillée*, omdat het populaire bestsellers waren uit de *bibliothèque bleue*. Het lezen rond de haard leek dus in zekere zin op het lezen in de klas, want er werd een tekst gereciteerd die iedereen al kende. In plaats van eindeloze vergezichten te ontsluiten van nieuwe ideeën, bleef het lezen zich waarschijnlijk bewegen binnen een gesloten circuit, precies waar de Kerk van na het concilie van Trente het lezen hebben wilde. 'Waarschijnlijk' is hier echter het sleutelwoord. We kunnen alleen maar raden naar de aard van de vroeg-moderne pedagogie door de paar leerboekjes te lezen en de nog zeldzamer memoires die uit dat tijdperk zijn overgebleven. We weten niet wat er zich echt heeft afgespeeld in de klas. Hoe dat ook zij, de lezer-luisteraars van het platteland hebben hun catechismus en hun avonturenverhalen misschien leren begrijpen en uitgelegd op een manier die wij ons totaal niet kunnen voorstellen.[23]

Ook al ligt de ervaring van de grote meerderheid der lezers buiten het bereik van het historisch onderzoek, op basis van de paar verslagen die er zijn moeten historici toch enigszins een beeld kunnen scheppen van wat het lezen voor de desbetreffende personen heeft betekend. Een derde benadering zou dan ook kunnen beginnen met de bekendste autobiografische verhalen – die van Augustinus, de heilige Theresa, Montaigne, Rousseau en Stendhal bijvoorbeeld – en vandaar naar minder bekende bronnen. J.-M. Goulemot heeft de autobiografie van Jamerey-Duval gebruikt om aan te tonen hoe een eenvoudige boer uit het Ancien Régime op kon klimmen in de maatschappij door goed te leren lezen en schrijven, en Daniel Roche is een achttiendeeeuwse glazenmaker op het spoor gekomen, Jacques-Louis Ménétra, die lezend rondtrok op een typische tour de France. Hoewel hij niet veel boeken in zijn rugzak meedroeg, wisselde Ménétra constant brieven uit met medereizigers en liefjes. Hij spendeerde een paar sous aan de gedrukte ballades en verhalen die bij publieke terechtstellingen werden verkocht en schreef zelfs kreupelrijmen voor de stukken en kluchtspelen die hij met zijn collega's opvoerde. Voor het vertellen van zijn levensverhaal organiseerde hij zijn verhaal in de vorm van een schelmenroman, waarbij hij de mondelinge traditie (volksverhalen en de gestileerde *braggadocio*, opschepperij van mannen onder elkaar) combineerde met genres uit de populaire literatuur (de romannetjes uit de *bibliothèque bleue*). In tegenstelling tot andere volksschrijvers – Restif, Mercier, Rousseau, Diderot en Marmontel – heeft Ménétra zich nooit een plaats verworven in de Republiek der Letteren. Uit zijn geval blijkt echter dat brieven een plaats hadden in de cultuur van de gewone man.[24]

Die plaats mag dan marginaal geweest zijn, maar marges op zich kunnen ook informatie verschaffen over de ervaringen van gewone lezers. In de zestiende eeuw verschenen er gedrukte noten in de marge bij wijze van toelichting en commentaar om de lezer door de humanistische teksten te loodsen. In de achttiende eeuw maakten ze plaats voor voetnoten. Hoe volgde de lezer dit spel tussen tekst en paratekst eronder of ernaast? Gibbon creëerde met zijn meesterlijk gebruik van voetnoten ironische distantie. Zorgvuldig onderzoek van van kanttekeningen voorziene exemplaren van *The Decline and Fall of the Roman Empire* zou kunnen onthullen hoe deze distantie overkwam op Gibbons tijdgenoten. John Adams heeft zijn boeken volgekrabbeld met commentaar. Door hem door zijn Engelse exemplaar van Rousseaus *Discours sur l'origine de l'inégalité* [*Verhandeling over de ongelijkheid*] te volgen, kan men zien hoe de radicale ideeën van de Verlichting overkwamen op een revolutionair in ruste in het bezadigde Quincey in Massachusetts. Rousseau zegt in die eerste Engelse uitgave:

> Er bestonden geen banden van morele aard tussen de mensen in deze staat [de natuurlijke staat]; ze konden goed noch slecht zijn, en bezaten ondeugden noch deugden. Daarom past het ons ons oordeel over hun toestand op te schorten (...) tot we hebben vastgesteld of er onder de beschaafde mensen meer deugden of ondeugden zijn.

Adams zegt in de marge:

> Mirakel op mirakel. Paradox op paradox. Wat was monsieur Rousseau verbazend scherpzinnig! Toch heeft deze welbespraakte ijdeltuit met zijn gedweep met de individualiteit de mensen een afkeer weten te bezorgen van bijgeloof en tirannie.

Christiane Berkvens-Stevelinck heeft in de kanttekeningen van Prosper Marchand, de bibliofiel uit het achttiende-eeuwse Leiden, een uitstekende lokatie gevonden om de Republiek der Letteren in kaart te brengen. Andere wetenschappers hebben de stromingen binnen de literatuurgeschiedenis in kaart gebracht door de meesterwerken te herlezen zoals grote schrijvers ze hebben gelezen, waarbij ze gebruik hebben gemaakt van de aantekeningen in verzamelobjecten als Diderots exemplaar van de *Encyclopédie* en Melvilles exemplaar van Emersons essays. Maar dit onderzoek hoeft niet tot meesterwerken beperkt te blijven en zelfs niet tot boeken. Peter Burke bestudeert momenteel de graffiti uit het Italië van de renaissance. Op de deur van een vijand gekrast fungeren ze vaak als rituele beledigingen, die de grenzen van de sociale conflicten markeerden die buurten en clans van elkaar scheidden. Graffiti op het beroemde standbeeld van Pasquino in Rome fungeerden als belangrijk onderdeel van een rijke en intens politieke straatcultuur. Een geschiedenis van het lezen zou grote sprongen kunnen maken van de Pasquinade en de Commedia dell'Arte naar Molière, van Molière naar Rousseau, en van Rousseau naar Robespierre.[25]

Mijn vierde suggestie betreft de literatuurtheorie. Ik geef toe dat die vooral op een buitenstaander nogal intimiderend kan overkomen. Ze omkleedt zich met imposante benamingen – structuralisme, deconstructie, hermeneutiek, semiotiek, fenomenologie – en de theorieën komen en gaan in rap tempo, want de trends volgen elkaar met verbijsterende snelheid op. Alle theorieën hebben echter een gemeenschappelijke kern die de basis zou kunnen vormen voor een vorm van samenwerking tussen literatuurwetenschappers en boekhistorici: aandacht voor het lezen. Of de literatuurwetenschappers nu dieptestructuren blootleggen of tekensystemen omverwerpen, ze behandelen de literatuur in toenemende mate meer als activiteit dan als een canonieke verzameling teksten. Ze stellen met nadruk dat de betekenis van een boek niet als een statisch gegeven vastligt op de bladzijden, maar door de lezers wordt geconstrueerd. 'De respons van de lezer' is zo het sleutelgegeven geworden voor de kritische analyse van de literatuur.

In Duitsland heeft deze benadering geleid tot een revival van de literatuurgeschiedenis als *Rezeptionsästhetik* onder leiding van Hans Robert Jauss en Wolfgang Iser. In Frankrijk is er een filosofische dimensie aan toegevoegd met het werk van Roland Barthes, Paul Ricoeur, Tzvetan Todorov en Georges Poulet. In de Verenigde Staten bevindt ze zich nog in het smeltkroesstadium. Wayne Booth, Paul de Man, Jonathan Culler, Geoffrey Hartman, J. Hillis Miller en Stanley Fish hebben weliswaar de ingrediënten geleverd voor een algemene theorie, maar hun discussies hebben nog geen consensus opgeleverd. Niettemin wijst al deze literatuurwetenschappelijke activiteit in de richting van een nieuwe tekstwetenschap, en er is voor allen sprake van een gemeenschappelijke werkwijze bij de interpretatie van specifieke teksten.[26]

Neem bijvoorbeeld Walter Ongs analyse van de eerste zinnen van *A Farewell to Arms*:

> In de late zomer van dat jaar woonden we in een huis in een dorp dat uitzag over de rivier en de vlakte naar de bergen. In de bedding van de rivier daar lagen kiezels en keien, droog en wit in de zon, en het water was helder en stroomde snel en blauw door de geulen.

Welk jaar? Welke rivier? vraagt Ong. Dat zegt Hemingway niet. Door zijn onorthodoxe hantering van het bepaalde lidwoord – 'de rivier' in plaats van 'een rivier' – en zijn spaarzamelijk gebruik van adjectieven, impliceert hij dat de lezer geen gedetailleerde beschrijving van de plaats behoeft. Een korte verwijzing moet genoeg zijn, want de lezer wordt geacht daar al geweest te zijn. Hij wordt behandeld als vertrouweling, als medereiziger die maar een kleine hint nodig heeft om zich weer de harde schittering van de zon, de bijtende smaak van de wijn, en de stank van de doden in het Italië van de Eerste Wereldoorlog te herinneren. Een lezer die daar niet in mee kan gaan – en men kan zich talrijke reacties voorstellen in de trant van 'Ik ben een oma van zestig die niks afweet van rivieren in Italië' – zal door het boek niet gegrepen kunnen worden. Maar als de lezer de rol aanvaardt die de verhaaltechniek van hem vraagt, kan zijn gefictionaliseerde ik uitgroeien tot de dimensies van de Hemingwayaanse held, en kan hij het verhaal doorleven als de wapenbroeder van de schrijver.[27]

Vroegere verhaaltechnieken werkten meestal andersom. Daarbij werd ervan uitgegaan dat de lezer niets afwist van het verhaal en zich via uitputtend beschrijvende passages of inleidende opmerkingen moest kunnen oriënteren. De opening van Jane Austens *Pride and Prejudice* bijvoorbeeld:

> Het is een algemeen geaccepteerde waarheid, dat een vrijgezel in het bezit van een aanzienlijk vermogen behoefte moet hebben aan een echtgenote.
>
> Hoe weinig men ook mag afweten van de gevoelens of opinies van zo'n man die zijn entrée maakt in een nieuwe streek, deze waarheid ligt zo stevig verankerd in de geest van de naburige families dat hij als het rechtmatige eigendom wordt beschouwd van een onder hun dochters.
>
> 'Mijn lieve Bennet,' sprak zijn vrouw tot hem op zekere dag, 'heb je gehoord dat Netherfield Park eindelijk is verhuurd?'

Dit soort verhaal beweegt zich van het algemene naar het bijzondere, als een lens die inzoomt van een overzichtsshot naar een close-up. Het komt eerst met een onbepaald lidwoord en loodst de lezer zoetjesaan het verhaal binnen. Maar het houdt de lezer altijd op afstand, omdat hij geacht wordt het verhaal als buitenstaander binnen te komen en te lezen om onderwezen te worden of geamuseerd, of met een hoogstaand zedelijk doel. Hoewel het hier om een totaal verschillende rol gaat, moet de lezer evenals bij de roman van Hemingway zijn rol spelen om de verhaaltechniek te laten lukken.

Schrijvers hebben zeer uiteenlopende manieren bedacht om de lezer een verhaal binnen te leiden. Er ligt een wereld van verschil tussen Melvilles 'Noem me Ismaël' en Miltons bede om hulp bij zijn taak om 'Gods wegen te rechtvaardigen bij de mens'. Maar elk verhaal gaat ervan uit dat er een lezer is, en elke lezing begint met een protocol dat in de tekst zelf wordt aangegeven. De tekst kan zichzelf ondermijnen, en de lezer kan tegen de draad ingaan of vertrouwde woorden nieuwe betekenissen ontwringen; vandaar de eindeloze interpretatiemogelijkheden waar de deconstructionalisten op doelen en de zeer persoonlijke interpretaties die de cultuurgeschiedenis mede hebben gevormd – Rousseaus interpetatie van *Le Misanthrope* bijvoorbeeld, of Kierkegaards visie op Genesis 22. Wat men er ook van maakt, het lezen zelf is in ieder geval weer het centrale gegeven van de literatuur geworden.

Als men daarvan uitgaat, is de tijd rijp om een verbinding tot stand te brengen tussen de literatuurtheorie en de geschiedenis van het boek. De theorie kan het scala aan potentiële responsen op een tekst aangeven – dat wil zeggen, de responsen op de verhaaltechnische restricties die het lezen een bepaalde richting opduwen zonder het verder te bepalen. De geschiedenis kan laten zien wat er in feite gelezen is – tenminste voor zover het onvolledige bewijs dat toelaat. Aandacht voor de geschiedenis zal de kans op anachronismen bij de literatuurwetenschappers verkleinen, want soms lijken die wel te denken dat een Engelsman uit de zeventiende eeuw Milton en Bunyan zat te lezen als een professor uit de twintigste eeuw. De historici zullen door op hun beurt rekening te houden met verhaaltechniek en dergelijke, aanknopingspunten vinden voor gedrag dat ze anders niet kunnen verklaren, de enorme hartstochten bijvoorbeeld die werden opgeroepen door boeken van *Clarissa* tot *La Nouvelle Héloïse* en van *Werther* tot *René*. Daarom zou ik een tweeledige aanpak willen bepleiten die tekstanalyse combineert met empirisch onderzoek. Op die manier zal men de impliciete lezers van een tekst kunnen vergelijken met de werkelijke lezers uit het verleden, en, voortbouwend op die vergelijkingen, zowel tot een geschiedenis als een theorie van de lezersrespons kunnen komen.

Zo'n geschiedenis zou nog verder onderbouwd kunnen worden met een vijfde soort analyse, gebaseerd op analytische bibliografie. Met hun onderzoek van het boek als fysiek object hebben bibliografen aangetoond dat de typografische kenmerken van een tekst de manier waarop die tekst wordt gelezen in aanzienlijke mate kunnen bepalen. De duidelijkste voorbeelden van een relatie tussen typografie en betekenis vindt men in barokgedichten als het volgende, uit Gottfried Kleiners *Gartenlust im Winter* (1732):

Steh.
Früchte
und dort voll
hinnen geh,
Biß ich von
O mach mich grün,
O laß mich blühn,
Bewässert gutt.
Dein mildes Blutt
Die deine Liebe sucht.
Und pflantz in mich die Frucht,
In meinem Hertzen selbst den Platz,
Bereite Dir, Du Seelen-Schatz!
Ach nihm mich mir, und gieb mich Dir!
Als Du, mein JESU, meine Zier!
Soll Niemand seyn, und Niemand werden,
Mein Alles, dort, und hier auf Erden,
Mein auserkohrnes GOTTES-Lamm/
Mein schönster Himmels-Bräutigam/
Mein Seelen-Ruhm/
Mein Eigenthum/
Mein Port,
Mein Hort,
Mein Theil,
Mein Heil,
Mein Steig,
Mein Zweig,
Mein Raum,
Mein Baum,

[letterlijke vertaling: 'Mijn boom,/Mijn heelal,/Mijn tak,/Mijn pad,/Mijn heil,/Mijn deel,/Mijn toevlucht,/Mijn haven,/Mijn eigendom/Mijn zieleroem/Mijn schoonste hemelse bruidegom/Mijn uitverkoren lam van GOD/ Mijn al, ginds, en hier op aarde,/Laat niemand zijn en niemand worden,/ Behalve Gij, mijn JEZUS, mijne sier!/O ontneem mij zelf, geef mij aan u!/ Bereid voor u, schat van de ziel/in mijn hert zelf een plaats/En plant in mij de vrucht/Die uwe liefde zoekt./Uw milde bloed/bewatert goed./O laat mij bloeien,/O maak mij groen/Tot ik van hier/henen ga/en daar vol/vruchten/ sta.]

Door de boomvorm nodigt het gedicht de lezer uit zijn normale manier van lezen opzij te zetten en het gedicht van onder af aan te lezen, alsof hij hemelwaarts klimt. In het hart van de boom vindt de lezer het woord 'Jezus'. Hij is dan inmiddels al zo beïnvloed door de presentatietechniek dat de stem van de dichter de zijne is geworden en hij zich met de extase van de dichter kan identificeren. Hij heeft zichzelf in een positie gelezen vanwaar hij zich voorstelt doordrongen te worden door de liefde voor Christus. Die groeit in hem als een zaadje. Ze doet zijn leven bloeien en vrucht dragen in goede werken, en uiteindelijk helpt ze hem op te gaan tot het paradijs. De metaforen van klimmen, groeien en geslachtelijke voortplanting versterken elkaar en worden op hun beurt versterkt door het metrum, dat in regel 15 aanzwelt tot een crescendo bij 'Jezus', en door de grammaticale structuur, die de lezer via een reeks bijstellingen opstuwt tot de zin in een climax eindigt bij datzelfde 'Jezus', waar de lezer geconfronteerd wordt met het Woord en zo de redding deelachtig wordt.[28]

Het komt niet zo vaak voor dat de typografie zo'n volledige uitdrukking vormt van het gedicht. Wel heeft iedere tekst zijn typografische eigenschappen die de respons van de lezer mede bepalen. Het ontwerp van een boek kan een sleutelgegeven zijn voor de betekenis ervan. In een opmerkelijke studie van Congreve heeft D.F. McKenzie aangetoond dat de pikant-dubbelzinnige neo-Elizabethaanse toneelschrijver die wij kennen van zijn uitgaven in kwartoformaat uit de late zeventiende eeuw, op latere leeftijd een typografische metamorfose heeft ondergaan om daarna zijn rentrée te maken als de statige, neoklassieke schrijver van het uit drie delen bestaande in octavoformaat uitgebrachte *Works* uit 1710. De afzonderlijke werken waren in de nieuwe uitgave nauwelijks veranderd, maar de transformatie van het boekontwerp had de toneelstukken een heel andere dimensie gegeven. Door een indeling te maken in scènes, spelers anders te groeperen, regels te verplaatsen en *liaisons des scènes* aan te brengen, paste Congreve zijn oude teksten aan aan het nieuwe klassieke model dat was ontleend aan het Franse toneel. De stap van kwarto naar octavo is de stap van het Elizabethaanse naar het Georgiaanse Engeland.[29]

Roger Chartier heeft soortgelijke maar meer op sociologisch vlak liggende consequenties gevonden ten aanzien van de metamorfoses van een Spaanse klassieker, de *Historia de la vida del Buscón* van Francisco de Quevedo. De roman was oorspronkelijk bedoeld voor een ontwikkeld publiek, zowel in Spanje, waar het boek uitkwam in 1626, als in Frankrijk, waar het in 1633 verscheen in een elegante vertaling. Maar in het midden van de zeventiende eeuw begonnen de uitgeverijen Oudot en Garnier uit Troyes het verhaal in hun reeks goedkope paperbacks uit te geven, waardoor het de daaropvolgende tweehonderd jaar een vast onderdeel werd van de populaire literatuur die bekend stond als de *bibliothèque bleue*. Hoewel deze uitgevers van populaire literatuur er geen been in zagen om als dat zo uitkwam de tekst aan te passen, concentreerden ze zich voornamelijk op het boekontwerp, door Chartier de *mise en livre* genoemd. Ze splitsten het verhaal op in simpele eenheden, waarbij ze zinnen inkortten, alinea's onderverdeelden, en het aantal hoofdstukken veel groter maakten. Deze nieuwe typografische structuur impliceerde een nieuwe vorm van lezen en een nieuw publiek, eenvoudige mensen wie het vermogen en de tijd ontbrak om lange verhaalfragmenten in zich op te nemen. De korte episoden stonden op zichzelf. Ze hoefden niet te worden verbonden door complexe subthema's en psychologische uitdieping van de personages omdat ze precies genoeg stof bevatten om een *veillée* te vullen. Zo werd het boek zelf een verzameling fragmenten in plaats van een doorlopend verhaal. Iedere lezer-luisteraar kon het boek op eigen wijze tot een geheel maken. Hoe dit zich eigenmaken dan precies in zijn werk ging blijft een mysterie, want Chartier beperkt zijn analyse tot het boek als fysiek object. Maar hij laat wel de raakvlakken zien van typografie en sociologie, hij laat zien hoe de impliciete lezer van de schrijver de impliciete lezer van de uitgever werd, en daardoor de maatschappelijke ladder van het Ancien Régime afdaalde om terecht te komen in de lezersgroep die men in de negentiende eeuw zou zien als *le grand public*.[30]

Een paar avontuurlijk ingestelde bibliografen en boekhistorici hebben zich aan speculaties gewaagd over lange-termijn-trends in de evolutie van het boek. Ze stellen dat de lezers directer reageren op de fysieke structuur van de tekst dan op het maatschappelijke milieu er omheen. Zo zouden we via een soort tekstuele archeologie iets aan de weet kunnen komen over het lezen in het verre verleden. Ook al kunnen we niet precies uitvinden hoe de Romeinen Ovidius lazen, we kunnen ervan uitgaan dat zijn verzen net als de meeste Romeinse teksten geen leestekens, indeling in alinea's of ruimte tussen de individuele woorden kenden. De klank- en betekeniseenheden lagen waarschijnlijk dichter bij het spraakritme dan de tegenwoordige typografische eenheden – de gemiddelde letterbreedte, woorden en regels – op de gedrukte bladzijde. De bladzijde zelf als boekeenheid dateert pas van de derde of vierde eeuw. Voor die tijd moest men een boek uitrollen om het te lezen. Toen bijeengehouden bladzijden (de *codex*) eenmaal de rol (*volumen*) vervingen, konden lezers makkelijk heen en weer bladeren door de boeken, en de teksten werden in segmenten opgedeeld die afgebakend en geïndexeerd konden worden. Maar toen boeken al lang hun moderne vorm hadden, bleef het lezen nog een mondelinge aangelegenheid die plaatsvond in het openbaar. Op een moment dat niet bekend is, misschien in een klooster in de zevende eeuw en zeker aan de universiteiten van de dertiende eeuw, begon men geluidloos en alleen te lezen. De overgang naar stillezen heeft misschien een grotere geestelijke aanpassing vereist dan de overgang naar de gedrukte tekst, want ze heeft het lezen tot een individuele, innerlijke ervaring gemaakt.[31]

De boekdrukkunst bracht uiteraard ook een verandering, maar waarschijnlijk niet zo'n ingrijpende als doorgaans wordt aangenomen. Vóór de uitvinding van het drukken met losse letters hadden sommige boeken al titelpagina's, inhoudsopgaven, registers, paginering, en uitgevers die in scriptoria kopieën lieten maken voor een groot lezerspubliek. Tijdens de eerste vijftig jaar van zijn bestaan bleef het gedrukte boek een imitatie van het boek in manuscriptvorm. Het werd toen ongetwijfeld nog op dezelfde manier door hetzelfde publiek gelezen. Maar na 1500 bereikten het gedrukte boek, het pamflet, het vlugschrift, de kaart en het aanplakbiljet nieuwe lezersgroepen en stimuleerden ze een nieuwe wijze van lezen. Het nieuwe boek, dat allengs een standaardontwerp kreeg, goedkoper werd en op steeds grotere schaal werd verspreid, transformeerde de wereld. Dat was niet alleen een kwestie van meer informatie. Het creëerde een nieuwe vorm van begrijpen, een basismetafoor om het leven te doorgronden.

Men kan zeggen dat in de zestiende eeuw de mensheid het Woord in bezit nam, dat men in de zeventiende eeuw het 'boek der natuur' begon te ontcijferen, en dat men in de achttiende eeuw zichzelf leerde 'lezen' en interpreteren. Met behulp van boeken bestudeerden Locke en Condillac de geest als tabula rasa, en Franklin stelde het volgende grafschrift op voor zichzelf:[32]

Het lichaam van
B. Franklin, drukker,
Ligt hier als voedsel voor de wormen,
Als de omslag van een oud boek,
Met uitgescheurde inhoud,
Ontdaan van letters en vergulde snee.
Maar het werk zal niet verloren gaan;
Het zal, zoals hij heeft geloofd,
Eens weer verschijnen
In een nieuwe en sierlijker uitgave
Gecorrigeerd en herzien
Door de Auteur.

Ik zal hier de metafoor niet verder uitdiepen, aangezien Franklin hem al volledig heeft uitgemolken, maar terugkomen op een punt dat zo simpel is dat we het makkelijk over het hoofd kunnen zien. Lezen heeft een geschiedenis. Het is niet altijd en overal hetzelfde geweest. Misschien zien we het als een simpel en eenduidig gebeuren: er wordt informatie onttrokken aan de bladzijde. Na enig nadenken zullen we dan echter moeten toegeven dat informatie uitgezeefd, gesorteerd en geïnterpreteerd moet worden. Interpretatiemodellen zijn altijd cultuurgebonden, en hebben in de loop van de tijd een enorme variatie vertoond. Aangezien onze voorouders in andere mentale werelden leefden, moeten ze anders hebben gelezen, zodat de geschiedenis van het lezen waarschijnlijk even complex is als de geschiedenis van het denken. Zo complex zelfs, dat de vijf stappen die hier gesuggereerd zijn in uiteenlopende richtingen kunnen leiden of ons eindeloos rond het probleem kunnen laten cirkelen zonder dat we ooit doordringen tot de kern. Er zijn geen directe of kortere routes omdat lezen anders dan een grondwet of een maatschappijstructuur geen duidelijk op zichzelf staand fenomeen is dat men kan volgen door de loop van de tijd. Het is een activiteit waarbij sprake is van een bijzondere relatie – enerzijds de lezer, anderzijds de tekst. Hoewel lezers en teksten varieerden al naar gelang de maatschappelijke en technologische omstandigheden, dient de geschiedenis van het lezen zich niet te beperken tot een chronologische opsomming van die variaties. De geschiedenis van het lezen dient die variaties te ontstijgen om het gegeven te analyseren dat de kern vormt van de zaak: hoe construeerden veranderende lezersgroepen veranderende teksten?

Deze vraag mag cryptisch klinken, maar is van zeer wezenlijk belang. Men hoeft zich maar in te denken hoe vaak lezen en interpreteren de loop der geschiedenis heeft gewijzigd, bijvoorbeeld Luthers interpretatie van Paulus, Marx's interpretatie van Hegel, Mao's interpretatie van Marx. Dit alles is geworteld in een diepgaander en veelomvattender proces, namelijk de nooit aflatende poging van de mens zin en betekenis te vinden in de wereld om hem heen en in zichzelf. Als we kunnen begrijpen hoe de mens heeft gelezen, kunnen we tot een beter begrip komen van de manier waarop hij het leven heeft zingegeven. Tegelijkertijd kunnen we via deze historische benadering misschien zelfs iets van ons eigen verlangen naar zin en betekenis bevredigen.

IV

DE HUIDIGE STAND VAN ZAKEN

INTELLECTUELE EN CULTUURGESCHIEDENIS

Onder de intellectueel-historici in de Verenigde Staten heerst grote malaise. Twintig jaar geleden zagen ze hun vakgebied nog als de koningin der historische wetenschappen. Nu lijkt die koningin aan prestige te hebben ingeboet. Niet dat ze op dramatische wijze van de troon is gestoten, maar na herstructurering van het onderzoek in de laatste twintig jaar is ze tussen het gewone volk beland, omgeven door platvoerse nieuwe varianten van sociaal-culturele geschiedenis en verbijsterende terminologie – *mentalité*, *episteme*, paradigma, hermeneutiek, semiotiek, hegemonie, deconstructie – en door allerlei gezwollen definities.

Weliswaar voelen sommige historici zich kennelijk nog steeds thuis binnen het door Arthur Lovejoy en Perry Miller geschapen intellectuele kader, want nog steeds ziet men termen als *unit-ideas* en *mind* opduiken tussen de wildgroei aan meer modieuze termen.[1] Maar overal waar intellectueel-historici de positie van hun vak bespreken is steeds meer aangetast zelfvertrouwen te zien, en er zijn de afgelopen paar jaar heel wat historiografisch-methodologische discussies gevoerd. Een recent artikel van Murray Murphey begon met de klacht:

> Dertig jaar geleden nam de intellectuele geschiedenis een benijdenswaardige positie in aan de Amerikaanse universiteit; alle leergangen zaten barstensvol en haar beoefenaars – mannen als Merle Curti, Ralph Gabriel en Perry Miller – waren zowel onder hun collega's als in wijdere kring beroemd. Maar de afgelopen dertig jaar is dat radicaal veranderd. Voor de studenten is de intellectuele geschiedenis niet meer de plaats waar het allemaal gebeurt, en de wetenschappers zelf lijken ook te vinden dat de voorhoede van de historische wetenschap zich elders bevindt.[2]

In diezelfde tijd sloeg Dominick La Capra alarm in zijn oproep tot een conferentie over de toekomst van de intellectuele geschiedenis aan de Cornell-universiteit:

> De intellectuele geschiedenis is de afgelopen tijd door een aantal belangrijke ontwikkelingen aan het wankelen gebracht. Sociaal-historici zijn met vragen gekomen die via de traditionele technieken waarmee ideeën worden geregistreerd en geanalyseerd, niet te beantwoorden zijn. Het zijn vragen die te maken hebben met de aard van collectieve 'mentaliteiten' en de wordingsgeschiedenis en invloed van ideeën. Bij tijd en wijle maakt de houding van de sociaal-historici een imperialistische indruk. Ze lijken de intellectuele geschiedenis te willen reduceren tot een aanhangsel van de sociale geschiedenis en vraagstukken van sociale aard te willen opvijzelen tot de enige problematiek die van werkelijk historisch belang is.[3]

Ditzelfde thema liep als een rode draad door een aantal lezingen voor een in december 1977 in Racine, Wisconsin, gehouden conferentie over Amerikaanse intellectuele geschiedenis.[4] Zeven jaar eerder was het al opgedoken op een conferentie in Rome over de toestand van het historisch onderzoek.[5] Tijdens bijeenkomsten van de American Historical Association is het daarna regelmatig aan de orde gekomen.[6] En overal kan men het vinden in de kritieken en artikelen waarmee de intellectueel-historici elkaar de pols voelen. Veel van hen zeggen weliswaar dat ze zich kiplekker voelen, en dat de huidige crisis een welkome gelegenheid is om hun vakgebied te hervormen, maar zowel de optimisten als de pessimisten zijn het erover eens dat er inderdaad sprake is van een crisis waarvan de afloop bepaald zal worden door de verhoudingen tussen de sociale en de intellectuele geschiedenis.[7]

Dat inzicht is gedeeltelijk gebaseerd op een verscherpt bewustzijn ten aanzien van het verloop van de intellectuele geschiedenis in de Verenigde Staten. John Higham en Robert Skotheim hebben aangetoond dat zowel de intellectuele geschiedenis als de sociale geschiedenis in het begin van de twintigste eeuw volwassen zijn geworden, als ingrediënten van de Nieuwe Geschiedenis van James Harvey Robinson, Charles A. Beard, Frederick Jackson Turner en Carl Becker.[8] De twee genres wezen de bestaande geschiedsopvatting als verouderde strategie van de hand en leken vernieuwend in dat opzicht. Ze wisten als team door te dringen in de leergangen van de universiteit in de vorm van de 'sociale en intellectuele geschiedenis'-cursussen die tussen 1920 en 1940 bijzonder populair waren. Maar in de twintig jaar daarop viel het bondgenootschap uiteen toen Arthur Lovejoy en Perry Miller het niveau van de intellectuele geschiedenis opkrikten door haar te ontdoen van alle betrokkenheid op sociale context. Onder de Amerikanisten stimuleerde het succes van Miller diens volgelingen tot een jacht op abstracties – mythen, symbolen, beelden. Ook borduurden ze voort op de pogingen van Vernon Parrington, Ralph Gabriel en Merle Curti het specifieke karakter van het Amerikaanse denken te bepalen. Toen de jaren zestig aanbraken, had de American Studies-beweging de ankerkettingen waarmee de Amerikaanse intellectuele geschiedenis aan de sociale geschiedenis vastzat, losgemaakt zodat ze op drift was geraakt, op zoek naar een nationale geest die van zijn lichaam was ontdaan. Op dat punt explodeerde de universiteit van de professoren onder hun eigen voeten. Door de rassenrellen, alternatieve culturen, de radicale studentenbeweging, de oorlog in Zuidoost-Azië en de inflatie van het presidentschap viel het idee dat de Amerikaanse geschiedenis een intellectuele consensus zou kunnen zijn voorgoed in scherven. De sociaalhistorici waren er als de kippen bij, niet om het vacuüm op te vullen, maar om de overblijfselen van de oude Nieuwe Geschiedenis te doorwroeten, en niet om op basis daarvan één verleden te reconstrueren, maar om in verschillende richtingen door te graven. Zwarte geschiedenis, de geschiedenis van de stad, van de arbeid, van de vrouw, van de criminaliteit, van de seksualiteit, van de onderdrukten, van de woordelozen, de marginalen – er lagen zoveel onderzoeksrichtingen open dat de sociale geschiedenis op alle fronten het onderzoek leek te domineren. De in de steek gelaten bondgenoot had het vakgebied weer stevig onder controle.

Sommige Amerikaanse historici vinden dit relaas over het verleden van hun vak wellicht te dramatisch of inaccuraat. Een aantal heeft de intellectuele geschiedenis altijd al als een onmogelijke, zij het niet geheel on-Amerikaanse, onderneming gezien. 'Alsof je een gelatinepudding aan de muur probeert te spijkeren,' zoals een politiek historicus van de oude stempel het eens heeft uitgedrukt.[9] Het is inderdaad zo dat de eigen Amerikaanse produkten van de intellectuele geschiedenis vergeleken bij die uit Europa een pover figuur slaan. De Europeanen spreken dan ook niet van intellectuele geschiedenis, *intellectual history* zoals wij Amerikanen, maar van ideeëngeschiedenis, *history of ideas, histoire des idées, Geistesgeschichte, storia della filosofia*, andere termen voor andere tradities. Die tradities hebben de Amerikaanse historici die zich met Europese geschiedenis bezighielden beïnvloed, vooral de studenten die afgestudeerd zijn na 1950, toen beurzen, chartervluchten en een sterke dollar studie in het buitenland toegankelijker maakten dan ooit. De thuisblijvers in Amerika leerden hun Europese geschiedenis vaak van de Europese vluchtelingen die in de jaren dertig massaal naar de Amerikaanse universiteiten waren gestroomd. En wie op de een of andere manier aan de onmiddellijke invloed van Europa was ontsnapt had altijd nog te maken met Europese onderwerpen, die vaak in vreemde talen werden doorgegeven en gesitueerd waren in het verre verleden, toen er nog geen problemen waren over de karakterisering van de Amerikaanse volksaard of de Amerikaanse cultuur.

Bronnen, docenten en onderwerpen bezorgden de ideeëngeschiedenis van Europa haar ingeschapen cosmopolitisch karakter.

Niettemin is de Amerikaanse versie van die geschiedenis op een kritiek punt aanbeland. Een punt dat samenvalt met de crisis in de *American Studies*, hoewel er van een andere voorgeschiedenis sprake is. Het verloop van de Amerikaanse intellectuele geschiedenis tussen beide oorlogen werd bepaald door Arthur Lovejoy en Carl Becker. Lovejoy heeft onderzoek gedaan naar de verwantschap tussen belangrijke ideeën over lange tijdsperioden, terwijl Becker het intellectuele klimaat van hele gebieden heeft geschetst. Beiden werkten echter met klassieke teksten die makkelijk te vinden waren in de eigen bibliotheek. Crane Brinton heeft voor de volgende generatie intellectueel-historici aangetoond hoe belangrijk het is ideeën te volgen tot buiten de bibliotheek, tot 'hun uiteindelijke thuishaven, de geest van de gewone man'.[10] In 1950 had deze benadering zich uitgekristalliseerd tot een leergang, *Harvard's History 134a*, 'Intellectual History of Europe in the Eighteenth and Nineteenth Centuries', en een leerboek, *Ideas and Men*.[11] Van 1950 tot 1970 bouwden H. Stuart Hughes en Peter Gay de poging om verbanden te traceren tussen ideeën en mensen verder uit in verscheidene studies over de sociale dimensies van het denken. Hun boeken waren doorgaans net zo opgezet als die van Brinton, een aantal aan verschillende denkers gewijde hoofdstukken die met dialectische formules aan elkaar gekoppeld werden: bewustzijn en maatschappij, oude en moderne tijd.[12] Een groep talentvolle biografen, Arthur Wilson, Frank Manuel en Jacques Barzun, werd door soortgelijke motivaties geïnspireerd.[13] Maar de nadruk op individuen (Brintons *method of men*) bracht het gevaar met zich mee dat de intellectuele geschiedenis zich zou ontwikkelen tot een geschiedenis van grote denkers, waarbij de aandacht voor de gewone man verloren zou gaan.

Ondertussen waren in Europa de sociaal-historici dat zeldzame ras, de gewone man, juist aan het herontdekken. Ze reconstrueerden de gemeenschappelijke ervaringsvelden van verschillende groepen mannen en vrouwen, met behulp van aan de demografie, economie en sociologie ontleende methodes. De drijfveer hiertoe was deels afkomstig van niet-sociaal-wetenschappers, de cosmopolitische groep wetenschappers rond Georges Lefebvre in Parijs, die vanuit het perspectief van de kleine boeren en *sans-culottes* tot een herinterpretatie kwam van de Franse Revolutie.[14] 'Geschiedenis van onderaf' werd de kreet voor wie in contact wilde komen met het ondergesneeuwde gros van de mensheid, voor wie de levens van de gewone mannen en vrouwen aan de vergetelheid wilde ontrukken. Overal in Europa vond dit weerklank, vooral ook in Engeland met zijn sterke traditie van de geschiedenis van de arbeid, die hierdoor nieuw leven werd ingeblazen. George Rudé,

E.J. Hobsbawm en E.P. Thompson schreven meesterlijke studies van volksprotesten en arbeidersbewegingen, en het tijdschrift *Past and Present* propageerde een visie op de geschiedenis die haar niet zozeer beschouwde als een reeks gebeurtenissen maar meer als de ontwikkeling van de maatschappij. Tegelijkertijd voerde het Franse zusterblad *Annales: Economies, sociétés, civilisations* een vergelijkbare campagne tegen *l'histoire événementielle* of de evenementiële geschiedenis ten gunste van een verwante versie van de sociale geschiedenis – geschiedenis als de wisselwerking op lange termijn tussen structuur en conjunctuur, inertie en vernieuwing, de *histoire totale*. De kernbegrippen uit deze zogeheten *Annales*-school klonken soms als slogans, maar werden onderbouwd door een reeks indrukwekkende dissertaties, met name van C.E. Labrousse, Fernand Braudel, Pierre Goubert en Emmanuel Le Roy Ladurie. In 1970 leek de sociale geschiedenis op een punt te zijn gekomen waarop alles draaide om de as *Past and Present – Annales.*

In Amerika raakten veel historici hierdoor meegesleept, hetgeen de daar al ontstane opleving van de sociale geschiedenis nog verder versterkte. Uit de radicale hoek kwamen steeds meer geluiden die de Amerikaanse Revolutie 'van onderaf' wilden herzien. Binnen de geschiedenis van de arbeid ontwikkelde zich een thomsoniaanse stroming. En vertegenwoordigers *en mission* van de *Annales*-school reisden door het hele land de campussen af, na zich in Princeton, Ann Arbor en Binghamton een stevige basis te hebben verworven. Overal leek de nieuwe trend aan te slaan – behalve bij de intellectueel-historici. Wanneer ze van onderaf werden bezien, verdwenen de mythen en beelden van de Amerikanisten bijna uit het gezichtsveld, en kon men de ideeën en -ismen van de Europeanisten zien als ideologieën of *mentalités*, dat wil zeggen, als collectieve attitudes die men moest bestuderen met de methodes van de sociale wetenschappen. Voor zover dit de intellectueelhistoricus nog enige ruimte liet, dreigde het hem tot socioloog of antropoloog te maken. Robinson, Brinton en Hughes hadden gehoopt een verbinding tot stand te brengen met de sociale geschiedenis. Hun opvolgers waren bang erdoor opgevreten te worden. Zoals Paul K. Conkin zei, waren ze gezwicht voor het standpunt dat 'de intellectuele geschiedenis een roemrijk maar kort verleden heeft gehad, een benauwd heden doormaakt, en geen toekomst heeft'.[15]

Voor we dat idee op zijn geldigheid testen, zou gepoogd kunnen worden het te toetsen aan de wijze waarop de Amerikaanse historici zich na de Tweede Wereldoorlog als docenten én als wetenschappers in de praktijk hebben opgesteld. Het zou uiteraard zinloos zijn een exact omschreven gedragspatroon te willen vinden onder professoren, die immers eerder als eigenzinnig en verstrooid te boek staan dan als kuddedieren. Wel zouden er

universiteit	politieke geschiedenis	rechts-geschiedenis	internationale betrekkingen	intellectuele geschiedenis	cultuur-geschiedenis	economische geschiedenis	sociale geschiedenis	totale aanbod aan geschiedeniscolleges
HARVARD								
1948-49	2	2	4	5	0	1	3	82
1958-59	3	3	2	12	0	1	2	115
1968-69	4	3	7	14	0	3	4	131
1978-79	6	1	6	19	3	5	13	177
YALE								
1948-49	2	2	3	3	2	0	1	43
1958-59	2	0	4	4	2	0	2	67
1968-69	7	2	10	11	3	5	1	133
1978-79	4	1	8	12	2	2	13	133
PRINCETON								
1948-49	1	1	1	1	0	0	0	21
1958-59	0	1	3	1	0	2	1	27
1968-69	1	1	0	3	1	2	1	52
1978-79	1	1	1	5	2	2	6	62
INDIANA								
1948-49	1	1	2	1	0	0	0	41
1958-59	0	2	2	0	0	0	0	63
1968-69	0	4	7	4	0	3	6	135
1978-79	0	4	6	2	0	4	4	116

tabel 1 Aanbod van gespecialiseerde geschiedeniscursussen op acht Amerikaanse universiteiten, 1948-1978

universiteit	politieke geschiedenis	rechts-geschiedenis	internationale betrekkingen	intellectuele geschiedenis	cultuur-geschiedenis	economische geschiedenis	sociale geschiedenis	totale aanbod aan geschiedeniscolleges
MICHIGAN								
1948-49	0	4	3	3	0	4	0	82
1958-59	0	4	5	3	3	6	0	132
1968-69	0	4	5	14	1	7	9	200
1978-79	0	2	3	14	1	7	16	189
WISCONSIN								
1948-49	0	3	1	1	0	6	0	79
1958-59	0	2	2	2	0	8	1	107
1968-69	0	6	10	3	4	13	12	227
1978-79	0	1	5	4	7	4	13	186
BERKELEY								
1948-49	0	5	4	0	3	1	2	97
1958-59	0	4	6	5	3	0	7	130
1968-69	0	6	4	7	1	2	8	146
1978-79	0	0	4	11	0	4	13	148
STANFORD								
1948-49	0	1	5	4	1	0	1	86
1958-59	0	2	5	6	1	1	2	104
1968-69	0	0	7	9	2	1	5	108
1978-79	3	1	3	5	5	1	17	119

tabel 1 Aanbod van gespecialiseerde geschiedeniscursussen op acht Amerikaanse universiteiten, 1948-1978

vakgebieden	1948-49 aantal	procent	1958-59 aantal	procent	1968-69 aantal	procent	1978-79 aantal	procent
sociale geschiedenis								
m.b.t. immigratie-etniciteit	3	-	0	-	2	-	8	-
van de arbeid	1	-	1	-	0	-	6	-
zwarte	0	-	0	-	5	-	16	-
stedelijke	0	-	0	-	8	-	14	-
van de vrouw/het gezin	0	-	0	-	1	-	13	-
algemene	3	-	14	-	30	-	38	-
sociale geschiedenis totaal	7	1,3	15	2,0	46	4,1	95	8,4
politieke geschiedenis	6	1,1	5	0,7	12	1,1	14	1,2
rechtsgeschiedenis	19	3,6	18	2,4	26	2,3	11	1,0
internationale betrekkingen	23	4,3	29	3,9	50	4,4	36	3,2
intellectuele geschiedenis	18	3,4	33	4,4	65	5,7	72	6,4
cultuurgeschiedenis	6	1,1	9	1,2	12	1,1	20	1,8
economische geschiedenis	12	2,3	18	2,4	36	3,2	29	2,6
specialisaties totaal	91	17,1	127	17,0	247	21,9	277	24,6
andere geschiedenis	440	82,9	618	83,0	885	78,2	853	75,5
alle geschiedenis	531	100,0	745	100,0	1.132	100,1	1.130	100,1

tabel 2 Aanbod van gespecialiseerde geschiedeniscursussen op acht Amerikaanse universiteiten, per subgebied

op grond van drie bronnen, te weten overzichten van de cursusomschrijvingen in universitaire studiegidsen, samenvattingen van dissertaties, en vaktijdschriften, gebieden aangegeven kunnen worden waarop de historici het accent hebben gelegd.

Ook al kan men uit cursusomschrijvingen nooit de sfeer proeven van de hoorcolleges, de onderwerpen worden nauwkeurig genoeg aangegeven om de leergangen naar genre te kunnen classificeren. Wel is het zo dat de meeste cursussen verscheidene genres tegelijk bestrijken. Ze betreffen meestal een periode, niet een thema – eerder 'Amerikaanse geschiedenis, 1865-1945' dan 'Amerikaanse intellectuele geschiedenis na de Burgeroorlog' – zodat ze niet onder een enkele noemer geclassificeerd kunnen worden. Maar een aanzienlijke minderheid van de cursussen, van 17,2 procent in 1948 tot 24,6 procent in 1978, kan zonder meer gerubriceerd worden in een van de zeven categorieën uit tabel 1 en 2. Deze cursussen geven een redelijk nauwkeurige indicatie voor de accentverschuivingen tussen de verschillende soorten geschiedenis die men de Amerikaanse studenten onderwees. Tabel 1 laat met intervallen van tien jaar tussen 1948 en 1978 hun onderlinge verhoudingen zien op acht belangrijke universiteiten. Tabel 2 geeft aan hoe ze zich daar in diezelfde jaren verhouden tot het lesprogramma als geheel.

Het beeld varieert enigszins van universiteit tot universiteit. Wisconsin ontwikkelde zich in de jaren veertig sterk in economische geschiedenis, terwijl Harvard een krachtig bolwerk werd van de intellectuele geschiedenis. Overal viel echter een algemene tendens waar te nemen. De acht universiteiten boden in het studiejaar 1948-1949 achttien cursussen (3,4 procent van het totale geschiedenisaanbod) die speciaal waren gewijd aan de intellectuele geschiedenis, in 1978-1979 waren dat er tweeënzeventig (6,4 procent). Het is dus niet zo dat de intellectuele geschiedenis plotseling vanuit het niets is ontstaan, en evenmin is er sprake van een terugval door de sterke opkomst van de sociale geschiedenis. Het is ontegenzeglijk zo dat de sociale geschiedenis in de jaren zeventig een enorme opkomst heeft beleefd. Van een verwaarloosbare positie in de jaren veertig (zeven cursussen, 1,3 procent van het totaal) is ze uitgegroeid tot de belangrijkste specialisatie in 1978-1979 (vijfennegentig cursussen, 8,4 procent van het totaal). Ze omvatte echter zoveel subspecialisaties – de geschiedenis van de stad, van de zwarte, van de arbeider, van de vrouw – dat de reeds bestaande tendens tot groei en fragmentatie van het lesprogramma nog werd versterkt. De groei vond vooral plaats in de jaren zestig, toen universiteiten als Yale en Indiana hun aanbod aan geschiedeniscursussen verdubbelden. Veel faculteiten splitsten hun overzichts- en algemene lesprogramma's op, verlaagden hun eisen en moedigden de staf aan onderwijs en onderzoek beter op elkaar af te stemmen. Het onderwijsdieet werd verrijkt, maar het was onderwijs à la carte, en het moet voor de onervaren student die uit de verbijsterend uitgebreide studiegids zijn programma moest kiezen niet makkelijk te verteren zijn geweest. (Zo bood Wisconsin in 1968 227 verschillende geschiedeniscursussen, terwijl Princeton er in 1948 21 had geboden.) Op deze manier werd het mogelijk dat een student na verloop van tijd iets wist van de opkomst van het zwarte getto in Detroit maar niets van de ondergang van het Romeinse Rijk.

De intellectuele geschiedenis lijkt immuun te zijn geweest voor de tendens tot fragmentatie, en in de jaren zeventig, toen er een eind kwam aan de groei, wist ze zich uitstekend te handhaven. De meeste intellectueel-historici bleven overzichtscolleges geven. Of ze plaats maakten voor bepaalde elementen uit de sociale geschiedenis door hoorcolleges te herschrijven en hun literatuurlijsten aan te passen, kan men zonder nader onderzoek niet zeggen, maar het lijkt onwaarschijnlijk dat veel van hen grote hoeveelheden collegeaantekeningen in de prullenbak hebben gegooid. Een aantal van hen werkt zelfs jaar in jaar uit met dezelfde examenvragen. ('Al verander je de vragen, de antwoorden blijven hetzelfde,' luidt een professorengezegde). Veranderingen in het onderwijs lijken niet erg snel te gaan.[16]

De ontwikkelingen gaan sneller in het onderzoek, waar de sociale geschiedenis inderdaad terreinwinst heeft geboekt op de intellectuele geschiedenis. Uit tabel 3 blijkt dat het percentage dissertaties in de sociale geschiedenis tussen 1958 en 1978 is verviervoudigd, terwijl er bij de intellectuele geschiedenis een lichte daling in dat aantal heeft plaatsgevonden. In 1978 werden er driemaal zoveel sociaal-historische dissertaties voltooid als intellectueel-historische. De sociale heeft zelfs de politieke geschiedenis van de eerste plaats als meest belangrijke onderzoeksterrein verdrongen. De politieke geschiedenis is in de jaren zestig en zeventig trouwens aanzienlijk teruggelopen – een indicatie dat de evenementiële geschiedenis steeds minder populair wordt bij wetenschappers, ook al blijft ze bij het onderwijs belangrijk. Bovendien zal die trend zich als gevolg van de studieduur waarschijnlijk straks versneld voortzetten. De meeste afgestudeerden die in 1978 hun dissertatie voltooiden, hadden hun specialisatie vijf tot tien jaar eerder gekozen, toen de sociale geschiedenis nog steeds razendsnel aan populariteit won. De mensen die aan het eind van de jaren zeventig, toen de sociale geschiedenis haar top had bereikt, hun onderwerpen kozen, zullen hun dissertaties in de jaren tachtig voltooien en daarmee de trend verder tot uitdrukking brengen. Hun kansen om ook de komende generaties te beïnvloeden zullen echter niet zo groot zijn omdat veel van hen geen onderwijsbaan zullen kunnen vinden. De tabellen 2 en 3 bevestigen de algemene indruk dat er bij het universitair onderwijs sprake is van een ernstige kloof tussen vraag en aanbod. Het aantal

vakgebieden	1958 [12 maanden]		1968 [6 maanden]		1978 [6 maanden]	
	aantal	procent	aantal	procent	aantal	procent
sociale geschiedenis						
m.b.t. immigratie-etniciteit	3	1,5	7	1,9	12	2,8
van de arbeid	1	0,4	7	1,9	13	3,0
zwarte	2	1,0	8	2,1	21	4,9
stedelijke	1	0,4	2	0,5	12	2,8
van de vrouw/het gezin	2	1,0	4	1,1	14	3,2
algemene	5	2,5	11	2,9	45	10,4
sociale geschiedenis totaal	14	6,8	39	10,4	117	27,1
politieke geschiedenis	69	34,3	126	33,4	102	23,7
rechtsgeschiedenis	3	1,5	2	0,5	1	-
internationale betrekkingen	21	10,5	48	12,7	40	9,3
intellectuele geschiedenis	21	10,5	36	9,5	38	8,8
cultuurgeschiedenis	5	2,5	12	3,2	25	5,8
economische geschiedenis	15	7,5	18	4,8	15	3,5
specialisaties totaal	148	73,6	281	74,5	338	78,2
andere geschiedenis	53	26,4	96	25,5	93	21,6
geschiedenis totaal	201	100,0	377	100,0	431	99,8

tabel 3 Voltooide proefschriften in de geschiedenis, per subterrein, 1958-78

	1946-48					1956-58					1966-68					1976-78				
subterrein	JMH	JAH	AHR	aantal	procent	JMH	JAH	AHR	aantal	procent	JMH	JAH	AHR	aantal	procent	JMH	JAH	AHR	aantal	procent
politieke geschiedenis	12	13	10	35	31,8	24	20	8	52	38,2	20	26	19	65	35,9	36	10	13	59	32,6
internationale betrekkingen	13	5	6	24	21,8	12	11	4	27	19,9	14	6	4	24	13,3	16	6	3	25	13,8
intellectuele geschiedenis	2	1	4	7	6,4	1	6	6	13	9,6	6	7	6	19	10,5	6	3	10	19	10,5
cultuurgeschiedenis	2	2	2	6	5,4	0	2	1	3	2,2	3	2	3	8	4,4	4	3	3	10	5,5
sociale geschiedenis	0	4	7	11	10,0	0	5	8	13	9,6	1	10	4	15	8,3	14	16	3	33	18,3
economische geschiedenis	3	4	0	7	6,4	1	2	1	4	2,9	0	9	5	8	4,4	1	3	2	6	3,3
overige	3	10	7	20	18,2	5	11	8	24	17,6	6	20	16	42	23,2	10	9	10	29	16,0
totaal	35	39	36	110	100,0	43	57	36	136	100,0	50	74	57	181	100,0	87	50	44	181	100,0

tabel 4 Geschiedenisartikelen in drie wetenschappelijke tijdschriften per subterrein, 1946-78

geschiedeniscursussen is tussen 1968 en 1978 licht teruggelopen, maar het aantal dissertaties is gestegen, en heeft zich sinds 1958 verviervoudigd.[17]

Om onder de oudere historici de stromingen te peilen, kan men steekproeven nemen uit drie van de breedst georiënteerde en meest gezaghebbende vaktijdschriften, de *American Historical Review*, het *Journal of Modern History* en het *Journal of American History*. Tabel 4 laat een constant grote aandacht zien voor de politieke geschiedenis, die van 1946 tot 1978 een derde van alle artikelen voor haar rekening nam. Er verschenen steeds minder artikelen over internationale betrekkingen, maar samen met artikelen over politiek hebben ze steeds de helft van de inhoud van de tijdschriften uitgemaakt. Terwijl de historici in Europa de *histoire événémentielle* ten grave droegen, bleef ze het in de Verenigde Staten goed doen. De intellectuele geschiedenis bleef floreren – verbazingwekkend stabiel in feite, vanaf 1940 op een niveau van een tiende van alle historisch wetenschappelijke publikaties. En de sociale geschiedenis maakte een groei door, echter alleen gedurende de laatste tien jaar.[18]

Vergelijking van de gegevens uit alle drie de bronnen (figuur 1) geeft de

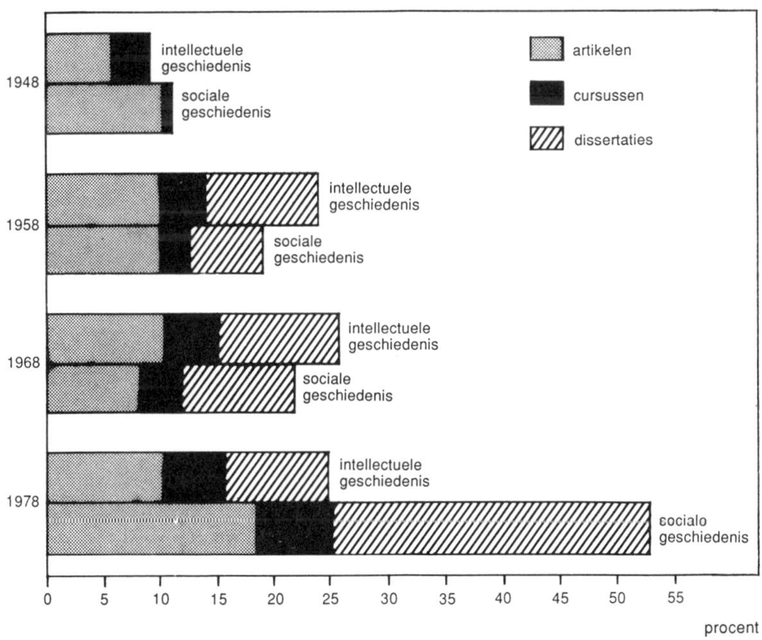

Figuur 1 Artikelen, cursussen en dissertaties m.b.t. intellectuele en sociale geschiedenis als percentages van alle geschiedenisartikelen en dissertaties, 1948-78

manier aan waarop de trends zich door het vakgebied als geheel bewegen. Hoe ze ontstaan blijft een raadsel. Maar als ze er eenmaal zijn, worden ze eerst opgepikt door studenten, vervolgens beginnen ze deel uit maken van de lesprogramma's en uiteindelijk belanden ze in de traditionele en gezaghebbende vakbladen, na eerst de specialistische en avant-garde tijdschriften te hebben veroverd. Onderzoek bepaalt het onderwijs, tenminste onder de jongere historici. De ouderen lijken het soort geschiedenis trouw te blijven dat ze zelf als student hebben geleerd, misschien omdat ze minder open staan voor vernieuwingen of er minder behoefte aan hebben. In ieder geval lijkt het vak opvallend conservatief. Alle drie de bronnen laten hetzelfde veranderingspatroon zien, maar de veranderingen zijn minimaal. Het enige wetenschapsgebied dat na de Tweede Wereldoorlog een dramatische verandering heeft doorgemaakt is de sociale geschiedenis. De intellectuele geschiedenis heeft in feite nauwelijks aan belang ingeboet – alle klaagzangen van haar beoefenaars ten spijt.

Mag men dan concluderen dat de statistieken illusoire voorstellingen op grote schaal onthullen in het bewustzijn van mensen die zich speciaal op de studie van het bewustzijn toeleggen? Niet helemaal, want het belang van de intellectuele geschiedenis is in verhouding tot de sociale geschiedenis afgenomen, en hoewel de intellectueel-historici nog even actief zijn als altijd, heeft een aantal van hen wellicht een juiste intuïtieve kijk, het gevoel dat de beweging in kracht afneemt, dat de vernieuwingen elders plaatsvinden. Ze zouden de onderhavige beschrijving van hun situatie zelfs kunnen opvatten als een symptoom van de ernst ervan. Wat een schande om het onderzoek naar ideeën te analyseren aan de hand van statistieken en grafieken! De hele onderneming riekt naar de kwantificatie van de cultuur, naar de verschijning van de sociale wetenschappen op plaatsen waar ze niets hebben te zoeken, naar de poging het leven te reduceren tot de geest van de kennissociologie. Dan kun je maar beter gelatinepudding aan de muur blijven spijkeren.

Op dit punt verdient het misschien aanbeveling een subjectievere evaluatie te geven van de tendensen in het wetenschapsgebied als geheel. Helaas is de intellectuele geschiedenis echter geen geheel. Er is geen sprake van een enkele *problématique*. Haar beoefenaren hebben niet het gevoel een gemeenschappelijke thematiek, methode, en conceptuele strategie te delen. Enerzijds analyseren ze systemen van filosofen, anderzijds onderzoeken ze rituelen van analfabeten. Maar hun perspectieven kunnen geclassificeerd worden van 'hoog' naar 'laag', en men kan zich een verticaal spectrum voorstellen waarin de onderwerpen in elkaar overlopen en vier hoofdcategorieën te onderscheiden zijn: de geschiedenis van het denken (het onderzoek naar systematisch denken, doorgaans in filosofische verhandelingen), de echte intellectuele geschiedenis (onderzoek van het informele denken, trends in opvattingen en literaire bewegingen), de sociale ideeëngeschiedenis (onderzoek naar ideologieën en de verspreiding van ideeën) en cultuurhistorie (cultuuronderzoek in antropologische zin, dat ook wereldbeelden en collectieve *mentalités* omvat).[19]

Ongetwijfeld zullen de hoogste ideeënniveaus wetenschappers blijven aantrekken zolang er ook maar iemand is die het als een uitdaging voelt op te klimmen tot de gedachtenwereld van grote denkers als Augustinus en Einstein. Maar sinds de Tweede Wereldoorlog vertonen filosofen en literatuurwetenschappers de neiging de historische studie van meesterwerken te verwaarlozen, en geven ze er de voorkeur aan de linguïstische dimensies van betekenis en de structurele inhoud van teksten te onderzoeken. Een groot deel van de filosofische geschiedenis en de literatuurgeschiedenis wordt op de universiteiten aan historici overgelaten, en dit heeft onmiskenbaar een stempel gedrukt op hun wetenschappelijke werk. Ze zijn die aangrenzende terreinen niet als buitenstaanders gaan onderzoeken, maar hebben geprobeerd ze van binnenuit te begrijpen. Carl Schorske bijvoorbeeld heeft een 'internalistische' visie ontwikkeld op de filosofie, literatuur, kunst, muziek en psychologie van het late negentiende-eeuwse Wenen.[20] Andere historici hebben zich beperkt tot een discipline die ze over een langere periode gevolgd hebben. Maar evenals Schorske hebben ze geprobeerd de intellectuele kwaliteiten van hun onderwerpen naar buiten te brengen en de middelmatigheid van eerdere vormen van interdisciplinair onderzoek te vermijden. Morton White, Bruce Kuklick en Murray Murphy hebben de geschiedenis van de Amerikaanse filosofie bestudeerd zowel vanuit het perspectief van filosofen als van historici.[21] Edmund Morgan, Alan Heimert, Sacvan Bercovitch en David Hall hebben het onderzoek naar het puritanisme zelfs verder doorgevoerd vanaf het punt waar Perry Miller was aanbeland.[22] En de interne wetenschapsgeschiedenis is in veel verschillende richtingen verder ontwikkeld dan ooit.

Na ieder nieuw zijpad zijn de historische subterreinen strikter afgebakend maar tegelijkertijd specialistischer en ontoegankelijker geworden – een kennelijk onvermijdelijke ontwikkeling, omdat historici zich moeten specialiseren om bij te blijven met de specialisatie in de groeiende kennis. Er heeft zich echter een tegengestelde tendens ontwikkeld, die erop zou kunnen duiden dat de sociale geschiedenis effect heeft gehad op het hogere niveau van de intellectuele geschiedenis. In zijn uiterst formele behandeling van de opkomst van het pragmatisme heeft Kuklick bijvoorbeeld laten zien hoe de filosofie ingebed is geraakt in de structuur van de moderne universiteit, waarbij hij zich baseert op Laurence Veyseys sociologische onderzoek naar de universiteit als instelling.[23] William Hutchinson, die de ontwikkeling van 'modernistische' ideeën binnen de protestantse theologie heeft getraceerd, probeert zowel hun verspreiding als hun filosofische implicaties en uitdieping weer te geven.[24] Bruce Frier heeft laten zien dat de abstracties van het Romeinse recht veel te maken hadden met de onroerend-goedmarkt in het oude Rome.[25] En verscheidene wetenschapshistorici, met name Roger Hahn en Charles Rosenberg, hebben het belang aangetoond van belangengroeperingen en instituties bij de ontwikkeling van wetenschappelijke theorieën.[26] De wetenschapsgeschiedenis kan een strategisch gebied blijken te zijn waar men de interactie van de sociale en de ideeëngeschiedenis kan onderzoeken, omdat het een terrein is waar de spanning tussen interne en externe benaderingen van het formele denken het duidelijkst naar voren is gebracht. Deze tweedeling zal voor sommige specialisten onwerkelijk lijken, en in Thomas Kuhns onderscheid tussen normale en revolutionaire fasen in de ontwikkeling van de wetenschap is kennelijk inderdaad plaats voor beide benaderingen. Maar sinds de eerste publikatie van *The Structure of Scientific Revolutions* (1962) heeft Kuhn zich ontwikkeld in de 'internalistische' richting, en heeft hij zijn opvatting van het paradigma of theoretisch model enigszins bijgesteld, zodat normatieve begrippen meer, en sociologische begrippen minder ruimte kregen.[27] Tegelijkertijd hebben 'externalisten' aangetoond hoe de cultuur en de politiek van het vroeg-moderne Engeland en Weimar-Duitsland de ontwikkeling hebben beïnvloed van het newtonisme en de quantumfysica.[28] Deze twee tendensen zouden de wetenschapsgeschiedenis in tweeën kunnen splijten, waarbij de ene helft bij de sociologie en filosofie zou kunnen belanden, en de andere helft bij de natuurwetenschappen. Het lijkt echter waarschijnlijker dat de spanning creatief zal blijven en dat zelfs de meest obscure wetenschappelijke activiteit geïnterpreteerd zal worden binnen een culturele context.[29]

Contextualisatie heeft als sterkste kenmerk van de ideeëngeschiedenis de laatste tien jaar een enorme vooruitgang geboekt, namelijk in de vorm van de geschiedenis van het politieke denken. In een serie programmatische artikelen, gevolgd door een aantal belangrijke boeken, hebben Quentin Skinner, John Dunn en John Pocock gesteld dat men de betekenis van een politieke verhandeling alleen kan vatten door het politieke idioom van de tijd waarin de verhandeling werd geschreven te herscheppen. Ze verleggen de nadruk van tekst naar context, echter niet om door een achterdeurtje een reductionistische visie binnen te halen in de trant van Marx of Namier. Integendeel, ze hechten grote waarde aan de autonomie van het denken, maken daartoe gebruik van de analytische filosofie, en behandelen gedachten als 'verklaringen' of 'spreekdaden' die bepaalde betekenissen dragen. Betekenis is voor hen tijd- en taalgebonden, en kan daarom niet liggen in de *unit-ideas* van Lovejoy, die door de eeuwen heen opdoken in de geesten van individuen. Betekenis kan evenmin worden begrepen door de werken van de grote politieke theoretici te lezen alsof ze rechtstreeks tot ons spreken. De moderne filosofie heeft de historicus bevrijd, zodat hij te werk kan gaan volgens een historische strategie, en het verleden weer ten tonele kan voeren door het denken te revalueren op de manier die Collingwood heeft aangegeven. Gewapend met deze strategie hebben Skinner, Dunn en Pocock de anachronismen weggekapt die in de literatuur waren ontstaan rond grote figuren als Machiavelli, Hobbes en Locke. Ze hebben nieuwe wegen gebaand door de geschiedenis van het politieke denken van de dertiende tot de negentiende eeuw. Door zich bezig te houden met het denken op het hoogste niveau, hebben ze de sociale ideeëngeschiedenis een nieuwe impuls gegeven, juist op dat kritieke punt waar ideeën overgaan in ideologieën.[30]

De aandacht voor de specifieke context heeft ook veel van het recente werk op het tussenniveau van de intellectuele geschiedenis gedomineerd. De grootse en indrukwekkende schildering van de tijdgeest en de meeslepende verhandeling over de geest van een natie lijken uitstervende genres, ondanks de bezielde pogingen van Ira Wade, Peter Gay en Rush Welter.[31] Vooral bij *American studies* is men van de holistische visie op de wereld van het denken overgeschakeld op een institutionele visie. Wat in de jaren vijftig doorging voor De Volksaard zien veel jongere historici nu als de cultuur van de blanke middenklasse. Ze zien kennis als macht, als de ideologische verschansing van specifieke maatschappelijke groeperingen, en hebben zich daarom toegelegd op de intellectuele geschiedenis van de hogere beroepen, de beoefenaars daarvan en de professionalisering – een proces dat nu zo alomtegenwoordig lijkt dat het als historisch thema een goede tweede is, na 'de opkomst van de middenklasse'.[32] De beroepsbeoefening waar de Europeanisten zich bij voorkeur op richten is kennelijk de geschiedenis. Die keuze is wellicht enigszins bevooroordeeld, maar heeft geresulteerd in een aantal uitstekende intellectuele biografieën, met name John Clives *Macaulay* en Leonard Kriegers *Ranke*. En in het werk van Hayden White, Nancy Struever, Maurice Mandelbaum, Donald Kelley en Lionel Gossman is de geschiedenis van de geschiedenis ontstegen aan de oudere historiografische beperkingen en is er sprake van een nieuwe verfrissende aanpak die rekening houdt met het bewustzijn van de tijd en de linguïstische dimensie van het denken uit het verleden.[33] De Europeanisten lijken gevoeliger voor Europese filosofische stromingen – de analytische filosofie in Engeland, het poststructuralistische denken in Frankrijk – terwijl de Amerikanisten voornamelijk reageren op de

Amerikaanse stroming in de kennissociologie en de antropologie.[34]

Het kan echter misleidend zijn een te scherp onderscheid te maken tussen de Europese en Amerikaanse takken van de intellectuele geschiedenis. Wat ze kan samenbrengen en ook de continuïteit laat zien tussen de oude en de nieuwe generatie intellectueel-historici is de richting die zich vooral bezighoudt met het maatschappelijke denken. Het werk van Martin Jay en Stuart Hughes, David Hollinger en Morton White, Jonathan Beecher en Frank Manuel richt zich op de maatschappelijke dimensies van het denken aan beide zijden van de Atlantische Oceaan en aan beide zijden van de zogenaamde generatiekloof.[35] Deze nadruk op maatschappelijke denkers treft men ook aan bij de intellectuele biografie, een genre dat in de Verenigde Staten, in tegenstelling tot Europa, en met name Frankrijk, groot succes heeft. Wat biografie in de *Annales*-school zo weinig populair maakt – de nadruk op individuen en gebeurtenissen in plaats van op lange-termijnverschuivingen in structuren – maakt haar juist zo aantrekkelijk voor de Amerikanen, die gebrand zijn op het specifieke en de verbanden tussen sociale theorie en institutionele setting. Zo heeft Dorothy Ross de geschiedenis van de psychologie bekeken vanuit het perspectief van het leven van G. Stanley Hall; Barry Karl en John Diggins hebben de politieke wetenschap en de sociologie volwassen zien worden aan de hand van het leven van Charles Merriam en Thorstein Veblen; en Peter Paret en Keith Baker hebben een algemene sociaal-politieke wetenschap vorm zien krijgen via de biografieën van Clausewitz en Condorcet.[36] Van Durkheim zijn in 1972 drie biografieën verschenen; in 1975 en 1976 zijn twee werken uitgekomen over Vico; in 1978 en 1979 zijn minstens twaalf studies over Marx gepubliceerd; de tweehonderdste sterfdag van Voltaire en Rousseau in 1978 heeft naast de al bestaande gigantische hoeveelheid werken zo'n enorme stroom boeken en artikelen veroorzaakt, dat alle literatuur over beide filosofen nauwelijks nog door een enkele wetenschapper kan worden gelezen, vooral niet als hij ook nog hun eigen werken wil doorgronden, die momenteel worden uitgebracht in de voortreffelijke editie van respectievelijk Theodore Besterman en R.A. Leigh.[37] Wie zich specialiseert in de Verlichting kan niet om Arthur Wilsons *Diderot* heen of Robert Shackletons *Montesquieu*.[38] En als hij de transatlantische dimensie van de republiek der letteren moet bestuderen, moet hij de kolossale edities van Jefferson, Adams en de andere *Founding Fathers* doorploegen. De grote wetenschappelijke edities uit de jaren zestig en zeventig scheppen nieuwe mogelijkheden voor de intellectueel-historicus, als ze hem tenminste niet overweldigen.

Zoekt hij zijn heil bij het lagere niveau dat nu bekend raakt als de sociale ideeëngeschiedenis, dan krijgt hij het niet minder moeilijk wat het documentaire gewicht van het verleden betreft, want in dat geval moet hij behalve de werken van grote schrijvers ook hun verspreiding bestuderen. Bovendien zal hij aandacht moeten schenken aan de produktie en verspreiding van de minder grote literatuur. Sociale ideeënhistorici proberen het denken te volgen door de hele structuur van de maatschappij heen. Ze willen de mentale wereld van zowel de gewone mensen als de filosofen binnendringen, maar blijven stuklopen op de eindeloze stilte die het grootste deel van het menselijk denken heeft verzwolgen. Het gedrukte woord vormt echter een spoortje door die leegte, want door dat te volgen kan de historicus zich enigszins een beeld vormen van de doorleefde literatuurervaring – tenminste onder de mensen die konden lezen, en na de uitvinding van het drukken met losse letters. Men heeft dit pad het verst weten te volgen in Engeland en Frankrijk, waar de *histoire du livre* is uitgegroeid tot een subdiscipline met een duidelijk eigen karakter. Maar ook Amerikanen lijken een toenemende belangstelling te tonen voor de geschiedenis van het lezen en schrijven, de populaire literatuur, het uitgeversvak en de journalistiek.[39]

Via zijn studie van de populaire op pamfletten verschijnende literatuur heeft Bernard Bailyn de geschiedenis van de Amerikaanse Revolutie nieuw leven ingeblazen.[40] Hij heeft laten zien dat de visie die de gewone burgers hadden op de gebeurtenissen even belangrijk was als de gebeurtenissen zelf – dat de Amerikanen de daden van George III en zijn ministers waarnamen door een compacte politieke structuur, die ze geërfd hadden van hun zeventiende-eeuwse voorouders, en die in de hele achttiende eeuw een stempel bleef drukken op hun gedrag. Het werk van Pocock, Skinner en Dunn heeft laten zien dat deze cultuur teruggevoerd kon worden op de renaissance, als men haar tenminste zag als het voortborduren op een bepaald idioom en niet als een grote keten van ideeën. Het ontstaan van dit proces is duidelijk gemaakt in het werk van de renaissancespecialisten – met name Hans Baron, Felix Gilbert, William Bouwsma, Gene Brucker, Marvin Becker, Eric Cochrane en Donald Weinstein – die hebben laten zien hoe het humanisme onder de burgers ontluikte, bloeide, en verwelkte tijdens de stormachtige geschiedenis van Florence en Venetië. De ideologische stroom vloeide van Italië naar Engeland, waar hij werd getransformeerd tijdens de Reformatie en gekleurd door de instellingen van het land. Ondanks de verrassingsaanvallen van de aanhangers van Namier en onderling geruzie, zijn de Engelse historici, van Christopher Hill tot J.H. Hexter, Lawrence Stone, J.H. Plumb, E.P. Thompson en John Brewer, het erover eens dat ideologie in het Engeland van de zeventiende en achttiende eeuw een centrale plaats innam. Op dat punt konden Amerikaanse historici – Edmund Morgan, Jack Greene, Gordon Wood en Eric Foner evenzeer als Bernard Bailyn – dit ideologische thema oppakken, er nog een aantal beslissende wendingen aan geven, en aantonen hoe het het karakter van hun nieuwe republiek heeft bepaald. Tijdens elk stadium in de ontwikkeling van deze rijke historiografische traditie hebben de historici veel aandacht besteed aan de manier waarop de politieke dialoog lag ingebed in het openbare leven. In plaats van echter het denken te behandelen als een bijverschijnsel van de maatschappelijke organisatie, probeerden ze aan te tonen hoe het denken de ervaring structureerde en betekenis overbracht aan de gewone burgerij. In plaats van een moeilijk te vatten collectieve geest proberen te karakteriseren, hebben ze geprobeerd een politieke taal te herscheppen. En in plaats van hun eigen categorieën aan die taal op te leggen, hebben ze deze voor zichzelf laten spreken. Zo hebben ze, enerzijds reductionisme en anderzijds anachronisme vermijdend, aangetoond dat het onderzoek van de ideologie kan dienen als proefterrein voor problemen en methoden binnen de sociale ideeëngeschiedenis als geheel.[41]

Gaat men over naar de cultuurgeschiedenis, dan beweegt men zich onder het niveau van geletterdheid naar een terrein waar geschiedenis en antropologie elkaar ontmoeten. Die ontmoetingen vinden meestal plaats als beide disciplines samenkomen bij onderwerpen die men grofweg met volkscultuur kan aanduiden. Historici lijken geen moeite te hebben met die term. Uitzonderingen als Hayden White daargelaten, vragen ze zich niet af of de term wel een coherent onderzoeksterrein aanduidt, en zijn ze zoals het uitkwam van onderwerp naar onderwerp gehold.[42] Het enthousiasme is het grootst geweest op conferenties over Franse geschiedenis, waar de Amerikanen en de Fransen hand in hand een vrolijke rondedans van verslagen over carnavals en charivari uitvoerden.[43] Op zijn best – in het werk van Natalie Davis, Robert Mandrou, Marc Soriano en Carlo Ginzburg bijvoorbeeld – heeft deze bruisende aanpak enig opvallend origineel onderzoek opgeleverd.[44] Op zijn slechtst is het onbeduidend en modieus. Hoe modieus ook, de geschiedenis van de volkscultuur is zeker niet nieuw. E.K. Chambers heeft aan het begin van deze eeuw laten zien hoe belangrijk deze was, en lange tijd daarvoor had Burckhardt de volkscultuur al een centrale plaats gegeven in zijn panorama van de renaissancecultuur. Hoe complex en diepgaand de literatuur over dit onderwerp is, blijkt nog eens duidelijk uit het recente overzicht van Peter Burke.[45]

Het enthousiasme voor volkscultuur is symptomatisch voor een verschuiving binnen de sociale geschiedenis zelf. De koplopers op dit terrein, historici als Emmanuel Le Roy Ladurie en Lawrence Stone, die hun vroegere werken volstopten met grafieken, demografische statistieken en kwantitatieve modellen van sociale structuren, zijn zich in hun latere werken uitsluitend op kwalitatieve bewijzen gaan verlaten, waarbij ze aanhalingen uit de literatuur van antropologisch commentaar voorzagen.[46] Een van de meest gezaghebbende antropologisch georiënteerde boeken van de afgelopen tien jaar, Keith Thomas' *Religion and the Decline of Magic*, werd bekritiseerd omdat het niet antropologisch genoeg was – niet alleen door antropologen maar ook (tenminste op impliciete wijze) door Thomas' vakgenoot E.P. Thompson, eveneens sociaal-historicus.[47] Thompson zelf vormt onder de sociaal-historici de belichaming van de hang naar cultuurhistorie en een antropologische wijze van interpreteren. Na zijn poging de ontwikkeling van het arbeidersbewustzijn te vangen in de categorieën van het orthodoxe marxisme, is hij verder teruggegaan in de geschiedenis, naar het pre-industriële tijdperk, waarbij hij nog dieper is ingegaan op de volkscultuur.[48] Maar waar zal al dat werk over meibomen, magie, ketelmuziek, vrouwenverkoop, effigieverbrandingen en openbare terechtstellingen toe leiden?

De meest gangbare manier om het allemaal bij elkaar te krijgen is het te vangen onder de noemer *mentalité*, een handige term die in Frankrijk veel furore heeft gemaakt en vervolgens in het Engels en Duits ingeburgerd is geraakt. Ondanks een stroom prolegomena en verhandelingen over de methode hebben de Fransen echter geen coherente conceptie van *mentalités* als onderzoeksterrein ontwikkeld. Ze neigen ertoe de term te beladen met begrippen als *représentations collectives*, ontleend aan Durkheim, en de *outillage mental* die Lucien Febvre heeft opgepikt uit de eigentijdse psychologie.[49] Of *mentalité* die last zal kunnen dragen valt nog te bezien. Het zal Amerikanisatie waarschijnlijk niet beter verdragen dan het begrip *Weltanschauung* indertijd. De eerste pogingen om het te domesticeren lijken erop te wijzen dat het ten onder zal gaan in discussies over algemene attituden.[50]

Als dat inderdaad zo is, zijn de Amerikaanse historici misschien niet veel verder gekomen dan een stadium van verwarrend enthousiasme voor het onderzoek naar de toepassing van symbolen onder de 'analfabeten, prealfabeten en semi-alfabeten', die zich via hun eigen cultuurvormen uitstekend weten uit te drukken. Om bewijzen over die cultuurvormen te vinden, heeft men allerlei moeilijke bronnen doorgeworsteld, en deze empirische aanpak heeft zeker enige vooruitgang opgeleverd. Het rijkste materiaal is blootgelegd op het terrein van de zwarte geschiedenis. Peter Wood heeft antropologische methoden gebruikt om de aard van de taal en de arbeid te onderzoeken onder de slaven in South Carolina. Lawrence Levine heeft zich gebaseerd op de folklore om te laten zien hoe zwarten tegenslag het hoofd bieden met taal en humor. En Eugene Genovese heeft de slavengodsdienst weer tot leven gebracht in een overtuigende interpretatie van de slavernij als sociaal-cultureel systeem.[51] Historici die zich bezighouden met arbeid, religie en het gezin hebben soortgelijke onderzoeksrichtingen ontwikkeld door de sociale en culturele geschiedenis met elkaar te verbinden.[52] Bij Derde-Wereldstudies is die verbinding al lang geleden tot stand gekomen. Daar hebben de historici zoveel mogelijk moeten opsteken van antropologen, die vaak diachronisch werken.[53] In hun onderzoek naar de Amerikaanse Indianen zijn de antropologen in feite historischer te werk gegaan dan de historici zelf. Die leden namelijk aan zo'n etnocentrische obsessie voor de zware schuld van de blanke, dat ze de ogen sloten voor de grote rol van oorlogvoeren en onderhandelen bij de Indiaanse stammen onderling in de achttiende en negentiende eeuw.[54]

De verbinding tussen geschiedenis en antropologie is beide disciplines ten goede gekomen, aangezien ze complementaire wegen bewandelen naar hetzelfde doel: de interpretatie van cultuur. Bovendien biedt de antropologie de historicus iets dat bij het *mentalité*-onderzoek ontbrak: een coherente cultuuropvatting, door Clifford Geertz gedefinieerd als 'een door de geschiedenis heen doorgegeven patroon van betekenissen die belichaamd worden door symbolen'.[55] Het zou natuurlijk niet zo moeilijk zijn afwijkende definities op te snorren in de antropologische literatuur. Antropologen zijn het net zo vaak oneens met elkaar als wie dan ook. Maar ze delen dezelfde strategieën ten aanzien van de cultuurinterpretatie. Ze kunnen de historicus helpen diens eigen strategieën opnieuw te formuleren, en hem op weg helpen bij het ontdekken van betekenispatronen.

De aandacht voor betekenis treft men aan in alle varianten van de intellectuele geschiedenis, van 'hoog' tot 'laag'. Hetgeen erop lijkt te wijzen dat deze stuk voor stuk vernieuwingen ondergaan die men niet in de statistieken kan terugvinden of kan horen in de alarmkreten van wie de traditionele manier prefereren. Het zou uiteraard simplistisch zijn het vak in te delen in vernieuwers en traditionelen of optimisten en pessimisten. Het zou ook onzin zijn te ontkennen dat een aantal traditionele soorten intellectuele geschiedenis in de jaren zeventig te lijden hebben gehad. De historici uit de jaren negentig zullen waarschijnlijk niet veel verhandelingen produceren over een bepaalde tijdgeest, de geest van een natie, of grote ketens van ideeën die door de geschiedenis gaan. Er schijnt enige beweging plaats te vinden van de 'hogere' naar de 'lagere' delen van het spectrum. Maar de intellectueel-historici hoeven niet bang te zijn in de opkomende vloed van de sociale geschiedenis te verdrinken. Ze zullen zich soms misschien niet zo lekker voelen, maar uiteindelijk zeebenen krijgen; er waait een frisse wind in hun zeilen en ze gaan nieuwe richtingen uit.

Noot bij tabellen en figuur

Elk van de bronnen die voor deze tabellen zijn gebruikt heeft zijn voor- en nadelen. Studiegidsen geven vaak een vrij uitvoerige omschrijving van de desbetreffende cursus, en als men ervan uitgaat dat de omschrijving vrij nauwkeurig overeenkomt met de praktijk, geven ze waarschijnlijk een bruikbare indicatie van het relatieve aandeel van de verschillende geschiedenisgenres. De meeste leergangen beperken zich echter niet tot een bepaald genre maar houden zich bezig met een bepaalde periode. Alleen via zeer gedetailleerd onderzoek zou men erachter kunnen komen of binnen dergelijke cursussen in de loop van de tijd de accenten anders zijn komen te liggen. Zulke accentverschuivingen zouden wel duidelijk aangegeven moeten zijn bij de minderheid van de cursussen (ongeveer 25 procent) die aan gespecialiseerde genres zijn gewijd. De statistische basis is breed, en was nog breder geweest als ik nog completere jaargangen studiegidsen had kunnen vinden. De statistieken op basis van de gidsen van de universtiteiten van Columbia, Chicago en California in Los Angeles zijn onvolledig. Ze vertoonden weliswaar hetzelfde patroon als de overige universiteiten, maar er waren te veel hiaten om ze in tabel 10.1 en 10.2 te kunnen opnemen. In de statistieken zijn ook *graduate*-cursussen opgenomen waar *undergraduates* aan deel kunnen nemen – de '400-level courses' van Harvard bijvoorbeeld; seminars die uitsluitend voor *graduate*-studenten zijn bedoeld en apart als zodanig zijn vermeld zijn niet opgenomen. Cursussen met gemengde genres, zoals de 'sociale en intellectuele geschiedenis'-cursussen die zo populair waren in de jaren veertig, zijn niet onder een van die beide categorieën opgenomen. De cursussen die als 'politiek' staan aangegeven, waren volgens de studiegidsen speciaal aan politiek gewijd. Maar de algemene cursussen schonken waarschijnlijk ook veel aandacht aan politiek, zodat die misschien in de tabel wat ondervertegenwoordigd is.

Dank zij de uitgebreide samenvattingen in *Dissertation Abstracts*, levert de classificatie van proefschriften geen speciale problemen op. De gegevens van vóór 1948 konden echter niet worden nagegaan, omdat er toen nog te weinig proefschriften op microfilm werden gezet. In 1958 verscheen de grote meerderheid van geschiedenisproefschriften al in *Dissertation Abstracts*. Buitenlandse dissertaties zijn buiten de tabellen gehouden. En de maandverslagen zijn voor alle twaalf maanden van 1958 opgesteld om statistieken te krijgen die groot genoeg zijn om vergeleken te worden met de zes verslagmaanden die in de statistieken voor 1968 en 1978 zijn verwerkt. (Er bestonden in de verslagen geen seizoensschommelingen van belang.) Zo nam het aantal nieuwe doctoraten in de geschiedenis toe van ongeveer 200 in 1958 tot 860 in 1978;

toen de arbeidsmarkt in de jaren zeventig krapper werd is het aantal niet afgenomen.

Het *Journal of Modern History*, *Journal of American History* en de *American Historical Review* zijn gekozen voor de gegevens in tabel 10.4, wegens hun algemene karakter en omdat ze teruggaan tot de jaren veertig. Men zou verwachten dat nieuwe trends eerder opduiken in gespecialiseerde bladen als het *Journal of Social History*, *Journal of Interdisciplinary History*, *Journal of the History of Ideas* en de *American Quarterly*. Maar de avant-gardeartikelen druppelen waarschijnlijk op alle terreinen ongeveer even snel door, ook op de terreinen die vertegenwoordigd worden door het *Negro History Bulletin*, *Agricultural History*, en *Diplomatic History*. Nieuwe redacteuren brengen ook vaak veranderingen teweeg in de keuze van de onderwerpen, en bij alle drie de onderzochte bladen is sprake geweest van belangrijke wijzigingen in de redactie. Dergelijke veranderingen vinden echter op alle terreinen in vrijwel gelijke mate plaats. Daarom lijkt het redelijk de drie oudere en meer gerenommeerde bladen te gebruiken om de wetenschappelijke trends bij de oudere en meer gerenommeerde historici te onderzoeken. De artikelen zijn steeds over periodes van drie jaar verzameld om een bruikbare statistische basis te krijgen.

Ten slotte moet ik eraan toevoegen dat ik alles zelf heb verzameld en berekend, zonder hulp van onderzoeksassistenten, en dat ik heb geprobeerd alle cursusomschrijvingen, proefschriftsamenvattingen en tijdschriftartikelen zo grondig mogelijk door te lezen. Zo heb ik een intuïtief gevoel ontwikkeld voor de veranderingen binnen het vakgebied. Als ik fouten heb gemaakt, zijn die waarschijnlijk van structurele aard, en in ieder geval niet het gevolg van haastwerk.

DE SOCIALE IDEEËNGESCHIEDENIS

De geschiedenis van de Verlichting is altijd een vrij verheven aangelegenheid geweest – iets dat niet betreurd zal worden door wie zich door Cassirer heeft laten meevoeren naar de hoogste toppen, waar hij de pure rede met verrukkelijke volle teugen heeft kunnen genieten en de topografie van het achttiende-eeuwse denken overzichtelijk aan zijn voeten heeft zien liggen. Maar de tijd is rijp voor een wat aardser kijk op de Verlichting, want terwijl de intellectueel-historici het aanzicht van bovenaf in kaart brachten, waren de sociaal-historici bezig diep te graven in de onderste lagen van de achttiende-eeuwse samenlevingen. En naarmate de afstand tussen beide disciplines groeit, komen er steeds meer verschillende visies zodat de Verlichting bij tijd en wijle verdwijnt in nevelen van vage generalisaties. De noodzaak om de Verlichting van een nauwkeurig omschreven sociale context te voorzien heeft belangrijk nieuw werk opgeleverd in een genre dat steeds vaker wordt aangeduid met 'sociale ideeëngeschiedenis'.

Peter Gay, die deze term heeft gepropageerd,[1] heeft geprobeerd in die behoefte te voorzien met het tweede deel van *The Enlightenment: An Interpretation* (New York, 1969). Een half jaar na het verschijnen van Gays boek, kwam er in Frankrijk een eveneens tweede deel uit: *Livre et société* (Parijs, 1970), het vervolg op een baanbrekende verzameling essays over sociale ideeëngeschiedenis door een groep van de VIe Section van de École Pratique des Hautes Études in Parijs. Deze beide delen twee leveren samen een fascinerend geheel op, omdat ze twee verschillende historiografische tradities te zien geven die zich bezighouden met hetzelfde probleem. Gay is een volgeling van Cassirer, en de VIe Section groep sluit aan bij de *Annales*-stroming en bij Daniel Mornets experimenten met kwantitatieve geschiedenis. Vreemd genoeg negeren beide tradities elkaar kennelijk. In zijn in totaal 261 pagina's tellende bibliografie, die een enorm gedeelte van de Europese geschiedenis bestrijkt, laat Gay *Livre et société* deel I onvermeld. Hij geeft slechts een paar laatdunkende verwijzingen naar Mornet en lijkt zich maar weinig van de *Annales*-geschiedenis te hebben eigengemaakt. Het tweede deel van *Livre et société* (waarvan het eerste deel een jaar voor Gays eerste deel is verschenen) noemt noch Gay, noch Cassirer. Cassirers *Die Philosophie der Aufklärung* (De filosofie van de Verlichting) is trouwens pas in 1966 in Franse vertaling verschenen en heeft sinds de originele publikatie in het Duits in 1932 nooit veel weerklank gevonden bij het Franse werk over de Verlichting. Het origineel van Cassirer verscheen een jaar voor Mornets *Les Origines intellectuelles de la Révolution française* en veertien jaar voor Paul Hazards *La Pensée européenne au 18e siècle*. Hier ligt dus een mogelijkheid om door middel van vergelijking van de methodes en resultaten van twee benaderingen die twee afzonderlijke historiografische stromingen vertegenwoordigen, een van de ingewikkeldste problemen van de vroeg-moderne geschiedenis te ontrafelen. Hoe kan men de Verlichting plaatsen in de feitelijke situatie van de achttiende-eeuwse samenleving?

Gay kwam op de sociale ideeëngeschiedenis via zijn poging de Verlichting een nieuwe interpretatie te geven. Hij wilde dat zijn 'definitie' (zoals hij zijn twee dikke delen bescheiden omschrijft) de maatschappelijke dimensie van de ervaring van de filosofen in zich zou bergen, door middel van een door Cassirer geïnspireerde interpretatie van hun ideeën. Uit deze drijfveer blijkt nog eens de voortdurend toenemende invloed van de hedendaagse sociale geschiedenis, hoewel dat uiteindelijk niet bepalend is geweest voor de aard van Gays boek, dat men kan lezen als het soort intellectuele geschiedenis dat in de afgelopen decennia zo'n opgang heeft gemaakt in de Verenigde Staten. Op deze wijze gelezen vormt het een verrukkelijke gang door de Verlichting, thema voor thema, filosoof voor filofoof. Gay prikt door clichés heen en blaast figuren die in de negentiende eeuw gebalsemd en wel bijgezet waren in de museumgalerij nieuw leven in. Zijn filosofen zijn geen droge rationalisten, naïeve profeten van de vooruitgang of bekrompen dorpsatheïsten. Het zijn gecompliceerde individuen met gecompliceerde problemen, irrationeel in hun inschattingen van pijn en plezier, pessimistisch in hun toewijding aan de vooruitgang van de beschaving. Gay doet deze complexiteiten recht, vooral in de eerste twee hoofdstukken van deel twee, waarin hij de ideeën van de filosofen relateert aan hun ervaringen en versleten etiketten als 'Het Tijdperk van de Rede' uit de weg gaat. Zijn eigen etiketten zijn soms verwarrend, bijvoorbeeld wanneer hij het achttiende-eeuwse empirisme omschrijft als 'verzet tegen het rationalisme'. (Cassirer, en zelfs d'Alembert, hebben deze verwarring weten te vermijden door de *esprit de système* van de zeventiende af te zetten tegen de *esprit systématique* van de achttiende eeuw.) Niettemin brengt het boek de filosofen tot leven. De kracht van het werk ligt in zijn nadruk op de complexe, menselijke dimensie van hun filosofie.

Hoewel Gays *Enlightenment* voor ieder die zijn kennis van het verleden wil opfrissen onderhoudend en instructief zal zijn, verdient het te worden gelezen zoals de schrijver het heeft bedoeld, niet als het zoveelste boek over de achttiende eeuw, maar als poging een nieuw historisch genre te scheppen. Gay moest een sociale ideeëngeschiedenis ontwikkelen om de sterk geabstraheerde geschiedenis van de filosofie van Cassirer te verbinden met de uitermate specifieke bevindingen van de sociale geschiedenis.[2] Zulke uiteenlopende historische soorten met elkaar te kruisen was enorm problematisch omdat Cassirer zich bezig hield met denkwijzen, zoals de opkomst van het 'kritische' versus het 'mythologiserende' denken, terwijl de sociale historici daarentegen werken met een andere categorie fenomenen, zoals bijvoorbeeld de opkomst van de bourgeoisie. Om deze tegenovergestelde gezichtspunten bij elkaar te brengen gebruikt Gay een hegeliaanse methode: hij definieert de Verlichting als een 'dialectische strijd voor autonomie' (*The Enlightenment*, I:xi; alle verwijzingen in dit hoofdstuk betreffen dit werk tenzij anders aangegeven).

De geschiedenis van de geschiedenis is al zo beladen met dode dialectiek dat het misschien overhaast lijkt als begrippenkader voor een nieuw soort geschiedenis weer een dialectische benadering te introduceren. Maar Gays sociale ideeëngeschiedenis blijft niet overeind zonder zijn dialectiek, die daarom zorgvuldige bestudering verdient. Ze gaat als volgt: these: 'teruggrijpen op de oudheid' (boek 1); antithese: 'spanning met het christendom' (boek 2); synthese: 'op zoek naar moderniteit' (boek 3). Gay zegt de Verlichting in engere zin te behandelen, als de filosofie van de filosofen, niet als het algemene mentale klimaat dat onder het begrip 'het tijdperk van de Verlichting' wordt verstaan. Hij stelt op overtuigende wijze dat de filosofie van de filosofen ondanks hun onderlinge twistpunten en tegenstrijdigheden behandeld kan worden als een coherent historisch fenomeen, omdat ze een coherente eenheid vormen, een 'familie', en dat men hun dialectiek dient op te vatten als het resultaat van de feitelijke ervaring van die familie in het feitelijke klimaat van het achttiende-eeuwse Europa en Amerika. In overeenstemming met dat klimaat reageerden de filosofen op de demystificerende boodschap van de klassieken, keerden die boodschap tegen de christelijke mythologie, en bevrijdden zichzelf vervolgens van hun bevrijders door het neoclassicisme te verwerpen en de moderniteit te omhelzen. Moderniteit, autonomie, of 'de wetenschap der vrijheid' (Gay plakt zoveel ingenieuze titels en ondertitels op zijn tekst dat het moeilijk is zijn ideeën los te zien van de verpakking) betekenen humanistisch, kritisch, tolerant en realistisch liberalisme – een geloof dat de moderne moderniteit waardig is, stelt Gay, die niet pretendeert waardevrije geschiedenis te bedrijven.

Als men deze dialectische definitie aanvaardt, moet wel duidelijk worden aangegeven waardoor de Verlichting zich als op zichzelf staand fenomeen in de tijd heeft gekarakteriseerd. Als men Gays dialectiek niet heel nauwkeurig kan invullen en van overtuigende bewijzen kan voorzien, zal het als het super-etherische hegelianisme wegzweven, want geen enkele dialectiek kan statisch zijn, zelfs niet als deze uitsluitend als 'definitie' is bedoeld. Daarom lijkt het raadzaam de opbouw van Gays Verlichting stap voor stap te volgen, stil te staan bij de thema's die zich aandienen – vooral bij de antireligieuze, 'revolutionaire' en psychologische aspecten van de Verlichting – en twee speciale thema's te reserveren tot het laatst, namelijk het verband tussen de Verlichting en sociaal-politieke thema's en de verbreiding van geletterdheid.

Aangenomen dat de Verlichting is begonnen met het teruggrijpen op de klassieke oudheid, moet aangetoond worden welke aspecten van die oudheid in vergelijking met andere tijdperken voor de ontluikende Verlichting zo aantrekkelijk waren. Gay laat de affiniteit zien tussen de filosofen en de Ouden, maar toont niet aan dat de filosofen hun klassieken anders lazen dan de 'klassieke' schrijvers uit de zeventiende eeuw. Zelfs als Gays bewering bewezen kon worden – hetgeen veel vergelijkend literatuuronderzoek zou vergen, even degelijk als Jean Seznecs *Essais sur Diderot et l'antiquité* en Reuben Browers *Alexander Pope: The Poetry of Allusion* – zouden de verschillen in respons op de Ouden nog verklaard moeten worden, en die verklaring zou waarschijnlijk elementen bevatten die niets met Gays these hebben te maken. Gays bespreking van de renaissance illustreert deze moeilijkheid duidelijk, omdat hij redeneert dat de klassieke opleving tijdens de renaissance dezelfde dialectiek opleverde als die tijdens de Verlichting. Om vervolgens beide dialectieken niet hopeloos te verwarren, of de Verlichting als een herhaling van de renaissance te interpreteren, is hij genoodzaakt extra nadruk te leggen op de elementen die beide perioden van elkaar scheidden – de opleving van godsdienstige controverses en de daaropvolgende geest van tolerantie en scepticisme, de wetenschappelijke revolutie en de systematische filosofieën van de zeventiende eeuw. Maar zijn het juist niet precies deze nieuwe ontwikkelingen die tot de Verlichting hebben geleid? En staan ze eigenlijk niet volkomen buiten Gays dialectiek? Gay voelt dit gevaar kennelijk zelf en probeert Montaigne, Hugo de Groot, Bayle, Bacon, Descartes, Newton en Locke onder een noemer te vangen in een hoofdstuk met de titel 'heidens christendom', een van die hybridische termen als 'epicuristisch stoïcisme' waarmee hij op de proppen komt als hij zijn bewijsvoering te ver doordrijft. Het is niet uitgesloten dat de ideeën van die denkers zijn gekleurd door een vermenging van heiden- en christendom, net zoals dat bij heiden-christenen als Thomas van Aquino en Augustinus het geval is geweest, maar waar het hier eigenlijk om gaat is: wat was fundamenteel en wat bijkomstig voor het ontstaan van de Verlichting? Het snijdt geen hout om de heidendom-christendom-dialectiek in vol ornaat aan de voordeur te tonen en Montaigne, De Groot, Bayle, Bacon, Descartes, Newton en Locke ergens in een achterkamertje te stoppen. Zodra die denkers een voet over de drempel hebben gezet nemen ze de boel over, en maken ze het onmogelijk de dialectiek zelfs maar voor de show te handhaven.

De vijanden van de Verlichting stellen Gays these voor evenveel problemen als haar wegbereiders omdat volgens François Bluche de magistraten van het Parijse parlement dezelfde favoriete schrijvers hadden als de filosofen: Cicero, Horatius, Ovidius en Virgilius.[3] En volgens de *Livre et société*-groep deelde het geletterde maar onfilosofische grote publiek diezelfde voorkeur. Om nu te verklaren waarom juist de filosofen zo afwijkend reageerden op het culturele standaardmenu, zou Gay een van de clichéverhalen over de oorsprong van de Verlichting hebben moeten afdraaien, wat hij juist wilde vermijden. Zijn eigen verhaal schenkt geen aandacht aan het klassieke onderzoek van Paul Hazard en Philippe Sagnac, die stellen dat de Franse Verlichting het uitvloeisel was van een diepe crisis tijdens de laatste regeringsjaren van Lodewijk XIV. Gay trekt zich evenmin veel aan van het recente werk over de *crise de conscience*-periode door Pierre Goubert en Lionel Rothkrug. Fénelon, Saint-Simon en Boulainvilliers worden nauwelijks vermeld en Vauban, La Bruyère en Boisguillebert worden compleet genegeerd.

Zo moeilijk als Gay het heeft zijn these goed op gang te krijgen, zo makkelijk gaat zijn antithese bijna met hem op de loop. Hier is het grondthema de radicalisatie van het antireligieuze karakter van de Verlichting. Gay ziet een onverbiddelijke voortschrijding van tolerantie naar scepsis, deïsme en het onvervalste atheïsme van Hume en Holbach. De filosofen zorgden zeker voor ondermijning van de gevestigde kerken, maar er was zelfs in de kring rond Holbach maar een enkeling die echt atheïst werd.[4] En sommige intellectuele stromingen liepen in tegenovergestelde richting – van het droge atheïsme van Toland en Woolston in Groot-Brittannië en de goddeloze Tempel-dichters in Frankrijk tot het grote ontwaken dat zich over Europa uitbreidde vanuit Stockholm, Sint Petersburg en Beieren in het prerevolutionaire decennium. Zoals Auguste Viatte heeft aangetoond doofde de Verlichting in een grote gloed van illuminisme.

Hoe onverenigbaar waren het christendom en de Verlichting trouwens eigenlijk? In Frankrijk waren ze vijanden, maar daar werd de filosofie gevoed door de vervolging en een traditie van antiklericalisme die in protestantse landen niet bestond. Misschien had ze ook meer te danken aan het jansenisme dan Voltaire, met zijn afkeer van de *convulsionnaires*, bereid was toe te geven. Dat is tenminste een hypothese die verleidelijk geoffreerd wordt in 'The Enlightenment: Free Inquiry and the World of Ideas', het essay van Robert

Shackleton in de nieuwe uitgave die door wijlen Alfred Cobban is geredigeerd. Shackleton bespeurt een 'in veel opzichten verrassend de facto-verbond tussen het jansenisme en de Verlichting'.[5] In tegenstelling tot Gays onweerstaanbare 'vloedgolf van atheïsme'(II:144), is er volgens Shackleton zelfs sprake van een soort samenwerking tussen de filosofen en de katholieke Kerk, niet zozeer in Frankrijk maar wel in Spanje, Portugal en in Italië, waar kardinaal Passionei en Benedictus XIV filosofisch gezien op dezelfde lijn zaten als Montesquieu en Voltaire. Dit mediterrane jansenisme vormde soms een bescherming voor filosofen die door jansenisten in Parijs werden aangevallen, en gaf ze een stok om de jezuïten te slaan, door het hele Iberische schiereiland en het Habsburgse rijk, twee gebieden die Gay vrijwel geheel onvermeld laat in zijn boek. De jezuïeten zelf vervolgden tegelijkertijd zowel de moderniteit als de filosofen, zoals blijkt uit de scherpzinnige artikelen over wetenschap in de *Mémoires de Trévoux*. Zowel het jozefinisme als de koninklijke suprematie waren verlicht en katholiek, en de interactie van religie en Verlichting in protestantse landen was zelfs nog ingewikkelder, zoals Herbert Dieckmann alle onversaagde synthesebreiers heeft voorgehouden.[6] De werken van Kant bevatten meer piëtisme dan atheïsme, de literaire revival in Duitsland had minder voltairiaanse *Sturm* dan spirituele *Drang*, en in Johnsons Engeland zag men weinig van het neerslaan van *l'infâme*. Gay is zich van deze nuances bewust. Hij produceert een aantal schitterende hoofdstukken over Lessing en Burke en probeert Jonathan Edwards niet als een Benjamin Franklin af te schilderen. Maar zijn Verlichting blijft die van David Hume, die het allermooiste hoofdstuk krijgt toebedeeld.

De synthese vertoont dezelfde aangeboren afwijkingen als haar dialectische broers. Volgens Gays model kwam de 'moderniteit' of de 'autonomie' tot bloei laat in de achttiende eeuw, toen de filosofen zich even vrij voelden van de klassieken als van de christenen. Dit was echter ook de tijd van het neoclassicisme, door Hugh Honour onlangs omschreven als de 'stijl van de late achttiende eeuw, van de haar hoogtepunt naderende revolutionaire fase in die grote uitbarsting van menselijke onderzoeksdrang die men de Verlichting noemt'.[7] Als Honour gelijk heeft, dan hoort Gays synthese voor zijn these thuis, en loopt zijn achttiende eeuw achterstevoren. Als Gay gelijk heeft, valt moeilijk te begrijpen waarom uitingen van klassicisme als het Palais Bourbon en Davids 'De eed van de Horatii' aan het eind van de achttiende eeuw verschenen en waarom modernistische manifestaties als de wetenschappelijke revolutie[8] en de strijd tussen de Ouden en de Modernen (waarover Gay niets zegt) plaatsvonden aan het eind van de zeventiende eeuw.

Maar Gays synthese heeft minder te lijden van misplaatste moderniteit dan van een neiging het radicalisme van de Verlichting te overdrijven. Zoals zijn fase twee van de dialectiek tot atheïsme leidt, produceert zijn fase drie revolutie – hetgeen de hele kwestie van het verband tussen de Verlichting en revolutie in de achttiende eeuw weer te berde brengt. Gay vindt dit verband fundamenteel, want hij geeft 1688 en 1789 als chronologische grenzen van zijn boek. Maar hij verwijst nauwelijks naar de revoluties in Engeland en Frankrijk en concentreert zich in plaats daarvan op de Amerikaanse Revolutie – de 'Finale' van de dialectiek, die hij echter neerzet als een opvallend onrevolutionair gebeuren. Gay rept zelfs met geen woord over de Onafhankelijkheidsverklaring, die doorgaans wordt gezien als de culminatie van de radicale Verlichting in Amerika. Wel geeft hij een gedetailleerde bespreking van *The Federalist Papers*, waarin hij de alomtegenwoordige 'dialectische beweging van het christendom naar de moderniteit' ziet (II: 563). Deze eigenzinnige nadruk wekt enige verwarring, omdat het meest recente werk van Bernard Bailyn en Alan Heimert het moeilijker maakt dan ooit om zich de *Founding Fathers* voor te stellen die oneerbiedigheden uitwisselen met Hume en Holbach. Gays benadering geeft hem echter de mogelijkheid het begrip natuurwet te torpederen, in zijn ogen een restje metafysica dat is overgebleven uit de zeventiende eeuw en dat in de achttiende eeuw zoetjesaan de wereld is uitgeholpen. Hij ontkent natuurlijk niet dat de Amerikaanse revolutionairen evenals Montesquieu, Voltaire, Diderot en Rousseau vaak een beroep deden op het begrip 'de wet der natuur'. Maar hij interpreteert Humes 'revolutionaire' (II:455) aanval op de wet der natuur als iets dat voor de Verlichting veel fundamenteler was dan Diderots 'revolutionaire' (II:457) verdediging van datzelfde begrip. De verwarring ontstaat omdat vrijwel alles dat de filosofen deden als revolutionair wordt geïnterpreteerd. Hun nadruk op de natuurlijke goedheid van de mens was 'subversief, in feite revolutionair' (II:398) en eveneens 'revolutionair' was hun 'rehabilitatie van de hartstochten'(II:192). Hun 'revolutionaire ideologie' (I:27) breidde zich alom uit tot een 'revolutie' (II:369) in historiografie en theater (*Miss Sara Sampson*, 'een revolutionair treurspel' [II:264]), om nog maar te zwijgen van de 'uitermate subversieve wijze' (II:390) waarop ze de religie aanvielen. Wat de kunst betreft had de loopbaan van Reynolds 'revolutionaire trekken' (II:234), hoewel hij Diderot en Lessing esthetisch gezien portretteert als 'revolutionairen die nooit hun respect voor traditie hebben verloren' (II:250). De verbijsterde lezer vindt misschien respijt in de gedachte dat de afkeer van de filosofen van de middeleeuwen 'geen teken van radicalisme', of zelfs gewoon 'reactionair' was (II:217), en dat de 'filosofen als groep een solide, respectabele club revolutionairen vormden' (I:9). Maar dan ontdekt Gay dat de filosofen in tegenstelling tot de classicisten uit de zeventiende eeuw, die ‘hun radicalisme hadden verborgen’ (1:282), het classicisme ‘tot subversief instrument’ hadden gemaakt (1:264) en dat hun voorliefde voor het oude Griekenland ‘subversief bleef’ (1:75), terwijl ‘de Verlichting zelf zich ontwikkelde tot een openlijk en agressief radicalisme’ (1:200). Gays Verlichting is zo’n explosieve aangelegenheid dat het een wonder is dat het Ancien Régime het nog tot 1789 heeft kunnen uithouden. De filosofen hadden alles vol mijnen, dynamiet en booby-traps gestopt.

Gays verhaal redt het ook niet tot 1789, want het houdt op vlak na de Amerikaanse revolutie – nogal een anticlimax voor de lezer die de spanning heeft zien stijgen en nu de grote klap verwacht. Toch is het zinnig (hoewel misschien niet zo revolutionair) dat *The Federalist* al dat radicaliseren en ondermijnen een halt toeroept. Want afgezien van het feit dat de invloed van de Verlichting op de Franse Revolutie niet zo simpel ligt, had Gay in een artikel al geschreven dat die invloed relatief onbelangrijk was.[9] Hij moest de explosieven van Hume en Holbach ergens kwijt, dus zadelde hij de Verenigde Staten er maar mee op. Een en ander was makkelijker op te lossen geweest door het voortdurend opduikende woord ‘revolutionair’ uit de tekst te schrappen en toe te geven dat de hele Verlichting eigenlijk maar een tamelijk tamme bedoening is geweest. Toen in 1778 heel Parijs aan Voltaires voeten lag, werd de laatste generatie filosofen immers gesubsidieerd, gefêteerd en volledig geïntegreerd in de hoogste kringen. Tien jaar later probeerden mensen als Morellet en Dupont manmoedig de ineenstorting van het Ancien Régime tegen te houden, wat volkomen natuurlijk was omdat de Hoge Verlichting een van de belangrijkste potentiële steunpilaren vormde van dat regime. Quesnay, Turgot en zelfs Voltaire kwamen met liberale hervormingsplannen die het de bestaande maatschappelijke orde mogelijk moesten maken te blijven bestaan door van de belangrijkste wrijfpunten de scherpe kantjes af te halen. Als het idee de maatschappij omver te werpen al in hen opkwam vonden ze het zeker verwerpelijk. Behalve dat ze echt geloofden in de basisstructuur van het Ancien Régime waren ze bovendien van mening dat het hiërarchisch moest blijven. Zoals d’Alembert zei: ‘Is er een grote filosofische krachttoer voor nodig om in te zien dat men in de maatschappij, vooral die van een grote natie, niet kan zonder duidelijk vastgelegde verschillen in rang en stand, en dat alleen deugdzaamheid en talent weliswaar aanspraak kunnen maken op onze werkelijke eerbewijzen, maar dat ook een hoge positie door geboorte van ons eerbied en respect vraagt?’[10] Met uitzondering van Rousseau waren alle filosofen elitair. Ze brachten verlichting door het *noblesse oblige* te verkondigen terwijl ze in adellijke kringen verkeerden en stelden zich vaak paternalistisch op tegenover de bourgeois en het gewone volk. In het artikel ‘Goût’ uit zijn *Dictionnaire philosophique* schreef

Voltaire: 'Zo is goede smaak net als filosofie voorbehouden aan een klein aantal bevoorrechte zielen, (...) Goede smaak is in bourgeois-kringen, waar men voortdurend bezig is met zaken van financieel belang, onbekend.' Men heeft onlangs gesteld dat het liberalisme niet samen is ontstaan met de middenklasse, maar evenals de Verlichting uit een lange aristocratische traditie is voortgekomen.[11] Met uitzondering van mannen als Condorcet passen de laatste filosofen uitstekend bij het sèvres-porselein en de *chinoiserie* van de salons; de Hoge Verlichting was het suikerlaagje waaronder de barsten vertonende dunne bovenlaag van Frankrijk schuilging.

Als er enig 'radicalisme' was onder de *abbés* en *petits marquis* van de spenceriaanse Verlichting, was het hun vertrouwen op de wet van de natuur, uitgerekend het wapen dat Gay uit zijn overvolle arsenaal aan revolutionaire filosofie had geweerd. Abbé Raynal, die lang genoeg bleef leven om de komst van de Revolutie te kunnen betreuren, ageerde tegen de slavernij omdat hij deze in strijd achtte met de natuurlijke orde – en dit was allesbehalve vrijblijvende filantropie, want er waren machtige belangen gemoeid met de slavernij, zoals ook de Amis des Noirs zouden ondervinden toen ze tijdens de Revolutie slaags raakten met de Club Massaic. De filosofen rechtvaardigden veel van hun andere 'programmapunten', zoals Gay ze in zijn relaas over hun hervormingscampagnes noemt, door te verwijzen naar wat zij als eeuwige, vaststaande waarden beschouwden. Gay interpreteert die verwijzingen als slechts een manier van spreken. Evenals Alfred Cobban[12] legt hij de nadruk op de utilitaristische elementen in de werken van Holbach, Beccaria en Bentham, en ziet hij Humes aanval op het normatieve denken als het keerpunt in het achttiende-eeuwse denken. Maar wat Hume met zijn logica doodde bleef voortleven in hart en geest van de meeste filosofen, en ondanks de scherpzinnige nieuwe interpretatie die Gay op Hume loslaat, blijft deze een door en door conservatieve 'revolutionair'. Waarom niet toegeven dat de wet der natuur, zoals die werd vastgelegd in invloedrijke werken als Burlamaquis *Principes du droit naturel*, tijdens het hele tijdperk van de Verlichting tegenover het strikte empirisme en utilitarisme is blijven bestaan en de dodelijke chirurgie van Hume heeft overleefd? Tegenstellingen doen de filosofie goed. Tussen de descriptieve en prescriptieve aspecten van de natuurwet zelf bestond in feite ook een ingebouwde tegenstelling. De filosofen probeerden voortdurend de fysieke en morele dimensie te verenigen en in het hemelse firmament spirituele vertroosting te vinden. Deze spanning tussen het normatieve en het materiële vormde de motor van de Verlichting. Ze wordt volledig erkend in werken als Cassirers *Die Philosophie der Aufklärung*, Hazards *European Thought in the Eighteenth Century* en, ondanks alle pogingen van Gay dit te ontkennen, in Beckers *The Heavenly City of the Eighteenth Century Philosophers*.

De laatste dimensie van Gays dialectiek is psychologisch. Ook op dit terrein is sprake van een revolutie: de opkomst van een nieuw persoonlijkheidstype, namelijk de autonome, moderne mens die de mystiek vaarwel heeft gezegd. De psychologische moderniteit is volgens Gay ontstaan door een collectieve identiteitscrisis onder de filosofen. Naast een dialectiek ook nog een identiteitscrisis ten tonele voeren lijkt vragen om moeilijkheden, maar Gay gaat die met expliciet eriksoniaanse middelen onvervaard te lijf. Zijn bibliografie bevat drie volle pagina's verwijzingen naar werken over psychoanalyse en seks die hij bruikbaar heeft gevonden, te beginnen met Erikson – of liever, te beginnen met het begin: 'In mijn visie op de seksualiteit, zowel haar betekenis als haar geschiedenis, heb ik me laten leiden door Freud' (II:628). Erikson voelt zich vandaag de dag wellicht wat al te populair (men heeft hem ongelukkig horen mopperen dat hij over een identiteitscrisis in herenkleding had gehoord), hoewel Gay die toverformule niet lichtvaardig gebruikt. Hij zegt dat de strijd tegen het christendom een identiteitscrisis heeft veroorzaakt in de hele filosofenfamilie, een crisis die ze hebben kunnen oplossen omdat 'juist de groei van het superego in de westerse cultuur een grotere seksuele vrijheid mogelijk heeft gemaakt' (II:204-205). Zo bleek de dialectiek van de oudheid, het christendom en de filosofen op een bepaalde manier te corresponderen met de driehoeksstrijd tussen het es, het ego en het superego; 'de Verlichting is de grote rebellie van het ego tegen irrationele autoriteit' (I:462). Deze interpretatie brengt de trouwe eriksoniaanse lezer echter in moeilijkheden, omdat die door de meester was verzekerd dat 'de renaissance de egorevolutie bij uitstek is.'[13] Gays uitspraak dat 'men kan zeggen dat het seksuele ideaal van de Verlichting de genitale persoonlijkheid is' (II:628) maakt de zaak er niet eenvoudiger op. Heeft de een of andere subdialectiek oraliteit en analiteit tot genitaliteit weten samen te smelten? Als de filosofen in de achttiende eeuw al dergelijke vergevorderde moderniteit hebben weten te bereiken, hoe moet men dan de hedendaagse 'westerse cultuur' plaatsen? Als polymorfe perversiteit?

Zou het niet simpeler zijn de subdialectieken, de omgedraaide antithesen en de verwarde synthesen te vergeten en toe te geven dat de enige dialectiek in de geschiedenis van historiografische aard is, namelijk de dialectiek tussen degenen die geschiedenis maken en die geschiedenis schrijven? In dit geval heeft de geschreven versie het helaas bij het verkeerde eind, want de Verlichting is geen dialectisch streven naar autonomie geweest.

Wat blijft er nu van Gays sociale ideeëngeschiedenis over als we zijn dialectiek de deur uit doen? De beste manier om dat te testen is door na te gaan hoe hij de laatste twee punten behandelt, namelijk het verband tussen de Verlichting en sociaal-politieke kwesties en het verband tussen de Verlichting en de toenemende geletterdheid. Beide punten zullen worden besproken binnen de context van de Franse geschiedenis, zodat Gays interpretatie kan worden vergeleken met de bevindingen in *Livre et société*, een boek dat in de hoofdstroming van de nieuwe Franse historiografie thuishoort. Deze nieuwe aanpak heeft zich het spectaculairst gemanifesteerd in het onderzoek naar de sociale structuur van het Ancien Régime en is momenteel al in studieboeken terug te vinden. Daarom hoeven oningewijden niet de imposante lijvige werken door te worstelen van Pierre Goubert, Emmanuel Le Roy Ladurie, Pierre de Saint-Jacob, Roger Dion, René Baehrel, Abel Poitrineau, Paul Bois, François Bluche en Jean Meyer. Ze kunnen de korte, uitstekende popularisaties door Pierre Goubert en Robert Mandrou raadplegen,[14] waar ze kunnen lezen dat Gay het bij het verkeerde eind heeft als hij de belangrijkste sociaal-politieke kwesties van de achttiende eeuw reduceert tot een dualisme, waarbij hij de *thèse nobiliaire* (het reactionaire standpunt dat gesteund werd door de *parlements* en Montesquieu) afzet tegen de *thèse royale* (de progressieve stellingname van de royalistische hervormers en Voltaire). Het Ancien Régime zat te ingewikkeld in elkaar voor zo'n simpele classificatie, en de propaganda van Voltaire was te simplistisch om 'altijd goede geschiedenis en decennialang goede politiek' te zijn (II:438). In tegenstelling tot wat Gay beweert, betaalden de geprivilegieerde klassen aanzienlijke sommen aan belasting, en 'privilege' had trouwens op zich niets te maken met maatschappelijke 'stand', want het was een verschijnsel dat zich in alle lagen van de maatschappij tot en met de kleine boeren voordeed.[15] Wanneer de *parlements* het privilege verdedigden betekende dat niet zozeer dat ze de adel in bescherming namen, maar dat ze het ingewikkelde samenspel van gevestigde belangen beschermden dat zo typerend is voor de traditionele maatschappij. De maatschappelijk basis voor die bescherming was net breed genoeg om hun 'liberale' retoriek niet helemaal hypocriet te maken. De *parlements* waren in de tweede helft van de achttiende eeuw niet de gesloten, door bepaalde kasten gedomineerde lichamen die Gay beschrijft.[16] In tegenstelling tot wat Gay aangeeft, was Turgot voorstander van de hernieuwde invoering van de parlementen in 1774, en kon Montesquieus sympathie voor de parlementen niet uitgelegd worden als reactionaire ideologie. Hoewel Voltaire oprecht hervormingsgezind was, was hij niet fel gekant tegen het privilege. Hij was een *annobli*, *courtier*, *grand seigneur* en trots bezitter van een familiewapen met een namaak-markiezenkroon. De aanval op het privilege kwam eerder uit de niet-filosofische hoek, zoals de kanselarij en de Contrôle Général, dan van Ferney. In de volgende woorden van Charles François Lebrun vinden we de kern van de traditie van de hervorming van de bureaucratie die vorm kreeg tijdens Maupeous aanval op de *parlements*:

> Ik wilde me niet aansluiten bij de filosofen (...) Ik zou liever gezien hebben dat ze hun energie hadden gericht op een ander terrein [de campagne tegen de Kerk?]. Het leek mij dat de regering hun hulp goed had kunnen gebruiken in bestuursfuncties en in de binnenlandse politiek, en hun aanvallen zou kunnen richten op de barrières die de provincies onderling van elkaar scheidden, op de privileges die het volk ongelijk belastten, op de talloze tegenstrijdigheden binnen het gewoonterecht, op het bestaan van uiteenlopende rechtssystemen, op gerechtshoven die verafgelegen waren en ontoegankelijk voor de mensen die wilden procederen, op onrechtmatig verkregen rechtsbevoegdheden, op die enorme hoeveelheid gilden die de nijverheid hinderden en haar vooruitgang belemmerden. In ieder deel van Frankrijk waren hervormingen door te voeren, mensen te verlichten.[17]

Hoeveel had de hervormingsbeweging te danken aan de Verlichting? Ongetwijfeld meer dan Lebrun dacht, maar veel minder dan de meeste intellectueel-historici zeggen. Niet de filosofische theorie maar de geschiedenis van het landsbestuur is waarschijnlijk de plaats waar men de echte stootkracht achter de hervormingen moet zoeken. Veel hervormingen die werden doorgevoerd tijdens de Revolutie waren al bedacht in de barokke bureaucratie van Lodewijk XIV, zoals wordt aangetoond in *The Single Duty Project* van J.F. Bosher, een uitstekend maar onopzettelijk voorbeeld van sociale ideeëngeschiedenis. Het Ancien Régime heeft meer dan genoeg ambtelijke papieren nagelaten. Waarom niet onderduiken in de archieven in plaats van Voltaire lezen als men wil weten hoe ideeën en politiek in de achttiende eeuw met elkaar waren verweven? Wat voor Frankrijk geldt, geldt nog meer voor de rest van Europa, waar het 'verlichte absolutisme', zoals Gay het treffend karakteriseert, weinig te maken had met de Verlichting. De meeste staatshoofden voerden hervormingen in om hun macht zo groot mogelijk te maken. Hun hervormingen liepen via de boekhouder en niet via de filosoof, en pasten in een traditie van bureaucratisch rationaliseren die terugging op de zeventiende en soms op de zestiende eeuw.

De problemen rond het vaststellen van de mate van geletterdheid en van de leesgewoonten, waarnaar de *Livre et société*-groep het meeste onderzoek heeft verricht, komen er bij Gay nogal bekaaid van af: 'In Frankrijk steeg het percentage volwassenen dat kon lezen en schrijven (vastgesteld op basis van de handtekeningen op huwelijksaktes) van ongeveer vier op de tien in 1680 tot meer dan zeven op de tien een eeuw later' (II: 58). Waar Gay deze informatie vandaan heeft valt moeilijk te achterhalen, want zo uitgebreid als zijn bibliografie is, zo beperkt zijn zijn noten. Het enige historische onderzoek naar geletterdheid dat het hele land betreft (het onderzoek onder leiding van Louis Maggiolo in de jaren zeventig van de vorige eeuw) komt uit op een schatting van 21 procent van alle Franse volwassenen in 1686-1690 die hun naam konden schrijven op de huwelijksakte, 37 procent in 1786-1790 en 72 procent in 1871-1875.[18]

Deze kennelijke verwarring van de achttiende met de negentiende eeuw door Gay heeft belangrijke consequenties, want hij zegt: 'De eerste voorwaarde voor een bloeiende republiek der letteren was een groot lezerspubliek' (II:58). Hij gaat er van uit dat de geletterdheid was gestegen tot 70 procent, en trekt daaruit de conclusie dat de filosofen behalve een 'nieuw publiek', ook meer geld kregen, een hogere status en relatief minder afhankelijk werden van beschermheerschap. Dit waren omstandigheden die niet alleen de Verlichting mogelijk maakten maar deze ook tot een belangrijke revolutionaire factor maakten, want Gay blijft hameren op het thema van de radicalisatie: '[H]et groeiende radicalisme en de groeiende vrijheid van de Verlichting vormde de weerspiegeling en de oorzaken van onomkeerbare, zij het niet duidelijk waarneembare, veranderingen in de westerse politiek, economie, en maatschappijstructuur. Naarmate de democraten en atheïsten het meer voor het zeggen kregen in de filosofenfamilie, begonnen radicalen in de hele westerse wereld te rebelleren tegen de gevestigde autoriteiten' (II:83). Dit schetst eerder het Frankrijk ten tijde van de Commune dan het Frankrijk van Voltaire.

Het Frankrijk van Voltaire stelt de sociale ideeën-historici voor enorme problemen, omdat de denkwereld van de mensen niet veel verder reikte dan de grenzen van hun maatschappelijke wereld: de gilden, de gemeenteraad, de regionale bestuurs-, juridische en handelsstructuren, en de religieuze instellingen; niet veel verder dan de lokale gewichtseenheden, lengtematen en munteenheden; niet veel verder ook dan de provinciale gewoonten rond opvoeding, kleding, taalgebruik. Toen Voltaire een kind was, sprak waarschijnlijk het grootste deel van de Fransen geen Frans. Tegen de tijd dat hij stierf (1778) hadden verbeterde wegen en de demografische en economische expansie het land meer tot een eenheid gemaakt. Maar pas na de Revolutie en Napoleon begon Frankrijk zich echt als een samenhangende natie te manifesteren. Begrijpen hoe de Verlichting 'aansloeg' in zo'n gefragmenteerde maatschappij is niet veel makkelijker dan haar invloed op Europese schaal te meten. Waarschijnlijk is ze in geen enkel gebied in het achttiende-eeuwse Europa ver beneden de toplaag doorgedrongen.

Juist die toplaag interesseert Gay, dus moet men van hem geen sociologische analyse van dorp tot dorp verwachten. De elite deelde een gemeenschappelijke cosmopolitische cultuur. Toch was het een heel andere ervaring filosoof te zijn in Polen dan in Engeland. Gay probeert de verschillen te verklaren door ze te relateren aan factoren buiten de 'filosofenfamilie', en deze poging doet hem stuklopen op de complexiteiten van de sociale geschiedenis. Om weer het voorbeeld van geletterdheid te gebruiken, men zou Gays interpretatie nog kunnen verdedigen door te stellen dat kunnen lezen en schrijven alleen een essentiële voorwaarde is voor de groei van een lezerspubliek dat groot genoeg is om een generatie schrijvers te onderhouden die alleen van hun pen leven. De cruciale factor is dan dat het totale aantal Franse lezers toenam, als gevolg van de bevolkingsgroei, hoewel het percentage geletterden beneden het peil bleef van de 'moderne' samenlevingen. Bovendien steeg het percentage *mannelijke* personen dat kon lezen en schrijven aanzienlijk (van 29 procent in 1686-1690 tot 47 procent in 1786-1790, weer afgemeten aan het tekenen van de huwelijksakte), en in bepaalde gebieden, voornamelijk in het noordoosten, steeg dat percentage tot 80 procent. Er liep eigenlijk een soort geletterdheids- of Maggiolo-grens van Mont Saint-Michel naar Besançon of Genève, die het noorden, waar de geletterdheid overal boven de 25 procent lag, scheidde van het zuiden, waar het bijna overal onder dat percentage bleef.[19] Maar gegeven deze beperkte, regionale groei van het lezerspubliek, ontstaat er een ander probleem. Creëerden de nieuwe lezers een nieuwe lezersmarkt, die de filosofen van hun verplichtingen tegenover hun beschermheer bevrijdde zodat de Verlichting geradicaliseerd werd? Als men afgaat op Diderots *Lettre sur le commerce de librairie*, Malesherbes' *Mémoires sur la librairie* en de koninklijke verordeningen betreffende de boekhandel, moet het antwoord op die vraag ontkennend luiden. En als de uitkeringslijsten in de Archives Nationales een aanwijzing vormen omtrent het beschermheerschap, subsidieerde de Staat onder Lodewijk XVI de schrijvers nog op traditionele wijze, misschien zelfs nog meer dan onder Lodewijk XIV. De uitgeverij begon pas aan haar grote sprong voorwaarts na het invoeren van de stoompers, de goedkope papierfabricage en de algemene leerplicht van de negentiende eeuw. Er is evenmin sprake geweest van een bevrijding van de filosofen door de toegenomen geletterdheid, als van een radicale verandering van de maatschappij door de filosofen.

Gay komt dan ook tegen het eind van zijn boek enigszins terug op zijn uitspraken over geletterdheid en revolutioneren. Zo krijgt het nieuwe fenomeen van de geletterdheid op grote schaal, dat hij aankondigt aan het begin van het boek, steeds minder gewicht naarmate zijn dialectiek zich ontvouwt, tot uiteindelijk 'de dominerende aanwezigheid van de analfabete volksmassa's' (II:492) het revolutionaire vuur van de filosofen blust. Gedreven door 'een gevoel van wanhoop over de alom heersende misère, het analfabetisme en de botheid der armen' (II:517) beginnen de filosofen te mopperen over *canaille*, gaan ze een flirt aan met het verlichte absolutisme en ontwikkelen ze denkbeelden over een repressieve, obscurantistische 'sociale religie' (II:522). Eind goed al goed. Door inconsequentie voor dwalingen behoed, belanden we ten slotte in een achttiende eeuw die we kunnen herkennen.

Gays Verlichting blijft ondanks de verwarrende dialectiek herkenbaar, omdat hij zich op het vertrouwde terrein begeeft met een verfrissend gevoel voor herontdekkingen. Gay heeft geen grenzen willen verleggen maar geprobeerd zich een weg te banen door de wildgroei aan monografieën van de achttiende-eeuwse historiografie, en hoewel zijn dialectiek is stukgelopen is hij geslaagd. Hem volgen is als rondreizen met een *Guide Michelin*: men stopt soms voor een *dégustation* maar verwijdert zich nooit ver van de driesterrenroute. Het eindoordeel is duidelijk: Gays *Enlightenment* 'vaut le voyage'. Het is echter het meest van waarde als conclusie, als synthese van jaren diepgaand lezen van één man, dat men op de boekenplank instinctief naast R.R. Palmers *The Age of the Democratic Revolution* zet. Als synthese van sociale geschiedenis en ideeëngeschiedenis voldoet het echter niet omdat het zonder het dialectische stutwerk niet overeind blijft.

Het is misschien misleidend Gays verfijnde synthese te vergelijken met de monografische artikelen uit *Livre et société*. Uit beide werken spreekt echter een intense belangstelling voor wat de *Livre et société*-groep soms *l'histoire sociale des idées* noemt, en een vergelijking kan veel duidelijk maken omdat de Fransen beginnen met zich af te zetten tegen de neiging een synthese te construeren. In zekere zin weten ze de Verlichting te plaatsen door er niet naar op zoek te gaan. In plaats daarvan zetten ze alle reeds bestaande oordelen over de *philosophie des Lumières* opzij en gaan ze op zoek naar het onverlichte, het alledaagse, het doorsneegebeuren. Ze willen de literaire cultuur reconstrueren zoals die werkelijk was. Daarom leggen ze de nadruk op intellectuele 'inertie' en proberen ze de traditie te peilen, waarbij ze een benadering gebruiken die nadat Daniel Mornet er vijftig jaar eerder voor het eerst mee had geëxperimenteerd in onbruik was geraakt.

Terwijl Cassirer de fenomenologie van de geest van de Verlichting onderzocht, bestudeerde Mornet de Verlichting als maatschappelijk proces. Andere literatuurwetenschappers hebben zich over de meesterwerken van de achttiende eeuw gebogen, maar Mornet onderzocht de middelen waarmee ideeën van bovenaf de maatschappij binnendrongen. Uit zijn onderzoek is gebleken dat een aantal boeken die in later eeuwen als meesterwerken werden beschouwd in het Ancien Régime waarschijnlijk nauwelijks zijn gelezen,[20] hetgeen aanleiding gaf tot nieuwe vragen. Wat lazen de achttiende-eeuwse

Fransen dan wel? En wat was de verhouding tussen traditie en vernieuwing in de boekcultuur van de zeventiende en achttiende eeuw? Mornet heeft deze vragen overgelaten aan zijn opvolgers in de VIe Section van de École Pratique des Hautes Études, en vooral aan het onderzoeksteam dat *Livre et société* heeft geproduceerd. De onderzoekers hadden ook de technieken en tradities van de *Annales*-school geërfd, waardoor ze eerder neigden in de richting van onderzoek naar *mentalités* dan naar formele filosofische ideeën, en waardoor ze ontvankelijk waren voor de kwantitatieve methoden die Mornet had ontwikkeld.

Wegens de complexiteit van het Ancien Régime en de diversiteit van zijn cultuur, probeerde de *Livre et société*-groep het literaire en sociale leven van het achttiende-eeuwse Frankrijk met elkaar in verband te brengen door specifieke milieus te bestuderen, zoals de onbekende grote massa die 'las' of luisterde naar volksliteratuur, de geletterden uit de provincie die traditionele werken kochten, de elite van de provinciale academies, en de Parijzenaars die bepaalde vooruitstrevende periodieken produceerden en consumeerden.

Het onderzoek naar de eerste van deze vier groepen levert het meest opwindende leesmateriaal op, omdat men het gevoel krijgt in contact te komen met de lang vervlogen denkwereld van het achttiende-eeuwse dorp. Robert Mandrou heeft laten zien dat dergelijk contact mogelijk was met *De la Culture populaire aux 17e et 18e siècles* (Parijs, 1964), een beknopte maar briljante studie van de primitieve paperbacks die bekend staan als de *bibliothèque bleue*, die marskramers van de zeventiende tot de negentiende eeuw samen met messen, garen en band uitventten op het platteland. Ze werden gedrukt op goedkoop papier, met versleten zetmateriaal, verkocht voor een sou, en letterlijk stukgelezen. In deze boekjes kan men sporen vinden van een volkscultuur die voor het overige minder toegankelijk is dan de beschaving die is vastgelegd op de Naald van Cleopatra. Ze werden hardop voorgelezen door de enkele dorpeling die de leeskunst machtig was, tijdens de *veillée*, een gezellige avondlijk samenzijn waar de vrouwen naaiden en verstelden en de mannen gereedschap repareerden. De *bibliothèque bleue* stond zeker op een laag cultureel niveau. De verhalen beginnen vaak met 'Zoals je gaat horen...' Maar welke boodschap werd doorgegeven via dit mondelinge-geschreven genre, en wat was de relatie met de cultuur van de hogere klassen? Mandrou situeerde het ver achter en onder de Verlichting. Hij heeft laten zien dat terwijl de filosofen grote nadruk legden op de rationaliteit en *sensiblité* van de menselijke natuur, de *bibliothèque bleue* de mens afschilderde als slaaf van zijn hartstochten, gedreven door astrologische machten en vreemde mengingen van de vier temperamenten en de vier elementen. Terwijl de vrijdenkers de religie naturaliseerden, hield de *bibliothèque bleue* zich bezig met spiritualisme, wonderen en hagiografie. En terwijl de natuurwetenschappers het universum van mysteriën ontdeden, vulde de *bibliothèque bleue* het hoofd van de lezer-luisteraar met visioenen van dreigende, occulte machten, die men kon afweren met allerlei hocus-pocus, kon ontcijferen met receptenkennis als magische getallen, fysionomie en primitieve rituelen. Als literatuur gaf de *bibliothèque bleue* bewerkingen en simplificaties van middeleeuwse verhalen en Gaulois-humor die de betere standen in de zeventiende eeuw hadden verworpen. De conclusie van Mandrou was dat vergeleken met de cultuur van de elite de volkscultuur die men aantrof in de *bibliothèque bleue* zowel een eigen als een afgeleid karakter bezat. Daarop vormde hij de hypothese dat de volkscultuur van het Ancien Régime als ideologisch substituut diende voor klassebewustzijn onder het volk. De plattelanders lieten hun gedachten dwalen door een sprookjesland dat bevolkt werd door Roger le diable, Oger le danois, Pierre de Provence, de reus Fierabras en allerlei magische krachten, in plaats van zich een oordeel te vormen over de werkelijke wereld van hard werk en uitbuiting.

Het werk van Mandrou, een produkt van de *Annales*-school maar niet van de *Livre et sociétè*-groep, bereidde de weg voor voor het werk van Geneviève Bollème, die een algemeen overzicht heeft geproduceerd van de *bibliothèque bleue* voor deel I van *Livre et société* alsmede een gedetailleerd onderzoek van populaire almanakken, dat te uitgebreid werd voor deel II en als afzonderlijke monografie is gepubliceerd. Bollème bevestigde in haar analyse het werk van Mandrou in grote trekken maar zag in de evolutie van de volkscultuur eerder verandering dan continuïteit optreden. Ze concludeerde dat het escapisme en de nadruk op het bovennatuurlijke van de zeventiende eeuw in de achttiende eeuw afnam door een toevloed van nieuwe oriëntaties, namelijk een wereldser en realistischer kijk op de dood, de menselijke natuur, maatschappelijke verhoudingen en natuurkrachten. De oude astrologie en de mythische verhalen maakten plaats voor een nieuwe belangstelling voor wetenschap en geschiedenis. Een nieuwe *morale sociale* en *esprit critique*,[21] en kennis van eigentijdse gebeurtenissen gaven aan dat behalve de Verlichting ook de ontluikende revolutionaire ideeën waren doorgedrongen.[22] Ondanks hun overeenkomsten wijzen de werken van Mandrou en Bollème dus in tegengestelde richtingen. Mandrou geeft een verdere scheiding aan tussen de culturele werelden, en legt de nadruk op de intellectuele slavernij van het volk. Bollème wijst op een toenemende culturele integratie, waarbij de volksliteratuur een bevrijdende functie heeft.

Het is nog te vroeg om te zeggen welke visie de overhand zal krijgen omdat er nog niet voldoende gedetailleerd onderzoek is gedaan naar de talrijke genres binnen de volksliteratuur. Het werk van Bollème is gedetailleerder, omdat het zich concentreert op een enkel genre – de populaire almanak – waarvan men de ontwikkeling door de zeventiende en achttiende eeuw vrij nauwkeurig kan volgen. Maar de poging om de cosmologie van de gewone man nauwkeurig te omschrijven bracht methodologische problemen met zich mee waar Mandrous algemenere en meer impressionistische werk geen last van had. Want Bollème beperkte zich niet tot algemene indrukken, ze heeft geprobeerd in de gedachten te kruipen van de lezer van en luisteraar naar de almanakken, en heeft daar niet alleen hocus-pocus aangetroffen maar zelfs 'kantiaanse' categorieën.[23] Deze categorieën, 'permanente astrale observaties' bijvoorbeeld,[24] roepen niet bepaald de *Kritik der reinen Vernunft* in gedachten. Ze maken eerder sceptisch. Onthullen de almanakken het functioneren van de volkse geest, of is dit Cassirer op zijn kop gezet? Bollème heeft het 'volkse' karakter van haar almanakken niet bewezen. Integendeel, ze heeft materiaal ontleend aan enkele almanakken in banden met aristocratische familiewapens erop, andere bevatten laatdunkende opmerkingen over volks bijgeloof,[25] en weer andere aforismen die niet bedoeld waren voor ongeletterden of armen: 'Lees vaak'; 'Koop altijd boeken'; 'Behandel arme debiteuren niet tiranniek'; '*Peragit tranquilla potestas quod violenta requit*'.[26] 'Arme Richard' (zeer geliefd in Frankrijk, de *Poor Richard's Almanack* uit Amerika die beroemd was om zijn scherpzinnige aforismen) hoorde deels thuis in de verloren gegane aristocratische wereld van Thomas Jefferson. Er bestonden almanakken voor iedereen, zelfs voor de toplaag van het Ancien Régime. Bollème erkent weliswaar de onderlinge verschillen tussen de almanakken, maar voor haar analyse voegt ze ze allemaal samen in een categorie. En voor haar analyse van de veranderingen in het wereldbeeld van het gewone volk uit de achttiende eeuw heeft ze zich bijna uitsluitend gebaseerd op een deelgroep van slechts zevenentwintig ongedifferentieerde almanakken. De almanak die ze het meest heeft gebruikt en het vaakst geciteerd als bewijs voor de vooruitstrevende meningsvorming onder het volk was *Le Messager boiteux*, die gedrukt werd in Bern, Bazel, Yverdon, Vévey en Neuchâtel – dus door Zwitsers en in enkele gevallen door protestanten; niet de meest betrouwbare graadmeter voor opinies onder het katholieke Franse boerenvolk.[27]

Maar hoe betrouwbaar zijn de meest volkse en meest door-en-door Franse almanakken? Ze worden vaak in de vorm gegoten van een herder ('le Grand Berger de la Montagne') die zijn aforismen tot anderen richt, en hebben dus meer weg van de arcadische literatuur uit de renaissance dan van een echte dialoog tussen herders onderling. Het pastorale element is vermoedelijk afkomstig van de 'model'-almanak uit de vijftiende eeuw, *Le Grand Compost des bergers*, en aangepast aan de massaconsumptie, maar stijl en presentatie lagen waarschijnlijk dichter bij de maskerades van Marie-Antoinette dan bij het gelijkheidsstreven van de plattelanders dat Bollème erin zag. De almanakken geven een popularisatie van de cultuur van de bovenlaag, niet een op zichzelf staande volkscultuur, want ze werden geschreven voor en niet door het volk. Eigenlijk werden ze niet eens echt geschreven maar was het de literatuur van de elite die voor de gelegenheid was aangepast, heel nonchalant en oppervlakkig vaak, soms gewoon door een zetter. Het grote probleem is dan ook niet hun boodschap te ontcijferen maar uit te vinden of die boodschap werkelijk werd geïntegreerd in de eigen volkscultuur.

Mandrou was van mening dat dat het geval was. De echte dialoog had volgens hem niets te maken met herders maar vond plaats tussen uitgever en colporteur. De rondtrekkende boekventers wisten wat de boeren zouden kopen en pasten hun voorraad daaraan aan, zodat zij uiteindelijk bepaalden wat de uitgevers produceerden. Dit lijkt een overtuigend argument, maar het is meer van toepassing op de elite-literatuur, die veel gevoeliger was voor veranderingen in stijl en ideeën dan het uitermate gestandaardiseerde repertoire van de *bibliothèque bleue*. In tegenstelling tot de belezen elite zijn de dorpelingen waarschijnlijk passieve consumenten geweest die kochten wat er voorradig was, omdat ze nu eenmaal iets wilden hebben – wat, maakte weinig uit – om aan de voorlezer op de *veillée* te geven of zelf naar te kijken. Zoals Bollème heeft gezegd, heeft bij het primitieve lezen misschien het magische element meegespeeld,[28] een mystiek respect voor het woord – een obscuur psychologisch proces dat waarschijnlijk weinig raakvlakken had met het belezen publiek uit de hoogste klassen dat grotendeels zelf het aanbod bepaalde. De veranderingen in de volksliteratuur kunnen daarom heel goed van bovenaf zijn opgelegd zonder dat ze echt geassimileerd werden op dorpsniveau. De werkelijke cultuur (of culturen) van de heterogene volksmassa's in Frankrijk blijft verzonken in een onmetelijke oceaan van mondelinge traditie; de boeken die daarin zijn terechtgekomen zijn vermoedelijk verzwolgen zonder veel sporen na te laten, als missionarissen in India.

Hoewel het werk van Mandrou en Bollème er niet in is geslaagd de volkscultuur van het achttiende-eeuwse Frankrijk te definiëren, betekent het een enorme verrijking van het conventionele beeld van het 'Tijdperk der Rede'. Door het bestaan en de aard te onthullen van een omvangrijke literatuur die ver beneden het niveau van de filosofen circuleerde, helpt hun werk ons de Verlichting in het juiste perspectief te zien. De poging om verschillende niveaus van culturele ervaring aan te geven, en lezen te relateren aan specifieke maatschappelijke sectoren is ook het sterke punt van de andere essays uit *Livre et société*, vooral het onderzoek naar lezen in de provincie door Julien Brancolini en Marie-Thérèse Bouyssy. Na een onderzoek naar de boekconsumptie in de provincie per genre en per streek, concludeerden Brancolini en Bouyssy dat geletterde provincialen ongeveer even ver af stonden van de Verlichting als de analfabete boeren. Het gewicht van de traditionele cultuur verpletterde de vernieuwing in de provinciestad net zo hard als in het dorp.

Het onderzoek van Brancolini en Bouyssy was gebaseerd op een kwantitatieve analyse van de aanvragen door provinciale uitgevers van *permissions simples*, een soort vergunning om werken te produceren die door de vernieuwde boekwetgeving uit 1777 vrijgekomen waren als publiek eigendom. Bij deze aanvragen wordt ook het geplande aantal exemplaren per oplage vermeld, zodat ze nauwkeuriger informatie opleveren dan de bronnen die zijn geraadpleegd voor eerdere pogingen om de literaire cultuur van het Ancien Régime in kaart te brengen. De belangrijkste van deze eerdere pogingen is die van François Furet in deel 1 van *Livre et société*. Daaruit bleek dat de Verlichting bijna gesmoord is in een ontzaglijke hoeveelheid religieuze werken en pre-achttiende-eeuwse 'klassieken', hoewel de produktie van natuurwetenschappelijke werken en niet-religieuze fictie toenam naarmate de eeuw vorderde, en wel ten koste van de religieuze literatuur. De resultaten van Furet waren gebaseerd op kwantitatieve analyse van aanvragen voor *privilèges* (strikt wettelijke vergunningen om te publiceren) en *permissions taçites* (flexibeler en minder formeel wettelijke vergunningen). Maar gegevens over het aantal exemplaren en de plaatsen waar de boeken verkocht werden, werden daarbij niet vermeld. En dat is nu precies de informatie die Brancolini en Bouyssy wel verstrekken, zodat ze de analyse van Furet aanvullen en bevestigen. Beide onderzoeken samen wijzen erop dat de culturele inertie zwaar drukte op heel Frankrijk en dat de vernieuwing niet veel verder doordrong dan Parijs. Geen verrassend patroon – tenzij men het afzet tegen de conclusies van Geneviève Bollème. Want zij zag de modernisatie in vliegende vaart door de primitieve almanakken van de late achttiende eeuw galopperen, terwijl Brancolini en Bouyssy op een wat hoger literair niveau alleen maar culturele stagnatie aantroffen. Zijn de literaire ervaring van de elite en die van het volk soms op de een of andere manier samengekomen zonder elkaar halverwege te ontmoeten op het terrein van de middenklasse?

Net als veel andere problemen in de kwantitatieve geschiedenis is deze paradox waarschijnlijk het gevolg van ontoereikend feitenmateriaal. De aanvragen voor *permissions simples* vormen geen accurate weerspiegeling van het *vie provinciale du livre*, zoals Brancolini en Bouyssy beweren. De *permissions simples* hebben namelijk geen betrekking op wat waarschijnlijk het belangrijkste aandeel vormt in de voorraad van provinciale boekhandelaren: boeken die zijn verkregen door aankoop, of, wat vaker voorkwam, door uitwisseling – afgemeten in pagina's – met uitgevers in andere streken of andere landen. Ook hebben de *permissions simples* geen betrekking op alle boeken die in Frankrijk zijn gepubliceerd onder *permissions taçites*, de maas in de wet waardoor een groot deel van de Verlichting bij Franse lezers is terechtgekomen.[29] De *permissions simples* betroffen eigenlijk alleen maar een specialistisch, weinig representatief segment van de provinciale boekhandel, namelijk de relatief stabiele markt voor schoolboeken en religieuze werken. Als de oude *privilèges* niet meer golden, voorzagen de provinciale uitgevers de plaatselijke onderwijzers, priesters, en leraar-priesters van nieuwe uitgaven van oude boeken. Maar ze kunnen ook andere lezers voorzien hebben van evenzovele 'vooruitstrevende' werken, die niet in het materiaal van Brancolini en Bouyssy zijn terechtgekomen.

Hoewel de feiten niet kunnen bewijzen dat de provinciale cultuur achterliep, onthullen ze verrassend veel over de regionale variaties in het lezen in Frankrijk. Ze geven aan dat de boekproduktie gelijke tred hield met het voorkomen van geletterdheid zoals dat in het hierboven vermelde onderzoek van Maggiolo wordt beschreven. De grote meerderheid van boeken met een *permission simple* circuleerde ten noorden van de Maggiologrens. Bovendien waren de noordelijke gebieden met de hoogste geletterdheid en de hoogste boekproduktie, zoals Lotharingen en Normandië, streken waar de contrareformatie het meeste succes had geboekt en waar de negentiende- en twintigste-eeuwse stemmers het trouwst zijn gebleken aan de Kerk. Noordelijke lezers gaven over het algemeen de voorkeur aan de religieuze 'klassieken' van de zeventiende eeuw en zelfs jansenistische werken, terwijl de zuiderlingen, vooral rond Toulouse, relatief veel wereldlijke literatuur lazen. Een serie kaarten laat dit gedetailleerd zien. Dus ondanks de beperkingen van het feitenmateriaal weet het onderzoek van Brancolini en Bouyssy iets te laten zien van de complexiteiten en ontwikkelingen op lange termijn in de culturele geschiedenis van Frankrijk.

De monografieën van Daniel Roche over provinciale academies, die zijn opgenomen in de delen I en II van *Livre et société*, analyseren het karakter van de intellectuele elite in de gebieden waarvan Brancolini en Bouyssy een algemeen beeld van de literaire cultuur hebben trachten te schetsen. Net als bij alle onderzoeken naar een elitegroep, vindt het gebrek aan algemeenheid bij Roche ruimschoots tegenwicht in de overvloed aan specifieke details. De bijzonderheden van de kwantitatieve analyse hebben hier echter belangrijke algemene implicaties, want ze geven het karakter aan van een aantal milieus die de verspreiding van de *Lumières* weerspiegelden. Voortbordurend op Mornet, die in *Les Origines intellectuelles de la Révolution française* had gewezen op het belang van onderzoek naar de provinciale academies, begon Roche met een analyse van de sociale samenstelling van de academies. Via een zorgvuldig genuanceerd classificatieschema bracht hij abstracte problemen als het veronderstelde 'bourgeois'-karakter van de Verlichting terug tot hanteerbare proporties. Hij ontdekte dat het lidmaatschap van de academies van Bordeaux, Dijon en Châlons-sur-Marne overeenkwam met de hiërarchie van de provinciale maatschappij. De aristocratische grootgrondbezitters, de krijgsadel, en (vooral in de steden waar het parlement zetelde) de ambtsadel voerden de boventoon op de academies, die zelf geprivilegieerde instellingen vormden in een maatschappij die een op privileges gebaseerd corporatief karakter droeg. De mindere goden van de academie (*correspondants* en *associés*) kregen steeds meer een bourgeois-karakter naarmate de eeuw vorderde – echter niet bourgeois in marxistische zin. Deze lagere leden van de academie waren ambtenaren en mensen uit de hogere vrije beroepen, waaronder een hoog percentage artsen maar vrijwel geen financiers, industriëlen of zakenlieden, zelfs niet in het florerende handelscentrum Bordeaux. Zo gaven de academies een beeld van een traditionele elite van notabelen, die steeds meer openstond voor getalenteerde individuen maar niet voor kapitalistische ondernemers. Ze stonden ook open voor nieuwe ideeën. Uit de onderwerpen voor hun essaycompetities blijkt hun belangstelling voor aan de Verlichting verwante zaken: maatschappijhervorming, een verschuiving van abstract naar utilitaristisch denken, en een groeiende belangstelling voor politieke economie. De mensen die Rousseaus *Discours sur les sciences et les arts* een eerste prijs toekenden hadden een zeer on-rousseauaans vertrouwen in een gelijke tred houdende vooruitgang van wetenschap en maatschappelijk welzijn.

In zijn tweede artikel gaf Roche een vergelijkende maatschappelijke analyse van de leden van de academies en de medewerkers aan de *Encyclopédie* zoals die door Jacques Proust zijn aangegeven in *Diderot et l'Encyclopédie*. Evenals onder de leden van de academies bevonden zich onder de encyclopedisten veel mensen uit de hogere beroepen (vooral weer de alomtegenwoordige verlichte artsen), geleerden en technici, aangevuld met hoge doses adel en ambtenaren (20 procent van elk) maar geen enkele zakenman. De *Encyclopédie* zelf lijkt dus de neiging van oude elites te vertegenwoordigen om een nieuwe rol van intellectueel leiderschap op zich te nemen, samen met de opkomende *bourgeoisie de talents* en niet met de industriële en handelsbourgeoisie. Dat is echter een conclusie die met grote voorzichtigheid gehanteerd moet worden, omdat ze is gebaseerd op de wankele statistische basis van 125 encyclopedisten van wie men de maatschappelijke en beroepsstatus heeft kunnen vaststellen. Aangezien Diderot meer dan 200 medewerkers had, hebben Proust en Roche waarschijnlijk niet met representatieve statistieken gewerkt. En die zijn in ieder geval te kleinschalig om grote maatschappelijke groeperingen te vertegenwoordigen. Dat zich onder de encyclopedisten slechts negen *abbés*, acht *parlementaires* en zeven juristen bevonden hoeft niet te betekenen dat die drie groepen minder geporteerd waren voor het *encyclopédisme* dan artsen, waarvan er tweeëntwintig aan de *Encyclopédie* hebben meegewerkt. Een tiental mensen uit iedere willekeurige andere categorie kan het statistisch beeld volledig doen omslaan. Zoals Jacques Proust heeft gezegd, was het een gedeeld intellectueel streven, en geen gemeenschappelijk sociaal milieu dat de medewerkers aan de *Encyclopédie* verbond. Ze hebben de oude patronen van eerbied en respect niet verworpen, integendeel, Proust heeft in de correspondentie van Diderot een soort differentiatie in respect gevonden, in die zin dat Diderot duidelijk op zijn strepen gaat staan tegenover zijn maatschappelijke minderen, zoals Rousseau, terwijl hij de meer gevestigde schrijvers met hun hogere status, zoals Voltaire, Buffon en Marmontel veel respectvoller benadert.[30] Feit blijft dat de mensen in het centrum van de Verlichting met elkaar waren verbonden door een gemeenschappelijk intellectueel streven. Toen hun boodschap zich verder verspreidde, moest die doordringen naar omlaag, via de traditionele hiërarchieën van de provinciale samenleving. Dit was het proces van verlichting dat d'Alembert en Voltaire voor ogen had gestaan – een langzaam doorsijpelen van *Lumières* vanaf de top naar de basis van de maatschappelijke piramide, zonder egaliserende of reducerende gevolgen. Zo vullen de onderzoeken van Proust en van Roche elkaar keurig aan, en laten ze zien dat de traditionele samenleving weliswaar in staat was tot het absorberen van nieuwe ideeën, en dat de traditionele elite nieuwe functies kon bekleden, maar dat in die maatschappij geen plaats was voor een nieuwe ideologie die gepaard ging met de opkomst van een nieuwe economische klasse. De sociale ideeëngeschiedenis lijkt uit de voegen gebarsten van de oude categorieën van de marxistische sociologie.[31]

De meeste artikelen in *Livre et société* leggen de nadruk op continuïteit, niet op verandering. Via macroanalyse van de boekproduktie en door veel aandacht te schenken aan plattelandsbewoners en provincialen, laten ze zien hoe zwaar de traditie woog in het culturele leven van de grote meerderheid der Fransen. Eén onderzoek, dat van Jean-Louis en Marie Flandrin, houdt zich echter bezig met het milieu in het centrum van de culturele vernieuwing, de salonkringen van Parijs. Evenals in Prousts onderzoek naar de encyclopedisten komt de kwantitatieve geschiedenis hier in direct contact met de Verlichting. De Flandrins hebben geprobeerd de literaire ervaringswereld van de Parijse elite in kaart te brengen door van drie tijdschriften de verwijzingen naar boeken te tabellariseren, te weten het *Journal* van Joseph d'Hémery, de politie-inspecteur voor de boekhandel, de *Mémoires secrets* van Bachaumont en de *Correspondence littéraire* van Grimm. Elk van de drie was bedoeld voor een beperkt privé-publiek en kon daarom materiaal bevatten over avantgardewerken die in de standaardtijdschriften zoals het scrupuleus gecensureerde *Journal des savants* niet besproken mochten worden. Uit een in deel I van *Livre et société* opgenomen statistische analyse van recensies uit het *Journal des savants* en het jezuïtische *Mémoires de Trévoux* was een 'traditionele' voorkeur gebleken die bijna even sterk was als de uitkomsten van het onderzoek van Furet en dat van Brancolini en Bouyssy.[32] Maar de Parijzenaars die deze gecensureerde tijdschriften lazen en soms zelfs redigeerden waren afkomstig uit dezelfde literaire kringen waar de Flandrins onderzoek naar deden, en die vonden in hun analyse van de clandestiene pers onversneden Verlichtingsideeën. Door het *Journal des savants* bekeken, lijken de Parijzenaars als twee druppels water op de provinciebewoners van Brancolini. Ze hielden zich aan een sober dieet van ouderwetse religieuze, historische en juridische werken, gekruid met wat natuurwetenschap. Maar vanuit de *Mémoires secrets* zien we de Parijzenaars zich volstoppen met filosofie, terwijl er weinig geschiedenis en geen religieuze, juridische of puur natuurwetenschappelijke werken worden geconsumeerd. Waar de vertekening ook zit, ze is uitsluitend het gevolg van de selectie van de feiten, niet van statistische onzorgvuldigheid. Wat de statistieken van de Flandrins betreft, daar valt geen speld tussen te krijgen, hoewel de tijdschriften waarop ze zich baseren niet alle boeken vermeldden die in de salonkringen werden gelezen. Ze vermeldden alleen de bijzondere, controversiële boeken, de boeken waarover gesproken werd en die nieuws betekenden. Deze tijdschriften waren eigenlijk primitieve nieuwsbladen – *nouvelles à la main* – en geen systematische literaire overzichten. Ze leveren informatie over literaire trends maar geen kwantificeerbare indicaties over de boekconsumptie die het niveau halen van de statistieken van Furet en Brancolini. Dus moet de *circulation du livre* in Parijs, en de culturele kloof tussen Parijse vernieuwers en provinciale volgelingen nog steeds precies worden getaxeerd.

De rest van *Livre et société* bestaat uit pogingen een nog ongrijpbaarder fenomeen te taxeren, namelijk taal. De historische semantiek is momenteel in Frankrijk een bloeiende discipline die belooft de standaardopvattingen over de Verlichting te verrijken door impliciete concepten boven water te halen, het soort concepten dat men niet kan opsporen via exegeses van het formele denken.[33] In tegenstelling tot de conventionele lexicologie behandelt de historische semantiek woorden niet als op zichzelf staande eenheden, maar als onderdelen van een semantisch veld, een linguïstische structuur waarin ieder onderdeel betekenis uitdraagt door middel van zijn functie binnen het geheel. Om de betekenis van afzonderlijke achttiende-eeuwse woorden te begrijpen is het daarom noodzakelijk de linguïstische structuur van het achttiende-eeuwse Frans te reconstrueren, waarbij de taal wordt gezien als een flexibel, maatschappelijk bepaald communicatiesysteem, niet als een vaste gedachtenkristallisatie waaruit men naar believen onderdelen kan lichten. In abstractie lijkt dit een zinnige benadering, maar de moeilijkheid is gelegen in de praktijk, want dan moet men achter het achttiende-eeuwse Frans zoals wij dat in de vorm van gestolde woorden op papier voor ons hebben, mentale processen zien te ontdekken. Voor het onderzoek in deel I van *Livre et société* is een speciale verzameling specimina van dit dode communicatiesysteem aangelegd – een lijst van veertigduizend boektitels die geregistreerd stonden voor *privilèges* en *permissions taçites*. Door iedere titel te analyseren als semantisch veld, de resultaten statistisch te verwerken en de statistieken in te delen in een reeks semantische modellen, hebben François Furet en Alessandro Fontana geprobeerd de betekenis van twee achttiende-eeuwse woorden te achterhalen, *histoire* en *méthode*.

Het werk van Fontana, het meest uitgebreide en ambitieuze van de twee, vormt het duidelijkste voorbeeld van deze nieuwe historische discipline. Na honderd bladzijden moeizame analyse, kwam Fontana tot een 'structureel profiel' van het achttiende-eeuwse *méthode*. Zijn conclusie was dat in sommige gevallen *méthode* vast, definitief, en transcendentaal of mathematisch was, en in andere gevallen gefragmenteerd, variabel en verbonden met specifieke disciplines. Het wisselende gebruik liet een denkpatroon zien dat verschoof van het zeventiende-eeuwse apriorisme naar het negentiende eeuwse relativisme, en gaf daarmee een kosmologische verschuiving aan die vergeleken kan worden met de overgang van het gesloten naar het oneindige universum die Alexandre Koyré heeft vastgesteld bij zijn onderzoek van de wetenschapshistorie.

Of Fontana dit nu echt allemaal bewezen heeft valt moeilijk te zeggen. Er zijn nogal wat linguïstische barrières om linguïstiek te begrijpen. De oningewijde lezer dient daarom Fontana's monografie niet te benaderen zonder iets veel geduchters dan een *Petit Larousse* in handen, om niet verstrikt te raken in het ondoordringbare semantische struikgewas. Hij kan misschien bogen op kennis van de *mots-clé* van de *Annales*-school: *conjoncture, contingence, synchronie-diachronie*, en *mot-clé*. Maar wat moet hij maken van *mathésis, hapax, inessif, hendiadys, ethnosème* en *semiosis*? Op het gevaar af versleten te worden voor *ubusif, anti-sememic* of een regelrechte *idiolect*, moet deze lezer toegeven dat hij Fontana niet kan volgen en dat hij de historische semantiek in theorie indrukwekkender vindt dan in de praktijk.

Maar de twee delen van *Livre et société* vertegenwoordigen wel een indrukwekkende poging om de intellectuele geschiedenis van het achttiende-eeuwse Frankrijk te behoeden voor vage generalisaties en haar een stevige basis te geven in de realiteiten van de sociale geschiedenis. Ze onthullen de algemene contouren van de literaire cultuur zoals die werd ervaren door het gros van de achttiende-eeuwse Fransen en niet zoals die naar voren komt in een paar achteraf geselecteerde klassieke werken. En ze relateren die literaire ervaring aan specifieke maatschappelijke groeperingen – de anonieme miljoenen die deelden in de volkscultuur, het meer geletterde lezerspubliek in de provincie, de provinciale elite en de Parijse avant-garde. Ondanks hun tekortkomingen blijkt uit deze experimentele essays dat het mogelijk is sociale ideeëngeschiedenis te schrijven. Ze slagen er evenmin in als Gay de Verlichting bevredigend opnieuw te definiëren, maar helpen haar te situeren in de complexe context van de achttiende-eeuwse maatschappij.

De vergelijking tussen Gays *Enlightenment* en *Livre et société* wijst erop dat de sociale ideeëngeschiedenis de leunstoel uit moet en de archieven in moet duiken, om nieuwe bronnen aan te boren en nieuwe methodes te ontwikkelen. Want hoe kan ze worden geschreven vanachter de muren van een bibliotheek, hoe voortreffelijk ook? Een Voltaire van de plank halen betekent nog geen contact met een representatieve sector van het intellectuele leven uit de achttiende eeuw. Uit de essays in *Livre et société* blijkt immers dat de literaire cultuur van het Ancien Régime niet uitsluitend gezien kan worden in termen van haar meesterwerken. Toch hebben bibliotheken propvol klassieken geen plekje over voor de *bibliothèque bleue*, een genre dat te onwaardig wordt bevonden om als 'boeken' te worden aangemerkt of in onze vooropgezette denkbeelden over 'cultuur' te worden opgenomen. En jaar na jaar leveren onze universiteiten gediplomeerde experts in de westerse beschaving af die *Du Contrat social* hebben stukgelezen en nog nooit hebben gehoord van *De vier Heemskinderen*. Wat de sociale ideeëngeschiedenis betreft is het probleem niet zonder meer dat er naast 'Cultuur' ook een 'volkscultuur' erkend moet worden, want Gays technieken – een zaak van kaartenbakken en intelligentie, maar geen origineel onderzoek – zijn zelfs niet toereikend om de sociale ideeëngeschiedenis van de elite op tafel te krijgen. Over de financiële situatie, het milieu en het lezerspubliek van de filosofen kunnen de feiten alleen maar boven water worden gebracht door in archieven te wroeten.

Als men Gays *Enlightenment* echter leest als conventionele intellectuele geschiedenis, heeft het het grote voordeel dat het veel oud en onhanteerbaar materiaal opnieuw vorm geeft. *Livre et société* geeft weinig hoop dat een dergelijke heroïsche synthese haalbaar is. Integendeel, het wekt de verwachting dat we een nieuwe lading monografieën te verwerken krijgen, die ons een stuk of tien verschillende richtingen uit zullen sturen, de feiten achterna.

Omdat die feiten meestal statistisch zijn, confronteren ze ons voortdurend met de problemen die inherent zijn aan het kwantificeren van culturele fenomenen. Literaire tijdschriften kunnen niet in zinvolle grafieken worden gegoten, en literaire 'invloed' lijkt nog steeds te ongrijpbaar om in de computer te worden gestopt. Statistieken van boekconsumptie leveren een algemeen beeld op van het culturele terrein, maar verklaren niet wat het betekent een boek te 'consumeren'. Dus is de sociale ideeëngeschiedenis op zoek naar een methodologie. Tot er een eigen discipline wordt ontwikkeld zal ze waarschijnlijk blijven terugvallen op ad hoc combinaties van Cassirer en Mornet. Ook al kan men beide meesters nog niet samenbrengen in een nieuwe definitie van de Verlichting, negeren kan men ze niet. Vanuit het perspectief van het werk van hun opvolgers lijken hun prestaties groter dan ooit.

DE MENTALITEITSGESCHIEDENIS

DE ZAAK VAN HET ZWERVENDE OOG

In *A Second Identity* vertelt Richard Cobb het verhaal van Marie Besnard, een sluwe boerin die een hele rits juristen, laboranten en criminologen die haar tussen 1952 en 1961 in een serie spectaculaire rechtszittingen wegens moord veroordeeld wilden krijgen te slim af was. Marie toonde aan dat haar aanklagers het bewijsmateriaal in hun reageerbuizen en glazen potten zo door elkaar hadden gegooid dat in Bewijsstuk A een nier van slachtoffer één hokte met de galblaas van nummer twee, terwijl een oog dat uit zijn thuisbasis was verdwenen, was opgedoken midden in een vreemd skelet. Het zwervende oog deed de deur dicht, stelt Cobb met voldoening vast. De wetenschappers verloren de zaak, en Marie herwon de vrijheid. Cobb zegt het niet met zoveel woorden, maar het verhaal kan gezien worden als een parabel die sociologisch georiënteerde historici stof tot nadenken moet geven.[1]

De sociologie is het zwarte schaap in de laatste drie boeken van Richard Cobb, hoogleraar geschiedenis aan de universiteit van Oxford, en een van de meest tegendraadse, originele en getalenteerde historici die momenteel publiceren. Als je de Franse Revolutie wil begrijpen, zegt hij, ga dan op pad in de onbekende wildernis van de revolutionaire *mentalité*. De onontgonnen historiografische gebieden zijn niet te vinden in statistische tabellen, economische modellen, computeruitdraaien of sociale systemen, maar in de verloren denkwereld van obscure personen als Marie Besnard.

Cobb is de enige die dit terrein verkend heeft. Een kwart eeuw is hij al bezig revolutionaire wilden (*enragés*) op te sporen, contrarevolutionaire zonderlingen, buurtactivisten, primitieve anarchisten en alle mogelijke varianten van menselijke excentriciteit die hij in het doolhof van de Franse archieven heeft kunnen opsporen. Zijn verslagen over deze verwaarloosde elementen van het Franse volk creëren een beeld van het menselijk lot dat de normale grenzen van de geschiedschrijving overstijgt. Bovendien illustreren ze de mogelijkheden en problemen waarmee men in het onderzoek naar *mentalités* te maken krijgt.

Waar Cobb zou kunnen thuishoren binnen de conventionele historiografie is niet duidelijk. Zijn visie is scherp en eigenzinnig, terwijl de conventionele studies over de Franse Revolutie steeds sociologischer en verwarder zijn geworden. De verwarring is ontstaan door een opleving van een oude vete over de betekenis van 1789 en 1793. Rechtse vakbladen hebben de revolutionaire historiografie aangegrepen als middel van kritiek op links, en links heeft teruggeslagen met een bombardement aan artikelen over de ware aard van 'ons aller Moeder', zoals de Revolutie bekend staat onder haar wettige kinderen.[2] Het gevecht heeft iets van een *guerre dans la cimetière*, men ziet de strijdenden op graven staan en erfgoed verdedigen: Marx versus Tocqueville, Mathiez versus Aulard, Lefebvre versus Febvre. Maar er is meer aan de hand dan voorouderverering en ideologisch stambesef.

Franse historici hebben in hun poging de Franse samenleving van de politieke bovenbouw te ontdoen om haar te kunnen ontleden, meestal gebruik gemaakt van het scherpe instrumentarium van het marxisme.[3] Engelse en Amerikaanse historici komen echter met feiten die steeds moeilijker in te passen zijn in marxistische categorieën. George Taylor heeft aan het licht gebracht dat de economie van het Ancien Régime niet kapitalistisch was. Robert Forster heeft aangetoond dat men het feodalisme niet zonder meer met de adel kan identificeren. C.B.A. Behrens heeft laten zien hoe de privileges dwars door alle lagen van klasse en stand heensneden. David Bien en Vivian Gruder hebben de sociale mobiliteit binnen het leger en de intendantsorganisatie onderzocht en kwamen tot de ontdekking dat de tegenstelling tussen bourgeoisie en aristocratie daar nauwelijks een rol heeft gespeeld. J.F. Bosher heeft aangetoond dat men de monarchie beter kan opvatten als een samenspel van complexe gevestigde belangen dan als een klasseregering door de adel. Klasse blijkt een te beperkt begrip voor de analyse van de complexiteiten en tegenstrijdigheden van de revolutionaire samenleving en politiek zoals die wordt ontleed in de werken van Charles Tilly, M.J. Sydenham, Isser Woloch en Colin Lucas. Het marxistische kernidee dat de Revolutie het gevolg is geweest van een tegenstelling tussen een opkomende kapitalistische bourgeoisie en een feodale adel is volledig de grond in geboord door Alfred Cobban, die het grootste deel van zijn geschut uit het kamp van zijn ideologische vijanden had gestolen.

Cobbans expliciet antimarxistische geschiedschrijving heeft in Frankrijk (evenmin als die van Crane Brinton en R.R. Palmer) weinig effect gesorteerd. Albert Soboul, de beste Franse marxist, heeft het totaal genegeerd toen hij de oude orthodoxe ideeën opnieuw formuleerde in zijn *Précis d'histoire de la Révolution française* (1962). In diezelfde periode produceerde Norman Hampson in het Engels een opmerkelijk niet-marxistisch werk, *A Social History of the French Revolution* (1963). Misschien heeft de taalbarrière een Engels-Franse Boekenoorlog verhinderd. Maar toen in 1969 Pierre Goubert het eerste deel uitbracht van *L'Ancien Régime*, een niet-marxistische analyse van buitengewone scherpzinnigheid en hoog niveau, die in bijna heel Frankrijk de leerboekenmarkt wist te veroveren, viel François Furet de marxistische interpretatie van de Revolutie rechtstreeks aan in een briljant polemisch artikel, 'Le Cathéchisme révolutionnaire' (*Annales*, maart-april 1971), dat geleid heeft tot de huidige staat van open oorlog.

Men moet deze oorlog niet zien als een Amerikaanse knuppel in het hoenderhok van de historici of als een gevecht tussen Angelsaksisch empirisme en continentaal dogmatisme, waarbij dat laatste, na jarenlang aan ondermijning en erosie te hebben blootgestaan, uiteindelijk tot ineenstorting zou zijn gedoemd. Want onder de aanvallers bevonden zich een groot aantal Fransen die kunnen teruggrijpen op hun eigen rijke traditie van niet-marxistische sociale geschiedenis. Bovendien is het marxistische model steviger en beter versterkt dan de Bastille indertijd. Ook is het vreselijk moeilijk afstand te doen van het idee dat Soboul lanceert in de allereerste zin van zijn *Précis*: 'De Franse Revolutie vormt, met de Engelse revoluties van de zeventiende eeuw, de culminatie van een langdurige economische en sociale ontwikkeling die de bourgeoisie tot meesteres der wereld heeft gemaakt.' Zo indrukwekkend geformuleerd lijkt dit een aannemelijk idee, en toch is het gebaseerd op vooronderstellingen waaraan men niet kan tornen zonder de hele zaak onderuit te halen. En als de revisionisten er al in slagen de marxistische interpretatie van de Revolutie te slopen, wat moeten ze dan met de puinhopen aan? Ze beschikken niet over een eigen systematisch begrippenkader.

Waar hoort Richard Cobb thuis in deze algemene verwarring? Op basis van zijn vroege werk hoort hij thuis in het gezelschap van twee marxisten, Albert Soboul en George Rudé. Rudé heeft het onderzoek naar de Revolutie een andere richting opgestuurd door er naar te kijken 'van onderaf'. Dat is nu een versleten uitdrukking geworden, maar in de jaren vijftig en vroege jaren zestig betekende het een enthousiaste poging om de gebeurtenissen te bezien vanuit een nieuw perspectief. Het was het perspectief van gewone mannen en vrouwen, de mensen die de werkkracht leverden om de Revolutie naar links te dwingen in de reeks van Grote Sprongen Voorwaarts die bekend stonden als *journées* (14 juli 1789, 5-6 oktober 1789, 10 augustus 1792 en 31 mei-2 juni 1793), de mensen die de pan in werden gehakt bij de rellen van germinal en prairial jaar III (1795), en weer in opstand kwamen tijdens de Julidagen van

1830, de Junidagen van 1848, en de Meidagen van 1871, die op hun beurt de weg voorbereidden voor augustus 1944 en mei-juni 1968.

Bij Cobb leidde de belangstelling voor gewone mensen tot de studie van mentaliteit (het Franse *mentalité*), wat hier betrekking heeft op het onderzoek naar de zienswijze van de gewone man en diens kijk op de gebeurtenissen (in plaats van die gebeurtenissen zelf te analyseren). Cobbs onderzoek naar de revolutionaire mentaliteit betekende een aanvulling op het werk van Soboul en Rudé, die de nadruk legden op de institutionele, politieke en economische aspecten van de *sans-culotte*-beweging. Het gaf de atmosfeer van de Terreur in de gewone buurten weer waar het verlangen naar betaalbaar brood en een redelijk gelijke verdeling van *jouissances* sterker sprak dan de filosofie van Rousseau, en waar het geloof in contrarevolutionaire komplotten belangrijker was dan de komplotten zelf. Door in de archieven onder te duiken, door zijn lumineus historisch voorstellingsvermogen, en een buitengewoon sterke prozastijl, zowel in het Frans als Engels, wist Cobb het vergeten volk van de Revolutie weer tot leven te brengen.

In *The Police and the People* en *Reactions to the French Revolution*, betreedt Cobb nieuw terrein en verwisselt hij de onderkant van de Revolutie voor de zelfkant. Hier concentreert hij zich op banditisme, prostitutie, landloperij, moord, waanzin en andere vormen van afwijkend gedrag. Dit mogen fascinerende thema's zijn, ze helpen niet de verwarring in de huidige interpretaties van de Revolutie te verminderen, want bij Cobb lijken aanhanger van de Terreur en van de Contraterreur, *sans-culotte* en crimineel, militant en gek allemaal op elkaar. Hij lijkt er niet op uit te zijn de relatie tussen geweld en revolutie te verklaren, maar om excentriciteit en individualisme op zich te verheerlijken – een soort omgekeerd moraliseren dat hij tegen zijn voormalige bondgenoten richt. Hij laat namelijk geen kans voorbijgaan om Soboul een steek te geven of uit te vallen tegen Rudé. Hij verwijt deze dat ze het verleden hebben ontmenselijkt door het te vangen in droge dogmatiek. Hij schildert de revolutionaire regering af als een vorm van totalitarisme *manqué*, suggereert dat het nog net geen stalinisme was omdat de wil wel aanwezig was maar de technologie nog ontbrak, en zet haar in ongunstige zin af tegen 'de volle bloei van de anarchistische vrijheid' tijdens de reactie van Thermidor.

Hoe stelt Cobb zich in de huidige historicistrijd dan op? Tegen ideologie en tegen sociologie. Hij heeft zichzelf onnomwonden in een niemandsland gezet en voert een privé-oorlog op twee fronten, tegen zowel de marxistische als de empirische versies van de geschiedeniswetenschap. Cobb is de ketter geworden van iedereen. Zijn invalshoek op de geschiedenis is zo eigenzinnig dat hij ons dwingt de Revolutie in een nieuw licht te zien. Dat maakt zijn werk zo fascinerend, want het stelt ons steeds weer voor nieuwe uitdagingen door zijn originaliteit – een zeldzame eigenschap op een wetenschapsgebied dat naar conformisme neigt.

Neem bijvoorbeeld Cobbs herwaardering van de volkse *sans-culotte*-beweging in *The Police and the People*. Soboul had laten zien dat het sansculottisme zich ontwikkelde als een dialectiek tussen de revolutie van het volk en de revolutionaire regering in het jaar II (1793-1794), dat wil zeggen, hij legde uit hoe de *sans-culotten* de Revolutie naar links dwongen en waarom ze uiteindelijk vernietigd werden door de dictatoriale Terreur die ze zelf in het leven hadden geroepen. Door middel van diepgaande analyse en zorgvuldige documentatie heeft Soboul de onderliggende logica van de gebeurtenissen blootgelegd. Zijn verklaring van deze climactische fase van de Revolutie is nog steeds de beste die er bestaat.

Niets staat echter verder af van Cobbs geschiedenisopvatting dan logica. Hij vindt Sobouls analyse te intellectualistisch ('een historisch ballet met een overdaad aan choreografie') en probeert aan te tonen dat de revolutie van het volk geen beweging was maar een uitbarsting van anarchie. Cobb staat uitvoerig stil bij de karakterfouten van de *sans-culottes* – hun schreeuwerige doordrijverij, hun naïviteit en kortzichtigheid – maar haalt Sobouls argumentatie nooit echt onderuit. Hij zaait verwarring over wat er werkelijk speelde door de gebeurtenissen een omgekeerde chronologie te geven. Zijn verhaal loopt achterstevoren, van het Keizerrijk via het Directoire en de reactie van Thermidor tot het jaar III (1794-1795), dat hij als het keerpunt ziet van de hele Revolutie. Omdat hij geen coherent sans-culottisme vindt in die periodes, concludeert hij dat de beweging daarvoor ook al een eendagsvlieg moet zijn geweest – een bizarre redenatie die erop neerkomt dat iets niet heeft bestaan omdat het is doodgegaan. Aangezien Soboul het eind van de revolutie van het volk had weten te dateren aan het eind van het jaar II en ook heeft laten zien hoe en waarom, mist Cobbs omgekeerde revisionisme volledig zijn doel. En tegen de tijd dat hij bij de Terreur arriveert, leest zijn beschrijving als Soboul met een pikant sausje.

Maar niet als hij het over de provincies heeft. De stelling van Soboul geeft geen verklaring voor het grillige verloop van de volksrevolutie buiten Parijs, terwijl Cobb, die uitstekend thuis is in de provinciale geschiedenis, al de tegenstrijdigheden en tegenstromen laat zien waardoor het sans-culottisme niet kon uitgroeien tot een nationale macht. Hij bewijst niet alleen dat de extremisten van Lyon precies het tegenovergestelde eisten van de horde in Parijs, maar laat ook zien hoe de vechtersbazen van Vienne tekeergingen tegen de inwoners van Lyon, en hoe de veelgelaagde antagonismen van Parijs-Lyon-Vienne verschilden van die van Parijs-Rouen-Le Havre. Cobb gaat nog verder. Hij onderzoekt buurtrivaliteiten, familievetes, de solidariteit binnen de beroepsgroepen, en de scheuringen die ontstonden door ruzies over hanengevechten, jeu de boules of vrouwen. Overal ziet hij variatie, onenigheid, individualisme. Algemene interpretatielijnen vervagen, en de Revolutie valt uiteen in gonzende verwarring. Misschien is dat ook alles wat het voor de gewone man heeft betekend. In ieder geval maakt Cobb de beperkingen duidelijk van het Parijse model.

Dat had hij ook al gedaan in zijn eerdere werk. Zijn meest recente boek, *Reactions to the French Revolution*, houdt zich bezig met anarchisten, bandieten, criminelen, kluizenaars, gekken en een bonte verzameling individuen die leefden buiten de politiek, buiten het bereik van de staat. Omdat deze mensen behalve hun weigering geïntegreerd te worden in de samenleving onderling niets gemeen hadden, en omdat de geschiedenis van Frankrijk altijd veel asociale individuen heeft gekend, leiden hun verhalen niet tot algemene conclusies over hun leven of hun tijd.

Het lijkt er dus op dat Cobb vooral wordt aangetrokken door de tijdloosheid van de wetteloosheid of *la vie en marge*. Vijfentwintig jaar lang heeft hij door de archieven gezworven, iedere zonderling napluizend die hij kon ontdekken. Hij heeft er een fantastische collectie gevallen van afwijkend individualisme aan overgehouden, aan elkaar geregen door 'het selectieve gebruik van de individuele "case history" als eenheid van historisch impressionisme'. Het is een methode die uitstekend past bij Cobbs gevoeligheid voor het unieke aan dingen en bij zijn opvatting van de taak van de historicus. Hij wil namelijk laten zien hoe de fenomenen onderling verschillen, niet hoe ze aan elkaar verwant zijn. Door constant te hameren op de complexiteit van het verleden, is zijn werk een waarschuwend monument geworden tegen pogingen de geschiedenis netjes in te passen in vooraf bepaalde sociale structuren. Maar Cobbs hardnekkige voorkeur voor uitzonderlijkheid neigt naar nominalisme of nihilisme. Hij lijkt te suggereren dat generalisaties onmogelijk zijn en dat de geschiedenis alleen maar kan worden gereduceerd tot 'case histories'.

Er schuilt waanzin in die methode, en misschien is er wel een tikje waanzin voor nodig om de 'kannibalen' te begrijpen die in september 1792 als beesten te keer gingen, en daarmee de Republiek een geboortetrauma bezorgden. Er is nauwelijks een gelukkiger combinatie van onderwerp en schrijver denkbaar dan Cobbs warme evocatie van wat de Terreur en de Contraterreur hebben betekend voor de mensen die ze aan den lijve ondervonden. Maar zijn weigering te analyseren en te generaliseren maakt hem een soort Amish van de methodologie. Hij fulmineert tegen de *Annales*-historici, intellectueel-historici en sociaal-historici, en door zijn eigen versie van de gebeurtenissen te construeren weigert hij bovendien aan het peil te ontstijgen van de *fait divers*. Voor Cobb is het net als voor Restif de la Bretonne en Louis Sébastien Mercier, de *rapporteurs* van de revolutie in wie hij zijn grootste inspiratie vindt, genoeg om een blik te werpen in het hart van een passant. Geschiedenis is broederschap, en methodologie is empathie.

Het gevaar van dit historisch impressionisme is niet dat het Sobouls rotsvaste stelling aan het wankelen brengt, of welke andere analytische structuur dan ook, maar dat het de ontwikkeling van de geschiedenis van de *mentalités*, Cobbs lievelingsgenre, op het verkeerde spoor zet. Het mentaliteitsonderzoek gaat minstens terug tot Burckhardt, maar maakt momenteel een sterke opleving door in Frankrijk, heeft zelfs het Kanaal overgestoken, en is aan een aarzelende overtocht begonnen over de Atlantische Oceaan. Het is een soort intellectuele geschiedenis voor niet-intellectuelen, een poging de kosmologie van de gewone man te reconstrueren, of, bescheidener gesteld, de attituden, vooronderstellingen en impliciete ideologieën te begrijpen van specifieke groepen binnen de maatschappij (hun *outillage mental*, zoals Lucien Febvre het zegt, die grote profeet en beoefenaar van dit geschiedenisgenre). *Mentalité* is meer een onderwerp dan een discipline. De Fransen hebben het besproken in verscheidene inleidingen en verhandelingen over de methode,[4] maar zijn nog niet tot een duidelijke begripsvorming gekomen. Cobb evenmin. Zijn laatste twee boeken behandelen zo'n verbijsterend ratjetoe aan onderwerpen – criminaliteit, landloperij, conflicten tussen stad en platteland, zelfmoord, krankzinnigheid, volkscultuur, het gezin, de onderdrukking van de vrouw – dat het moeilijk is in de vloed van hoofd- en tussenstukken een rode draad te ontdekken.

CRIMINALITEIT

Als er al een leidmotief zit in Cobbs werk, is het moord. Aangezien de meeste van zijn excentriekelingen vroeg of laat wel een moord begaan, concentreert hij zich er lang genoeg op om wat statistieken te produceren. Hij heeft in de Rhônevallei en omliggende gebieden in de laatste vijf jaar van de achttiende eeuw 846 'politieke' moorden geteld. De moord-'score' volgens tijd en plaats overtuigden hem ervan dat het aantal moorden in de jaren tussen Terreur en Keizerrijk drastisch was gestegen. Hoewel de moorden vaak slechts lokale motieven lieten zien (familievetes, *règlements de compte* – in de praktijk geeft Cobb toe dat het onmogelijk is politieke van niet-politieke moord te onderscheiden), kwam hij tot de conclusie dat ze het nauwst samenhingen met het politieke klimaat. Dus interpreteert hij moord als een vorm van politiek protest, een soort Contraterreur, die de steun had van de gemeenschappen die door de vertegenwoordigers van de revolutionaire regering in Parijs op het verkeerde been waren gezet – vandaar de relevantie voor volkse mentaliteit en de achteruitgang van de volksbeweging.

Cobb strooit zijn statistieken zo achteloos in het rond dat ze moeilijk te evalueren zijn. De poging ze onderling te relateren levert niets op, omdat hij geen consequente meeteenheden gebruikt. In plaats van de lezer bijvoorbeeld te vertellen hoeveel moorden er jaarlijks plaatsvonden in het departement van de Rhône, presenteert hij zijn informatie als volgt. In het jaar III (1794-1795) vonden er in het departement van de Rhône en van de Loire vijftig moorden plaats; in het jaar IV waren er twintig in de Rhône en in de Haute-Loire; voor het jaar V geeft hij geen cijfers; in het jaar VI waren er alleen in de Rhône vier, en voor het jaar VII geeft hij weer geen cijfers. De numerieke basis heeft niets om het lijf, de geografische eenheid is nooit hetzelfde, en voor twee van de vijf onderzoeksjaren worden geen statistieken gegeven. En toch was de Rhône het gebied dat Cobb het intensiefst had onderzocht. Voor andere gebieden zijn zijn statistieken nog schameler. Ze beslaan meestal niet meer dan een of twee jaar en verwijzen naar steeds wisselende combinaties van departementen.

Cobb geeft geen statistieken voor periodes vóór het jaar III, en toch beweert hij dat het aantal moorden tijdens de Contraterreur (het jaar III en daaropvolgend) even hoog was als tijdens de Terreur (jaar II), en hoger dan in de niet-revolutionaire jaren. Die conclusie kan alleen maar gestaafd worden door statistieken die de periodes vóór en na de Revolutie beslaan. En die geeft Cobb niet. Hij geeft geen enkele indicatie hoe we het gebied waarover hij gegevens verstrekt moeten plaatsen binnen het geheel of hoe representatief zijn statistieken zijn. Welk gedeelte van het totaal aantal moorden bespreekt hij? Hoe verhoudt dat aantal zich tot de bevolkingscijfers van de bestudeerde gebieden? En tot het gemiddelde aantal moorden per honderdduizend mensen over langere perioden?

Dit zijn vragen die Cobb nooit stelt. Zolang hij ze echter niet beantwoordt, mogen we zijn conclusies slechts als hypotheses beschouwen. Hij kleineert het belang van statistieken, maar verlaat zich er wel hevig op. Ook maakt hij vrijblijvende algemene opmerkingen over de frequentie van bepaalde fenomenen, waarop hij zich vervolgens wel baseert om talloze onderwerpen te verklaren, als prostitutie, desertie, ziekte, landloperij en allerlei vormen van misdaad en geweld. Al die gevallen ziet hij na Thermidor (27 juli 1794) in aantal toenemen. Als verklaring wijst hij op de veranderingen in het politieke klimaat – een interpretatie die op het eerste gezicht al dubieus lijkt en verder wordt ondermijnd door zijn eigen bekentenis dat veel van zijn bewijsmateriaal afkomstig is van aantekeningen die hij twintig jaar daarvoor *en passant* haastig had opgekrabbeld toen hij op zoek was naar gegevens over de revolutionaire legers. Die zoektocht had hem door duizenden uiteenlopende dossiers gevoerd en had het hem onmogelijk gemaakt statistieken te produceren in een reeks, dat wil zeggen, op basis van een homogene bron die kwantificeerbaar was in gelijkwaardige eenheden.

Maakt deze statistische *insouciance* de conclusies van Cobbs laatste twee boeken nu waardeloos? Zeker niet, want het is hem echt minder te doen om het meten van het aantal gevallen van geweld dan om het begrijpen van de ervaringswereld die erachter ligt. In een gedeelte dat volgt op de moordscores in *The Police and the People* beschrijft hij de psychologische isolatie van voormalige terroristen toen de reactie van Thermidor begon door te dringen op het platteland. Als fantasierijke evocatie van de onaangename kanten van het dorpsleven is het volkomen overtuigend. Dit kan de onbevredigende statistieken waarmee het boek volstaat zeker compenseren. Dat geldt ook voor de schitterende beschrijvingen van volksattituden tegenover voedsel en schaarste, van de waardigheid van de man die kan zeggen dat hij 'brood op de plank' heeft, en van het volkse taalgebruik, waaraan extremisten een extra dimensie gaven met hun gebruik van zwarte humor en obscene overdrijving ('Ik ga een bourgeoiskop eten, met knoflook'). Als hij dit soort onderwerpen behandelt, laat Cobb zijn historische fantasie de de vrije loop, en wat hij zegt klinkt overtuigend omdat hij het materiaal uitstekend beheerst. Het probleem is hoe men aan anekdotische evocatie kan ontstijgen en de mentaliteitsgeschiedenis verder kan ontwikkelen, voorbij het punt dat al is bereikt door meesters als Lucien Febvre, die ook een grote historische gevoeligheid paarde aan eruditie en literaire flair.

Criminaliteit en mentaliteit voegen zich zo natuurlijk samen dat dit op een mogelijke oplossing wijst voor de tegenstelling tussen de sociologie en de mentaliteitsgeschiedenis die als een rode draad door Cobbs werk loopt. Als hij in plaats van barrières op te werpen tussen de geschiedenis en de sociale wetenschappen, zich aan een paar verkenningstochtjes op vreemd terrein had gewaagd, zou hij een rijke literatuur hebben aangetroffen waarin hij had kunnen schatgraven. Enige bekendheid met de criminologie bijvoorbeeld had hem ertoe kunnen aanzetten zijn these dat de Revolutie of de Contrarevolutie een stijging in geweldsdelicten te zien had gegeven, nog eens grondig te bekijken. Historisch-criminologen hebben namelijk het omgekeerde ontdekt, zowel wat 1871 als 1789 betreft.[5] Ze hebben ook technieken ontwikkeld om de valkuilen van de statistieken te vermijden.

Een korte blik op een willekeurig leerboek van de criminologie[6] of zelfs op zulke verguisde tijdschriften als de *Revue française de sociologie* of de *Annales* zou Cobb hebben kunnen helpen zijn cijfers over misdaadpercentages zinvol op een rijtje te zetten en hem op het spoor hebben kunnen brengen van de *Comptes généaux de l'administration de la justice criminelle*, die criminele statistieken leveren vanaf 1825. De *Comptes* hebben materiaal geleverd voor de sociale geschiedenis sinds de dagen van A.M. Guerry en Adolphe Quételet, vroege meesters van de sociologie, die geleefd hebben ten tijde van gebeurtenissen die Cobb beschrijft en die de criminaliteit bestudeerd hebben met een statistische verfijning waarbij het werk van Cobb primitief aandoet.[7]

Uiteraard kan men de moderne criminologie niet zonder meer loslaten op het verleden, omdat de criminele statistieken van vóór de negentiende eeuw veel onregelmatigheden vertonen. Wel kan de criminologie suggesties leveren omtrent benaderingen, methodes, en vraagstukken die bij een asociologisch historicus nooit waren opgekomen. Hij kan eruit leren hoe hij criminaliteit en demografie tegen elkaar moet afzetten, hoe hij factoren als leeftijd, beroep, geslacht en woonplaats kan verwerken, en hoe hij een gevoeligheid kan ontwikkelen voor de attituden (of *mentalités*) die een rol spelen in de relatie tussen wie de wet breekt en wie haar oplegt. Want misdaad levert een negatief beeld van het sacrale en een directe weerspiegeling van het taboe, en bestudering van die misdaad over langere perioden kan verschuivingen aan het licht brengen in het waardesysteem van de maatschappij. Analyses van vonnissen laten de sociologisch belangrijke momenten zien waarop rechters ophouden wetten toe te passen die nog wel geschreven staan maar die uit de mores zijn verdwenen.

Robert Mandrou heeft deze benadering met succes toegepast in zijn boek over heksenvervolging, *Magistrats et sorciers en France au XVIIe siècle*. Ook de kranten staan vandaag de dag vol met soortgelijke gevallen, zoals rechtszaken over abortus, homoseksualiteit en onzedelijkheid. Op soortgelijke wijze kan onderzoek naar misdaden veranderingen aan het licht brengen in attituden en gedragspatronen. Zo heeft Enrico Ferri gesteld dat wanneer samenlevingen een ontwikkelingsfase van verstedelijking en commercialisering bereiken, er eerst een stadium komt van instinctieve criminaliteit en vervolgens van berekende criminaliteit, en dat er dus een verschuiving plaatsvindt van misdaden tegen mensen naar misdaden tegen bezit.[8] Hoewel de 'wet' van Ferri inmiddels tot en met is uitgemolken, is hij nuttig gebleken bij de vergelijking van traditionele met moderne of plattelands- met stedelijke samenlevingen. Het percentage geweldsdelicten (moord en zware mishandeling bijvoorbeeld) is meestal veel hoger in archaïsche dorpen met een boerenbevolking, waar gemeenschapsnormen het gedrag bepalen, behalve op die meest explosieve en impulsief-heftige momenten, terwijl economische misdaad (diefstal en fraude) overheerst in de moderne steden, waar ontwortelde, door geld geobsedeerde individuen anoniem ploeteren om rijk te worden of gewoon te overleven.

Deze verschuiving van emotionele naar commerciële criminaliteit blijkt zich in de zeventiende en achttiende eeuw overal in het Westen te hebben voorgedaan. De huidige golf van berovingen met geweld geeft weer een klimaatverandering aan, evenals de opkomst van de onderwereld, ondanks de (grotendeels in de verbeelding bestaande) onderwereld-subcultuur rond Robin Hood en Cartouche. Cobb behandelt plattelands-, stads-, en georganiseerde misdaad als uitdrukkingen van dezelfde afwijkende mentaliteit, terwijl de criminologie aangeeft dat de moord met de hooivork, de diefstal in een warenhuis in de stad en de *mafiosi* in verschillende groepen thuishoren.

Dergelijke verschillen kan men alleen boven tafel krijgen door vergelijkende analyse, nog een genre waar Cobb een hekel aan heeft en dat hem geholpen zou hebben zijn materiaal in beter perspectief te krijgen. Vertegenwoordigen zijn vier moorden in het departement van de Rhône in het jaar VI een hoog gweldspercentage? Er van uitgaand dat de Rhône ongeveer tweehonderdduizend inwoners had, is dat een verhouding van twee op de honderdduizend, hetgeen ongeveer overeenkomt met dat van het huidige Frankrijk. Het is dus mogelijk dat het gebied rond Lyon, dat Cobb afschildert als een gigantische gruwelkamer, tegen 1789 een fase was ingegaan van tamelijk geweldloze criminaliteit, en Cobbs voorliefde voor gewelddadige anekdotes heeft hem waarschijnlijk een vertekend beeld doen schetsen van de realiteit. De obscene, rituele moorden in de meer afgelegen gebieden die hij heeft onderzocht wijzen op een primitiever patroon, zoals dat van het huidige Colombia, Birma of Indonesië.[9]

Vergelijkingen tussen culturen onderling op wereldschaal zijn wellicht van weinig praktische waarde. Cobb zou echter wel zijn bevindingen hebben kunnen vergelijkingen met die van andere historici die onderzoek doen naar criminaliteit in het achttiende-eeuwse Frankrijk. Hele ploegen zijn bezig in de archieven van Lille, Caën, Bordeaux, Toulouse, Aix en Parijs, en ze hebben al belangrijke resultaten geboekt, zoals blijkt uit de voorlopige on derzoeksresultaten van de groep die met François Billacois werkt in Parijs en die van Pierre Deyon in Lille.[10]

De Parijse groep heeft berekend dat diefstal 87 procent uitmaakte van de gerapporteerde misdaden tussen 1755 en 1785 – een cijfer dat het prerevolutionaire Parijs in dezelfde categorie plaatst als de grote steden van het moderne Europa (99 procent van de misdaden in Parijs in de jaren zeventig betrof diefstal). Dit in tegenstelling tot de achttiende-eeuwse Franse dorpen waar diefstal slechts ongeveer een derde uitmaakte van het aantal gerapporteerde misdaden. Het aantal moorden in Parijs was laag (ongeveer een per honderdduizend), en alle feiten lijken erop te wijzen dat er nog geen criminele onderwereld bestond. Zelfs als men rekening houdt met een aanzienlijk verschil tussen werkelijk gepleegde en gerapporteerde misdaad, zou de hoofdstad van de Revolutie een geweldloos paradijs lijken voor iemand die in het laatste kwart van de twintigste eeuw in New York woont.

Maar het was een regelrechte hel voor de criminelen, die grotendeels stalen om in leven te blijven. Analyse van hun afkomst, beroep, woonplaats en gezinsstatus laat zien dat ze tot Frankrijks miserabele 'zwevende bevolking' hoorden die tussen tijdelijke baantjes rondzwierf of in smerige pensions huisde. Deze 'criminelen' waren het slachtoffer van armoede. Hun eigen slachtoffers waren vaak ook min of meer noodlijdend, en hun onderdrukkers lieten zich overwegend leiden door een allesoverheersende motivatie: bescherming van hun bezit. De strafrechters van Parijs tijdens de Verlichting lieten dieven ophangen en martelen, maar toonden mededogen voor misdaden die voor henzelf minder bedreigend waren, zoals mishandeling, verkrachting en overspel.

Hetzelfde patroon komt naar voren uit historisch onderzoek in Lille. Daaruit blijkt dat het crimineel geweld tijdens het hele revolutionaire decennium dramatisch afnam en dat het percentage persoonlijke misdrijven door de hele achttiende eeuw verminderde terwijl misdaden tegen bezit toenamen. Rechters legden geen straffen meer op voor heiligschennis, werden clementer ten aanzien van persoonlijke zedeloosheid, lieten minder vaak martelen (hoewel ze dat nog wel toepasten bij dieven, als die arm en van lage komaf waren), en legden zelfs bij kruimeldiefstallen zeer strenge straffen op – het strengst in het geval van bedienden, bedelaars en dagloners. De strafwetgeving zoals die in Parijs en Lille werd toegepast, fungeerde niet langer als beschermer van traditionele waarden en was in essentie een instelling geworden die bezit probeerde te beschermen tegen de bezitlozen.

Tot die categorie van de allerarmsten hoorden niet de Parijse *sans-culottes*. Die hadden vast werk, een vast adres, gezinnen en brood op de plank – al was er niet altijd genoeg om hun maag te vullen. De criminele bevolking was het dichtst in het hartje van Parijs, waar de goedkoopste logementen waren, niet in de *faubourgs* waar de *sans-culottes* woonden. Daaruit blijkt dat crimineel en revolutionair geweld geen verband hielden met elkaar, dat de bestorming van de Bastille en de neiging om beurzen te snijden weinig gemeen hadden. Zelfs 'van onderaf' gezien, vond de Revolutie plaats over de hoofden heen van Frankrijks criminelen die stalen om te kunnen eten.

Zo heeft de historische criminologie feiten omtrent gedrag en psychologie aan het licht gebracht die met Cobbs methoden niet ontdekt hadden kunnen worden. Het punt is niet dat Cobb ongelijk had (zijn geschiedenisopvatting is te subjectief om van gelijk of ongelijk te kunnen spreken), maar dat zijn historisch impressionisme nergens toe leidt. Vergelijking van zijn werk over criminaliteit met dat van de sociaal-wetenschappers leidt tot de conclusie dat de mentaliteitsgeschiedenis zou moeten samenwerken met de sociologie in plaats van haar als doodsvijand te beschouwen.

DOOD

Het onderzoek naar de dood illustreert ditzelfde punt. De dood is een onderwerp waarmee sociologen, antropologen, schilders, dichters en begrafenisondernemers zich hebben beziggehouden – maar nooit de historici. Hoewel hij altijd al onverbiddelijk op het leven is gevolgd, heeft de dood voor de historici geen geschiedenis. Ze geven gewoonlijk de voorkeur aan dramatische gebeurtenissen boven de grote constanten van het menselijk lot – geboorte, kindertijd, huwelijk, ouderdom en dood. Toch zijn die constanten veranderd, zij het langzaam en onmerkbaar. Laten we kijken naar het contrast tussen de middeleeuwse kunst van het sterven en de Amerikaanse manier van doodgaan. In de late middeleeuwen speelde de stervende mens de hoofdrol in een bovennatuurlijk drama. Hij dramatiseerde en regisseerde zijn dood volgens een voorgeschreven rite, zich bewust van het feit dat hij het hoogtepunt van zijn leven had bereikt, dat het ging om hemel of hel, en dat hij zijn ziel kon redden door een 'goede dood' te sterven. *L'Art de bien mourir*, de *Ars Moriendi*, werd een van de populairste en meest verbreide thema's in de literatuur en de iconografie van de vijftiende eeuw.

De *Ars Moriendi* beeldde een man af op zijn sterfbed, omringd door heiligen en demonen die strijden om het bezit van zijn ziel. De duivels verbeelden zijn zonden en eisen hem op voor de hel. Als hij de verleidingen van hoogmoed en wanhoop weerstaat en oprecht berouw heeft, sterft hij een goede dood. Met zijn handen gekruist, zijn hoofd oostwaarts gericht naar Jeruzalem en zijn gezicht hemelwaarts geheven, geeft hij met zijn laatste ademtocht zijn ziel op. Ze komt te voorschijn uit zijn mond en ziet eruit als een pasgeboren kind. Een engel voert haar mee naar de hemel. Het schouwspel onthult het middeleeuwse realiteitsgevoel, een kosmologisch kluwen van het verhevene en het lage, waarin alledaagse voorwerpen een transcendentale betekenis krijgen.

De mens uit de middeleeuwen en de zeventiende en achttiende eeuw had een afschuw van een plotselinge dood, omdat dit hem zou kunnen beroven van zijn aandeel, zijn rol in het kritieke metafysische moment. In gevallen waarin levensgevaar dreigde, was het de eerste taak van de arts een priester te halen. Hij had de heilige plicht zijn patiënten te waarschuwen bij zelfs de geringste kans van sterven, omdat ze tijd nodig hadden zich voor te bereiden op de dood, om die in bed volgens de traditionele ceremonie te ontmoeten. Het sterfbed was een openbaar gebeuren. Priesters, doktoren, familie, vrienden en zelfs voorbijgangers verdrongen zich in de kamer van de stervende. Bij een 'goede dood' maakte hij de balans op van zijn leven, riep zijn vijanden bij zich en vergaf die, zegende zijn kinderen, toonde berouw over zijn zonden en ontving de laatste sacramenten. Hoewel dit varieerde naar de status en de tijd van de overledene, werd de begrafenis en het rouwen tot in het kleinste detail geregeld in zijn testament, zoals de samenstelling van de rouwstoet, het aantal kaarsen dat moest worden meegedragen, de aard van de begrafenis, en het aantal missen dat voor hem moest worden opgedragen. Na zich een voorgeschreven periode uit het openbare leven te hebben teruggetrokken, in voorgeschreven kleding, gingen de nabestaanden weer over tot de orde van de dag, gesterkt voor hun eigen ontmoeting met de dood.

De 'goede dood' vertegenwoordigde wat Huizinga een 'grote cultuurgedachte' heeft genoemd, en niet de realiteit, want in de tijd van de Zwarte Dood stierven de mensen als ratten, in ellendige omstandigheden. In tijden van hongersnood trof men lijken aan met gras in hun mond. Als de pest rondwaarde, werden de stervenden vaak alleen achtergelaten en stapelde men hun lichamen op om ze te verbranden of zonder omhaal in massagraven te gooien. En altijd was de dood de vertrouwde, grote aanwezige. Vaak was hij onderwerp van grappen en sociaal commentaar, zoals in de populaire literatuur over de Dodendans. In het Europa van driehonderd, zeshonderd jaar geleden, waren openbare terechtstellingen volksvermaak; kinderen vonden dode zwervers in het hooi (*croquants*); kerkhoven dienden als ontmoetingsplaats waar men spelletjes deed, vee liet grazen, koopwaar verkocht, dronk, danste en hoereerde.

In plaats van zijn eigen sterven in handen te nemen, wordt de moderne mens 'beroofd' van zijn dood, zoals Philippe Ariès zegt. In de Verenigde Staten vindt nu ongeveer 80 procent van alle sterfgevallen plaats in ziekenhuizen en verzorgingstehuizen. De meeste Amerikanen sterven in isolatie, omgeven door vreemden en medisch specialisten in plaats van hun familie. De priester is vervangen door de dokter, die er niet voor is opgeleid om in de geestelijke behoefte van de stervende te voorzien en die de dood voor de patiënt verbergt. Zo sukkelt de patiënt zonder het te weten de dood in, wel iets heel anders dan eindelijk oog in oog te komen met de laatste grote realiteit. Hij sterft alsof de dood niet meer betekent dan een laatste dieptepunt op de temperatuurlijst.

Over de onmenselijkheid van dit pijnloze positivisme is binnen de medische wetenschap, de psychologie en de sociologie veel gepraat en geschreven. De ziekenhuizen en medische opleidingen hebben hun aanpak de laatste tijd wat veranderd. Maar het is niet alleen een kwestie van ziekenhuisorganisatie. Zoals Herman Feifel, Robert Fulton, W. Loyd Warner, Avery Weisman en andere sociaal-wetenschappers hebben laten zien, gaat het hier om een taboe dat diep verankerd ligt in de Amerikaanse cultuur.

De kunst en de literatuur van de middeleeuwen besteedden veel aandacht aan de wormen, het slijk en de ontbinding waar lijken aan ten prooi vallen. De barokkunst gaf de dood met een soort macaber realisme eveneens een belangrijke plaats. De negentiende-eeuwse kerkhoven maakten hun functie kenbaar met een overdaad die James S. Curl heeft gekenmerkt als 'de Victoriaanse verheerlijking van de dood'. Maar de kunst van de Amerikaanse begrafenisondernemer schildert de dood op om levend te lijken, verzegelt de dood in een waterdichte kist en tovert het geheel weg naar begraafplaatsen die vermomd zijn als tuinen. De Amerikanen zoeken hun toevlucht bij eufemismen als 'heengaan', 'terminaal geval', 'kwaadaardigheid'.

Ook deritualiseren ze de dood. De nabestaanden zonderen zich niet meer af door in het zwart te gaan of zich een bepaalde tijd niet in het openbaar te vertonen. Dodenwakes komen bijna niet meer voor, veel familieleden van overledenen ontmoedigen het rituele gebaar van het sturen van bloemen en verzoeken in plaats daarvan een gift aan een bepaalde instelling te schenken. Vaak wonen kinderen de begrafenis van nabije familieleden niet meer bij, en gaan ouders gesprekken over de dood met hun kinderen uit de weg (terwijl seks geen taboe meer is). De gedragscode bij begrafenissen schrijft voor dat men zijn verdriet niet toont. Presidentsweduwen hebben een traditie in het leven geroepen om je 'goed te houden' – het omgekeerde van het vroegere ideaal, waarbij huilen verplicht was. Het extreem in deze repressieve, onceremoniële behandeling van de dood is waarschijnlijk wel bereikt door de hoger opgeleide klassen in Engeland – een ritueel vacuüm dat op ontroerende wijze is vastgelegd door Geoffrey Gorer in *Death, Grief, and Mourning in Contemporary Britain*. Gorer betreurt het verdwijnen van de rituelen waarmee men verdriet kan uiten en de nabestaanden kan troosten. De 'Amerikaanse manier van sterven' is even krachtig veroordeeld door Jessica Mitford, die betoogt dat het uiten van verdriet in dat land volledig is overgenomen door commerciële instanties die de zaak ten eigen bate uitbuiten. In beide landen is de dood getransformeerd tot het omgekeerde van wat het vijfhonderd jaar daarvoor was.[11]

Hoe is die transformatie tot stand gekomen? Philippe Ariès, de voortreffelijke sociaal-historicus die *De ontdekking van het kind* op zijn naam heeft staan, was een van de eersten die dit proces hebben gesignaleerd. In zijn meest recente boek, *Met het oog op de dood: westerse opvattingen over de dood van de middeleeeuwen tot heden,*[12] heeft hij het verloop van die transformatie proberen na te gaan. Hij stelt dat de traditionele opvatting over de dood zich in de tien eeuwen na de val van het Romeinse Rijk stevig in de geest van de mens heeft verankerd. De vroeg-middeleeuwse mens zag de dood als een collectieve bestemming, gewoon, onvermijdelijk, en niet bijzonder angstaanjagend, omdat hij alle christenen als een grote slaap omarmde tot ze samen zouden ontwaken in het paradijs bij de wederkomst van Christus. Tussen het jaar 1000 en 1250 vond hierin een verschuiving plaats van het collectieve naar het individuele, en vanaf de late middeleeuwen tot de late achttiende eeuw diende de dood voornamelijk om zichzelf scherper te kunnen zien. Het werd het hoogtepunt in de persoonlijk reis naar de verlossing. Maar als men er niet goed mee omging, kon hij naar de eeuwige verdoeming leiden, zoals duidelijk gesteld werd in de *Ars Moriendi.* De dood werd daarom dramatischer, maar bleef in essentie dezelfde – een vertrouwde aanwezigheid, die openlijk zijn gang ging te midden van het leven. Dezelfde rituelen bleven voldoen. De mensen probeerden de 'goede dood' te sterven, in hun bed, te midden van iedereen, vastbesloten, berouwvol, en versterkt door het sacrament voor eventuele bevordering tot hemelse zaligheid.

In de negentiende eeuw raakte dit ritueel bezwangerd met een nieuwe emotie. De dood ging voornamelijk de scheiding van de geliefden betekenen. Hij leek niet langer gewoon, maar werd een catastrofale breuk met vertrouwden en familie. De familie bleek uiteindelijk niet opgewassen tegen de last van het verdriet. De dood deed de nabestaanden in een angstwekkende staat van irrationaliteit belanden, een gesteldheid die men ook uitgebeeld ziet in de morbide thema's van de romantische literatuur en de dyonisische emotionaliteit van de negentiende-eeuwse gebeeldhouwde graftomben. In het midden van de twintigste eeuw probeerden westerlingen dit overweldigende verdriet af te weren door de dood te ontkennen. Het traditionele ritueel werd afgeschaft, eerst in de Verenigde Staten, vervolgens in Engeland, Noord-Europa, en nu in de Romaanssprekende landen. De dood wordt voor de stervende weggestopt, en verplaatst van het eigen huis naar het ziekenhuis, waar de in de steek gelaten 'patiënt' onmerkbaar en stukje bij beetje het leven verlaat, en waar zijn laatste ogenblik een technisch detail is in plaats van een dramatische handeling die hij zelf regisseert.

Het is een verbijsterend relaas, verteld met Ariès' karakteristieke scherpzinnigheid, maar is het waar? De manier van bewijsvoering bij dit soort geschiedenis – het onderzoek naar verschuivingen in attitude of mentaliteit – blijft vaag. Verschuivingen in het wereldbeeld vinden doorgaans uiterst geleidelijk plaats, zonder duidelijke gebeurtenissen of aanwijsbare keerpunten. Men kan de onderwerpen van dit soort geschiedenis niet behandelen als de veldslagen, verkiezingsoverwinningen en schommelingen op de effectenbeurs die zo nauwkeurig geregistreerd kunnen worden bij de *histoire événementielle. Mentalités* moeten bestudeerd worden op lange termijn, en Ariès heeft al deze frasen keurig opgesomd in de eerste zin van zijn boek, alsof hij een ambassadeur is van de *Annales*-stroming binnen de geschiedenis die zijn geloofsbrieven komt aanbieden bij de John Hopkins-universiteit, die hem heeft uitgenodigd in een serie lezingen verslag te doen van zijn werk.

Volgens Ariès vallen er vier stadia te onderscheiden binnen de westerse houding tegenover de dood. De traditionele 'getemde' dood van de eerste tien eeuwen christendom, de persoonlijker dood van de daaropvolgende zevenhonderdvijftig jaar, de familiegerichte obsessie voor de dood zoals die wordt uitgedrukt door de dichters van de romantiek en die overheerste van de late achttiende tot de vroege twintigste eeuw, en de 'verboden dood' van de laatste dertig jaar. Zeer formeel en zeer Frans misschien, maar Ariès heeft het voordeel dat hij laat zien hoe culturele veranderingen met verschillende snelheden kunnen plaatsvinden. De westerse attituden draaiden en kenterden met steeds toenemende snelheid tot ze in onze tijd volledig de bocht uit zijn gevlogen, onze tijd die Ariès krachtig bestempelt als een periode van 'niets ontziende revolutie in traditionele ideeën en gevoelens'.

Ariès poneert zijn stellingen over deze eeuw vanaf een stevige basis, want hij kan bogen op het werk van sociaal-wetenschappers als Gorer, die als eerste de deritualisering en de ontkenning heeft gesignaleerd bij de huidige pogingen met de dood om te gaan. Ariès had dit nog verder kunnen uitwerken door meer gebruik te maken van de groeiende literatuur over de psychologie en de sociologie van de dood en de 'thanatologie'.[13] Wanneer hij de oudere attituden ten aanzien van de dood analyseert, is zijn basis smaller maar zijn bijdrage breder, want hij heeft een onbekend gebied in kaart gebracht van het menselijk bewustzijn zoals dat zich in de loop van de tijd heeft ontwikkeld. Deze hele onderneming is bewonderenswaardig moedig, ook al zou ze even weinig de realiteit blijken te weerspiegelen als de cartografie van Amerigo Vespucci. Gorer kon de attituden van zijn Engelse tijdgenoten bestuderen door middel van wetenschappelijk verantwoorde steekproeven, vragenlijsten en interviews. Ariès moest het zien te doen met wat hij bij elkaar kon sprokkelen aan stukjes archeologie, semantiek, literatuur, recht en iconografie.

Het bewijsmateriaal is weliswaar fascinerend, maar zo schamel en heterogeen dat dit de bewijsvoering onherroepelijk verzwakt. Ariès stelt bijvoorbeeld dat tussen de zevende en de vijftiende eeuw de visie van de mens op het

Laatste Oordeel aanzienlijk is veranderd. Om dit te bewijzen komt hij met één graftombe uit de zevende eeuw, zes timpanen van twaalfde- en dertiende-eeuwse kathedralen, een gezang uit de dertiende, en een fresco uit de vijftiende eeuw. Het wordt aan de lezer overgelaten tegenvoorbeelden te bedenken uit de kunst van die acht eeuwen die in vier bladzijden voorbijflitsen.

Ariès hecht veel belang aan de gedenkplaten die werden geschonken aan de kerk, omdat ze volgens hem bewijzen hoe de dood tussen de dertiende en achttiende eeuw werd geïndividualiseerd. Hij komt met één voorbeeld, uit 1703. Om het openbare karakter van het middeleeuwse sterfbedritueel te benadrukken, citeert hij één bron uit de late achttiende eeuw. Hij springt achteloos van het ene continent naar het andere en voert de lezer moeiteloos mee van koning Arthurs tafelronde naar Tolstoi's *mir* en Mark Twains *gold country*. Dit snelle bronnenspel is misschien minder irrelevant dan het lijkt, want overal in het Westen zijn tot in de moderne tijd overblijfselen van oude gebruiken in ere gehouden. Zonder deugdelijk bewijs dat de desbetreffende gebruiken in vroegere tijden echt geleefd hebben, kan men echter niet zeggen of die latere versies wel echt overblijfselen zijn. De geschiedschrijving-op-lange-termijn heeft tot nu toe niet bewezen dat zij het zou kunnen stellen zonder nauwkeurige documentatie.

Dit probleem speelt vooral bij het onderzoek naar volksgebruiken, omdat het gewone volk leefde en stierf zonder enig spoor na te laten van hun opvattingen over leven en dood. Ariès omzeilt dit probleem meestal door zich te beperken tot de cultuur van de elite en de hogere klassen. Als hij dieper ingaat op vroeg-middeleeuwse attituden wendt hij zich tot het Roelantslied (*Chanson de Roland*). Voor de negentiende eeuw citeert hij Lamartine en de Brontës. Hij valt voortdurend terug op de kunstgeschiedenis, maar beperkt zich doorgaans tot de kunst van de elite.

De belangrijkste uitzondering op deze aanpak, tevens het origineelste deel van het boek, is Ariès' bespreking van begrafenisgebruiken en het ontwerp van kerkhoven. Hij stelt dat de vroeg-christelijke begrafenisgewoonten een omkering vormden van het gebruik bij de Romeinse patriciërs, die werden begraven in afzonderlijke mausolea buiten de stad. De vroege christenen hadden een soort magisch geloof dat begraven worden in de buurt van het graf van een heilige heilzame effecten had, en wilden daarom bij voorkeur begraven worden in een kerk in het centrum van de stad. Tien eeuwen lang bleef deze manier van begraven in essentie collectief. De rijken en mensen van goede stand werden onder grote rechthoekige stenen in de kerkvloer gelegd, en het gewone volk in lange graven op het kerkhof. Als die plaatsen vol raakten, werden de beenderen overgebracht naar gemeenschappelijke knekelhuizen, waar ze met macabere kunstzin opeen werden gestapeld en tentoongesteld. En het vee, de kinderen, kooplieden en hoeren dromden daar tussendoor.

Dat er geen onderscheid bestond tussen de interpretatie van leven en dood bleef voor de Europeanen volkomen natuurlijk, tot de late achttiende eeuw, toen verlichte Franse bestuurders het ongezond en ongepast gingen vinden. Ze verboden het begraven in kerken en lieten begraafplaatsen aanleggen buiten de stad. Toen liet men ook de gewone mensen begraven in afzonderlijke stukken grond. Het persoonlijke graf, voorzien van een steen met biografische inscriptie, begon in de negentiende eeuw beschouwd te worden als een onschendbaar territorium. Familieleden bezochten het om hun eigen doden eer te bewijzen, zowel privé als op ceremoniële gelegenheden als Allerzielen. Er ontstond een echte dodencultus, vooral in de Romaanssprekende landen, waar barokke bouwsels en beelden de begraafplaatsen een totaal ander aanzien gaven. Plotseling, in de eerste helft van de twintigste eeuw, kwam in deze ontwikkeling een kentering. In Engeland worden tegenwoordig de meeste mensen gecremeerd zodat ze geen fysieke getuigenis achterlaten van hun bestaan. Zelden nog brengen de nabestaanden gedenkstenen aan of laten ze de overledene optekenen in de 'Books of Remembrance' die de crematoria ter beschikking stellen.

De begrafenisgewoonten illustreren zo de bewering van Ariès dat de westerse mens de dood aanvankelijk zag als het vertrouwde, collectieve lot van alle christenen, hem vervolgens ging beschouwen als het *moment suprême* van de levensloop, hem daarna relateerde aan de affectieve relaties binnen het gezin en hem uiteindelijk volkomen probeerde te ontkennen. De weerstand tegen crematie, de met veel plechtigheden omgeven doden'tehuizen' en de bonte begraafplaatsen van het huidige Amerika vallen buiten dit patroon. Ariès verklaart niet waarom de deritualisering juist daar, waar de 'revolutie' eigenlijk was begonnen, nu op zo'n laag pitje staat, terwijl de deritualisering in Engeland juist zo'n extreem punt heeft bereikt. Maar hij brengt een aantal fascinerende en onbekende aspecten van de westerse cultuur naar boven.

In zijn hele werk probeert Ariès de volksmentaliteit echter te verklaren via de analyse van de cultuur van de maatschappelijke bovenlaag, een dubieuze methode, vooral waar het de tamelijk recente geschiedenis betreft. In de middeleeuwen was er inderdaad nog geen sprake van een scheiding tussen de cultuur van de elite en die van het gewone volk. De gewone man beeldhouwde zijn kosmologie in zijn kerk, waar kunsthistorici als Erwin Panofsky haar hebben kunnen ontcijferen. Millard Meiss heeft in *Painting in Florence and Siena after the Black Death* de stilistische ontwikkelingen in de Toscaanse kunst gerelateerd aan een algemene crisis in de laat-middeleeuwse beschaving, een crisis waarbij de pest een sleutelrol heeft gespeeld. Huizinga heeft die zelfde crisis behandeld in *Herfsttij der Middeleeuwen*, een meesterwerk geïnspireerd door de schilderkunst van de gebroeders van Eyck. Alberto Tenenti heeft, overigens met minder succes, geprobeerd het heersende wereldbeeld af te leiden via de kunst van de renaissance in *Il senso della morte e l'amore della vita nel Rinascimento* en *La Vie et la mort à travers l'art du XVe siècle*. En historici die zich hebben gespecialiseerd in middeleeuwse en renaissanceliteratuur – Jean Rousset en Theodore Spencer bijvoorbeeld – hebben onderzoek gedaan naar het verband tussen de cultuur van de bovenlaag en algemene opvattingen over de dood. Deze benadering is vooral nuttig gebleken bij het onderzoek van genres als de Elizabethaanse tragedie en bij specifieke werken als Spensers *Faerie Queene*, waarin zoals Kathrine Doller heeft aangetoond motieven ontleend aan de populaire *Ars Moriendi* zijn verwerkt.

Ariès kan dus terugvallen op een rijke wetenschappelijke traditie, en hij doet dat ook met veel verbeeldingskracht en eruditie. Wel valt het misschien te betreuren dat hij zo sterk op Tenenti leunt terwijl hij het veel grondiger werk over de *Ars Moriendi* van Mary Catharine O'Connor en Nancy Lee Beaty tot zijn beschikking had. Ook maakt hij weinig gebruik van een ander populair genre, de Dodendans, dat onder anderen bestudeerd is door J.M. Clark. Het kan hem echter niet worden verweten dat hij de traditionele cultuurhistorie niet in zijn mentaliteitsgeschiedenis heeft weten op te nemen. Dat hij de relatie tussen kunst en de ongeletterde massa niet aan de orde heeft gesteld is een verwijt dat veel meer op zijn plaats is. Wanneer en in welke mate is De Cultuur vervreemd geraakt van de lagere klassen? Dat is waarschijnlijk de sleutelvraag voor de geschiedenis van de volksattituden. Maatschappelijke klasse komt bij Ariès echter nauwelijks aan de orde.

Gorer heeft opvallende verschillen aangetroffen in de manier waarop de verschillende klassen in het hedendaagse Engeland omgaan met de dood. Hij heeft bijvoorbeeld ontdekt dat het isolement van de stervende aanzienlijk groter is naarmate men hoger staat op de maatschappelijke ladder (bij een op de drie sterfgevallen in de arbeidersklasse die hij heeft onderzocht waren familieleden aanwezig, tegen een op de acht in de hogere middenklasse en de hogere beroepsgroepen). Mensen uit de arbeidersklasse bleken veel vertrouwder met de dood, minder bang ervoor, en hielden de oude gebruiken langer in stand (in vier vijfde van de huizen in de arbeiderklasse worden na een sterfgeval in de familie de gordijnen gesloten, bij de middenklasse gebeurt dat bij twee derde deel, terwijl de hogere middenklasse en daarboven dit kennelijk helemaal niet meer doen). Het is mogelijk dat de culturele betekenis van de dood enorm varieert tussen de verschillende maatschappelijke groepen, en dat die betekenis via heel verschillende patronen is overgeleverd. Ariès schenkt geen aandacht aan dergelijke nuances en concentreert zich op het algemene westerse patroon. Hij gaat er zonder meer vanuit dat er een dergelijk algemeen patroon bestaat en dat men het kan afleiden door de elite te bestuderen.

Hoewel hij ze niet bewijst, kunnen deze veronderstellingen best steekhoudend zijn en is het heel wel mogelijk dat Ariès geslaagd is in de enorme taak het algemene aanzien te schetsen van de verschuivende westerse opvattingen over de dood. Hoe verklaart hij ze dan? Hij geeft een impliciete verklaring die is afgeleid van zijn eerder onderzoek naar de kindertijd en het gezin. Hij zegt dat in de tien eeuwen van de 'getemde dood', mannen en vrouwen vrijwel onmiddellijk in de collectiviteit werden opgenomen, zonder eerst een duidelijk afgebakende kindertijd te doorlopen en zonder sterke banden te ontwikkelen met hun familie. Aan het eind van de achttiende eeuw had het gezin de socialisatie van het kind overgenomen en werd de jeugd voor het eerst beschouwd als een cruciale fase in de ontwikkeling van het individu. Als reactie op een nieuw demografisch patroon, waardoor kindertijd en huwelijk minder vaak door sterfte werden getroffen, werd het gezin de overheersende instelling binnen de samenleving; vandaar de negentiende-eeuwse cultus van de dood. Tegenwoordig heeft het gezin niet, zoals sommigen beweren, sterk aan belang ingeboet, integendeel, het is het middelpunt van de affecties. Daarom verlamt een sterfgeval binnen het gezin de moderne mens van verdriet, want hij heeft weinig emoties geïnvesteerd in andere verbanden, en hem resten slechts de inhoudsloze overblijfselen van het traditionele ritueel en de religie om hem over zijn verlies heen te helpen.

Deze redenatie zou overtuigend klinken als Ariès de stelling van *De ontdekking van het kind* had bewezen. Het is een briljant boek, maar het hangt de geschiedenis van de jeugd op aan het dunne draadje van de geschiedenis van het onderwijs, voornamelijk middelbaar en hoger onderwijs. Aangezien weinig kinderen vóór de moderne tijd formeel onderwijs genoten, is het niet waarschijnlijk dat onderwijsinstellingen veel effect sorteerden op de algemene opvattingen over de kindertijd. Maar kinderen hebben wel altijd familie gehad. In tegenstelling tot wat Ariès beweert, is er geen enkel bewijs dat er in West-Europa een periode is geweest waarin het gezin niet voor de socialisatie van de kinderen heeft gezorgd, en trouwens wat andere samenlevingen aangaat evenmin.[14] De sterkte van de familiebanden heeft door de westerse geschiedenis heen waarschijnlijk aanzienlijk gevarieerd, en die banden zijn momenteel waarschijnlijk sterker dan ooit, maar kunnen in de middeleeuwen evengoed heel sterk geweest zijn. Ariès heeft een onbewezen interpretatie van de ontwikkeling van de houding tegenover de dood gebaseerd op een onbewezen interpretatie van de ontwikkeling van het gezin. Dit geeft zijn hypothesen een zo wankele basis dat ze weleens kunnen bezwijken.

In laatste instantie vertrouwt Ariès evenals Cobb op historisch impressionisme om zijn beweringen coherentie te verlenen. Evenals bij Cobb kan men zien hoe kwetsbaar die methode is door zijn analyse te vergelijken met een sociologisch onderzoek van hetzelfde onderwerp, namelijk *Piété baroque et déchristianisation en Provence au XVIIIe siècle* van Michel Vovelle.

De vergelijking is misschien wat oneerlijk omdat de werken van Ariès en Vovelle in verschillende historische genres thuishoren. Ariès heeft een essay geschreven, een werk in een genre dat de historicus in staat stelt risico's te nemen, belangrijke onderwerpen aan te snijden, en grote vragen te stellen zonder zich gedwongen te voelen iets te bewijzen. Als essayist kon Ariès in honderd bladzijden twee millennia laten voorbijflitsen. Ook al heeft hij de topografie van zijn onderwerp niet correct weten te schetsen, hij heeft de geschiedschrijving verrijkt met een hele voorraad originele hypothesen. Vovelle heeft zich beziggehouden met het andere extreem. Hij heeft diep gegraven in één klein hoekje van de geschiedenis van de dood en heeft zijn materiaal met buitengewone zorvuldigheid uitgezeefd. Het resultaat is een werk van puur goud.

Vovelle heeft een manier ontdekt om uit te vinden hoe de gewone mensen in de achttiende-eeuwse Provence dachten over de dood. Het werk van Gabriel Le Bras en andere godsdienstsociologen had hem ervan overtuigd dat de godsdienst zoals die in werkelijkheid is ervaren door de ongeletterde massa, gereconstrueerd kon worden door middel van kwantitatieve analyse van religieus gedrag. Een patroon van handeling (*geste*) zou een patroon van attituden blootleggen. Maar waar moest men systematische informatie over religiositeit in het verleden vandaan halen? Vovelle vond het antwoord in een van de oudste en minst onderzochte soort documenten: testamenten, ongeveer negentienduizend stuks. Achttiende-eeuwse testamenten waren niet de onpersoonlijke formalistische papieren van vandaag, maar vormden als het ware een inventaris van de geesteswereld van de opsteller. De meeste werden aan notarissen gedicteerd en geven dus een vervormd beeld van die wereld, maar de notarissen bleken zeer afwisselend en flexibel in hun schrijven. Zelfs hun gestileerde uitdrukkingen onthullen veel, want die ontwikkelden zich volgens een bepaald betekenisvol patroon, dat informatie geeft over een gedragspatroon onder de opstellers van de testamenten. Door enorme aantallen Provençaalse testamenten te bestuderen over een periode die honderd jaar beslaat (en zijn uitkomsten en methodes bij iedere stap ter beoordeling aan te geven), ontdekte Vovelle dat het begrip dood en het ritueel eromheen in de achttiende eeuw een bijna even radicale verandering heeft ondergaan als volgens Ariès in de twintigste eeuw.

Eind zeventiende en begin achttiende eeuw beschreven de opstellers van de testamenten zichzelf onveranderlijk als aanhanger van de heilige apostolische roomskatholieke Kerk, bereid hun Maker, God de Schepper, te ontmoeten, en Jezus Christus, Zijn Zoon, door Wiens lijden en sterven ze hoopten vergeven te worden voor hun zonden en zich te kunnen voegen bij de heiligen en engelen in het hemelse paradijs. Na een kruis te hebben geslagen in de naam van de Vader, de Zoon en de Heilige Geest, riepen de testateurs talloze spirituele bemiddelaars aan. Alleerst, als belangrijkste, de eeuwig zalige Maagd Maria, vervolgens de beschermengel en schutsheiligen van de testateur, en ten slotte een menigte anderen, in het bijzonder de heilige Michael, die de weegschaal hanteerde bij het Laatste Oordeel, en de heilige Jozef, patroonheilige van de 'goede dood'. Deze testamenten werden expliciet opgesteld, zoals ze het stelden, 'indachtig de dood', – een onvermijdelijk, plechtig en christelijk gebeuren. In de jaren tachtig van de achttiende eeuw hadden de meeste Provençaalse testamenten de traditionele formule teruggebracht tot een enkele frase: 'Na zijn ziel te hebben opgedragen aan God'. De maagd Maria en de heilige bemiddelaars waren verdwenen, de engelen bevolkten niet langer het hemels paradijs. Christus zelf was naar de achtergrond verdrongen, terwijl God de Vader soms de vorm aannam van 'de Goddelijke Voorzienigheid'. Veel testamenten waren volledig geseculariseerd, en sommige beschreven de dood zelfs als 'het onvermijdelijk eerbetoon dat we de natuur verschuldigd zijn'.

Natuurlijk zou men die veranderde manier van uitdrukken kunnen toeschrijven aan een verandering in juridische gebruiken. Misschien was het testament een lekeninstrument geworden voor de overdracht van bezit in plaats van een uitlaatklep voor religieus sentiment. Maar het bleef de stervensrituelen regelen, en uit de ontwikkeling blijkt hoe de religieuze *geste* hetzelfde patroon volgde als de juridische formuleringen. Begrafenissen waren in de vroege achttiende eeuw uitgebreide ceremoniële aangelegenheden, vooral maar niet uitsluitend bij de rijken en hooggeplaatsten. Een lange processie begeleidde de kist van het huis van de nabestaanden naar de kerk, waarbij men de stad doortrok volgens een voorgeschreven route. Dertien armlastigen droegen toortsen versierd met het familiewapen van de dode of diens initialen in de ene hand, en een ceremoniële gift van geweven stof die ze van hem gekregen hadden in de andere hand. Priesters en nonnen in ceremoniële kledij, hoofden van ziekenhuizen, delegaties van wezen en armen, en medeleden van religieuze broederschappen trokken voorbij, toortsen en kaarsen in de hand, die de straat vulden met licht. Overal beierden klokken, en iedereen wist voor wie, want dood betekende vertoon, het pralen met status door een collectiviteit, die ceremonieel gebruikte om de eigen orde uit te drukken en de plaats van de dode binnen die orde aan te geven. Na een religieuze dienst, die al naar gelang de status van de dode meer of minder uitgebreid was, werden er aan bedelaars bij de kerkdeur aalmoezen uitgedeeld, en werd het lichaam begraven – de adel in een familiekapel of klooster, andere belangrijke burgers onder de kerkvloer, en de gewone burgers op het kerkhof. De testateur regelde al deze details in zijn testament, tot op het aantal kaarsen toe, en verwachtte zijn kansen om de hemelpoort door te gaan te vergroten, en zijn straf in het vagevuur te bekorten, door giften te schenken aan de armen die voor zijn ziel moesten bidden, en door geld te geven voor honderden of duizenden missen die bij specifieke gelegenheden opgedragen moesten worden, vaak tot in de eeuwigheid toe.

De barokke begrafenis hoorde in de Provence in 1789 vrijwel tot het verleden. Het aantal verzoeken tot processies liep in Marseille met 75 procent terug (van de steekproefsgewijs vastgestelde aanvankelijke 20 procent van de testamenten tot 5 procent, in een groep waar twee derde van de testateurs afkomstig was uit de lagere middenklasse en de laagste klassen). In plaats daarvan ontstond er een tegengestelde trend, namelijk verzoeken om 'eenvoud' en voor begraven 'zonder vertoon' (een toename van 0 tot 7 procent). De parades, de toortsen en het klokgebeier waren bijna verdwenen. De armen speelden geen speciale rol meer omdat hun gebeden niet langer nuttig geacht werden voor zielen in het vagevuur, en bovendien werd armoede in toenemende mate beschouwd als een economische kwaal in plaats van een spirituele gesteldheid. De thuisloze bedelaars die verjaagd waren van de kerkdeur en opgesloten in armenhuizen, ontvingen nu steun, dank zij legaten die werden geschonken in een geest van wereldlijke menslievendheid, niet als christelijke naastenliefde. Verwijzingen naar boetedoende broederschappen liepen sterk terug. Het percentage geestelijken dat in de testamenten werd vernoemd verminderde ook aanzienlijk, het betrof vaker oudere personen die tot de seculiere clerus behoorden dan reguliere geestelijken. De testateur verzocht niet langer begraven te worden in de oude stijl 'volgens zijn rang in de maatschappij' en liet het regelen van de begrafenis aan de erfgenamen over. (In Marseille nam het aantal testamenten dat geen voorkeur aangaf ten aanzien van de plaats van begraven, toe van 15 procent tot 75 procent in 1776, toen de koning het begraven in kerken verbood.) Maar de inwoners van de Provence lieten vooral het idee steeds meer los dat er missen nodig waren voor hun zielerust. Bij de notabelen uit de hogere en middenklasse in de hele provincie daalde het aantal verzoeken om missen van 80 tot 50 procent, en het gemiddelde aantal aangevraagde missen liep terug van vierhonderd tot honderd. In andere bevolkingsgroepen was de daling nog groter. Onder de gesalarieerde mannelijke arbeiders en zeelieden van Marseille liepen de verzoeken terug van 60 tot 20 procent, en onder de boeren in het dorp Salon-en-Provence van 35 tot 16 procent.

Iedere aanwijzing die Vovelle onderzoekt wijst op een duidelijke verschuiving van traditionele religiositeit naar secularisatie in het midden van de achttiende eeuw. Het zou in feite zinnig zijn twee verschillende achttiende eeuwen te onderscheiden, een vrome (ongeveer van 1680 tot 1750), waarin traditionele religieuze attituden en ceremonieën de overhand hadden, en een eeuw van secularisatie (ongeveer van 1750 of 1760 tot 1815), waarin de ontkerstening tijdens de Revolutie alleen maar een versnelling betekende van een proces dat in de laatste decennia van het Ancien Régime al volop op gang was gekomen. Vovelle gaat niet zo ver dat hij zelf zo'n radicale herziening van de conventionele periode-indeling voorstelt, maar die zou wel uitstekend passen bij het geheel aan gegegevens dat de demografische, de economische en de intellectuele geschiedenis inmiddels boven water hebben gehaald.[15] Wel analyseert Vovelle zijn materiaal chronologisch, geografisch, en maatschappelijk, hetgeen zijn werk uittilt boven het niveau van beschrijving en het het karakter van verklaring geeft.

Allereerst verantwoordt Vovelle de details van het chronologische patroon door achttienhonderd testamenten uit centrale archieven te analyseren. Ze waren representatief voor de hele provincie (afkomstig van 600 notarissen in 198 verschillende gemeenten, dat is bijna de helft van alle steden en dorpen in de Provence). Hoewel ze weinig representatief zijn voor de klassen onder de hoogste notabelen, geven ze duidelijk vier fases aan in de ontwikkeling van de attituden. Van 1680 tot 1710: een periode van toegenomen religiositeit, die Vovelle toeschrijft aan de voortzetting op populair niveau van de zeventiende-eeuwse religieuze opleving en de Contrareformatie. Van 1710 tot 1740: een periode van achteruitgang, die samenviel met de meest gewelddadige episoden van de jansenistische controverses in de Provence. Van 1740 tot 1760: een periode van stabilisatie, en van 1760 tot 1790: een periode van gewelddadige ontkerstening.

Hieruit zou men kunnen opmaken dat het jansenisme en de Verlichting de traditionele religiositeit om zeep hebben geholpen. Hoewel het jansenisme niet meer betekende dan een streven naar een intenser en meer verinnerlijkt religieus leven, zagen veel Fransen het als cryptoprotestantisme, wat in de vroege achttiende eeuw aanleiding gaf tot een aantal felle ruzies tussen rivaliserende groeperingen binnen de Franse Kerk. Na een lange incubatietijd barstte de Verlichting rond het midden van de eeuw los op papier om de vijftig jaar daarop algemeen verbreid te raken. Maar hoe diep zijn die twee intellectuele bewegingen eigenlijk in de Franse samenleving doorgedrongen?

Vovelle onderzoekt deze en andere vraagstukken van culturele verspreiding door op twaalf zorgvuldig geselecteerde lokaties gedetailleerde dieptepeilingen te doen. Met de hulp van verscheidene studenten heeft hij diepgaande analyses gemaakt van testamenten uit de notariële archieven van een grote stad (Marseille), een kleinere stad en een dorp in de beneden-Provence, twee steden in de boven-Provence, en zeven andere steden en dorpen die zijn gekozen wegens hun contact met het jansenisme en het protestantisme. Elk onderzoek is een monografie op zich. Ze zijn stuk voor stuk uitgevoerd met grote accuratesse en verfijning, en behandelen aspecten van het culturele en spirituele leven die in eerder onderzoek nog niet aan het licht waren gekomen.

Neem bijvoorbeeld Roquevaire, een dorp in de buurt van Marseille, dat in 1765 vijfentwintighonderd inwoners telde. Ongeveer twee derde deel van de inwoners liet bij hun dood een testament na. Driekwart van die testateurs waren kleine boeren. Vovelle heeft vijfhonderd testamenten onderzocht die steekproefsgewijs geselecteerd zijn voor vijf verschillende perioden tussen 1650 en 1790. Zo werkte hij met opvallend representatieve indicaties betreffende de attituden van de anonieme 'kleine man' van een dorpssamenleving, en zijn bevindingen waren dat die radicaler veranderden dan die van de notabelen in de provincie. In 1700 verzocht 80 procent van de kleine boeren om missen voor hun zieleheil. In 1750 was dat aandeel gestegen tot 100 procent, en in 1789 was het gedaald tot 30 procent. De daling was minder extreem onder de plaatselijke notabelen (van 75 naar 60 procent), maar zeer sterk onder handwerkslieden en winkeliers (van 50 naar 16 procent). Andere statistieken bevestigen dit. Verzoeken om begrafenisprocessies daalden van 23 naar 2 procent, legaten aan religieuze broederschappen van 55 naar 1 procent, en de formulering van de testamenten, die aanvankelijk een rijke schakering aan devote uitdrukkingen kende, kreeg een volstrekt seculier karakter.

Het is dus goed mogelijk dat toenemende secularisatie onder de grote massa van het volk verder is doorgedrongen dan bij de elite – tenminste in het zuidelijk deel van de Provence, waar de economische en demografische groei en de sociale en geografische mobiliteit het grootst waren. In de geïsoleerde streken van de noordelijke Provence ontdekte Vovelle weer een heel andere wereld. In Barcelonnette, een dorpje in de Alpen waar de Contrareformatie zich ongebruikelijk vroeg en krachtig had gemanifesteerd, bleven de religieuze gebruiken vrijwel onveranderd (aan het begin van de eeuw verzocht 92 procent van de testamenten om missen, aan het eind van de eeuw 81 procent). Ook in Manosque, een achtergebleven dorpje in het binnenland, dat nooit de intens religieuze praktijken van de bergstreken had overgenomen en evenmin had toegegeven aan de secularisatie van het *plat pays*, viel weinig verandering te bespeuren (verzoeken om missen bleven constant op laag niveau, en kwamen voor in 20 tot 30 procent van de testamenten). De geografische vergelijking wijst op een verband tussen verandering in attituden en sociaal-economische factoren. Was een 'moderne' wereldopvatting het resultaat van de toegenomen mobiliteit, economische groei, en levensverwachting van de tweede achttiende eeuw?

Vovelle lijkt veel te zien in deze interpretatie, maar gaat generalisaties uit de weg en concentreert zich op de effecten van culturele factoren. Vandaar zijn nadruk op het jansenisme en de Verlichting. Hij heeft geconstateerd dat de secularisatie het sterkst was in steden waar het jansenisme zich het diepst had geworteld (Pigans en Cotignac), en ook waar het protestantisme nooit volledig was uitgeroeid (Cucuron en Pertuis). Maar in verafgelegen jansenistische plaatsen (Blieux en Senez), probeerde het orthodoxe katholicisme opvallend strijdlustig terrein te herwinnen, zodat de grafieken van de verzoeken om missen – die als de belangrijkste indicatie dienen in het boek – daar stegen in plaats van daalden, tot de laatste decennia van het Ancien Régime, toen ze sterk daalden. Als het jansenisme dus de secularisatie versneld heeft, is dat voornamelijk gebeurd bij de open, mobiele bevolking van het zuiden.

De daling die bijna overal na 1760 in de grafieken van Vovelle is te zien, wijst erop dat de secularisatie parallel loopt met de verspreiding van de Verlichting. Maar attituden en ideeën vertegenwoordigen verschillende mentale aspecten. Dat men de dood minder devoot begon te benaderen hoeft niet op een toenemende waardering voor Voltaire te wijzen, en men kan het niet afzetten tegen de mate waarin de Verlichting doordrong, omdat men dat ook niet kan meten. Vovelle heeft dit probleem proberen op te lossen door geletterdheid als meetbare factor te nemen, hoewel hij zelf zegt dat dit een onzuivere en onbetrouwbare indicatie geeft over de verspreiding van de ideeën van de Verlichting. Hij komt met een aantal belangrijke statistieken over geletterdheid, voor zover dit nagegaan kon worden aan de hand van het enig beschikbare bewijs, de ondertekening van testamenten. Zijn resultaten stemmen overeen met het beroemde onderzoek van Maggiolo, dat voor Zuid-Frankrijk een laag percentage mensen die konden lezen en schrijven geeft. Verder laten ze zien dat de algemene opvatting dat onderwijs de religie ondermijnt, die vooral onder negentiende-eeuwse anti-clerusgezinden opgeld deed, geen steek houdt. Vovelle vond dorpen waar zowel geletterdheid als religie veel voorkwamen (Barcelonnette) of waar beide op een laag pitje stonden (Salon). En hij laat zien dat in sommige plaatsen de secularisatie sterker was onder kleine boeren en dagloners, die overwegend analfabeet waren, dan onder de hooggeletterde notabelen. Dus zelfs al vertoont de verbreiding van de Verlichting een correlatie met een primitief vermogen tot lezen en schrijven, wat onwaarschijnlijk lijkt, geletterdheid houdt in ieder geval op geen enkele wijze verband met de secularistatie van attituden tegenover de dood.

Marseille blijkt echter een speciaal geval te zijn geweest. Vovelle ontdekte dat de Marseillanen uit de lagere middenklasse en de lagere klasse veel vaker geletterd en gesecülariseerd waren dan hun tegenhangers op het platteland. Een aantal van zijn statistieken komt ongeloofwaardig over (op pagina 377 tekent hij aan dat in 1789 de geletterdheid bij de vrouwelijke boerenbevolking was gestegen tot 45 procent en bij de mannelijke tot nul was gedaald). Wel tonen de statistieken aan dat in deze stedelijke omgeving de ontwikkelingen in geletterdheid en secularistatie hand in hand gingen, zij het dat het tempo verschilde per maatschappelijke groepering. Zo vond er een splitsing plaats onder de geletterde elite, waarbij de adel vast bleef houden aan de traditionele religiositeit en de bourgeoisie zich seculariseerde. In 1789 kon driekwart van alle mannelijke dagloners, handwerkslieden en winkeliers hun naam schrijven, en hield de grote meerderheid van hen niet langer vast aan de gewoonte om missen te bestellen voor hun zielerust.

Vovelle ziet al gauw aan klasse gebonden fenomenen bij dit soort uiteenlopende attituden, en hij zet dat af tegen het revisionistische argument dat de Verlichting wortel schoot onder een gemengde elite van adel en bourgeoisie. Zijn these zal het goed doen bij marxisten die de Verlichting behandelen als bourgeois-ideologie,[16] maar zijn gegevens suggereren een verandering in attituden die dieper ligt dan ideologie. Ze moeten nader geanalyseerd worden. Daarentegen geven zijn feiten ondubbelzinnig een scheiding aan tussen de religieuze praktijk van mannen en vrouwen. Deze 'geslachtelijke tweevormigheid' was vooral sterk geprononceerd in de lagere klassen, waar ook een groeiende kloof bestond tussen het aantal geletterde mannen en vrouwen. Zo was in de negentiende eeuw het analfabete vrouwelijke dienstpersoneel vaak vromer dan hun meesteressen, en zaten de mannelijke arbeiders te drinken en de krant te lezen in de bistro terwijl hun ongeletterde vrouwen ter kerke gingen. Over dergelijke kwesties van gewoonte en opvattingen heeft Vovelle het meest te vertellen. Hij heeft een grote ommekeer ontdekt in de menselijke opvatting van het sacrale, een proces dat de inwoners van de Provence wellicht open heeft doen staan voor verlichte ideeën maar dat op zich geen direct verband hield met de Verlichting zelf.

Hoe die verandering tot stand kwam blijft uiteindelijk een mysterie. Het was geen kwestie van het volk dat de elite volgde, en evenmin een kwestie van scholing of urbanisatie. De secularisatie kwam het sterkst op gang in gebieden waar de sociale en economische veranderingen het grootst waren, en de confrontatie met ontwrichtende invloeden als het jansenisme, protestantisme en de Verlichting heeft dat waarschijnlijk nog versterkt. Maar 'sociaal-economische verandering' voldoet niet echt als definitieve verklaring. Vovelle laat zien dat het gevestigde patroon van attituden in Marseille nauwelijks werd verstoord door de verschrikkelijke pestepidemie van 1720, waar de helft van de inwoners aan overleed, en evenmin door de daaropvolgende vloedgolf van immigranten die de doden vervingen met een nieuwe bevolking van ontwortelde boeren. En soms klinkt zijn verklaring tautologisch: de attituden veranderden door een *mutation de sensibilité collective*, dat wil zeggen, door een verandering in attituden.

Uiteindelijk berust zijn interpretatie op de woorden die hij gebruikt in de titel. Hij traceert een verschuiving van 'barokke vroomheid' naar 'ontkerstening'. In plaats van deze termen te definiëren, bouwt hij er associaties omheen en gebruikt hij ze descriptief, als een soort beknopte termen voor een patroon van attituden en daden. Met name 'barok' is echter een bijzonder ambigu begrip, dat voor iedere historicus weer wat anders inhoudt, zoals veel historici trouwens ook aan zullen hikken tegen uitdrukkingen als *sensibilité baroque, moeurs baroques* en *baroquisme*.

'Ontkerstening' levert ook problemen op, omdat het grootste deel van Vovelles materiaal laat zien dat de traditionele manieren om met de dood om te gaan minder frequent voorkwamen – een kwestie van achteruitgang en niet van verdwijnen (in 1789 vroeg de helft van de notabelen in de provincie nog missen aan voor hun zielerust). Het afwijzen van 'barokke' riten hoeft niet een afwijzing van het christendom te hebben betekend. Deritualisering zou zelfs op een soort purificatie hebben kunnen wijzen, zoals bij de puriteinen in Engeland. Ariès probeert Vovelles gegevens te verklaren door te wijzen op de opkomst van het gezin in plaats van op de achteruitgang van de traditionele doodsrituelen. Hij stelt dat de testateurs hun begrafenissen niet meer regelden omdat ze nu voor het eerst de correcte afwikkeling van dergelijke ceremonieën met een gerust hart aan hun familieleden konden overlaten. Misschien zijn er nog andere interpretaties mogelijk die kloppen met Vovelles gegevens, die door hem prachtig uiteengezet worden maar eigenlijk nooit volledig verklaard.

Dergelijke kritiek geldt echter evenzeer voor de grote stellingen over de economische en demografische patronen van de achttiende-eeuwse Franse geschiedenis. We weten nog steeds niet waarom de bevolking door het oude malthusiaanse plafond van twintig tot vijfentwintig miljoen is heengeschoten, waarom de prijzen in de landbouw tijdens de laatste vijftig jaar van het Ancien Régime met de helft zijn toegenomen, en waarom er een revolutie is geweest. Nu kunnen we een nog dieper mysterie overdenken: Waarom zijn de attituden ten opzichte van de basisgegevens van dood en leven veranderd? Al deze veranderingen lijken in verband te staan met de komst van een wereld die we kunnen herkennen als 'modern', maar hoe kunnen we dat verband verklaren? Door een voorheen ontoegankelijk ervaringsgebied binnen te dringen, heeft Vovelle een nieuwe dimensie toegevoegd aan de grote vragen van de geschiedenis, ook al heeft hij die niet kunnen beantwoorden.

Het belang van zijn prestatie dient extra te worden benadrukt omdat weinig lezers zijn kwantificatie aantrekkelijk of verteerbaar zullen vinden. Er zit iets van statistisch puritanisme aan dit boek. Geen menselijk wezen komt adempauze brengen in de onverbiddelijke stroom tabellen, diagrammen en grafieken, 112 in getal, stuk voor stuk gemaakt zonder computers of correlatiecoëfficiënten. Maar de geschiedschrijving is al vaak genoeg verzand in vage praat over wereldopvatting, over klimaat van de algemene opinie en *Zeitgeist*. Om niet bij Burckhardt te blijven steken moest het mentaliteitsonderzoek nieuwe methodes en nieuw materiaal hebben. Vovelles toepassing van kwantificatie en sociologie heeft hem doen slagen waar Ariès heeft gefaald. Hij is erin geslaagd een belangrijke verschuiving in het wereldbeeld in kaart te brengen bij bevolkingsgroepen wier leven spoorloos verdwenen leek in het verleden.

CONCLUSIE

Deze poging om in contact te komen met het geestesleven van de vergeten mannen en vrouwen uit de geschiedenis doet de mentaliteitsgeschiedenis verschillen van de gewone vormen van de intellectuele geschiedenis. Het contact dat mogelijk is betreft doorgaans de fundamentele feiten van het menselijk lot, de manier waarop men de feiten van leven en dood bezag. Maar de mentaliteitshistorici doen ook onderzoek naar volkscultuur, folklore, landloperij, familieverhoudingen, seksualiteit, liefde, angst en waanzin. Ze gaan deze uiteenlopende onderwerpen met verschillende methoden te lijf; statistiek, demografie, economie, antropologie, sociale psychologie, alles wat voor het desbetreffende onderwerp het meest geschikt lijkt.[17] Hoewel het nog te vroeg is voor een definitief oordeel over hun werk, lijkt een voorlopige verkenning – plus de vergelijking tussen Cobb en de criminologen enerzijds en die tussen Ariès en Vovelle anderzijds – te wijzen in de richting van een methodologische imperatief: men dient niet te vertrouwen op intuïtie in een poging een vage *Zeitgeist* te schetsen, maar minstens één duidelijke discipline uit de sociaal-wetenschappelijke hoek bij de horens te vatten om met behulp daarvan de mentale ervaring te relateren aan sociale en economische feitelijkheden.

Helaas is dit een conclusie die verdacht veel weg heeft van gezond verstand. Weinig historici zullen vandaag de dag bezwaar maken tegen het idee de sociale wetenschap op hun vak los te laten, maar weinigen zullen het eens zijn over de manier waarop. Moeten we het hele scala aan sociale wetenschappen dan maar doorploegen, en de ene discipline na de andere uitproberen tot we iets geschikts vinden? Methodologisch eclecticisme is geen werkelijke oplossing voor het vraagstuk hoe de verandering in attituden te relateren aan sociale en economische ontwikkelingen.

Misschien wijst Vovelles falen om de fenomenen die hij zo perfect beschrijft te verklaren op een zwak punt in de manier waarop men mentaliteiten doorgaans definieert. Volgens een klassieke formulering van Pierre Chaunu, functioneren de *mentalités* op een 'derde niveau' van de geschiedenis. Ze maken deel uit van een bovenbouw, die uitrijst boven de meer fundamentele structuren van de maatschappij en de economie, en ontwikkelen zich daarom in respons op seismische verschuivingen in de sociale en economische orde.[18] Deze driegeledings-opvatting van verandering sluit aan op een historiografische traditie die diepgaand is beïnvloed door het marxisme. Ze leent zich ook voor functionele sociale wetenschap en is geschikt voor kwantificatie, omdat de statistische reconstructie van attitudepatronen in staat blijkt een realiteit op het derde niveau bloot te leggen. Maar Vovelle, een marxistisch-functionalistisch kwantificeerder, heeft ontdekt dat de curves van zijn grafieken geen patroon volgden dat erop wees dat attituden een functie waren van sociale en economische variabelen.

Misschien zijn de bijdragen van Burckhardt, Huizinga en zelfs Lucien Febvre aan de cultuurgeschiedenis door hun opvolgers verkeerd geïnterpreteerd. Deze vroege meesters kenden culturele fenomenen namelijk een aanzienlijke mate van autonomie toe. Ze behandelden de cultuur niet als een bijprodukt van de samenleving. Ze benaderden haar op dezelfde wijze als sommige hedendaagse antropologen. Het antropologische beeld van de mens als een dier dat hongert naar betekenis, en van het wereldbeeld als een samenhangend, ordenend principe van het maatschappelijk leven,[19] zal uiteindelijk misschien vruchtbaarder blijken dan simpele kwantificatie om het materiaal dat de Fransen momenteel in zulke verbijsterende overdaad uit hun rijke verleden opgraven in een zinvolle context te plaatsen. Of die voorspelling zal uitkomen of niet, vast staat dat de mentaliteitsgeschiedenis zich heeft ontwikkeld tot een belangrijk genre dat nu reeds de historici dwingt om het menselijk lot in een nieuw, vreemd licht te bezien.

V

GOEDE BUREN

GESCHIEDENIS EN KENNISSOCIOLOGIE

Als de schrijver-filosoof al niet in Parijs is geboren, lijkt hij in ieder geval het grootste deel van de moderne geschiedenis Frans te hebben gesproken. Zijn oorlogskreten, van *écrasez l'infâme* tot *épatez le bourgeois* hebben van de linkeroever naar de rechteroever van de Seine weergalmd voordat ze de wereld veroverden. Dank zij het werk van John Lough en Daniel Roche is het nu mogelijk de opkomst van de schrijver in Frankrijk na te gaan en hem te lokaliseren binnen een instelling die ook typisch Frans lijkt, hoewel ze overal en nergens bestaat – de republiek der letteren.

In *Writer and Public in France* concentreert Lough zich op de poging van de schrijver financiële onafhankelijkheid en sociale status te verwerven, een lange, harde strijd tegen arrogante beschermheren, gierige uitgevers en een ongeletterd publiek. Het meest verrassende element in dit relaas is de hardnekkigheid van het mecenaat.[1] Het is algemeen bekend dat de middeleeuwse minstreel leefde van kruimkens van 's heren tafel en dat Racine het toneelschrijven eraan gaf zodra hij een staatsuitkering en een positie aan het hof op zak had. Maar Lough laat zien dat de schrijvers tot diep in de negentiende eeuw afhankelijk zijn gebleven van de rijken en machtigen. Hugo kreeg van Lodewijk XVIII en Karel X tweeduizend franc per jaar. Gautier kreeg van Lodewijk Napoleon drieduizend franc, naast een sinecure als bibliothecaris die zesduizend franc opleverde. Flaubert bleef op zijn oude dag in leven door een benoeming tot bibliothecaris die drieduizend franc waard was. En zelfs Baudelaire, die in 1855 met veel aplomb had verkondigd dat hij nooit om subsidies zou bedelen ('nooit zal mijn naam voorkomen op de verachtelijke paperassen van een regering'[2]) smeekte de minister twee jaar later om een staatsuitkering en kreeg vervolgens een miserabele tweehonderd franc.

De schrijvers hebben zich pas in 1880 volledig aan het mecenaat weten te ontworstelen. Toen schreef Zola opgetogen over de komst van het moderne financiële systeem in de literatuur: 'Het geld, de rechtmatige opbrengst van zijn werk, heeft [de schrijver] bevrijd van alle vernederende afhankelijkheid van een patroon... Het geld heeft de schrijver geëmancipeerd, het geld heeft de moderne literatuur geschapen'.[3]

Waarom heeft het in Frankrijk zo lang geduurd voor de schrijver van zijn pen kon leven? Lough stelt dat hier met name het onderontwikkelde karakter van de literaire markt debet aan was.

In 1973 had de helft van alle Fransen boven de veertien het afgelopen jaar geen boek gelezen. In de jaren zeventig van de negentiende eeuw kon ongeveer een derde van de bevolking geen letter lezen, en in de jaren tachtig van de achttiende eeuw was bijna twee derde analfabeet. Het aantal geletterden lag in Engeland en Amerika in diezelfde periodes veel hoger, en daar werd veel meer geld besteed aan bibliotheken. In 1908 en 1909 gaven de openbare bibliotheken van Leeds zesmaal zoveel geld uit aan boeken als die van Lyon, een stad van vergelijkbare grootte.

Na de waarschuwing van Voltaire dat een boer die ging lezen zijn ploeg in de steek zou laten, zijn de Fransen zich altijd ongemakkelijk blijven voelen over algemeen onderwijs. De Franse Revolutie had in 1793 op papier een lagere-schoolsysteem klaar, maar heeft de instellingen van het Ancien Régime waarschijnlijk zodanig ontwricht dat de scholing van de grote massa weer een halve eeuw werd teruggezet. Er waren nog twee republieken voor nodig voor de kosteloze, verplichte en openbare lagere school een grote groep kritische lezers begon te produceren voor de republiek der letteren.

De Derde Republiek betekent volgens Lough ook in een aantal andere opzichten een keerpunt. Eindelijk werd de pers vrij, niet alleen van de censuur die het gedrukte woord drie en een halve eeuw lang op allerlei mogelijke manieren had geteisterd, maar ook van minder openlijke beperkingen zoals het zegelrecht op kranten en de beperkte vergunningen voor drukkers en boekverkopers. Het moderne royaltysysteem werd ingevoerd rond 1880. Toen pas begonnen schrijvers profijt te trekken van het succes van hun bestsellers, omdat ze toen een aandeel van de opbrengst van de verkoop ontvingen in plaats van een eenmalig honorarium of een aantal gratis gedrukte exemplaren in ruil voor hun manuscript.

Indirect profiteerden de schrijvers ook van de verbeterde omstandigheden voor de uitgevers na 1880. Door de conventie van Bern in 1886, waar internationale afspraken zijn gemaakt over het auteursrecht, raakten de Franse boekproducenten eindelijk bevrijd van de piraten die hen vanuit de Lage Landen en Zwitserland vanaf de zestiende eeuw onophoudelijk hadden geplunderd. Na de invoering van machinaal vervaardigd houtpapier, de rotatiepers, stoomkracht, en, rond 1880, de regelzetmachine, werd het boekdrukken aanzienlijk goedkoper. Het aantal gedrukte boeken en de grootte van de oplagen nam in de tweede helft van de negentiende eeuw voortdurend toe, met als absolute top het decennium van 1889 tot 1899, waarin een peil werd bereikt dat pas weer in de jaren zestig van deze eeuw werd geëvenaard, als de cijfers van het *dépôt légal* tenminste kloppen.

Zowel uitgevers als schrijvers profiteerden van de groei van de journalistiek. Toen in 1836 *La Presse* en *Le Siècle* waren opgericht, brak er een tijdperk aan van relatief goedkope kranten die grotendeels gefinancierd werden door adverteerders en niet door abonnees. Met de opkomst van het *feuilleton*, de roman in afleveringen, braken voor de romanschrijver gouden tijden aan. Vanaf 1840 vochten de uitgevers om de feuilletonrechten van romans van Balzac, Sand, Zola en de meesters van het *feuilleton* Eugène Sue, Dumas *père* en Frédéric Soulié. Toen in de jaren zestig van die eeuw de stuiversroman ontstond, daalde het peil van het genre. Maar de kwaliteitsfictie had nu twee kanalen, de krant en het boek, tot de Eerste Wereldoorlog een eind maakte aan de *belle époque* van het literair fortuin.

De status van de schrijver steeg met zijn inkomen. In de middeleeuwen was hij clown en vagebond, in de renaissance een welgesteld heer die van schrijven zijn hobby maakte, in de salons van de Verlichting een curiositeit, en in de negentiende eeuw werd hij gerespecteerd en soms bewonderd. Tegenwoordig ziet men in iedere Parijse straat wel een gedenkbordje voor de een of andere schrijver en kan men geen park doorwandelen of er duikt wel een dichter op een voetstuk op. Overal in Frankrijk getuigen namen van scholen, pleinen en straten van de schrijverscultus – een vreemde gewaarwording voor iemand uit de Verenigde Staten die eraan gewend is dat straten, benzinestations en zelfs universiteiten namen van beroemdheden uit de sportwereld dragen.

Maar wie de eerdere boeken van Lough heeft gelezen zal dit alles niet verbazen. Drie daarvan, gepubliceerd tussen 1954 en 1978, bevatten hoofdstukken over 'de schrijver en zijn publiek', die Lough aan elkaar heeft gebreid, hier en daar wat heeft aangepast, en die nu het grootste deel van dit nieuwe boek uitmaken.[4] Er is niets tegen dat een schrijver zichzelf herhaalt, zeker niet als hij zo'n voortreffelijk en erudiet auteur is als professor Lough. Maar sinds 1954 is er zeer veel geschreven over schrijvers en hun lezerspubliek, werk dat vraagtekens zet bij de poging van Lough een route te ontdekken van Chrétien de Troyes tot Sartre.

In zijn voetnoten en bibliografie verwijst Lough veelvuldig naar die recente bijdragen aan zijn onderwerp, maar in zijn tekst negeert hij ze doorgaans. In zijn hoofdstuk over de zeventiende eeuw bijvoorbeeld erkent hij genereus hoeveel hij verschuldigd is aan het werk van Henri-Jean Martin, *Livre, pouvoirs et société à Paris au XVIIème siècle* (Genève, 1969, 2 dln.). Maar de tekst van het hoofdstuk is een herhaling van wat Lough in 1954 al had gezegd, soms volkomen letterlijk. Het bevat weliswaar een ingelast stukje over de ontoereikendheid van Martins statistieken over de boekproduktie, maar omzeilt het rijke materiaal dat Martin heeft opgedoken over de politieke en economische achtergronden van de handel in boeken, de maatschappelijke positie van de schrijvers, en de smaak van de lezers.

In het hoofdstuk daarop citeert Lough *Livre et société dans la France du XVIIIème siècle* (Parijs en Den Haag, 1965-1970, 2 dln.), een verzameling essays door historici verbonden aan de École des Hautes Études in Parijs die even belangrijk is voor de achttiende als het werk van Martin voor de zeventiende eeuw. Weer houdt Lough echter angstvallig vast aan zijn oude redenering over het aanhoudende belang van het mecenaat en de relatieve verbetering in de status van de schrijver. De historici van *Livre et société* hebben die vragen achter zich gelaten en zich gericht op de algemene topografie van de literaire cultuur. Door middel van kwantitatief onderzoek van uiteenlopende bronnen proberen ze te laten zien dat bij de leesgewoonten van het Ancien Régime de vernieuwingsdrang (*innovation*) werd gesmoord in onverschilligheid (*inertie*). Hoewel er misschien van alles aan te merken valt op deze redenering, is ze te belangrijk om genegeerd te worden. Ze vormt een aanvulling op het werk van Martin, die ontdekt heeft dat in de klassieke periode, toen de helft van de 'schrijvers' waarschijnlijk geestelijken waren, de religieuze literatuur de hoofdrol speelde.

Ditzelfde accent treft men aan in recent onderzoek naar volksliteratuur, dat Lough weer eerst prijst en vervolgens links laat liggen. Volgens Robert Mandrou, Geneviève Bollème, Pierre Brochon en Jean-Jacques Darmon bestond het literaire menu van de meeste Fransen van het eind van de zestiende tot het midden van de negentiende eeuw uit goedkope volksboekjes, waarnaar men luisterde bij het vuur, tijdens de voorleessessies waarbij de paar mensen die konden lezen de rest onthaalde op heiligenlevens en de avonturen van archaïsche helden als de vier Heemskinderen. Deze pamfletten die samen bekend stonden als de *bibliothèque bleue* waren doorgaans door zetters of anonieme broodschrijvers aangepaste versies van de 'hoge' literatuur uit de middeleeuwen en de renaissance – de schrijvers waren dus even anoniem als de lezers.

Theorieën over de schrijver en zijn lezerspubliek worden al snel anachronistisch als men ze helemaal laat terugslaan op de middeleeuwen, zoals Lough in zijn eerste hoofdstuk doet. Albert Lord en anderen hebben gesteld dat de *chansons de geste* niet gezien moeten worden als teksten van auteurs maar als uitvoeringen door zangers, die hun flexibele repertoire aanpasten aan het publiek van het moment. Uiteindelijk werden deze bewerkingen weer door kopiïsten bewerkt tot geschreven tekst, en werden de handgeschreven versies weer door drukkers bewerkt voor de pers.

Verhaalvormen die direct voor de pers zijn geschreven gaan uit van andere vooronderstellingen. Door teksten vast te leggen in standaardvormen en ze te vermenigvuldigen voor lezers die de auteur zich slechts had kunnen voorstellen, heeft de drukpers de literatuur als communicatievorm getransformeerd. Elizabeth Eisenstein heeft deze benadering uitgewerkt in een reeks artikelen, die hebben geleid tot haar recente boek, *The Printing Press as an Agent of Change* (Cambridge, 1979, 2 dln.). Lough behandelt de drukpers slechts als het begin van een langdurig proces dat heeft geleid tot de financiële onafhankelijkheid van de schrijver, en als hij 'schrijver' zegt maakt hij geen onderscheid tussen troubadour en romanschrijver.

Vraagstukken op communicatiegebied verdienen zeker een plaats in een algemeen onderzoek naar schrijvers en lezers of op het bredere terrein van de kennissociologie.[5] Men hoeft zich niet per se te scharen onder de fans van Roland Barthes, Jaques Derrida, Tzvetan Todorov, Wolfgang Iser, Wayne Booth, Stanley Fish of andere moderne literatuurwetenschappers om het idee te accepteren dat men teksten kan interpreteren als een vorm van dialoog, waarbij schrijver en publiek voorgeschreven rollen spelen. Rabelais springt het toneel op en klampt je luidruchtig aan als een klantenlokker op de kermis. Montaigne babbelt wat met je bij de haard. Rousseau manipuleert je in de positie van vertrouweling, van de enige in de boze wereld die kan begrijpen en vergeven. Voltaire geeft je een veelzeggende knipoog vanachter allerlei oneerbiedigheden. Rimbaud drukt je aan zijn hart. Flaubert doet alsof jullie geen van beiden bestaan. De houding van de schrijver varieert enorm in de loop van de Franse geschiedenis. De verschillende houdingen zijn zeker de aandacht van een historicus waard, omdat ze aanwijzingen opleveren voor de manier waarop men in het verleden de literatuur heeft ervaren.

Een zo'n manier was politiek van aard, en hangt nauw samen met de uitermate belangrijke rol van schrijvers in de Franse geschiedenis. Terwijl Engelse schrijvers in het begin van de achttiende eeuw rijkdom en prestige genoten en vaak conservatief werden, zaten hun achtergestelde tegenhangers in Frankrijk meer in de maatschappijkritische hoek, dat wil zeggen, ze werden intellectuelen. De opkomst van de Franse intellectueel dateert van de Franse Verlichting, toen Voltaire en d'Alembert een lans braken voor de *philosophes* door ze te identificeren met de meer respectabele categorie van *gens de lettres*. Deze strategie had zo'n succes dat schrijvers van latere generaties de rol van filosoof op zich namen en zich in cafés posteerden om vandaar een beschuldigende vinger te richten op de maatschappelijke orde. Het beeld van de moderne schrijver is sterk beïnvloed door *J'accuse* dat het zijn typisch Franse uitstraling heeft gegeven.

Lough geeft geen analyse van de verschillende rollen die de schrijvers in hun werk en het openbare leven aannemen. Hij heeft het nooit over hun ideologie, zelfs het jansenisme of marxisme noemt hij niet. In plaats daarvan bijt hij zich vast in één enkel thema, namelijk de opkomst van de professionele schrijver, de schrijver die in eigen onderhoud voorziet, zoals die zich heeft ontwikkeld vanuit zijn vroege wortels in de middeleeuwen. Hij heeft laten zien hoezeer die geleidelijke klim een verhaal is van profeten zonder eer, en van eer zonder profijt, en daarmee veel interessante informatie op een rijtje gezet. Maar veel verder dan het punt dat hij al in de jaren vijftig had bereikt, heeft hij het thema niet ontwikkeld.

Voor een werkelijk belangrijke stap vooruit moet men zijn bij *Le Siècle des lumières en province* van Daniel Roche. Het belang van dit werk moet niet worden onderschat. Het werk van Roche zal namelijk buiten Frankrijk niet gemakkelijk worden geassimileerd vanwege de eigenaardige barrière die het opwerpt tussen de schrijver en lezer. De moeilijkheid is niet gelegen in het Frans maar in het statistische idioom dat hij gebruikt. Amerikaanse en Engelse historici gebruiken ook vaak statistieken, maar proberen zelden de cultuur kwantitatief te 'meten'. De Fransen kwantificeren de cultuur al een generatie lang, en het onderzoek van Roche naar het intellectuele leven in de provincie tussen 1680 en 1789 is een van de meest ambitieuze en geslaagde voorbeelden van dit soort werk.

Roche bouwt geen betoog op via een reeks illustratieve teksten zoals Lough dat doet, maar geeft in zijn eerste deel een doorlopend commentaar op de reeks tabellen, lijsten, grafieken en grafische voorstellingen die hij opneemt in zijn tweede deel. De lezer moet voortdurend tussen beide delen heen en weer gaan, en die taak is er niet makkelijker op gemaakt door de uitgever, die de verwijzingen door elkaar heeft gegooid en van de cartografie een puinhoop heeft gemaakt. Uiteindelijk wordt de moeite van de lezer wel beloond, want hij heeft dan een totaalbeeld gekregen van het cultuurgebied van het Ancien Régime. Roche heeft het allemaal in kaart gebracht. Hij laat de sociale en geografische lokatie zien van de provinciale academies, vrijmetselaarsloges, scholen en universiteiten, concertgenootschappen, theaters, leesclubs, boekwinkels – letterlijk iedere instelling die de Verlichting doorgaf aan wie kon lezen.

Roche concentreert zich op de tweeëndertig provinciale academies, en terecht, want die fungeerden in de achttiende eeuw als centra voor cultuurspreiding. Men kan ze niet direct identificeren met de Verlichting, omdat veel ervan al onder Lodewijk XIV waren opgericht met het oogmerk de invloed van de staat op het culturele leven in de provincie te versterken. Maar in de tweede helft van de eeuw begon men er discussies op gang te brengen over onderwerpen die politiek gevoelig lagen, zoals het groeiend aantal bedelaars en de noodzaak het rechtsstelsel te hervormen. Ze deden dat door essayprijsvragen te organiseren, die een grote stroom pseudo-politieke verhandelingen opleverden.

Net als Rousseau met zijn *Discours sur les sciences et les arts* en *Discours sur l'origine de l'inégalité* voor de Académie van Dijon, probeerden veel revolutionairen in de dop – Robespierre, Marat, Carnot, Barère, Roland, Brissot – zich op die manier naamsbekendheid te verwerven. De academies, die ambitieuze jonge schrijvers beloonden met uitvoerig gepubliceerde prijzen en benoemingen tot correspondentielid, boden zo een van de weinige kansen waardoor men in de premoderne republiek der letteren carrière kon maken.

Met zijn onderzoek naar die academies heeft Roche daarom een strategische plek gekozen om de convergentie van traditionele en moderne cultuurstromingen te onderzoeken. Hij getroost zich in de loop van dit onderzoek veel moeite om de juiste plaats van de academies binnen de maatschappelijke orde te bepalen. In feite geeft hij een overzicht van de totale topografie van de stedelijke samenleving in de achttiende eeuw.

Over vrijwel alles komt hij met cijfers. Hij berekent bijvoorbeeld dat zijn tweeëndertig steden op iedere vijftig tot tweehonderd inwoners een priester hadden, een ambtenaar op de twee- tot vierhonderd inwoners, een dokter op de duizend, een leraar in het middelbaar onderwijs of universitair docent op de drieduizend, en een boekverkoper op iedere duizend tot vijfenveertighonderd inwoners. Kennelijk hadden zowel Voltaire als Tocqueville gelijk en wemelde het stedelijke Frankrijk van de priesters en de ambtenaren. En Lough had geen ongelijk, hoewel uit diverse cijfers over geletterdheid, boekverkoop, en de omvang van de studentenpopulatie blijkt dat hij het belang van het lezerspubliek heeft onderschat.

Roche geeft naast zijn cijfers veel terloopse informatie. Hij laat opmerkingen vallen over de kosten van een huisbezoek door een provinciedokter, de salarissen van professors en de verrassend gezonde staat van hun universiteiten, de sociale rivaliteit die tot uiting kwam tussen de verschillende vrijmetselaarsloges, de stijgende status van de apothekers, het jongen-met-een-studiebeurs-syndroom onder de geestelijken, de omvang van Rousseaus correspondentie met plattelandspastoors en die van Voltaire met hovelingen, en de verschillen in de sociale code van de 'adellijk levende burgers' en de 'burgerlijk levende adel'. Het boek is een regelrechte encyclopedie van het provinciale leven onder het Ancien Régime.

Roche heeft het echter bedoeld als bijdrage tot de cultuursociologie. Voor hem staat de sociologische vraag centraal die de historici al een decennium bezighoudt, namelijk, wat was precies het karakter van de sociale en culturele elite van het Ancien Régime? Waren het verlichte bourgeois? Aristocratische verdedigers van de traditie? Of een tegenstrijdig mengsel van verlichting, traditie, adel en bourgeois? Het probleem is belangrijker dan het lijkt, omdat het samenhangt met een aantal algemene vragen over het verband tussen klasse en ideologie. Ook wijst het op een verschuiving in historisch perspectief – in de jaren vijftig en zestig probeerde men de maatschappij van onderaf te bezien, terwijl er hier sprake is van een hernieuwde poging haar te begrijpen aan de top.

Roche beperkt zich niet tot de bepruikte en bepoederde heren van de academies en onderzoekt de grotere elitegroep die in de achttiende eeuw bekend stond als de 'notabelen', een groep die men zou kunnen vergelijken met wat we nu de 'bovenbouw' of de 'machtselite' noemen. Hij kwam ze op het spoor in de achttiende-eeuwse gemeentealmanakken. Hoewel de almanakken als bron niet ideaal zijn, dienden ze in die tijd als gidsen voor iedereen die moest weten wie wie was, en waar ze thuishoorden binnen de kringen van macht en aanzien in de steden van het Ancien Régime. Roche wil hetzelfde weten en kon aanvullende informatie vinden in de uitgebreide literatuur over plaatselijke geschiedenis. Zo kan hij het materiaal uit de almanakken vertalen in een serie statistieken, die een verrassende conclusie opleveren, namelijk dat de helft van de notabelen uit de kringen van het koninklijk bestuur en de gerechtshoven afkomstig was, een derde uit kerkelijke kring en dat slechts 7 procent van de notabelen handelslieden waren.

De commerciële bourgeoisie komt ook als verrassend onbeduidend uit de verf bij de poging van Roche de hele bevolking van zijn tweeëndertig steden aan statistische analyse te onderwerpen. In grote handelscentra als Lyon en Marseille treft hij een aanzienlijk aantal kooplieden en fabrikanten aan. Maar elders waren ze bijna altijd kleiner in getal dan de priesters, en soms ook dan de edellieden. Roche berekent dat ze ongeveer 1 procent uitmaakten van de bevolking van Dijon, tegenover 4 procent geestelijken en 3 procent adel. Voor Besançon komt hij op 3 procent handelsbourgeoisie, 10 procent geestelijken, 2 procent adel. Voor Bordeaux: handelsbourgeoisie, 6 tot 9 procent, geestelijkheid, 15 procent en adel, 1 tot 4 procent.

Uiteraard kunnen kwantitatieve conclusies nooit zinniger zijn dan de gegevens waarop ze zijn gebaseerd. Roche moet gebruikmaken van sterk uiteenlopend bronnenmateriaal, zowel belastingregisters en huwelijksakten als monografieën. Iedere poging de sociale structuur van twee eeuwen geleden te schetsen van steden verspreid over een heel land zal onherroepelijk wat vervormingen opleveren. Maar de algemene structuren van het beeld dat Roche geeft zien er overtuigend uit. En hij geeft een duidelijk en scherp omlijnd patroon in het belangrijkste deel van zijn these, de analyse van de sociale samenstelling van de academies zelf, die hij baseert op zesduizend analyses van individuele gevallen die hij in archieven uit heel Frankrijk heeft opgedoken.

Rekening houdend met variaties van plaats tot plaats en van tijd tot tijd, en na zijn statistieken met een steeds fijnmaziger zeef te hebben bewerkt, komt Roche nogmaals tot de conclusie dat de handelsbourgeoisie geen rol van betekenis heeft gespeeld. Van de late zeventiende eeuw tot vlak voor de Revolutie was de helft van de academieleden van adel. De Kerk leverde een vijfde van de leden, hoewel dat aandeel na 1750 terugliep. En de bourgeoisie van de academie bestond bijna geheel uit lagere clerus, ambtenaren, mensen uit de hogere beroepen (veel meer artsen dan juristen) en *rentiers*. Kooplieden en fabrikanten waren op de academies nauwelijks te vinden.

Ze maakten niet meer dan 3 procent uit van de vaste leden in de provincie en tot de academies in Parijs zijn ze helemaal niet doorgedrongen. De Académie des Sciences telde maar een paar kooplieden onder haar correspondentieleden, terwijl de Académie française ze volkomen buitensloot en driekwart van haar leden tot de adel behoorde. Hoewel de handelsbourgeoisie *en masse* lid werd van de vrijmetselaarsloges – Roche heeft een aantal opmerkelijke statistieken opgesteld over de verspreiding van de vrijmetselarij – speelde deze nauwelijks een rol in andere culturele instellingen als bijvoorbeeld de Sociétés Royales d'Agriculture. Roche stelt ook vast dat de handelsbourgeoisie ondervertegenwoordigd was onder de abonnees van literaire tijdschriften, de inschrijvers op de *Encyclopédie*, en de lange lijst van literaire figuren die vermeld staan in *La France littéraire* van 1784. Zijn conclusie luidt dat de *classe culturelle* weinig banden had met het moderne kapitalisme.

Het is een conclusie die indruist tegen wat voor veel historici in Frankrijk een vaststaand gegeven was geworden, namelijk dat men de Verlichting kan identificeren met de bourgeoisie. In zijn formulering van de orthodoxe leerboekjesvisie op de Verlichting en de academies heeft Robert Mandrou bijvoorbeeld geschreven: 'De achttiende eeuw denkt tot en met *bourgeois*.'[6] De 166 bladzijden statistieken, grafieken en grafische voorstellingen in het boek van Roche geven een duidelijker beeld van het aandeel van de bourgeoisie op drie lagen van de stedelijke samenleving. Dat was klein in verhouding tot de totale bevolking, onbelangrijk onder de adel, en het minst belangrijk op de academies.

In 1789 had zich in het economische systeem van het Ancien Régime inmiddels een kapitalistische klasse genesteld, maar die speelde op bestuurlijk niveau nauwelijks mee en op cultureel niveau nog minder. Ze vond toegang tot de vrijmetselaarsloges maar bleef buiten de academies, en leverde niet veel schrijvers en waarschijnlijk ook niet veel lezers aan de republiek der letteren. Terwijl Frankrijks economie zich met een slakkegang industrialiseerde, bleven haar culturele instellingen stevig in de greep van een traditionele elite. Toch was dit een elite die openstond voor de Verlichting, een Verlichting die zich een weg heeft gebaand van boven in de maatschappelijke orde naar beneden, en die dus niet hand in hand met de opkomende middenklasse groot is geworden.

In het laatste deel van zijn boek geeft Roche een inhoudelijke analyse van de cultuur. Ook hiervoor gebruikt hij kwantitatieve technieken. Hij telt de thema's in de toespraken van de leden van de academies, zet de onderwerpen van hun essayprijsvragen uit in grafieken, en geeft grafische analyses van de verspreiding van een aantal van hun boeken. Zijn methodes en vooronderstellingen vormen een perfecte illustratie van de nieuwe generatie sociaalculturele historici. De kwantificatie van de cultuur heeft in Frankrijk trouwens zulke vergaande vormen aangenomen dat het de moeite waard is wat nader in te gaan op de oorsprong en de implicaties daarvan.

In de jaren dertig van deze eeuw heeft Ernest Labrousse een keerpunt in de economische geschiedenis veroorzaakt door op de proppen te komen met een kwantitatieve analyse van documenten die hij gerangschikt had in 'series', commensurabele eenheden over lange tijdsperioden. In de drie decennia daarop bouwden sociaal-historici, van de oude Georges Lefebvre tot de jonge François Furet, statistische series om tot analyses van sociale structuur. Momenteel gaat de generatie van Roche op diezelfde wijze de cultuurhistorie te lijf. Pierre Chaunu heeft hun aanpak verwoord in een manifest met de titel 'Un Nouveau Champ pour l'histoire sérielle: le quantitatif au troisième niveau'.[7] Hij stelde dat na de verovering van de eerste twee niveaus van de geschiedschrijving de kwantificeerders nu toe waren aan het derde, namelijk de cultuur.

De formulering van Chaunu wordt momenteel veelvuldig door Franse historici geciteerd, en lijkt toegepast te worden in veel recente Franse proefschriften, die vaak als volgt zijn opgebouwd: deel I, economie en demografie; deel II, sociale structuur; deel III, superstructuur, cultuur, collectieve *mentalités*.[8] Roche gaat niet op die manier te werk. Maar bij de verklaring van zijn methode (I:185-189) verwijst hij naar Chaunu en vertaalt hij diens uitgangspunt in termen van niveaus en statistische series. Deze benadering levert bij zijn analyse van de culturele elite een spectaculair resultaat op, maar niet bij zijn behandeling van de cultuur zelf. Wereldbeelden en een verzameling attituden kan men niet tot series aaneenrijgen en uitzetten in grafieken. Sommige culturele fenomenen kan men uiteraard wel getalsmatig weergeven, boekverkoop, theatervoorstellingen en missen voor zielen in het vagevuur bijvoorbeeld. Maar de statistieken kunnen slechts als symptomen fungeren, en wanneer er eenmaal geteld en gerekend is, ziet de historicus zich voor de taak gesteld iets onkwantificeerbaars te diagnostiseren, namelijk de verschuivingen in betekenisstelsels.

In plaats van diagnostisch te werk te gaan, redeneren de Franse kwantificeerders vanuit de statistische patronen direct naar cultuurpatronen toe. Roche ziet Verlichting in grafieken van de onderwerpen van academietoespraken. Michel Vovelle weegt de vroomheid af aan de ponden was die in religieuze diensten werden verbrand. Jean Toussaert meet de rekkelijkheid af aan de liters wijn die bij de communie werden gedronken. Alle pogingen van dien aard om de stelling van Chaunu toe te passen lijken mank te gaan aan drie verkeerde impliciete vooronderstellingen. Ten eerste, dat betekenis gemeten kan worden via het onderzoek van uiterlijkheden als rituelen en andere culturele vormen. Ten tweede, dat men economieën, samenlevingen en beschavingen (om de subtitel van de *Annales* te citeren) kan uitsplitsen in verschillende niveaus, niet alleen als analytisch hulpmiddel maar omdat ze ook werkelijk afzonderlijk zouden bestaan. Ten derde, dat men culturele fenomenen kan verklaren door hun 'structurele' verhouding tot fenomenen op de andere twee niveaus te laten zien – met name door middel van statistisch homologe uitkomsten.

Roche maakt zich schuldig aan die derde misvatting als hij constateert dat de elite van het Ancien Régime zich weliswaar progressieve ideeën eigen maakte maar qua sociale samenstelling traditioneel bleef. Dat lijkt alleen maar een tegenstrijdig patroon als men ervan uitgaat dat de cultuur een directe afgeleide is van de sociale structuur. Het ziet er al heel wat minder wonderlijk uit als men het idee van de niveaus overboord gooit en aanneemt dat cultuur iets is dat doordrong in ieder aspect van het leven in de achttiende eeuw, zowel in het kopen van brood als het lezen van boeken.

Door dicht bij de teksten van de boeken te blijven, begaat Lough niet de fout de textuur van de cultuur geweld aan te doen. Maar hij waagt zich niet ver van de vertrouwde paden van de literatuurgeschiedenis en negeert de vraagstukken die Roche aansnijdt. Uiteindelijk geven daarom beide schrijvers het gevoel dat de republiek der letteren nog steeds verder moet worden verkend. Lough onderzoekt haar *terre à terre* en van tekst tot tekst. Roche verkent haar algemene aanblik vanaf de top van een statistische superstructuur. Geen van beide methoden blijkt volledig toereikend, maar ze onthullen ieder op eigen wijze veel, niet alleen over het literaire leven in het verleden maar ook over interpretatiemethodes in het heden.

GESCHIEDENIS EN LITERATUUR

Wat gebeurt er als een boek klassiek wordt? Wat is het voor proces dat die ene tekst een aparte plaats geeft naast al die andere teksten die om aandacht schreeuwen? Hoe overleeft zo'n boek het literair seizoen, om van editie tot editie metamorfoses te ondergaan, opnieuw te verschijnen in paperback, in tweedehands boekwinkels, en uiteindelijk comfortabel op de plank te belanden die gereserveerd is voor de boeken die blijven?

Neem bijvoorbeeld *Jean-Jacques Rousseau: la transparence et l'obstacle* van Jean Starobinski, dat naam heeft gemaakt als een klassiek werk uit de moderne literatuurwetenschap. Het verscheen in 1957 als proefschrift nummer 158 aan de universiteit van Genève. Ontdaan van de academische opsmuk werd het een jaar later opnieuw uitgebracht door Plon in Parijs. In 1971 nam Gallimard het over. Die bracht het in herziene versie en uitgebreid met zeven nieuwe essays over Rousseau uit in de prestigieuze reeks 'Bibliothèque des Idées'. Daarna bracht Gallimard het onder in de goedkopere en populairdere 'Tel'-reeks en publiceerde in 1976 en 1982 nieuwe edities. En nu is het eindelijk in een uitstekende Engelse vertaling van Arthur Goldhammer als *Jean-Jacques Rousseau: Transparency and Obstruction* verschenen bij de University of Chicago Press (de Italiaanse en Duitse vertaling verschenen resp. in 1982 en 1988). Zo is een werk dat begon als academische vingeroefening nu in meerdere landen binnen het bereik van het grote publiek gekomen. Een geschikt moment voor de vraag wat *La Transparence et l'obstacle* zo'n bestendigheid heeft gegeven en hoe het zich verhoudt tot de andere studies over Rousseau die in die eenendertig jaar zijn verschenen.

Zelden heeft een titel zoveel weergegeven. Transparantie en obstakel – Starobinsi vindt die overal in Rousseaus werk en ook in zijn leven, te beginnen met het sleuteltrauma van zijn jeugd, de straf die hij kreeg omdat hij weigerde een wandaad op te biechten die hij niet had begaan.

Het was niet zo'n hevig vergrijp, maar het paradijs waarin Rousseau zijn jonge jaren had doorgebracht lag voor altijd in scherven. Als geadopteerd kind van het gezin Lambercier in Genève, woonde hij in wat Starobinski op grond van *Les Confessions* beschouwt als een wereld van perfecte communicatie. Iedereen in huis zei wat hij dacht en wist wat alle anderen dachten, niet door daar hevig zijn best voor te doen maar via de spontane ontboezemingen waarmee men zijn ziel blootlegde voor de ander. Het was een kleine utopie, een toestand van pure transparantie. Op een dag had een bediende echter een kam in de keuken laten liggen om bij terugkomst tot de ontdekking te komen dat deze was stukgemaakt. Omdat er verder niemand in de keuken was geweest toen de schade was aangericht leek Jean-Jacques de schuldige. De Lamberciers, goede mensen die alleen een eerlijke bekentenis wilden, vroegen de jongen zijn schuld toe te geven. Maar hij was onschuldig, hij wist dat voor zichzelf, als zijn eigen beste getuige. De Lamberciers preekten, smeekten, verloren hun geduld en lieten hem ten slotte een pak slaag geven.

De wereld van Jean-Jacques stortte ineen. De puinhopen herschikten zich in zijn geest tot een muur van obstakels die zijn innerlijke zelf scheidde van het bewustzijn van anderen. Door onrecht te ervaren, leerde hij de kloof voelen tussen de dingen zoals ze werkelijk zijn en zoals ze lijken. Niemand viel iets te verwijten over dit verlies van onschuld, zeker niet de Lamberciers. Het falen lag in de situatie zelf, dat wil zeggen, in het menselijk lot, een staat van ondoorzichtigheid waarin het bewustzijn en de gevoelens van mensen elkaar voorbijvaren als schepen in de nacht. Ze zenden signalen en worden verkeerd begrepen.

Waar het geluk van Rousseaus jeugd eindigde, begon de menselijke geschiedenis zoals hij die later zou interpreteren. De wereld die in de keuken van de Lamberciers ineenstortte en de mens die zijn natuurlijke staat verliest zetten hetzelfde proces op gang. Dat proces heeft Rousseau uiteengezet in zijn *Discours sur l' origine d'inégalité*. Alle ervaring, zowel die van het individu als van de mensheid als geheel, kan worden gezien als een poging het verlies van de transparantie te boven te komen en te leven in een wereld van bemiddeling – via taal, eigendom, en het hele gamma aan instellingen die de samenleving bij elkaar houden maar de zielen scheiden.

Volgens Starobinski is Rousseau in zijn schrijven van het begin af aan gedreven geweest door een autobiografische impuls. In zijn eerste werken mondde die uit in de grote sociale en politieke vraagstukken. Op het laatst keerde hij terug op zichzelf en putte zich uit in solipsisme. 'Rousseau wenste communicatie en *transparantie* van het hart. Maar na dit pad te hebben gevolgd en te zijn teleurgesteld, koos hij voor de tegenovergestelde richting door *obstakels* te accepteren en zelfs uit te lokken, hetgeen hem in staat stelde zich, zeker van eigen onschuld, terug te trekken in passieve berusting.'

Achter Rousseaus werk bespeurt Starobinski dus een bewustzijn dat bezig is te onderzoeken, te ordenen, te combineren en een aantal basisthema's te rangschikken. Dat gebeurde via het schrijven. Op zijn zoektocht naar authenticiteit belandde Rousseau in een eindeloze worsteling met de taal, want hij kon alleen zichzelf zijn door de woorden te vinden die zijn innerlijke stem vrij maakten en daaraan uiting gaven. De woorden bleven echter onvolmaakte instrumenten voor de stem, pogingen tot bemiddelen tussen de stem en andere mensen. Daarom waren ze ontoereikend, hoe ze zijn lezers ook ontroerden.

Rousseau goot zijn leven in taal en gaf daarmee de situatie weer van de schrijver, niet alleen voor de achttiende maar ook voor de twintigste eeuw:

> Pas nu blijkt hoe volledig nieuw Rousseaus werk is. De taal is een onmiddellijk ervaringspunt geworden terwijl ze tevens als instrument van bemiddeling blijft fungeren. (...) De taal *is* het authentieke zelf, maar onthult tegelijkertijd dat de volmaakte authenticiteit nog steeds niet is bereikt, dat de volheid nog veroverd moet worden, en dat bezit van die authenticiteit niet zeker is zonder de toestemming van anderen. Het literaire werk doet niet langer een beroep op de lezer in te stemmen met een waarheid die als een 'derde persoon' tussen de schrijver en diens publiek instaat. De schrijver schrijft zichzelf bloot via zijn werk en vraagt om instemming met de waarachtigheid van zijn persoonlijke ervaring. Rousseau heeft deze problemen ontdekt; hij heeft (naast de sentimentele romantiek die hem is verweten) werkelijk een nieuwe houding uitgevonden, die de houding is geworden van de moderne literatuur. Als eerste heeft hij de gevaarlijke samenballing ervaren van ego en taal, het 'nieuwe verbond', waarin de mens zichzelf tot het woord maakt.

Starobinski's analyse van een bewustzijn dat bezig is literatuur te scheppen is niet hetzelfde als literaire biografie, en is evenmin simpele tekstuitleg. Hij combineert elementen van het oude Franse genre *l'homme et l'oeuvre*, het onderzoek van een schrijver en zijn werken, met iets nieuws, namelijk het onderzoek naar de schrijver-in-de-werken, dat wil zeggen, naar het ordenend bewustzijn dat impliciet in de tekst aanwezig is.

Starobinski deelde deze literatuurbenadering met andere leden van de zogenaamde School van Genève, met name Marcel Raymond en Georges Poulet.[1] Ze hield in dat hij de meeste verwijzingen naar de externe omstandigheden van Rousseaus leven buiten beschouwing liet. *La Transparence et l'obstacle* heeft het niet over de sociale en politieke conflicten in Genève die hun sporen nalieten bij de jonge Rousseau en hem als volwassene betrokken bij revolutionaire acties. Het boek behandelt niet het gevecht dat hij moest leveren om als berooide schrijver in Parijs het hoofd boven water te houden, iets dat zijn schrijfvermogen wellicht evenzeer heeft beïnvloed als zijn existentiële confrontatie met de taal. Het maakt nauwelijks melding van de instellingen van het Ancien Régime, die hem het basismateriaal hebben geleverd voor zijn algemene beschouwingen over maatschappij en politiek. In plaats daarvan richt het zich op een ander doel.

Starobinski heeft willen laten zien hoe het werk van Rousseau gedomineerd wordt door een steeds terugkerend thema – het moeizame streven naar 'transparantie', de strijd tegen 'obstakels' – en hoe het door dat thema aaneengesmeed wordt tot een coherent geheel. Het succes van die enorme onderneming is in 1988 nog even imponerend als in 1957. Hij laat zien hoe Rousseau de transparantie soms lokaliseerde in een denkbeeldig verleden (*Discours sur l'origine de l'inégalité* en *Essai sur l'origine des langues*) soms in een toekomstig of ahistorisch utopia (*Du Contrat social*), soms in een roman (*Julie ou la Nouvelle Héloïse*), soms in de nog niet gesocialiseerde staat van het kind (*Emile*), soms in het spontane plezier van het gewone volk (*Lettre à d'Alembert*), soms in extatisch contact met de natuur (*Les Reveries du promeneur solitaire*) en altijd in de contemplatie van zijn eigen ziel (*Les Confessions*).

Zoals Starobinski dit thema van werk tot werk volgt is het zo allesoverheersend dat het bijna te mooi lijkt om waar te zijn. Hier zien we eindelijk die meest complexe en tegenstrijdige van alle schrijvers binnen bereik gebracht van een dominant thema. Ieder boek dat zoveel zin weet te leggen in zoveel weerbarstig materiaal moet uiteindelijk wel overal op universitaire literatuurlijsten en bibliotheken belanden. Het wordt gegarandeerd een academische hit. Toch moet het succes van *La Transparence et l'obstacle* niet geïnterpreteerd worden als een superieur soort reductionisme. Starobinski behandelt zijn sleutelthema als een manier om Rousseaus werk te verkennen, en gebruikt het om de complexiteiten daarvan aan het licht te brengen, niet om die te verdoezelen door ze onder een gemeenschappelijke noemer te brengen.

In zijn analyse van Rousseaus beroemde beschrijving van de druivenoogst in Clarens uit *La Nouvelle Héloïse* bijvoorbeeld, laat Starobinski zien dat het tafereel overeenkomt met het concept van de volksfeesten in de *Lettre à d'Alembert* en die van de volksdemocratie in *Du Contrat social*. In tegenstelling tot toneelspelers, zijn de oogsters zowel uitvoerenden als toeschouwers. Ze zetten een spektakel op touw zonder rollen, rekwisieten, script of andere vormen van bemiddeling, een spektakel dat hen allen verenigt in de spontane uiting van gedeelde vreugde. Structureel gezien komt de dualiteit van speler-toeschouwer overeen met die van burger-onderdaan in een ideale republiek. De transparante staat van zien en gezien worden werkt op dezelfde wijze als de algemene wil, waarbij iedereen deelneemt in de uitdrukking van een souvereine autoriteit, en iedereen zich onderwerpt aan wat allen voorschrijven. Wat in het ene deel van Rousseaus werk als abstracte politieke theorie naar buiten komt, wordt elders in de vorm gegoten van poëtisch proza. Starobinski helpt ons de verbanden te zien. Hij geeft aan waar de overeenkomsten zitten, niet alleen bij de ideeën van Rousseau maar ook bij de manier waarop zijn teksten hun werk doen, via thematische structuur, metaforen, en nuances in de formulering. Het boek is een ware krachttoer.

Als Starobinski je eenmaal in zijn greep heeft, passen zelfs de meest obscure randverschijnselen van Rousseaus werk plotseling in het geheel. Zijn theorie van de muzieknotatie blijkt een poging om het obstakel van willekeurige tekens te omzeilen en de melodische expressie haar directe karakter te hergeven. Als hij zich bezighoudt met botaniseren is dat een poging een emotionele gesteldheid – de sensaties van een zoektocht naar planten in het woud of op een berghelling – vast te leggen via een exemplaar in het herbarium. Zelfs de manier waarop hij gefascineerd was door de metallurgie, die de vorm aannam van een fantasie over het transformeren van lichamen tot glas, is een uitdrukking van zijn obsessieve preoccupatie met transparantie. Waar Starobinski ook zijn oog laat dwalen, overal ziet hij tekenen van dezelfde ordenende sensitiviteit.

Overdrijft hij dat dan niet? Ieder onderzoek dat zich uitkristalliseert tot een klassiek werk loopt het risico aan aderverkalking te gaan lijden. Het kan een onderwerp plat slaan door het te veel uit te putten, en zo een monument worden van een intellectuele prestatie uit het verleden in plaats van een werk dat verder onderzoek in de toekomst stimuleert. *La Transparence et l'obstacle* draagt onmiskenbaar de sporen van de tijd waarin het is geschreven. De verwijzingen geven duidelijk de stamboom aan: *Études sur le temps humain* (1950) van Georges Poulet, *Phénoménologie de la perception* (1945) van Maurice Merlau-Ponty, *Genèse et structure de la phénoménologie de l'esprit de Hegel* (1946) door Jean Hyppolite en *De la Psychose dans ses rapports avec la personnalité* (1932) van Jacques Lacan. Uit die titels spreekt de aard van de stromingen die rondkolkten in de wereld waarvan *La Transparence et l'obstacle* een produkt is: fenomenologie, Hegel, Freud, existentialisme. Starobinski is door al die stromingen heengevaren, en pikte op wat hij aan ideeën tegenkwam, niet om een eigen filosofisch systeem te ontwikkelen, maar om Rousseau te begrijpen.

Het idee van de vervreemding bleek het produktiefst van allemaal. De intellectuele debatten van de jaren veertig en vijftig stonden er bol van, maar eigenlijk is het terug te voeren op Hegel – en uiteindelijk in feite op Rousseau zelf, niet de sentimentele vader van de romantiek maar een onbekende, onrust brengende Rousseau, die men zou kunnen beschouwen als de voorvader van het existentialisme.

Starobinski's Rousseau zag het verlies van de natuurlijke staat bij de mens als een verlies van 'transparantie', dat wil zeggen, van direct contact met andere personen. De obstakels die in de weg zaten, sociale en culturele maaksels van velerlei aard, effenden de weg voor de ontwikkeling van de beschaving maar sloten de ziel af van de buitenwereld. Daarom komt de geschiedenis in Rousseaus werk naar voren als een psychische valstrik, want hoe meer we investeren in de verfijning van kunst en wetenschap, hoe meer we het contact verliezen met de kern van ons eigen wezen.

Uit die valstrik kunnen we ons alleen bevrijden door een dialectiek: De negatie van de negatie. Het is een recept dat op alle kritieke punten van Starobinski's betoog op de proppen komt. Hij ziet zelfs een dialectiek in de liefdesdriehoek van *La Nouvelle Héloïse*. Door toe te geven aan haar vader die haar liefde voor Saint-Preux afkeurt, laat Julie de sociale conventies prevaleren boven haar natuurlijke neiging. Maar na haar huwelijk met Wolmar, de vleesgeworden aardse rechtschapenheid, verklaart ze opnieuw, platonisch, haar liefde voor Saint-Preux, over de obstakels van haar huwelijk, en later van de dood, heen. Door haar negatie van de negatie brengt ze een overwinning tot stand voor een hogere vorm van de natuur.

Het politieke denken van Rousseau blijkt zich ook te ontwikkelen op dialectische wijze, via een grote sprong voorwaarts. In *Discours sur l'origine de l'inégalité* beschrijft hij de negatie of ontkrachting van de natuur door de cultuur. In *Du Contrat social* laat hij zien hoe een hogere cultuurvorm de ontkrachting kon ontkrachten. Hegel en Engels hebben dit inzicht verwerkt tot een beschrijving van de werking van de geschiedenis. Kant en Cassirer hebben het (met toevoegingen uit *Emile*) tot een systeem van ethica en esthetica omgevormd.

Maar Starobinski blijft zijn bewijsvoering concentreren op het bewustzijn van Rousseau. Omgeven door obstakels, snijdt zijn Jean-Jacques zichzelf steeds meer af van contact met de buitenwereld, keert hij zich naar binnen op zoek naar transparentie, en valt uiteindelijk ten prooi aan waanzin, een vorm van vervreemding die gediagnosticeerd kan worden als het 'narcisme van de onschuld'.

Ondanks het feit dat hij zo nu en dan dit soort termen gebruikt en ondanks zijn opleiding (hij heeft psychiatrie gestudeerd maar is zelf nooit in psychoanalyse geweest), probeert Starobinski Rousseau niet op de divan te leggen en zijn waanzin te behandelen als een pathologische staat die gelokaliseerd kan worden buiten zijn werk, en die als hulpmiddel kan dienen om dat werk te verklaren. Hij ziet Rousseaus waanzin als een 'existentieel probleem' dat zijn wortels heeft in de door obstakels gehinderde transparantie, en dat in de teksten wordt uitgewerkt.

In Starobinski's uitleg slaan de thema's van Rousseaus vroege werken aan het eind van diens leven op hol. Ze scheppen Kafka-achtige visioenen van onverklaarbare boosaardigheid. Rousseau zet zichzelf neer als een oudere Emile in de handen van 'de anderen', zijn onzichtbare, meedogenloze vijanden, die zich verschuilen achter de rol van de weldoende leraar en alle tekenen om hem heen manipuleren om zijn kwellingen te vergroten. Zelfs toen hij zijn achtervolgers in Frankrijk en Zwitserland was ontvlucht in de open armen van de grootmoedige David Hume, zag hij in Hume zelf weer een samenzweerder. Rousseau had gedacht dat tussen hem en Hume als collega-filosofen en vrienden der mensheid een volkomen ontmoeting der geesten mogelijk zou zijn. Maar zodra ze elkaar hadden ontmoet, ontstonden er obstakels en zag hij tot zijn afgrijzen de trekken van 'le bon David' voor zijn ogen vervormen, zodat er weer een nieuwe en nog verraderlijker vijand zichtbaar werd.

Starobinski schetst Rousseaus waanzin met begrip en compassie, in prachtige passages die geschreven lijken te zijn vanuit de helse cirkel van de waanzin:

> Voor Jean-Jacques is leven te midden van achtervolging zich gevangen voelen in een web van samenspannende tekenen, een 'ondoordringbaar mysterie'. (...) De tekenen liegen nooit, maar wat ze onthullen is de onmogelijkheid van transparantie. Sluiers worden weggenomen, maar daarachter ligt weer een onoverkomelijk obstakel. Zo wint Rousseau niets door teken na teken te ontcijferen. Het mysterie wordt niet opgehelderd, hij komt steeds diepere schaduwen tegen. Het grijnzen van kinderen, de prijs van erwten in La Halle, de winkels in de rue Platrière onthullen alle dezelfde samenzwering, waarvan de motieven ondoorgrondelijk blijven. Hoe hij ook probeert deze tekenen te ordenen, ze aaneen te rijgen tot helderheid, altijd eindigt hij in duisternis.

Ten slotte viel er alleen veiligheid te vinden in de weigering van alle contact met de buitenwereld en de zoektocht naar transparantie in eigen innerlijk. Maar ook toen nog lag steeds de 'reflectie' op de loer, het kwaadaardige vermogen zichzelf van directe zelfwaarneming te distantiëren. Ieder moment kon de reflectie toeslaan om de meest onschuldige mijmeringen van de eenzame wandelaar te bederven. Ondanks de lyrische uitbarstingen in zijn laatste werken, is Rousseau gestorven als een verslagen mens, een existentiële held, maar weinig volmaakt, zoals de antihelden van Camus. Voor een succesverhaal, dat van vervreemding via zelfinkeer naar betrokkenheid leidt, zou Starobinski zich tot Montaigne wenden, het onderwerp van zijn volgende uitstekende boek.[2]

La Transparence et l'obstacle is een meesterwerk omdat het de losse draden van Rousseaus leven en werk in een volkomen coherente interpretatie weet samen te binden. Het laat zien hoe zijn persoonlijke drama een toegang creëerde tot de grote vraagstukken van de negentiende en twintigste eeuw: 'Zijn werk, dat begon als een filosofie van de geschiedenis, is geëindigd als een existentiële 'ervaring' [het Frans kan ook geïnterpreteerd worden als 'experiment']. Het is een voorloper van zowel het werk van Hegel als diens tegenpool Kierkegaard. Hier hebben we twee aspecten van het moderne denken, de vooruitgang van de rede in de geschiedenis en de tragische zoektocht naar individuele verlossing.'

Deze interpretatie sloeg in de jaren vijftig in als een bom. *La Transparence et l'obstacle* werd erkend als een klassiek eigentijds kritisch werk. Het enige gevaar was het gevaar waar ieder klassiek werk mee heeft te kampen, namelijk dat het definitief is. Als een boek te overtuigend is, kan de mening postvatten dat het laatste woord over het desbetreffende onderwerp is gezegd. Het boek kan op de plank gezet worden en daarmee is de kous af. Heeft Starobinski zijn stelling zo krachtig geponeerd dat hij de discussie tot zwijgen heeft gebracht?

Men kan het antwoord vinden door na te gaan hoe het onderzoek naar Rousseau de afgelopen dertig jaar de literatuurwetenschap heeft gekruist.

Terwijl sommige literatuurwetenschappers gewoon op het oude pad voortgingen, probeerden vooral sinds de jaren zestig anderen de kritiek aan een theorie te verbinden, waarbij vrijwel onveranderlijk Rousseau van stal werd gehaald. De belangrijkste werken van structuralisme en deconstructie voeren ons mee door de boeken van Rousseau, zodat duidelijk wordt hoezeer die een proefterrein opleveren voor een aantal kernideeën van de literatuurtheorie. De juistheid of onjuistheid van die ideeën doet nu niet ter zake, het gaat erom hoe ze zich hebben ontwikkeld tijdens het doorlopende debat over Rousseau. Als dat eenmaal duidelijk is, moet men de afstand kunnen meten die *La Transparence et l'obstacle* scheidt van zijn opvolgers en kunnen zien waar het in de elkaar bestrijdende interpretaties om draait.

Terwijl Starobinski bezig was met zijn herinterpretatie van Rousseau in het licht van het existentialisme, bracht Claude Lévi-Strauss hem onder in het structuralisme. In zijn invloedrijkste boek, *Het trieste der tropen*, produceerde Lévi-Strauss een moderne versie van *Les Confessions* en bekende hij tot verbazing van de Franse intellectuelen dat Rousseau diep in het Amazonegebied zijn *maître à penser* was geweest.[3]

Dat was even schokkend als Rousseaus bekentenis indertijd, op het hoogtepunt van de Verlichting, dat hij inspiratie had gevonden in Calvijn. Marx,

Freud en De Saussure konden ermee door als geestelijke bagage voor een exploratie in het oerwoud. Maar de *Discours sur l'origine de l'inégalité, Du Contrat social, Emile*? Lévi-Strauss bekende dat hij ze had gekoesterd. Erger nog, hij prees Rousseau als de vader van de antropologie.

Dit kwam naar voren in een beschrijving van de sociale structuur bij de Nambikwara, een van de meest primitieve volkeren die Lévi-Strauss in Brazilië was tegengekomen. Ze hadden wel een hoofdman, maar die leek te regeren via de organische opwellingen van sentimenten onder zijn volgelingen. Zijn belangrijkste activiteit was het wegschenken van zijn rijkdom – kleinigheden die hij kreeg en onmiddellijk uitdeelde – en zijn belangrijkste beloning kreeg hij in de vorm van vrouwen. Van dergelijk gedrag had men in de filosofieën van de Derde Republiek niet kunnen dromen. Verklaringen ervoor vielen in geen enkele jaargang van *Temps modernes* te vinden, zelfs niet bij Gramsci of Mauss. Maar wel in de werken van Rousseau.

Lévi-Strauss kwam niet met het banale en onjuiste beeld van Rousseau als de grote pleitbezorger voor de nobele wilde. Zijn Rousseau vormde de belichaming van het punt waarop de filosofie voor het eerst greep kreeg op het probleem hoe men de cultuur kon interpreteren als politieke factor. Vanuit het perspectief van *Du Contrat social* bestond het primitieve van de Nambikwara in hun vermogen de politiek terug te brengen tot haar grondbeginselen. Ze vertaalden hun levenswijze – hun jagen en verzamelen, hun hoop en hun vrees – direct in een machtssysteem, en leefden volgens de spontane uiting van de algemene wil. Dit was de samenleving die binnenkort door de westerse beschaving vernietigd zou worden, een droef gebeuren voor de sociaal-wetenschapper, die de komende ramp bezag in een stemming van weemoedige medeplichtigheid.

Toen Jacques Derrida een decennium later in *De la grammatologie* de confrontatie aanging met Rousseau, liet hij van Lévi-Strauss' hoofdstuk over de Nambikwara geen spaan heel om aan te tonen dat er sprake was van etnocentrisme in het hart van een systeem dat voorgaf het af te zweren. In plaats van door te dringen in de geest van de primitieve mens, had Lévi-Strauss volgens hem de Ander uit het Amazonegebied eenvoudig vervormd tot een produkt van eigen fantasie. De dubbele tegenstelling zelf-ander en antropoloog-onderzoeksobject bleef gevangen in de categorieën van een beperkte sociale wetenschap. Wie als Lévi-Strauss treurde over de geestelijke schade die het imperialisme had aangericht – het westerse denken dat in het kielzog van de bulldozer het Amazonegebied binnendrong, het etnocentrisme dat ook in de persoon van de antropoloog het tropisch regenwoud kwam vervuilen – maakte zich zelf schuldig aan etnocentrisme. Het hield in dat men het westerse idee van de onbedorven mens projecteerde op een volk waarvoor een dergelijk begrip ondenkbaar was.[4]

Men kon de Nambikwara trouwens niet bepaald onbedorven noemen. *Het trieste der tropen* bevatte voorbeelden te over van hun wreedheid, bedrog, tweedracht, en van wat men als gekunsteld raffinement zou kunnen betitelen. Maar ze gaven Lévi-Strauss de gelegenheid in gedachten het oerwoud te verlaten en aan de linker Seine-oever neer te strijken, waar hij een dialoog aan kon gaan met de klassieke schrijvers van de Franse traditie: Montaigne, Diderot, en bovenal Rousseau. Derrida betoogde dat Lévi-Strauss in feite net zo goed in Parijs had kunnen blijven, omdat Rousseau hem alles bood wat hij nodig had, namelijk het materiaal voor een benadering van het intellectuele vraagstuk van het ordenend principe van de maatschappij.

Toen Derrida dat gedachtenspoor verder volgde, ontdekte hij dat hij via Rousseau terechtkwam bij een nog grotere intellectuele krachtproef, namelijk Descartes' poging tot een systematische twijfel, die de 'metafysica', zoals Derida het noemde, koppelde aan het spontane zelfbewustzijn van het denkproces. Het *cogito* van Descartes leidde tot een nieuwe filosofische denktrant, de 'metafysica van de aanwezigheid', die van Descartes naar Hegel liep. Rousseau wees echter op een breuklijn in dat intellectuele landschap, namelijk het schrijven. Bij het denken en zelfs bij het spreken, konden de filosofen volgens Derrida's versie van Rousseau de aanwezigheid van hun innerlijke stem uitdrukken op direkte wijze. Maar bij het schrijven kwam daar iets tussen. Arbitraire tekens, woorden op papier, vervormden de innerlijke grondtoon van de waarheid, en zo werd het schrijven zelf een kernprobleem van de filosofie.

Lévi-Strauss had een glimp opgevangen van Rousseaus inzicht, vandaar zijn enthousiasme voor de Nambikwara als een volk 'zonder schrift'. Derrida ging nog verder. Hij zag in dat Rousseau door schrijven te interpreteren als een tragisch onvolmaakt 'supplement' van het spreken, heel dicht in de buurt was gekomen van een basisbegrip van de deconstructie – namelijk, dat dergelijke onvolkomenheden inherent zijn aan de stijl van iedere tekst, zodat het mogelijk is iedere tekst iets anders te laten zeggen dan hij ogenschijnlijk betekent. Supplementen zijn altijd van iets afgeleid, ze bestaan alleen om een reeds aanwezige entiteit te completeren; toch kunnen ze soms ook dienst doen in plaats van het origineel, bijvoorbeeld wanneer men een supplement van een encyclopedie raadpleegt voor de meest recente informatie over een bepaald onderwerp. Bij suppletie is altijd sprake van verlies en winst. Diderots *Supplément au Voyage de Bougainville* mag een meesterwerk zijn, maar het kan nooit de daadwerkelijke ervaring van Bougainville evenaren die op zijn reisroute in contact kwam met de eilandbewoners van de Stille Zuidzee. Schrijven, zowel in de filosofie als de literatuur, kan toegang verlenen tot de waarheid, maar nooit met die waarheid samenvallen.

In Derrida's interpretatie van Rousseau maakt het verschil tussen iets duidelijk krijgen en het op papier krijgen de kloof zichtbaar die de natuur scheidt van de cultuur. Enerzijds ervaart de mens de waarheid als een directe aanwezigheid binnen zichzelf, anderzijds raakt hij verstrikt in externe relaties, in interveniërende vormen, schrijven, beschaving – het hele historische proces dat tegelijkertijd resulteert in decadentie en vooruitgang, in onderwerping en het zicht op vrijheid door middel van een *contrat social.*

Rousseau was echter nog niet ver genoeg gegaan. Waarom de epistemologische lijn trekken tussen spreken en schrijven? vroeg Derrida. Waarom zou men het nog niet verder terugbrengen tot het innerlijk denkproces? Ook het spreken kan men opvatten als een soort van schrijven, een *archiécriture* die bestaat uit arbitraire klanktekens. Ook bij de innerlijke stem is dus in Derrida's nieuwe redenering geen sprake van directe aanwezigheid; ze levert volgens hem niets meer op dan een eindeloos spel tussen *signifiant* en *signifié*, het betekenisdragende en het betekende.[5] Hoewel de redenering van Rousseau gericht is op een metafysica van de aanwezigheid, moet ze zich uiteindelijk aan de taal gewonnen geven. Voor Derrida betekent dat dat ze zichzelf deconstrueert.

De volgende stap was de deconstructie van Derrida. Paul de Man heeft zich aan deze taak gezet door zijn eigen interpretatie van Rousseaus *Essai sur l'origine des langues* af te zetten tegen die van Derrida.[6] Er kwam een cruciaal verschil aan het licht. Volgens de Man had Derrida Rousseaus taaltheorie verkeerd geïnterpreteerd, en verward met de minder radicale en makkelijker weerlegbare representatietheorie die gangbaar was in de achttiende eeuw. Derrida liet Rousseau beweren dat het schrijven het spreken weergeeft zoals het spreken het denken, terwijl Rousseau taal in werkelijkheid opvatte als een soort figuurlijke wijze van uitdrukken, zoals muziek. In Rousseaus *Essai* verhoudt spreken zich tot schrijven als melodie tot harmonie. Evenals melodie geeft spreken de verschillende toestanden van de ziel weer. Het bezit daarom een directheid waarvan geen sprake is bij representerende uitdrukkingsvormen als literatuur en schilderkunst. Door Rousseaus betoog weer sluitend te maken, boorde De Man dat van Derrida volledig de grond in. Hetgeen echter weer de vraag opwierp waar die vreemde blinde vlek vandaan was gekomen bij Derrida, die anders zo scherpzinnig was.

Het antwoord was, kort gezegd, Starobinski. Volgens De Man had Derrida de oorspronkelijke tekst van Rousseau links laten liggen en zich in plaats daarvan geconcentreerd op andermans versies, het geheel aan kritische interpraties dat uiteindelijk geculmineerd was in *La Transparence et l'obstacle.* De Man pretendeerde zelf niet vrij te zijn van blinde vlekken. Integendeel, hij associeerde blinde vlekken met inzicht. Wel vond hij het van groot belang alle voorgaande interpretaties van Rousseau kritisch te herzien, omdat volgens hem aan de hele traditie van Rousseau-onderzoek fundamentele fouten kleefden. Net als alle literatuurgeschiedenis was ze 'broodnodig aan deconstructie toe'.

Dat was de stand van zaken toen De Man in 1983 overleed. Interpretaties en weerleggingen wisselden elkaar in een eindeloos lijkende reeks af. De palimpsest werd steeds opnieuw beschreven en langzamerhand raakte er iets verloren – Rousseau zelf, de historische Jean-Jacques die leefde in de achttiende eeuw en de werken schreef die onder zijn naam verschenen.

Voor de interpretatie-theoretici leek het idee van een 'ware' Rousseau hopeloos naïef. Hoe zou men ooit in contact kunnen treden met een leven dat tweehonderd jaar geleden was verdwenen, of zich überhaupt druk kunnen maken over het leven van een schrijver? Alle schrijvers waren immers door Roland Barthes doodverklaard? Er restten toch slechts teksten en interpretaties?[7] Zo schaften de theoretici – tenminste diegenen die op de lijn zaten van Barthes en Derrida – de tijd af en begroeven ze Rousseau onder steeds dikkere lagen eigen interpretaties. Voor zover hij al zelf in hun werken voorkwam, was dat als stem zonder lichaam die door de eeuwen heen abstracte problemen besprak met andere filosofen van Plato tot Husserl. Er bestond geen geschiedenis.

Door de dehistorisatie van de literatuur verdween *La Transparence et l'obstacle* uit het debat de kast in. Wel wijdden de theoretici er soms respectvolle voetnoten aan. In feite kan men naast een vleugje 'transparantie' in Derrida's 'metafysica van de aanwezigheid' een zweem 'obstakel' vinden in zijn idee 'supplement'. Net als Derrida zag Starobinski Rousseaus poging om de waarheid in de innerlijke ervaring te lokaliseren als een worsteling met de taal. Toen hij de taal beschreef als het 'punt van onmiddellijke ervaring' voor Rousseau en voor de moderne literatuur in het algemeen, anticipeerde Starobinski wat Derrida later zou identificeren als 'logocentrisme'. Toch komt Starobinski nauwelijks voor in de theoretische debatten.[8] Waarom niet?

Voornamelijk niet omdat Starobinski en zijn opvolgers niet dezelfde opvattingen deelden over aard en functie van de literaire analyse. Starobinski probeerde Rousseau, de man en zijn werk, te begrijpen als geheel, terwijl de theoretici het hele idee van *l'homme et l'oeuvre* overboord gooiden. Starobinski probeerde alle deeltjes van de puzzel tot een coherent geheel in elkaar te passen. De theoretici haalden de zaken uit elkaar en ontkenden zelfs het nut van coherentie. Hij probeerde Rousseau te begrijpen. Zij probeerden theorieën te ontwikkelen. Voor hen was Rousseau slechts *bon à penser* (goed als denkmateriaal) zoals Lévi-Strauss had kunnen zeggen. Zij gebruikten stukjes en beetjes van zijn werk voor eigen doeleinden, om het structuralisme te staven of af te wijzen.

Nu de theoriegolven langzaam tot bedaren komen, kan men waarschijnlijk veilig aannemen dat de historische Rousseau overeind zal blijven staan. *La Transparence et l'obstacle* zal weer van stal worden gehaald. Gereïncarneerd in nieuwe uitgaven, nieuwe talen – in de Chicago-editie is een bruikbaar essay van Robert Morissey opgenomen en een sterk verbeterd register, hoewel vreemd genoeg de bijgewerkte bibliografie van de laatste Gallimard-uitgave ontbreekt – zal het ons helpen de man die leefde in de achttiende eeuw, en die de topografie van de toenmalige cultuur een ander gezicht heeft gegeven, opnieuw te ontdekken.

Ondanks de gigantische hoeveelheid onderzoek naar Rousseau is die taak nog niet ten einde. Men kan niet eenvoudig volstaan met Starobinski te raadplegen, omdat deze zelf al heeft aangegeven dat *La Transparence et l'obstacle* weinig te bieden heeft aan historisch detail. Het is evenmin een kwestie van feiten uitpluizen en de geschiedschrijving van theorieën ontdoen, omdat de deconstructie de stilistische broosheid van teksten heeft aangetoond, ook van het soort teksten dat in de archieven is te vinden. Maar er zijn momenteel nieuwe vormen van literatuurgeschiedenis in opkomst die zich een stevige basis hebben verworven door de enorme rijkdom aan theorieën aan te boren die besloten ligt in de menswetenschappen, en met name de antropologie.

Lévi-Strauss heeft Rousseau terecht de eretitel 'vader van de antropologie' toebedacht, hoewel diens ideeën met vruchtbaarder resultaat kunnen worden toegepast op zijn eigen cultuur dan op de Nambikwara. Hij heeft de antropologie uitgevonden zoals Freud de psychoanalyse, namelijk door haar toe te passen op zichzelf. Gedreven door de behoefte zijn eigen leven te doorgronden, bestudeerde hij de manier waarop hij zich bij zijn verhuizing van de ene samenleving naar de andere nieuwe culturele systemen eigen maakte. Door zijn route na te gaan van Genève via Italië en Savoye naar Frankrijk, van de werkplaats van de handwerkslieden via het bed van Madame de Warens en de broodschrijverij naar de diners van de aristocratie, heeft hij ingezien dat de cultuur een krachtig instrument was waardoor individuen worden gekneed en hele samenlevingen vormgegeven. Hij zag toneel, roman, spel, opvoeding, onderwijs, taal en religie als evenzovele manieren om de realiteit te ordenen en gedrag te kanaliseren. Hij zag ze niet uitsluitend als doorgeefluiken van waarden maar als machtsfactoren op zichzelf. En hij heeft hun werking geanalyseerd door middel van vrijwel alle genres die hem toentertijd ter beschikking stonden – politieke theorie, pedagogie, fictie en autobiografie.

We zijn momenteel in staat deze prestatie op waarde te schatten. Want terwijl de theoretici via Rousseaus werken hun ideeën formuleerden, hebben meer traditionele wetenschappers enorme hoeveelheden informatie vergaard over de wereld waarin hij leefde. Zij hadden de historische Rousseau nooit uit het oog verloren. Maar het ontbrak hen aan de brede visie van Starobinski, en zo kwamen ze elk met hun eigen Rousseau, of met een fragment van diens leven, een fragment van zijn tijd. Die stukken moeten worden gecombineerd, en dat moet mogelijk zijn, want ze liggen voorhanden in de honderden boeken en artikelen die sinds het uitkomen van *La Transparence et l'obstacle* zijn verschenen. We hebben studies van Rousseau de gekwelde intellectueel, Rousseau de Nemesis van Voltaire, Rousseau de schutspatroon van de Franse Revolutie, Rousseau de protestant, de politicus, de deïst, de vrouwenhater, de ideoloog, de botanicus, de pedagoog, de musicus, de zwerver.[9]

En bovenal hebben we de complete correspondentie van Rousseau, geredigeerd door Ralph Leigh: zesenveertig delen, zo nauwgezet samengesteld dat de voetnoten zowat een biografisch lexicon vormen. Samenvoeging van alle inleidende essays bij ieder deel zou de meest gezaghebbende beschrijving opleveren van Rousseaus leven die ooit is geschreven.[10] Leigh is overleden in december 1987, net toen hij het eind van zijn karwei begon te naderen (er moeten nog drie delen over Rousseaus invloed tijdens de Franse Revolutie uitkomen plus een aantal delen met registers). Zelfs de prestatie van Starobinski valt hierbij in het niet.

Het lijkt nu wel duidelijk dat de tijd rijp is voor een nieuwe synthese, iets dat vergeleken kan worden met de meerdelige biografie van Voltaire die momenteel wordt uitgebracht.[11] Starobinski heeft dus niet het laatste woord gehad, maar zal hernieuwde aandacht krijgen, want ieder nieuw werk moet aansluiten bij het punt waar hij is opgehouden, en het lijkt onwaarschijnlijk dat er aan de reeks nieuwe invalshoeken ooit een eind zal komen. Als het wetenschappelijk onderzoek van de laatste dertig jaar iets bewijst, is het wel de onuitputtelijke rijkdom van wat Cassirer 'het probleem Jean-Jacques Rousseau' heeft genoemd. Rousseaus leven was zo vreemd en zijn werken zo prikkelend dat ze inspiratie zullen blijven leveren voor knappe staaltjes interpretatie, zolang er teksten en lezers zijn. Zoals *La Transparence et l'obstacle* bewijst, heeft Rousseau niet alleen zelf klassieke werken geschreven, maar was hij materiaal waaruit anderen klassiekers konden maken.

GESCHIEDENIS EN ANTROPOLOGIE

Op weg naar huis van de semiotiekwerkgroep is me iets grappigs overkomen. Toen ik op de afdeling C van de bibliotheek de hoek omging, zag ik op de deur van een studiecel een advertentie uit de *New York Times* geplakt: 'Fiji $499'. Nog op scherp gesteld door de zojuist gehouden bespreking van Charles Peirce en de theorie van de tekens, herkende ik het onmiddellijk als – nou ja, een teken. De boodschap was duidelijk genoeg: je kon naar Fiji vliegen en terug voor vierhonderdnegenennegentig dollar. Maar de betekenis was anders. Die was als grap bedoeld voor de mensen van de universiteit, verzonnen door een student die midden in de winter op zijn proefschrift zat te ploeteren, en leek te zeggen: 'Ik wil hier weg. Geef me wat lucht! Zon! *Mehr Licht!*' Enzovoorts. Maar om het echt te snappen, moet men weten dat die studiecellen speciaal bedoeld zijn voor mensen die aan hun proefschrift werken, dat dit langdurig zwoegen betekent, en dat de winter in Princeton over de studenten neerdaalt als een klamme lijkwade. Kortom, de lezer zou iets van de universiteitscultuur moeten weten, niet zo moeilijk als je er zelf middenin zit, maar iets dat die celbewoners onderscheidt van de burgerbevolking die rondhuppelt in zonneschijn en frisse licht. Voor ons is 'Fiji $499' grappig. Voor de lezer lijkt het misschien flauw. Voor mij is het aanleiding tot een klassieke wetenschappelijke vraag: Hoe werken symbolen?

Die vraag zat me al langer dwars, vanwege bepaalde kritiek die ik had gekregen op mijn in 1984 gepubliceerde boek *De grote kattenslachting en andere episoden uit de culturele geschiedenis van Frankrijk*. In dat boek had ik geprobeerd aan te tonen waarom een rituele kattenslachting voor een groep drukkersgezellen in Parijs rond het jaar 1730 zo waanzinnig grappig was geweest. Door dat te begrijpen, had ik een sleutelelement uit de cultuur van de ambachtswereld hopen te 'grijpen', en een beter inzicht te krijgen in het spel van symbolen in de cultuurgeschiedenis in het algemeen. Mijn critici hadden een aantal vraagtekens gezet, die op de een of andere manier in mijn hoofd rond 'Fiji $499' bleven spelen toen ik door het donker naar huis sjokte. Ik wil hier graag verder op ingaan, niet om de kritiek te weerleggen – ik ben nog steeds van mening dat mijn redenering juist is – maar om op informele wijze een aantal algemene problemen te verkennen rond de historische interpretatie van symbolen, rituelen en teksten.

In een lange recensie van *De grote kattenslachting* stelt Roger Chartier dat het boek uitgaat van een verkeerde opvatting van symbolen.[1] Volgens hem is er bij symboliek sprake van een directe relatie van representatie tussen het betekenisdragende en het betekende, zoals bij het voorbeeld dat gegeven wordt in het achttiende-eeuwse woordenboek van Antoine Furetière: 'De leeuw is het symbool van moed'. Ook ik denk dat woordenboeken uit die tijd nuttig kunnen zijn om betekenissen op te sporen die de geletterde elite aan woorden gaf. Maar ik geloof niet dat een geleerd schrijver als Furetière kan dienen als 'autochtone informatiebron' voor de symboliekopvatting onder ongeletterde arbeiders. Bovendien vind ik niet dat Furetière een symboliekopvatting oplevert die geschikt is voor etnografische analyse.

Etnografen werken met een heel andere opvatting van symbolische uitwisseling. Eigenlijk houden ze er tegenstrijdige opvattingen op na, maar tot welk kamp ze ook behoren, over het algemeen zullen ze niet verwachten dat hun autochtone informatiebronnen symbolen gebruiken van het soort 'leeuw = moed'. Ze gaan ervan uit dat symbolen meervoudige betekenissen overdragen en dat die betekenis door iedereen weer anders wordt ingevuld. Michael Herzfeld zegt: 'Symbolen geven geen vaststaande equivalenten weer maar analogieën die vanuit de context begrepen kunnen worden.'[2] Bij zijn onderzoek onder Griekse boeren ontdekte Herzfeld dat symbolen vele dingen betekenden, waarvan de meeste niet voor de hand lagen. Ze waren stuk voor stuk onbegrijpelijk voor wie de weg niet wist in de talrijke associaties rond kraaien, crocussen, kiezelstenen en andere objecten uit de plaatselijke cultuur. Verscheidene generaties antropologen hebben hetzelfde ervaren. Waar ze ook gaan blijkt de autochtone bevolking op een complexe en verrassende manier symbolen te gebruiken. Zo heb je volgens James Fernandez de harp en de ratel bij de Fang uit Gabon, volgens Keith Basso vlinders en aaskevers bij de Apaches uit Arizona, volgens Renato Rosaldo bomen en sporen bij de Ilongot uit de Filippijnen, en volgens Valentine Daniel huizen en bloemen bij de Tamils uit Zuid-India.[3] Het aantal voorbeelden kan eindeloos worden aangevuld, maar het is wellicht zinniger een aantal individuele onderzoeken te bekijken.

Loring Danforth heeft Herzfelds symboliekopvatting toegepast bij zijn onderzoek naar doodsrituelen op het Griekse platteland.[4] Hij heeft ontdekt dat begrafenissen fungeerden als een soort omgekeerde huwelijksceremonieën en dat de symbolen die gebruikt werden bij begrafenisklaagzangen de boeren hun verdriet hielpen verwerken door de dood op metaforische wijze te transformeren tot leven. Tijdens de hele rouwperiode komen in het zwart geklede vrouwen bijeen bij de graven van hun doden en improviseren ze liederen. Vaak verwijten ze de dode de pijn die ze voelen: 'Je hebt ons vergiftigd.' Het gif neemt de vorm aan van bittere, brandende tranen. Maar de tranen bevochtigen ook het graf, geven de aarde vruchtbaarheid en de doden water om te drinken, koken en wassen. In de klaagzangen beantwoorden de doden de wanhoop van de rouwenden dan ook met positieve metaforen:

> Vreemden, verwanten, al wie verdriet heeft, kom nader.
> Zeg een paar woorden tegen me, vergiet een paar tranen.
> Zodat de tranen een koele bron worden, een meer, een oceaan,
> en stromen tot in de onderwereld
> zodat de ongewassene kan wassen, de dorstige drinken;
> de goede huisvrouw brood kan kneden en bakken;
> de knappe jongeman een scheiding in zijn haar kan kammen.[5]

Volgens Danforth heeft water in het droge binnenland van Griekenland grote metaforische zeggingskracht. Het suggereert vruchtbaarheid en leven; droogte suggereert onvruchtbaarheid en dood. Het idee is dat het water dat door de droge aarde van het kerkhof dringt de doden weer tot leven brengt. Weduwen gieten water op het graf van hun man en beschrijven zichzelf als verbrand door hun verdriet, vandaar hun zwarte kleding en het 'gif' van hun tranen. Maar de tranen vloeien ook als water naar de doden. Ze combineren de eigenschappen van water en gif en slaan daarmee een brug tussen leven en dood. Deze bemiddeling neemt de vorm aan van een graduele reeks tweevoudige tegenstellingen, die geleidelijk aan minder scherp worden tot ze samenvloeien in het symbool van de tranen (zie figuur 1).

Leven
Nat
Water
Tranen
Gif
Droog
Dood

figuur 1

Ook al kan poëzie de dood niet teniet doen, ze kan de ergste pijn wegnemen, tenminste voor een paar ogenblikken opgeschort ongeloof. Hoe werkt poëzie? Niet door mechanische 'weergevende verbanden' te hulp te roepen, maar door de dingen in elkaar te doen overvloeien, over de grenzen heen die hen in de prozaïsche wereld scheiden. Historici voelen zich beter thuis in proza. Ze rangschikken de dingen in consecutieve reeksen en redeneren van effect naar oorzaak. Maar de gewone mensen in het alledaaagse leven moeten hun weg zien te vinden door een woud van symbolen. Of ze nu een slaatje proberen te slaan, flessen trekken, hun steentje bijdragen of bergen verzetten, ze hanteren metaforen. Dat wil niet zeggen dat economische en machtsverhoudingen geen onafhankelijk bestaan hebben, maar dat ze via tekens worden doorgegeven. Geld zelf is zo'n teken dat niet kan worden gegeven aan iemand die de code van zijn cultuur niet kan lezen. Als we de basisgegevens van het menselijk lot onder ogen zien, de tegenstelling tussen leven en dood, het mysterie van lijden en liefde, maken we gebruik van symbolen die velerlei betekenissen in zich bergen. Een aantal geven iets direct weer – zwart vertegenwoordigt de dood – maar andere zijn losgeslagen van hun zintuiglijk anker, drijven tegen elkaar op, en komen samen in groeperingen die talrijke ideeën tegelijk belichamen.

Een paar cultuurhistorici hebben in de kern van hun onderzoeksobject metaforische verbanden aangetroffen. Huizinga zegt over de religieuze ervaring in de late middeleeuwen:

> (...) Rozen wit en rood bloeien tussen doornen. De middeleeuwse geest ziet terstond een symbolische betekenis: maagden en martelaars stralen in heerlijkheid tussen hun vervolgers. Hoe komt de gelijkstelling tot stand? Doordat de hoedanigheden dezelfde zijn: de schoonheid, teerheid, zuiverheid, de bloedroodheid der rozen zijn ook die der maagden en martelaars. Doch dit verband is alleen waarlijk zinrijk en vol van mystieke betekenis, wanneer in het verbindende lid, in de hoedanigheid dus, het wezen der beide termen van het symbolisme ligt opgesloten, met andere woorden, wanneer de roodheid en de witheid niet gelden als louter benamingen voor physisch onderscheid op quantitatieve grondslag, maar gezien worden als realiën, wezenlijkheden. Ook ons denken vermag nog elk ogenblik ze zo te zien, als het maar even terugkeert tot de wijsheid van de wilde, het kind, de dichter en de mysticus...[6]

Evenals Danforth stelt Huizinga met nadruk dat symboliek fungeert als een vorm van ontologische participatie en dat er niet zozeer sprake is van direct weergevende verbanden. De rozen stellen de maagden en martelaren niet voor, ze *zijn* ze, ze horen thuis in dezelfde orde van zijn.

Deze opvatting van symboliek, die Huizinga heeft geformuleerd zonder te kunnen profiteren van linguïstische filosofie of semiotiek (maar met een opmerkelijke kennis van het Sanskriet), is binnen de huidige antropologie een hoofdthema geworden. Vooral in het werk van Victor Turner speelt het een grote rol. Tijdens zijn jarenlange veldwerk onder de Ndembu, een Zambiaans volk met uitgebreide rituelen waarover ze graag en enthousiast spreken, heeft Turner overal symbolen aangetroffen – opgenomen in het landschap, zwevend in de lucht, even vastgelegd in een bepaalde ceremonie en vervolgens in een andere overgaand. In het centrum van deze wereld, die overvloeide van betekenis, stond de *mudyi* of melkboom. De Ndembu gebruikten deze om duizend-en-één dingen te zeggen bij evenzovele verschillende gelegenheden. Na uitvoerig onderzoek, dat tot in het kleinste detail door autochtone exegeten is bevestigd, kwam Turner tot de conclusie dat de betekenissen die aan de boom werden toegekend over een breed spectrum varieerden van het normatieve tot het zintuiglijke:

> De mudyi boom (...) stelt aan de normatieve kant van het spectrum het vrouw-zijn voor, het moederschap, de band tussen moeder en kind, een novice die geïnitieerd wordt in volwassen vrouwelijkheid, een specifiek vrouwelijke lijn, het principe van matrilineariteit, het proces van het leren van 'vrouwenwijsheid', de eenheid en duurzaamheid van de Ndembu samenleving, en van al de waarden en deugden die inherent zijn aan de verschillende relaties – huiselijk, wettelijk en politiek – die beheerst worden door de matrilineaire afstamming. Elk van deze aspecten van de normatieve betekenis van de boom wordt in een specifieke periode van het puberteitsritueel tijdelijk tot het belangrijkste verheven; te zamen vormen zij een samenvatting van de structuur en het gemeenschapsbelang van de vrouwelijkheid binnen de Ndembu-cultuur. Aan de zintuiglijke kant van het spectrum vertegenwoordigt ditzelfde symbool de moedermelk (de boom scheidt een melkachtig sap uit) (...) de moederborst, en het slanke lichamelijke en geestelijk buigzame van de novice (er wordt een jonge loot van de mudyi gebruikt). De boom, die op korte afstand van het dorp van de novice staat, wordt het middelpunt van een reeks rituele episoden die rijk zijn aan symbolen (woorden, voorwerpen en handelingen) die belangrijke culturele thema's uitdrukken.[7]

Dit soort etnografische exegese lijkt misschien te mooi om waar te zijn, of in ieder geval om buiten het oerwoud van nut te zijn. Maar misschien hebben we er iets aan om de symboliek die we dagelijks tegenkomen te ordenen. Toen ik op 'Fiji $499' stuitte, merkte ik tot mijn verrassing dat de categorieën van Peirce hier opgingen. Het 'teken' bestond uit de letters van de gedrukte advertentie. Het 'object' of de ogenschijnlijke boodschap betrof de prijs van een retour Fiji. En de 'interpretant' of betekenis was de grap: 'Ik wil hier weg.' De betekenissen vermenigvuldigden zich zelfs aan mijn einde van het communicatiecircuit. 'Dat gedoe van Peirce werkt echt,' was mijn conclusie, en verder bedacht ik: we laten onze studenten te lang in die cellen zitten; de studenten worden steeds geestiger. Waren mijn interpretaties juist? Zover het mij betrof wel, maar vielen ze samen met wat de student bedoeld had? Ik kon de kans om een autochtone informatiebron te raadplegen niet weerstaan, en klopte de volgende dag op de deur van studiecel C 1 H9. Er werd opengedaan door Amy Singer, die zich bezighield met de studie van het Nabije Oosten. 'Ik heb het twee weken voor mijn laatste grote tentamen opgehangen,' zei ze. 'Het was de grauwste tijd van de winter, en de *New York Times* bood dit stukje troost, een warme plek, ver weg.' Maar Amy zelf leek een zonnig, optimistisch type. (Ik kan met genoegen melden dat ze uitstekend is geslaagd.) Ze zei dat het papiertje meer als vluchtfantasie en grap was bedoeld dan als klacht. 'Als een sticker op een autobumper,' legde ze uit. Ik had de deur niet als bumper beschouwd. Mijn ideeën vielen niet volledig samen met de hare, maar genoeg om de grap in te zien en me gesterkt te voelen in mijn bewondering voor Peirce.

Het ligt niet in mijn bedoeling hier Peirce te gaan verdedigen tegen andere semiotieksystemen. Ik wil alleen maar dit zeggen: we denken over de wereld op dezelfde manier als we erover praten, door metaforische verbanden te leggen. Metaforische verbanden omvatten tekens, beelden, aanwijzingen, metonymie, synecdoche plus alle andere stijlmiddelen uit de trucendoos van de schrijver. Verschillende filosofen en linguïsten brengen die middelen onder in verschillende definities en schema's. Ikzelf voel er weinig voor een keus te maken voor een van die systemen en gebruik de term 'symbool' liever in ruime zin voor iedere handeling die een betekenis overdraagt, of dat nu door middel van klank, beeld of gebaar gebeurt. Het onderscheid tussen niet-symbolische en symbolische handelingen is misschien even efemeer als dat tussen een oogknipper en een knipoog, maar is van wezenlijk belang om communicatie te begrijpen en cultuur te interpreteren. De cultuurhistorici zouden er wellicht bij gebaat zijn hun 'leeuw = moed'-visie op de symboliek op te geven, en symbolen te zien als meerduidig, flexibel en complex.

Maar waarom bezitten sommige symbolen zo'n bijzondere kracht? Waarom zijn ze soms zo uitzonderlijk rijk aan betekenis? Het antwoord op die vragen zou kunnen uitgaan van de uitspraak van Lévi-Strauss dat net zoals men zich sommige dingen bijzonder goed kan laten smaken, andere zich bijzonder 'goed laten denken'. Mensen kunnen gedachten uitdrukken door objecten te hanteren in plaats van abstracties – door bepaalde leden van de stam bepaalde plakken vlees te geven, door het zand in een bepaald patroon op de vloer van de Indianenhut te strooien, door aan de voet van de mudyiboom te liggen, en door katten te doden. Dergelijke gebaren en handelingen drukken metaforische verbanden uit. Ze laten zien dat er verband bestaat tussen het ene object en het andere, op basis van kleur, vorm, of de gemeenschappelijke positie in relatie tot overige fenomenen.[8]

Men kan die verbanden niet begrijpen zonder terug te grijpen op een categorieënstelsel dat als een soort raster fungeert om ervaringen te ordenen. De taal verschaft ons ons meest fundamentele raster. Door dingen te benoemen, brengen we ze onder in linguïstische categorieën die ons de wereld helpen ordenen. We zeggen dat dit een vis is en dat een vogel, en voelen ons gerustgesteld, want we weten waarover we het hebben. Benoemen is kennen – iets rubriceren in een taxonomisch classificatiesysteem. Maar de dingen komen in wat wij als 'natuur' benoemen niet keurig gerangschikt en met etiketjes tot ons. En net als we het veilige gevoel hebben dat we ons een pad hebben gebaand door de ongedifferentieerde continuïteit van de natuurlijke wereld, stuiten we op iets onverwachts, dat ons als een plotseling opduikende slang een kort moment van paniek en ontzetting bezorgt, omdat het dwars door alle categorieën glibbert en het hele systeem verstoort. Slangen zijn vogels noch vissen. Ze glibberen over het land alsof ze in het water zwemmen. Ze lijken slijmerig. Je kan ze niet eten. Maar ze leveren prima hatelijke opmerkingen: 'Dat mens is een slang.' Dingen die tussen categorieën invallen, niet in hokjes gestopt kunnen worden en grenzen overschrijden, bedreigen ons in ons fundamentele gevoel van orde. Ze ondermijnen de epistemologische basis van die orde. Zulke fenomenen zijn machtig en gevaarlijk. Ook zij hebben een naam, tenminste in de antropologie: ze zijn taboe.

Antropologen hebben tot in de verste uithoeken van de aarde taboes aangetroffen en er een uitgebreide literatuur aan gewijd. De meest recente discussieronde is begonnen met de uitspraak van Mary Douglas dat vuil 'misplaatste materie' was – dat wil zeggen, iets dat niet paste in de begrippenkaders.[9] Zo had het verbod varkensvlees te eten bij de oude Israëlieten niets te maken met de zogenaamde 'smerige' gewoonten van het varken. Het kwam voort uit de categorische imperatieven van Leviticus, die de reine dieren aangaf als herkauwers met gespleten hoeven (koeien en geiten bijvoorbeeld, niet onrein of taboe). Omdat varkens weliswaar gespleten hoeven hadden maar niet herkauwden, bedreigden ze de zuiverheid van de bijbelse ordening en moesten ze de Israëlieten 'een gruwel' zijn. Soortgelijke hybriden – schaaldieren bijvoorbeeld die geen vinnen of schubben hebben als andere waterdieren maar wel in het water leven, en insekten, die poten hebben als landdieren maar ook vleugels – moesten om diezelfde reden worden vermeden. Ze overtraden scheidingswetten die hun oorsprong vonden in de Schepping, toen God het land, het water en het uitspansel scheidde. Voor de joden waren daarom de spijswetten een manier om hun god te eren en hun kosmologie in stand te houden. Varkens, die men zich niet goed mocht laten smaken, waren wel *bon à penser*.

De bijbeluitleg van Douglas lijkt misschien te slim gevonden om te overtuigen, maar sloot wel aan bij een cruciale vraag die eerder was gesteld door A.R. Radcliffe-Brown, namelijk, waarom sommige dieren een rituele functie hebben. Lévi-Strauss had al een indicatie gegeven voor het antwoord toen hij de discussie had verlegd van maatschappelijk bepaalde functies naar begripscategorieën. Douglas liet zien dat het gevaar van uiteenvallende categorieën te maken had met het begrip taboe. Tijdens haar veldwerk in Centraal-Afrika had ze ontdekt dat het Lele-volk het dierenrijk indeelt door middel van een rijk geschakeerde taxonomie en dat ze hun orde handhaven door nauwgezette dieetbepalingen. Maar in hun meest geheiligde rituelen eten ze een dier, de pangolin of geschubde miereneter, dat al hun belangrijke categorie-indelingen geweld aandoet. De pangolin heeft schubben als een vis, klimt in bomen als een aap, legt eieren als een kip, zoogt haar jong als een varken, en krijgt maar een jong tegelijk, als de mens. Voor de gewone Lele is dit onder normale omstandigheden een monsterlijk creatuur. Maar in rituelen mag men het eten en bevordert het de vruchtbaarheid. Net als andere heilige substanties doet het de grenzen tussen categorieën wegvallen en brengt het de ingewijde in contact met een orde van zijn waar scheidslijnen verdwijnen en alles in alles opgaat.

Toen men eenmaal op dat spoor zat, vonden de antropologen in allerlei exotische kosmologieën vreemde dieren. Ze hebben er nu genoeg gevonden voor een hele menagerie monsters. Ik kan al hun vondsten hier geen recht doen, maar stel een korte rondleiding voor die van Douglas' pangolin voert naar de kasuaris van Ralph Bulmer, de teef van Edmund Leach, en de buffel van S.J. Tambiah. Deze dieren worden geschuwd, in taxonomieën in een uitzonderingspositie gezet, gebruikt in vervloekingen, vermeden als voedsel, of door verschillende volkeren op verschillende manieren in rituelen gegeten. De antropologen hebben laten zien dat die manieren van een volk om met dieren om te gaan zin hebben omdat de taboes passen in een systeem van verhoudingen dat onderdeel vormt van het algemene cultuurpatroon.

Bulmer constateerde dat het Karam-volk uit de hoogvlakte van Nieuw Guinea de kasuaris in een afzonderlijke taxonomische categorie plaatst, in tegenstelling tot andere hoogvlaktebewoners, die hem als vogel classificeren. De Karam omgeven hem ook met ongebruikelijke taboes. Als ze in de bergwouden boven hun nederzettingen op hem jagen, spreken ze 'pandanustaal', een rituele taal waarin bepaalde woorden worden vermeden, die ze ook gebruiken als ze de noten verzamelen van de pandanuspalmen in hetzelfde bos. Ze durven het bloed van de kasuaris niet te vergieten omdat ze vrezen dat het de heilige tarogewassen zal schaden die in de buurt van hun woonplaats groeien. Dus doden zij de kasuaris met knuppels, in een gevecht van man tegen man, als het ware. Als de kasuaris dood is, eten ze zijn hart en blijven ze een maand lang bij de taro uit de buurt. Bulmer vond analogieën van deze praktijken bij de opvattingen van de Karam over verwantschap, een matrilineair systeem gebaseerd op verzwagering dat in het bos gesymboliseerd werd door pandanuspalmen die tot verschillende takken behoorden. Als verwanten vechten, moeten ze knuppels gebruiken, geen scherpe wapens, die worden gereserveerd voor buitenstaanders. En als iemand een verwant doodt, verbant hij diens geest naar het bos door het hart van een varken te eten. In hun belangrijkste ontstaansmythe vertellen de Karam dat een broer zijn zuster opsloot, die in een kasuaris veranderde. Buitenstaanders lokten haar weg en aten haar op. De broer doodde vervolgens die mannen en nam hun zusters tot vrouw, en stelde zo het verwantschapssysteem van de Karam in. Toen Bulmers informanten hem vertelden dat ze kasuarissen 'onze zusters en zwagers' noemden, ging hem een licht op. Ze beschouwden het schepsel als metaforische bloedverwant, en ze gingen in hun denken veel verder dan pure taxonomie. Het was inherent aan de wijze waarop zij de wereld ordenden, een kwestie van onderscheid maken tussen verwanten en buitenstaanders, woud en tuin, natuur en cultuur, leven en dood.[10]

Edmund Leach trof in zijn eigen achtertuin een dergelijk systeem van relaties aan. Wij kennen als Angelsaksische stammen ook onze taboes. We gruwen van de gedachte onze zuster te huwen of onze hond op te eten. We beledigen elkaar met *bitch* [teef] of *son of a bitch* [zoon van een teef]. Maar waarom niet 'zoon van een koe'? Wat hebben deze gevaarlijke categorieën – de incestueuze, de oneetbare, de obscene – met elkaar gemeen? Evenals Douglas ziet Leach ze als dubbelzinnig of meerduidig, en evenals Lévi-Strauss ziet hij de oorzaak van deze meerduidigheid in hun overbruggingsfunctie tussen twee tegenpolen. Huisdieren kunnen deze functie bijzonder goed vervullen omdat ze in twee werelden thuishoren, de mensen- en de dierenwereld, de gedomesticeerde en de wilde. Men kan ze op één lijn zetten met congruente categorieën in een diagram, die tegenstellingen uitdrukken al naar gelang de afstand tot het zelf (zie figuur 2). Net zo min als ik met mijn zus kan trouwen kan ik mijn hond opeten; maar ik kan wel mijn buurvrouw trouwen en mijn vee opeten. De categorieën lopen in elkaar over, en de overbruggende factor is beladen met het taboe. Voor ons zijn honden daarom niet alleen goed scheldmateriaal, maar ook weer *bon à penser*.[11]

Zelf - Huis - Veld

Zelf - Zuster - Buurvrouw

Zelf - Huisdier - Vee

figuur 2

De buffel van Tambiah neemt een kritieke plaats in in een categorieënstelsel aan de andere kant van de wereld, op het platteland van Thailand, maar kan op soortgelijke wijze worden geïnterpreteerd. Een Thai identificeert zich met zijn buffel zoals een Engelsman met zijn hond. Als kind hoedt hij het dier in de velden en slaapt urenlang op zijn rug in de hete zon. Als volwassene zweert hij erbij – als vloek- en scheldwoord, want de woorden voor buffel en penis liggen qua klank dicht genoeg bijeen om prachtige woordspelingen te kunnen maken. Hij kent zijn buffel een ethisch bestaan toe, want hij zal hem niet zoals de andere dieren op de boeddhistische sabbat laten werken. En hij zal hem nooit opeten. Bij rituele gelegenheden kan men buffels eten, maar dan moeten ze uit andere huishoudens of dorpen komen.

Buffels passen op een heel bijzondere wijze in het Thaise huishouden, want de huizen zelf zijn ook bijzonder. Ze zijn gebouwd op palen, volgens een strikt geordend ruimtelijk patroon. De slaapkamer ligt op het noorden, door een drempel van de logeer-of ontvangstkamer gescheiden. De slaapkamer zelf is verdeeld in een westelijk deel bestemd voor dochters, of voor een getrouwde dochter en schoonzoon, en een oostelijk deel voor de ouders. (Mannelijke kinderen slapen tot hun puberteit bij hun ouders, en verhuizen dan naar de logeerkamer.) De vader slaapt links van zijn vrouw, in het meest oostelijke deel van de slaapkamer en zover mogelijk van zijn schoonzoon die in de meest westelijke hoek slaapt. Deze indeling benadrukt de seksuele taboes, want de schoonzoon mag nooit het oostelijk deel betreden of naast de zusters van zijn vrouw slapen. En de taboes vallen samen met ruimtelijke begrippen, want het oosten wordt gezien als heilig, voorspoedig en mannelijk, in tegenstelling tot het onreine, ongunstige en vrouwelijke westen. Er is een wasplaats gemaakt laag aan de uiterste westkant van het huis, en de ruimte eronder wordt als bijzonder smerig gezien. De buffels zijn vastgebonden onder het slaapgedeelte. Als er een losbreekt en zich in de modder onder de wasplaats rolt, zou dat groot onheil over het huis kunnen brengen, en moet er een speciaal ritueel worden uitgevoerd om het ongeluk te keren.

In de Thaise taxonomie heeft de buffel zijn plaats naast allerlei soorten beesten, waarvan sommige gegeten mogen worden (de bosrat, die duidelijk in de wildernis thuishoort) en andere niet (de otter, die heen en weer gaat tussen water en land). Tambiah neemt ze allemaal in zijn overzicht op, brengt de ruimte van het huishouden in kaart, en gaat de regels na voor huwelijk en etiquette. Vervolgens rangschikt hij de gegevens in een diagram, dat zowel horizontaal als verticaal op homologieën kan worden nagegaan. Het laat zien dat de taboes een congruente reeks vormen: incest correspondeert met een schoonzoon die de slaapruimte van de ouders betreedt en een buffel die onder de wasplaats in de modder ligt. Men kan de reeks overbrengen naar positieve equivalenten: een goedgekeurd huwelijk komt overeen met het ontvangen van verwanten in de gastenruimte en met het eten van een buffel die in een ander huishouden is grootgebracht. De ruimtelijke, seksuele en voedselregels behoren tot hetzelfde systeem van onderlinge verhoudingen, en het diagram werkt als een cultureel kader.[12]

In de antropologie hebben structurele diagrammen op de een of andere manier vaak meer weg van de gebruiksaanwijzing bij een radiobouwpakket dan van de structuur van een cultuur. Antropologen verzanden vaak in formalisme. Maar wanneer het materiaal van de diagrammen etnografische gegevens ondersteunt, kunnen ze formalisme paren aan veldwerk en de rest van ons iets leren, namelijk dat symbolen niet alleen werken uit hoofde van hun metaforische zeggingskracht maar ook via hun plaats binnen een cultureel kader.

Deze overwegingen – het meerduidige karakter van symbolen, de rituele functie van dieren, en het culturele kader dat de symbolen en dieren hun betekenis geeft – kunnen iets doen begrijpen van dat bizarre gebeuren, de rituele kattenslachting door arbeiders uit een drukkerij in Parijs rond 1730. Ik wil niet eindeloos doorgaan over een onderwerp dat ik al heb besproken, maar ik denk dat het zin heeft om die kattenslachting nog eens te bekijken om te zien hoe de antropologische theorie kan helpen bij de analyse van een historisch probleem.[13]

Het begint al met documentatieproblemen. We weten alleen van de slachting via een beschrijving die een van de mannen die erachter zat, Nicolas Contat, jaren nadien op papier heeft gezet. Hoewel we Contat kunnen traceren tot een werkelijk bestaande drukkerij en veel details uit zijn verhaal elders bevestigd zien, kunnen we er ons niet op verlaten dat alles precies zo gebeurd is als hij zegt. Integendeel, we moeten bij zijn tekst terdege rekening houden met gestileerde elementen. Deze hoort thuis in het genre arbeidersbiografie dat faam heeft verworven door twee van zijn tijdgenoten uit het drukkersvak, Benjamin Franklin en Nicolas Edmé Restif de la Bretonne. Het bevat ook elementen uit twee andere genres: de *misère*, de burleske klacht over het zware leven van arbeiders in bepaalde beroepen, en het technisch handboek, een soort instructieliteratuur dat populair was onder de drukkers.

Omdat Contat zijn tekst naar de eisen van het genre heeft vormgegeven, kunnen we zijn werk niet zien als een raam waardoor we een onvertekend beeld krijgen van zijn ervaring.[14]

Historici proberen echter al generaties lang te ontdekken 'wat er nu werkelijk precies is gebeurd', en hebben inmiddels wel geleerd met documentatieproblemen om te gaan. Als ze willen begrijpen wat een gebeurtenis werkelijk heeft betekend, kunnen ze hun voordeel doen met juist die elementen die een tekst als reportage kunnen vervormen. Als een schrijver zijn verhaal vormgeeft binnen een vastliggend genre, en gebruik maakt van conventionele beelden en cliché-associaties, kan hij betekenis overbrengen zonder deze expliciet te maken. Zijn verhaal krijgt door de manier waarop hij het vertelt al een bepaalde interpretatie mee. Hoe gewoner de verteltrant, hoe minder eigenzinnig zijn boodschap. Als hij een uitzonderlijk orakelachtige stijl hanteert, zal hij niet worden begrepen; want begrip is gebaseerd op een gemeenschappelijk betekenissysteem, en betekenissen worden met andere mensen gedeeld. Daarom kunnen we een tekst als die van Contat lezen niet om het wie, wat, waar en wanneer van een gebeurtenis te weten te komen, maar om te kijken wat die gebeurtenis heeft betekend voor de mensen die erbij betrokken waren. Als we een eerste interpretatie geformuleerd hebben, kunnen we overgaan naar andere documenten – contemporaine verzamelingen spreekwoorden, folklore, autobiografieën, printershandboeken en *misères* – om die interpretatie te testen. Door heen en weer te gaan tussen het verhaal en de documentatie eromheen, moeten we de sociale dimensie van de betekenis kunnen aangeven – en zo de kattenslachting 'snappen', net zoals we 'Fiji $499' kunnen snappen.

Zonder nogmaals al het materiaal op tafel te leggen, denk ik dat het belangrijk is erop te wijzen dat Contats verslag van de slachting de *misères* van twee drukkersleerjongens als uitgangspunt neemt, namelijk die van Jérôme (de fictieve tegenhanger van Contat zelf) en Léveillé. De baas laat ze veel te hard werken, laat ze slapen in een koud en vochtig schuurtje op de binnenplaats van de drukkerij, en geeft ze zulk ranzig, bedorven vlees te eten dat zelfs de huiskatten er hun neus voor ophalen. Zoals bij de meeste *misères* is de toon eerder humoristisch dan kwaad. Leerjongens waren het traditionele mikpunt van grappen en pesterijen, een soort ontgroening die men bij hun status tussen kind en volwassene vond passen. Contat doorspekt zijn verhaal met beschrijvingen van de initiatieriten die begonnen als de leerjongens op de werkplaats arriveerden en die duurden tot hun uiteindelijke integratie in de wereld van de drukkersgezellen. Net als andere personen die op de grens staan van volwassenheid, halen ze allerlei streken uit en werken ze zich in de nesten om de grenzen van de normen der volwassenen uit te proberen. Als ze de meester met list en bedrog zover krijgen dat hij onopzettelijk bevel geeft de lievelingskat van zijn vrouw, *la grise*, af te maken, heeft dit voorval alle karakteristieken van een standaardfarce.

Maar de manier waarop Contat het vertelt plaatst het in de context van een diepere vijandschap tussen arbeiders en baas. Aan het begin van zijn relaas roept hij een mythisch verleden op, toen drukkerswerkplaatsen echte 'republieken' waren waar meesters en gezellen samenleefden als gelijken, hetzelfde voedsel deelden en hetzelfde werk. In het recente verleden hadden de meesters, of de *bourgeois* zoals ze werden genoemd, de arbeiders van het meesterschap uitgesloten en hun loon omlaaggeschroefd door halfgeschoolde werklieden of *alloués* in te huren. Documenten uit de archieven van het Parijse boekverkopersgilde bevestigen dat de positie van de gezellen in de late zeventiende en vroege achttiende eeuw inderdaad was verslechterd. Contat beperkt zich echter niet tot de lonen maar brengt ook de ontwikkeling van met elkaar botsende subculturen ter sprake. Hij laat uitvoerig zien dat de gezellen al het werk deden terwijl de meester uitsliep, overdadig dineerde, zich een houding aanmat van geaffecteerde deftigheid en schijnheilige vroomheid, en zich over het algemeen terugtrok in een vijandige, *bourgeois* levenswijze.

Katten vormden de belichaming van deze scheiding der volkse wegen. Voor de *bourgeois* waren het huisdieren. Contat beweerde zelfs dat er onder de meesters van de drukkerswereld een rage voor het houden van katten was ontstaan. Er was een meester die er vijfentwintig katten op nahield. Hij gaf ze de fijnste hapjes van zijn tafel en liet zelfs hun portretten schilderen. Arbeiders beschouwden katten niet als huisdieren. Voor hen waren huiskatten hetzelfde als zwerfkatten – goed om op los te rammen bij feestelijke gelegenheden als Sint-Jan, wanneer ze met zakken tegelijk werden verbrand, of tijdens de charivari's, wanneer hun de poten uit het lijf werden getrokken (*faire le chat*, heette dat in Dijon). Katten hadden ook iets duivels. Ze slopen 's nachts rond als de handlangers van heksen, en paarden op afgrijselijke wijze tijdens de nachtelijke heksensabbats. Een standaardmanier om je te verdedigen tegen een kat die je pad kruiste was hem met een knuppel te bewerken. De volgende dag kon je dan een verdacht oud wijf zien rondstrompelen met een gebroken been, of onder de blauwe plekken. Veel bijgelovige praktijken en spreekwoorden verbonden katten met huishoudens, vooral met de vrouw des huizes, en met name haar geslachtsdelen. *Chat* en vooral het vrouwelijke *chatte* betekende in het achttiende-eeuwse Franse platte taalgebruik hetzelfde als ons 'poesje' en het huidige Engelse *pussy*. Een meisje dat zwanger was geraakt had 'de kat bij de kaas gelaten'. En mannen die van katten hielden konden het goed met vrouwen vinden: 'Zoals hij van zijn kat houdt, houdt hij van zijn vrouw'.

Contat brengt deze standaardelementen uit de Franse folklore in zijn verhaal tot leven. Hij verwijst expliciet naar het verband met tovenarij, verbindt zorg voor *la grise* met 'respect voor het huis' en suggereert een seksueel element in de identificatie van de bazin met haar kat. Ze wordt geschetst als een wellustige deerne met een 'hartstocht voor katten' en evenveel hartstocht voor het bedriegen van haar man. Als de leerjongens *la grise* hebben gedood, geeft Contat aan wat de 'moord' betekende voor de beide echtelieden: 'Wat haar betreft hadden ze zich vergrepen aan een *chatte* zonder weerga, waarvan ze waanzinnig veel hield, en wat hem betreft, hadden ze geprobeerd zijn reputatie te bevlekken.' Uit de hele geschiedenis bleek dat katten bijzonder *bon à penser* waren.

Behalve veel stof tot nadenken, leverden katten ook wat rituelen betreft veel waardevols, want de slachting volgde een scenario dat een hele reeks rituelen combineerde. Het begon als een typische kwajongensstreek, die de leerjongens hadden verzonnen als antwoord op een typische *misère*, namelijk slapeloosheid. Ze moeten opstaan bij het krieken van de dag om de poort te openen voor de eerste gezellen die komen werken. En ze kunnen 's avonds moeilijk in slaap komen, omdat een troep zwerfkatten de gewoonte heeft ontwikkeld vlak bij het miserabele slaapvertrek van de jongens te gaan zitten jammeren. De *bourgeois*, die zich behalve zijn *haute cuisine* ook *grasses matinées* permitteert, slaapt overal doorheen. Dus besluiten de jongens de rollen om te draaien. Léveillé, een 'perfect toneelspeler' die alles kan imiteren, rent 'als een kat' over het dak en gaat zich bij het raam van zijn baas zo te buiten aan kattegejank dat de oude geen oog meer dicht doet.

De baas is even bijgelovig als tiranniek. Hij concludeert dat het toverij moet zijn van een paar heksen en geeft de jongens orders de 'kwaadaardige beesten' van kant te maken. Bewapend met stangen van de pers en andere gereedschappen, voeren Jérôme en Léveillé de anderen mee op een uitgelaten kattejacht. De bazin had hen gewaarschuwd *la grise* niet te laten schrikken, dus maken ze daar eerst korte metten mee en proppen het lijk in een pijp van de goot. Dan gaat de hele groep arbeiders er op los en slaat zich door de ganse kattenpopulatie van de buurt. De halfdode beesten worden op de binnenplaats van de drukkerij opeengestapeld. De arbeiders benoemen bewakers, een rechter, een biechtvader en een beul, om daarna hun slachtoffers te berechten en veroordelen. Dan hangen ze die brullend van het lachen op. De bazin komt aanrennen en gilt van schrik omdat ze denkt *la grise* in een strop te zien bungelen. De arbeiders verzekeren haar dat ze nooit zoiets zouden doen: 'Ze hebben te veel respect voor het huis.' De *bourgeois* arriveert. 'Ach! de ellendelingen,' zegt hij. 'In plaats van te werken vermoorden ze katten.' Madame tot Monsieur: 'Deze ellendige kerels kunnen de bazen niet vermoorden, en daarom hebben ze mijn poesje vermoord.' De arbeiders bulderen het uit, de baas en bazin trekken zich diep vernederd terug, hij mopperend over de verloren werktijd, zij klagend over haar verloren *chatte*. 'Ze vindt dat al het bloed van de arbeiders niet genoeg zou zijn om de belediging ongedaan te maken.'

In de weken daarop speelt Léveillé de farce voortdurend na door in de drukkerij pantomimes op touw te zetten, die 'kopieën' worden genoemd. Hij kan net zo handig nummers improviseren als de vaudeville-spelers in de straattheaters van de Foire Saint Germain een paar straten verderop. De gezellen tonen hun bijval op de traditionele manier, door op hun werktuigen te slaan en te mekkeren als geiten. Ze richten deze ketelmuziek, een vast onderdeel van de charivari's, tegen de *bourgeois*. Want hij is de zondebok, hem zitten ze dwars. Steeds weer is hij in de werkplaats het mikpunt van een soort vaudeville die in het arbeidersjargon *joberie* heet. Herhaaldelijk wordt hij berecht en veroordeeld in een namaakproces dat doet denken aan de burleske hofscènes die de arbeiders opvoeren met Sint-Maarten, als ze de rekening vereffenen voor overtredingen tegen hun arbeidscodes. Het hele gebeuren vindt plaats in carnavaleske sfeer. Net als bij het echte carnaval, wanneer jonge mannen ketelmuziek maken om de spot te drijven met bedrogen echtgenoten, nemen de leerjongens de leiding: 'Monsieur Léveillé en zijn vriend Jérôme zitten het feest voor.' En ze verdubbelen de hilariteit door het carnaval tot heksenjacht te transformeren. Het verminken van de katten kan doorgaan voor een standaardverdediging tegen tovenarij. Maar de jongens hadden het hele heksenverhaal verzonnen door voor kat te spelen, en kunnen zo de onnozelheid van de baas uitspelen om zijn vrouw te beledigen. Door het dier waarmee ze op intieme voet staat met knuppels te bewerken, beschuldigen ze haar ervan een heks te zijn en beledigen haar nog meer door te spelen met de seksuele associaties van poesje – een soort metonymische verkrachting, het symbolische equivalent van moord, zelfs al kan ze ze alleen maar loltrapperij verwijten omdat ze hun bedoelingen verhullen in metaforen.

Uiteraard kwam hun eigenlijke bedoeling ook wel door via die metafoor, die voor verschillende mensen iets anders betekende. Contat beschrijft de slachting vanuit het perspectief van de arbeiders, zodat deze voornamelijk als een vernedering van de *bourgeois* overkomt. In hun ogen kon niets beledigender zijn voor de baas dan een aanval op zijn dierbaarste bezit, de *chatte* van zijn vrouw. De reactie van de vrouw geeft aan dat zij begreep dat de agressie tegen haar kat eigenlijk op haarzelf en haar man was gericht. Vandaar haar opmerking, die anders een *non sequitur* zou zijn: 'Deze ellendige kerels kunnen de bazen niet vermoorden, en daarom hebben ze mijn poesje [*ma chatte*] vermoord.' Maar de baas was te dom om te beseffen hoe hij voor schut was gezet en ging alleen maar te keer over het verlies aan manuren door de grappenmakerij.

Hoewel de humor een teveel aan analyse misschien niet overleeft, mag men denk ik concluderen dat de grap werkte omdat de jongens gebruik wisten te maken van een groot aantal variaties op culturele standaardbegrippen. Ze gaven een virtuoze voorstelling; meerduidige symboliek versterkt door meervormige rituele elementen. De symbolen flitsten heen en weer langs een keten aan associaties – van de katten naar de bazin, de baas, en het hele juridische en maatschappelijke systeem waarvan het proces een parodie was. De rituelen pasten in elkaar, zodat de arbeiders heen en weer konden bewegen tussen vier basispatronen. Ze veranderden een katten- in een heksenjacht, een carnavalsfeest, een proces, en een obscene vorm van straattheater. Wel is het zo dat ze niet een van de afzonderlijke rituelen tot in alle details uitvoerden. Dat zou de associatie met de overige verloren hebben doen gaan. Als ze de katten niet opgehangen maar verbrand hadden, waren ze dichter bij de Mardi Gras- en Sint-Janstraditie gebleven, maar waren ze het ceremoniëel juridische van de misdaadprocessen en Sint-Maarten kwijt graakt. Hadden ze de ketelmuziek en het geblaat weggelaten, dan was er een authentiekere hofsfeer ontstaan, maar dan hadden ze het idee van *prendre la chèvre* ('ergeren', 'furieus worden') bij de baas niet uitgedrukt, evenmin als het idee dat de drukkerij een theater was geworden. Kortom, ze speelden behalve met symbolen ook met ceremonieën, en om hun sprankelende lichtvoetigheid te begrijpen moeten we in onze eigen pogingen om hun grappenmakerij te snappen niet te letterlijk of te zwaar op de hand worden. Als we in de tekst van Contat met alle geweld een compleet charivari of heksenproces willen zien, schieten we ons doel voorbij. Want Contat maakte duidelijk dat de arbeiders fragmenten van rituelen citeerden, net genoeg om duidelijk te maken wat ze bedoelden en om het hele scala aan betekenissen uit te buiten door de ene traditionele vorm met de andere te associëren. De slachting was grappig omdat het een spel met rituelen was.[15]

Deze vorm van interpretatie met een open einde geeft de lezer misschien een ongemakkelijk gevoel. Historici pinnen de dingen graag vast in plaats van ze op losse schroeven te zetten. Het druist tegen het beroepsgevoel in wanneer gezegd wordt dat symbolen een hoop dingen tegelijk kunnen betekenen, dat ze tegelijkertijd betekenissen kunnen verstoppen en onthullen, dat verschillende rituelen in elkaar kunnen worden geschoven, en dat arbeiders ze kunnen citeren, en met handelingen kunnen spelen als een dichter met woorden. Levert dit niet het gevaar op van *hineininterpretieren*? Van onbehouwen handwerkslieden die aangezien worden voor intellectuelen? Bij wijze van antwoord wil ik duidelijk stellen dat ik niet wil zeggen dat alle arbeiders alle betekenissen van het voorval precies in hun hoofd hadden. Sommigen gingen waarschijnlijk met plezier de katten te lijf en verder niets, terwijl anderen er van alles aan vastknoopten. Ik denk dat de kattenslachting vergeleken kan worden met een toneelopvoering: het kon voor verschillende mensen, zowel spelers als toeschouwers, verschillende dingen betekenen. Maar het kon niet willekeurig wat betekenen, evenmin als *De tovenaar van Oz* het hele scala aan ideeën en emoties van *Koning Lear* kan uitdrukken. Ondanks alle meerduidigheid hebben rituelen ingebouwde beperkingen. Ze maken gebruik van vaste gedragspatronen en een vastomlijnd kader van betekenissen. De historicus kan dat kader verkennen en het met enige precisie in kaart brengen, ook al kan hij niet precies weten hoe iedereen er gebruik van heeft gemaakt.

Maar hoe kan hij het gebrek aan bewijs ondervangen? De tekst van Contat kan ik niet als bewijs opvatten voor het feit dat de vrouw van de baas echt heeft gezegd: 'Deze ellendige kerels kunnen de bazen niet vermoorden.' Die woorden geven slechts Contats versie van haar reactie op de slachting weer, lang na dato. De exacte bewoordingen zijn echter minder van belang dan de associaties die ermee worden opgeroepen. Het verslag van Contat mag onjuiste details bevatten, het is gebaseerd op conventionele begrippen, waarin katten worden verbonden met hekserij, huiselijkheid en seksualiteit en die door tal van uiteenlopende andere bronnen worden bevestigd. Die verbanden behoren tot een systeem van relaties, of, als ik het woord nog mag gebruiken, een structuur. Structuur plaatst verhalen in een kader en blijft constant, terwijl de details bij iedere keer dat het verhaal wordt verteld variëren, precies als bij het vertellen van volksverhalen en de opvoeringen van rituelen onder Griekse boeren, Afrikaanse bosjesmannen, Thaise dorpelingen en hoogvlaktebewoners uit Nieuw Guinea.[16]

Ik denk dat men de bewijsvoering formeel kan brengen zonder gebruik te maken van een ingewikkelde en wellicht achterhaalde vorm van structuralisme. Het verhaal draait om een reeks tegenstellingen – tussen mens en dier, bazen en arbeiders, gedomesticeerde en wilde dieren, cultuur en natuur. In dit schema zijn leerjongens en huiskatten overbruggende factoren. De leerjongens bewegen zich op de scheidslijn tussen de werkplaats en de buitenwereld. Als portiers laten ze de arbeiders binnen vanaf de straat; als loopjongens scharrelen ze overdag in de stad rond maar 's nachts slapen ze in het huis. Ze worden in bepaalde opzichten behandeld als kinderen en in andere als arbeiders, want ze zitten op de grens van kind en volwassene. De huiskatten horen ook deels in de buitenwereld thuis, in de wereld van zwerfkatten en dierlijke instincten, maar ze wonen in het huis en worden menselijker behandeld dan de jongens. Als de lieveling van haar bazin is *la grise* een tussenschepsel bij uitstek en daarom vooral taboe. De bazin drukt de jongens op het hart bij haar uit de buurt te blijven en Contat beschrijft het doden van deze kat als 'moord'. Ze neemt een dubbelzinnige positie in, als zoveel andere dieren met rituele kracht in de etnografische diagrammen (zie figuur 3).

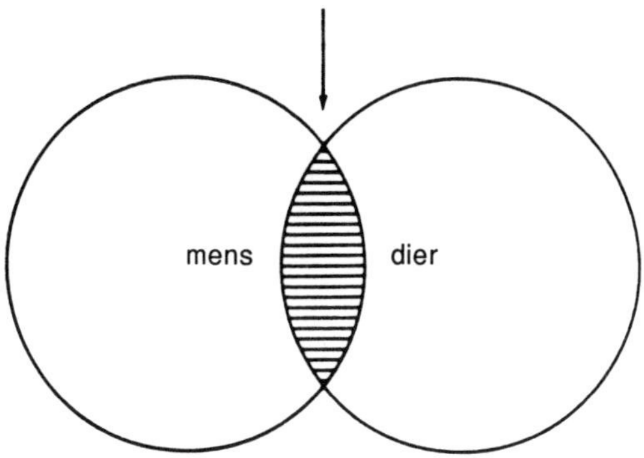

figuur 3

De leerjongens nemen diezelfde positie in. Het is in feite omstreden terrein, want het verhaal begint met de rivaliteit tussen de jongens en de katten. Ze concurreren om het voedsel (de jongens krijgen kattevoer en de katten menseneten) en ook om een plaats dicht bij de baas en de bazin in het huishouden. Als men de posities abstraheert uit het verhaal en in een diagram uitzet, zien ze eruit als in figuur 4. De katten hebben eigenlijk de jongens verstoten van de geprivilegieerde plaats naast baas en bazin in de oude 'republiek' der drukkers, waar de leerjongens bij de meester aan tafel zaten. Ze zijn nu naar de keuken verbannen, terwijl de huiskatten vrij toegang hebben tot de eetkamer. Deze wisseling van tafelgenoten was het onrecht dat aan de slachting ten grondslag lag. Door de katten op te hangen (een straf voor mensen) draaiden de jongens de situatie weer om en herstelden ze de orde in de grenszone, waar het gevaar om de categorieën te verwarren het grootst was.

baas - bazin		leerjongens		huiskatten		zwerfkatten	
mens	+	mens	+	dier	–	dier	–
menseneten	+	dierenetten	–	menseneten	+	diereneten	–

figuur 4

Dit kleine huiselijke drama kreeg grote symbolische waarde omdat het in verband werd gebracht met de serieuze kwestie van de arbeidsbetrekkingen, door de arbeiders eveneens uitgedrukt in een symbolisch idioom. In een verklarende woordenlijst bij zijn verhaal, geeft Contat woordgebruik aan dat via talrijke printershandboeken kan worden bevestigd. De arbeiders duidden zichzelf aan met dierennamen; de bedieners van de drukpers heetten 'beren' en de zetters 'apen'. Als ze ketelmuziek maakten, mekkerden ze als geiten. Als ze vochten, steigerden ze, blaatten vervaarlijk en vochten als geiten (furieus worden was *prendre la chèvre*). De arbeiders behoorden tot de ongetemde wereld van de straat, de wereld van de zwerfkatten, die het puur dierlijke vertegenwoordigden, krols krijsend, parend, de dierlijkheid die in het verhaal de antithese vormt van de huiselijke orde van het *bourgeois* gezin. Het drama zette dus een systeem van verhoudingen in beweging dat teruggebracht kan worden tot een laatste diagram (zie figuur 5).

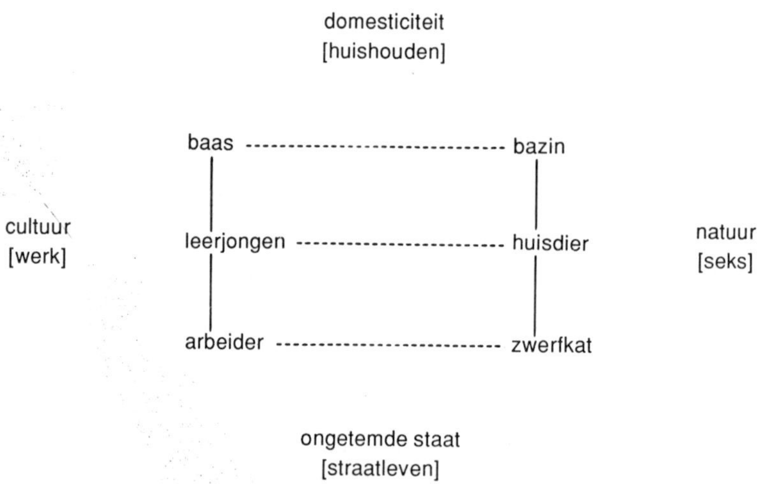

figuur 5

In horizontale lijn geeft het diagram identieke verhoudingen aan, in verticale lijn, tegengestelde. Leerjongens en huisdieren fungeren nog steeds als overbruggingen, maar zijn nu beland op een groter terrein van contrasterende categorieën: de gedomesticeerde of huiselijke wereld versus de ongetemde wereld en het straatleven, het domein van werk en cultuur versus dat van seks en natuur. De hoeken van het diagram geven posities weer waar de dimensies elkaar raken. De baas staat op het raakpunt van werk en huiselijkheid, de bazin op dat van huiselijkheid en seksualiteit, de zwerfkatten op dat van seks en leven in het wild, en de arbeiders op dat van het ongetemde leven en werk. Vanwege het gevaar van openlijke insubordinatie te worden beschuldigd, kanaliseerden de arbeiders hun agressie via de grootst mogelijke omweg: ze vielen de bazin aan via de katten en de baas via de bazin. Door dat te doen mobiliseerden ze echter alle elementen van hun wereld. Ze namen niet alleen de baas bij de neus. Ze zetten een algemene opstand op touw: van arbeiders tegen bazen, en van het hele domein van de ongebonden, gewelddadige, libidineuze natuur tegen de gedisciplineerde orde van werk, cultuur en huiselijkheid.

Ik realiseer me dat de diagrammen er mechanisch uitzien. Ze lijken de mens te reduceren tot een skelet. Maar ze kunnen wel een structuur blootleggen. En willen we vlees en bloed, dan kunnen we terugkeren naar het verhaal en ons de slachting proberen voor te stellen zoals die werkelijk heeft plaatsgevonden, met al het bont en bloed, gekrijs en gelach. In dat geval kunnen we echter uitsluitend terugvallen op onze verbeelding en het verhaal van Contat. We moeten proberen de details een plaats te geven binnen het culturele kader waaraan ze hun betekenis ontleenden. Dit kunnen we doen door formele analyse te combineren met etnografisch materiaal, zodat we de logisch consequente interpretatie voldoende kunnen onderbouwen. Als mijn poging is mislukt, hoop ik dat ze tenminste de weg heeft geëffend voor een meer geslaagde onderneming. En als deze jacht op symbolen op doodlopend spoor zit, kan de etnografische historicus zich troosten met de gedachte aan een ontsnapping naar veldwerk op graziger weiden: 'Fiji $499'.

NOTEN EN VERANTWOORDING

INLEIDING

* In februari 1989 heeft de regering tijdens een nieuwe onderhandelingsronde met Solidariteit haar standpunt herzien en de Russen van het bloedbad beschuldigd.

DE KUS VAN LAMOURETTE

Dit essay is eerder verschenen in *The New York Review of Books* (19 januari 1989), pp. 3-10.

LAAT POLEN POLEN BLIJVEN

* Dit essay is geschreven vlak na een bezoek aan Polen in mei 1981, toen Solidariteit aan de winnende hand leek te zijn in haar strijd met de regering. Veel Polen vreesden in die tijd een interventie door de Sovjetunie, die hun nieuw verworven vrijheden weer zou afnemen. Op dat moment waren de Poolse autoriteiten zich weer onder leiding van generaal Jaruzelski echter al aan het voorbereiden op de onderdrukking van Solidariteit in december 1981.

Het is eerder verschenen in *The New York Review of Books* (16 juli 1981), pp. 6-10.

FILM: DANTON EN DOUBLE ENTENDRE

Dit essay is eerder verschenen in *The New York Review of Books* (16 februari 1984,) pp. 19-24.

1 Zie voor een recente versie van deze traditie de *Nouvelle Histoire de la France contemporaine*, uitg. Le Seuil. Deel twee van deze serie is kortgeleden in Engelse vertaling gepubliceerd door de Cambridge University Press: *The Jacobin Republic, 1792-1794*, door Marc Bouloiseau.

2 Zie bijvoorbeeld Michel Foucault, *Power and Knowledge: Selected Interviews and*

Other Writings, 1927-1977. Ed. Collin Gordon (New York 1980).
3 Zie François Furet, *Penser la Révolution française* (Parijs 1978).

TELEVISIE: OPEN BRIEF AAN EEN TELEVISIEPRODUCER

Deze brief is geschreven als beoordeling van een televisiescript van een groot Amerikaans televisienet. Het script diende als uitgangspunt voor een 'docudrama' dat in het hele land is uitgezonden, hoewel gelukkig niet in de oorspronkelijke vorm. Omdat het rapport niet voor publikatie was bedoeld, heb ik gemeend verwijzingen naar het desbetreffende net en de medewerkers, waaronder de producer zelf, te moeten weglaten.

JOURNALISTIEK: WE DRUKKEN ALLES DAT ONS PAST

Dit essay is eerder verschenen in *Daedalus* (voorjaar 1975), pp. 175-194. Een groot deel dank ik aan gesprekken met Robert Merton, die in 1973 en 1974 mijn collega was aan het Center for Advanced Study in the Behavioral Sciences in Stanford, Californië. Mijn broer John, die bij *The Times* is gaan werken toen ik er ben weggegaan en die het van jongste bediende tot stadsredacteur heeft gebracht, heeft geholpen door het essay kritisch te lezen, maar draagt er in geen enkel opzicht verantwoordelijkheid voor.

Aangezien dit essay niet bedoeld is als formeel sociologisch onderzoek, heb ik er geen bibliografie bijgevoegd. Ik heb het namelijk geschreven voor ik de sociologische literatuur over de journalistiek had gelezen, en toen ik daar later aan toe kwam, ontdekte ik dat verscheidene wetenschappers diepgaande en intelligente onderzoeken hadden gepubliceerd over onderwerpen die ik via mijn persoonlijke waarnemingen had proberen te doorgronden. Veel van dat werk houdt zich echter bezig met de manier waarop verslaggevers, met hun beroepsethos van objectiviteit, omgaan met de politieke voorkeur van hun kranten. Vandaar de invalshoek van het klassieke onderzoek van Warren Breed, 'Social Control in the Newsroom: A Functional Analysis', in *Social Forces* 33 (mei 1955), pp. 326-335, die wordt opgepakt in recenter werk: Walter Gieber, 'Two Communicators of the News: A Study of the Role of Sources and Reporters', in *Social Forces* 39 (oktober 1960), pp. 76-83 en 'News is What Newspapermen Make it', in L.A. Dexter en D.M. White (red.), *People, Society and Mass Communication*. (New York 1964), pp. 173-180; R.W. Stark, 'Policy and the Pros: An Organizational Analysis of a Metropolitan Newspaper', in *Berkeley Journal of Sociology* 7 (1962), pp. 11-31; D.R. Bowers, 'A Report on Activity by Publishers in Directing Newsroom Decisions', in *Journalism Quarterly* 44 (voorjaar 1967), pp. 43-52; R.C. Flegel en S.H. Chaffee, 'Influence of Editors, Readers, and Personal Opinions on Reporters', in *Journalism Quarterly* 48 (winter 1971), pp. 645-651; Gaye Tuchman, 'Objectivity as Strategic Ritual: An Examination of Newsmen's Notions of Objectivity', in *American Journal of Sociology* 77 (januari 1972), pp. 660-679 en 'Making News by Doing Work: Routinizing the Unexpected', in *American Journal of Sociology* 79 (juli 1973), pp. 110-131; Lee Sigelman, 'Reporting the News: An Organizational Analysis', in *American Journal of Sociology* 79 (juli 1973), pp. 132-149. Hoewel het een belangrijk probleem is, is politieke kleur alleen bij politieke verslaggeving van rechtstreeks belang. Wel is het zo dat algemene berichtgeving te maken heeft met cruciale maatschappelijke en culturele aspecten. Toch heb ik weinig analyses van de sociaal-culturele aspecten van de verslaggeving aangetroffen, en het lijkt mij dat verder onderzoek zal kunnen profiteren van de bredere, meer historisch georiënteerde aanpak van Helen MacGill Hughes, *News and the Human Interest Story* (Chicago 1940). Een onderzoek, geschreven na de eerste publikatie van dit essay, waarbij dat inmiddels is gebeurd, is Michael Schudson, *Discovering the News: A Social History of American Newspapers* (New York 1978).

De sociologie van de nieuwsverslaggeving zou gebruik kunnen maken van de ideeën en technieken die zijn ontwikkeld in de arbeidssociologie. Ik heb het onderzoek op instigatie van Robert Park, een journalist die socioloog is geworden, en Everett Hughes, navolger van Park in de 'Chicago school' van de sociologie, zeer nuttig gevonden bij de analyse van mijn eigen ervaringen. Zie vooral Everett C. Hughes, *Men and Their Work* (Glencoe, Ill., 1958) en *The Sociological Eye: Selected Papers* (Chicago en New York 1971); het speciale nummer van *The American Journal of Sociology* over arbeidssociologie, afl. 57 nr. 5 (maart 1952); Robert Merton, George Reader en Patricia Kendall (red.), *The Student-Physician: Introductory Studies in the Sociology of Medical Education* (Cambridge, Mass., 1957) en John van Maanen, 'Observations on the Making of Policemen', in *Human Organization* 32 (winter 1973), pp. 407-419.

De werken uit de bloeiende literatuur over volkscultuur waaraan ik me in het bijzonder verschuldigd voel zijn: Robert Mandrou, *De la Culture populaire aux 17e et 18e siècles* (Parijs 1964); J.P. Seguin, *Nouvelles à sensation: Canards du XIXe siècle* (Parijs 1959); Marc Soriano, *Les Contes de Perrault, culture savante et tradition populaire* (Parijs 1968); E.P. Thompson, *The Making of the English Working Class* (New York 1966, 2e ed.) en Richard D. Altick, *The English Common Reader: A Social History of the Mass Reading Public* (Chicago 1957). Voor voorbeelden van wetenschappelijk onderzoek naar kinderrijmpjes en -versjes en folklore, zie Iona Opie en Peter Opie, *The Oxford Dictionary of Nursery Rhymes* (Oxford 1966) en Paul Delarue, *The Borzoi Book of French Folk Tales* (New York 1956) die vroege versies van kinderverhalen bevatten. Speciaal aanbevolen 'Where are you going my pretty maid?' en 'Little Red Riding Hood'.

1 Indeling en staf van het nieuwslokaal zijn sinds mijn vertrek bij *The Times* in 1964 volledig veranderd, en deze beschrijving zal in veel opzichten uiteraard ook niet opgaan voor andere kranten, die er hun eigen organisatie en ethos op nahouden.

2 J.P. Seguin, *Nouvelles à sensation: Canards du XIXè siècle* (Parijs 1959), pp. 187-190.

3 Ibid., p. 173.

PUBLICEREN: REDDENDE RAAD VOOR ACADEMISCHE AUTEURS

Dit essay is eerder verschenen in *The American Scholar* 52 (1983), pp. 553-537. Het beschrijft mijn ervaring met de universitaire uitgeverij van 1978 tot 1982, toen ik lid was van de redactieraad van de Princeton University Press. Sindsdien zijn de redactieprocedures enigszins veranderd, maar het aantal ingediende manuscripten en het aantal publikaties stijgen nog steeds. Ook de aard van de academische monografieën is niet noemenswaardig veranderd. De hier door mij geciteerde titels, die van deze nog steeds groeiende monografiecultuur getuigen, zijn van werken die tijdens die vier jaar dat ik lid was van de redactieraad bij de uitgeverij zijn ingediend.

WAT IS 'DE GESCHIEDENIS VAN HET BOEK'?

Dit essay is eerder verschenen in *Daedalus* (zomer 1982), pp. 65-83. Sindsdien heb ik de hierin aangesneden thematiek verder proberen te ontwikkelen in een essay over de geschiedenis van het lezen (hoofdstuk 9) en in 'Histoire du livre-Geschichte des Buchwesens: An Agenda for Comparative History', in *Publishing History* 22 (1987), pp. 33-41.

1 Zie voor voorbeelden van dit werk naast de in het essay vermelde boeken: Henri-Jean Martin, *Livre, pouvoirs et société à Paris au XVIIe siècle (1598-1701)* (Genève 1969), 2 dln.; Jean Quéniart, *L'Imprimerie et la librairie à Rouen au XVIIIe siècle* (Parijs 1969); René Moulinas, *L'Imprimerie, la librairie et la presse à Avignon au XVIIIe siècle* (Grenoble 1974) en Frédéric Barbier, *Trois cents Ans de librairie et d'imprimerie: Berger-Levrault, 1676-1830* (Genève 1979) in de reeks 'Histoire et civilisation du livre', waarin nog verscheidene soortgelijke monografieën zijn opgenomen. Veel Frans werk is verschenen in de vorm van artikelen in de *Revue française d'histoire du livre*. Voor een overzicht van het wetenschapsgebied door twee van de belangrijkste wetenschappers die erop werkzaam zijn, zie Roger Chartier, en Daniel Roche, 'Le livre, un changement de perspective', in *Faire de l'histoire* (Parijs 1974), III:115-136 en Chartier en Roche, 'L'histoire quantitative du livre', in *Revue française d'histoire du livre* (1977), pp. 3 27. Voor waarderende evaluatie door twee Ameri kaanse sympathisanten, zie Robert Darnton, 'Reading, Writing and Publishing in Eighteenth-Century France: A Case Study in the Sociology of Literature', in *Daedalus* (winter 1971), pp. 214-256 en Raymond Birn, 'Livre et Société After Ten Years: Formation of a Discipline', in *Studies on Voltaire and the Eighteenth Century* 151 (1976), pp. 287-312.

2 Zie als voorbeelden van deze benaderingen Theodore Besterman, *Voltaire* (New York 1969), pp. 433-434; Daniel Mornet, 'Les enseignements des bibliothèques privées (1750-1780)', in *Revue d'histoire littéraire de la France* 17 (1910), pp. 449-492 en het momenteel onder auspiciën van de Voltaire-Stichting verrichte biblio-

grafisch onderzoek dat de verouderde bibliografie van Georges Bengesco zal vervangen.

3 De volgende beschrijving is gebaseerd op de negenennegentig brieven uit Rigauds dossier in de archieven van de Société Typographique de Neuchâtel, Bibliothèque de la ville de Neuchâtel, Zwitserland (hierna aangeduid als STN), aangevuld met ander relevant materiaal uit de enorme archieven van de STN.

4 Rigaud aan de STN, 17 juli 1771.

5 Het patroon van Rigauds bestellingen blijkt uit zijn brieven aan de STN en de 'Livres de Commission' van de STN, waarin de orders werden bijgehouden. Rigaud heeft aan zijn brieven van 29 juni 1774 en 23 mei 1777 lijsten van zijn belangrijkste voorraden bijgevoegd.

6 Madeleine Ventre, *L'Imprimerie et la librairie en Languedoc au dernier siècle de l'Ancien Régime* (Parijs en Den Haag 1958), p. 227.

7 B. André aan de STN, 22 augustus 1784.

8 *Manuel de l'auteur et du libraire* (Parijs 1777), p. 67.

9 Jean-François Favarger aan de STN, 29 augustus 1778.

10 Het *procès-verbal* van de huiszoekingen bevindt zich in de Bibliothèque Nationale, Ms. français 22075. fo 355.

11 Fontanel aan de STN, 6 maart 1781.

12 De STN aan Gosse en Pinet, boekverkopers in Den Haag, 19 april 1770.

13 De STN aan Voltaire, 15 september 1770.

14 Deze beschrijving is gebaseerd op de correspondentie van de STN met tussenpersonen op al haar routes, met name de vervoersagenten Nicole en Galliard uit Nyon en Secrétan en De la Serve uit Ouchy.

15 Rigaud aan de STN, 28 augustus 1771.

16 Robert Darnton, *The Business of Enlightenment: A Publishing History of the Encyclopédie 1775-1800* (Cambridge, Mass., 1979), pp. 273-299.

17 Zonder naamsvermelding, 'État et description de la ville de Montpellier, fait en 1768', in J. Berthelé (red.), *Montpellier en 1768 et en 1836 d'après deux manuscrits inédits* (Montpelier 1909), p. 55. Deze rijk gedetailleerde contemporaine beschrijving van Montpellier is de belangrijkste bron voor de hierboven gegeven beschrijving.

18 C.E. Labrousse, *La Crise de l'économie française à la fin de l'Ancien Régime et au début de la Révolution* (Parijs 1944).

19 Madeleine Ventre, *L'Imprimerie et la librairie en Languedoc*; François Furet, 'La "librairie" du royaume de France au 18e siècle', in *Livre et société* I, pp. 3-32 en Robert Estivals, *La Statistique bibliographique de la France sous la monarchie au* XVIIIe siècle (Parijs en Den Haag 1965). Het bibliografische werk zal worden uitgegeven onder de auspiciën van de Voltaire-Stichting.

20 John Lough, *Writer and Public in France from the Middle Ages to the Present Day* (Oxford 1978), p. 303.

21 Voor overzichten en selecties van recent Duits onderzoek, zie Helmuth Kiesel en Paul Münch, *Gesellschaft und Literatur im 18. Jahrhundert. Voraussetzung und Entstehung des literarischen Marktes in Deutschland* (München 1977); Franklin Kopitzsch (red.), *Aufklärung, Absolutismus und Bürgertum in Deutschland* (München 1976) en-

Herbert G. Göpfert, *Vom Autor zum Leser* (München 1978).

22 Marino Berengo, *Intellettuali e librai nella Milano della Restaurazione* (Turijn 1980). Over het algemeen is echter de Franse versie van de geschiedenis van het boek in Italië minder enthousiast ontvangen dan in Duitsland. Zie Furio Diaz, 'Metodo quantitativo e storia delle idee', in *Rivista storica italiana* 78 (1966), pp. 932-947.

23 A.S. Collins, *Authorship in the Days of Johnson* (Londen 1927) en *The Profession of Letters (1780-1832)* (Londen 1928). Voor recenter werk zie John Feather, 'John Nourse and His Authors', in *Studies in Bibliography* 34 (1981), pp. 205-226.

24 Robert Escarpit, *Le Littéraire et le social. Eléments pour une sociologie de la littérature* (Parijs 1970).

25 Peter John Wallis, *The Social Index: A New Technique for Measuring Social Trends* (Newcastle upon Tyne 1978).

26 William Gilmore completeert momenteel een uitvoerig onderzoeksproject naar de verspreiding van boeken in het koloniale New England. Zie voor politieke en economische apsecten van de koloniale pers, Stephen Botein, '"Meer Mechanics" and an Open Press: The Business and Political Strategies of Colonial American printers', in *Perspectives in American History* 9 (1975), pp. 127-225; en Bernard Bailyn en John B. Hench (red.), *The Press and The American Revolution* (Worcester, Mass., 1980), met uitgebreide verwijzingen naar werken over de vroege geschiedenis van het boek in Amerika.

27 Voor een algemeen overzicht van het werk over de latere geschiedenis van het boek in de Verenigde Staten, zie Hellmut Lehmann-Haupt, *The Book in America*, herz. uitg. (New York 1952).

28 Philip Gaskell, *A New Introduction to Bibliography* (New York en Oxford 1972), voorwoord. Het werk van Gaskell biedt een uitstekend overzicht van het onderwerp.

29 D.F. McKenzie, 'Printers of the Mind: Some Notes on Bibliographical Theories and Printing House Practices', in *Studies in Bibliography* 22 (1969), pp. 1-75.

30 D.F. McKenzie, *The Cambridge University Press 1696-1712* (Cambridge 1966), 2 dln.; Leon Voet, *The Golden Compasses* (Amsterdam 1969 en 1972), 2 dln.; Raymond de Roover, 'The Business Organization of the Plantin Press in the Setting of Sixteenth-Century Antwerp', in *De Gulden Passer* 24 (1956), pp. 104-120, en Jacques Rychner, 'A l'Ombre des lumières: coup d'oeil sur la main-d'oeuvre de quelques imprimeries du XVIIIe siècle', in *Studies on Voltaire and the Eighteenth Century* 155 (1976), 1925-1955, en 'Running a Printing House in Eighteenth-Century Switzerland: the Workshop of the Société Typographique de Neuchâtel', in *The Library*, zesde reeks, 1 (1979), pp. 1-24.

31 Zie bijvoorbeeld J.-P. Belin, *Le Commerce des livres prohibés à Paris de 1750 à 1789* (Parijs 1913); Jean-Jacques Darmon, *Le Colportage de librairie en France sous le second empire* (Parijs 1972) en Reinhart Siegert, *Aufklärung und Volkslektüre exemplarisch dargestellt an Rudolph Zacharias Becker und seinem "Noth- und Hülfsbüchlein" mit einer Bibliographie zum Gesamtthema* (Frankfurt am Main 1978).

32 H.S. Bennett, *English Books and Readers 1457 to 1557* (Cambridge 1952) en *English Books and Readers 1558-1603* (Cambridge 1965); L.C. Wroth, *The Colonial Printer*

(Portland 1938); H.-J. Martin, Livre, pouvoirs et société; Johann Goldfriedrich en Friedrich Kapp, *Geschichte des deutschen Buchhandels* (Leipzig 1886-1913), 4 dln.

33 Vergelijk Cyprian Blagden, *The Stationers' Company, A History, 1403-1959* (Cambridge 1960); Martin, *Livre, pouvoirs et société*, en Rudolf Jentzsch, *Der deutsch-lateinische Büchermarkt nach den Leipziger Ostermesskatalogen von 1740, 1770 und 1800 in seiner Gliederung und Wandlung* (Leipzig 1912).

34 James Barnes, *Free Trade in Books: A Study of the London Book Trade Since 1800* (Oxford 1964); John Tebbel, *A History of Book Publishing in the United States* (New York 1972-1978), 3 dln., en Frédéric Barbier, *Trois cents Ans de librairie et d'imprimerie* (Genève 1979).

35 Zie bijvoorbeeld Wolfgang Iser, *The Implied Reader: Patterns of Communication in Prose Fiction from Bunyan to Beckett* (Baltimore 1974); Stanley Fish, *Self-Consuming Artifacts: The Experience of Seventeenth-Century Literature* (Berkeley en Los Angeles 1972) en *Is There a Text in This Class? The Authority of Interpretive Communities* (Cambridge, Mass., 1980); Walter Ong, 'The Writer's Audience is Always a Fiction', in PMLA (Publication of the Modern Language Association of America) 90 (1975), pp. 9-21 en voor een keuze uit andere variaties op deze thema's, Susan R. Suleiman en Inge Crosman, *The Reader in the Text: Essays on Audience and Interpretation* (Princeton 1980).

36 Carlo Ginzburg, *The Cheese and the Worms: The Cosmos of a Sixteenth-Century Miller* (Baltimore 1980), Nederlandse vertaling, *De kaas en de wormen: het wereldbeeld van een zestiende-eeuwse molenaar* (Amsterdam 1982); Margaret Spufford, 'First Steps in Literacy: The Reading and Writing Experience of the Humblest Seventeenth-Century Spiritual Autobiographers,' in *Social History* 4 (1979), pp. 407-435.

37 Walter Ong, 'The Writer's Audience is Always a Fiction'.

38 D.F. McKenzie, 'Typography and Meaning: The Case of William Congreve', in *Wolfenbütteler Schriften zur Geschichte des Buchwesens* (Hamburg 1981), IV:81-125.

39 Zie Paul Saenger, 'Silent Reading: Its Impact on Late Medieval Script and Society', in *Viator* 13 (1982), pp. 367-414.

40 Zie Otto Dan (red.), *Lesegesellschaften und bürgerliche Emanzipation. Ein europäischer Vergleich* (München 1981), met een uitgebreide bibliografie.

41 Voor voorbeelden van recent werk, zie Paul Raabe (red.), *Öffentliche und Private Bibliotheken im 17. und 18. Jahrhundert: Raritätenkammern, Forschungsinstrumente oder Bildungsstätten?* (Bremen en Wolfenbüttel 1977). Veel van het recente werk over receptieonderzoek is geïnspireerd door het theoretische werk van Hans Robert Jauss, met name *Literaturgeschichte als Provokation* (Frankfurt am Main 1970).

42 Rolf Engelsing, *Analphabetentum und Lektüre. Zur Sozialgeschichte des Lesens in Deutschland zwischen feudaler und industrieller Gesellschaft* (Stuttgart 1973) en *Der Bürger als Leser. Lesergeschichte in Deutschland 1500-1800* (Stuttgart 1974); Reinhart Siegert, *Aufklärung und Volkslektüre* (Frankfurt am Main 1978); Martin Welke, 'Gemeinsame Lektüre und frühe Formen von Gruppenbildungen im 17. und 18. Jahrhundert: Zeitungslesen in Deutschland', in *Lesegesellschaften und bürgerliche Emanzipation*, pp. 29-53.

43 Zie als voorbeeld van deze betere afstemming Rudolf Schenda, *Volk ohne Buch* (Frankfurt am Main 1970) en voor voorbeelden van recenter werk, Rainer Gruenter (red.), *Leser und Lesen im Achtzehntes Jahrhundert* (Heidelberg 1977) en Herbert G. Göpfert (red.), *Lesen und Leben* (Frankfurt am Main 1975).

44 Zie François Furet en Jacques Ozouf, *Lire et écrire: L'Alphabétisation des français de Calvin à Jules Ferry* (Parijs 1978); Lawrence Stone, 'Literacy and Education in England, 1640-1900', in *Past and Present* 42 (1969), pp. 69-139; David Cressy, *Literacy and the Social Order: Reading and Writing in Tudor and Stuart England* (Cambridge 1980); Kenneth A. Lockridge, *Literacy in Colonial New England* (New York 1974) en Carlo Cipolla, *Literacy and Development in the West* (Harmondsworth 1969).

45 Voor een overzicht en synthese van dit werk, zie Peter Burke, *Popular Culture in Early Modern Europe* (New York 1978).

46 Als een voorbeeld van de oudere opvatting, waarin de *bibliothèque bleue* een sleutelfunctie vervult voor het begrijpen van de volkscultuur, zie Robert Mandrou, *De la culture populaire aux XVIIe et XVIIIe siècles: La Bibliothèque Bleue de Troyes* (Parijs 1964). Voor een genuanceerder en eigentijdser visie, zie Roger Chartier, *Figures de la gueuserie* (Parijs 1982).

47 Douglas Waples, Bernard Berelson en Franklyn Bradshaw, *What Reading Does to People* (Chicago 1940); Bernard Berelson, *The Library's Public* (New York 1949); Elihu Katz, 'Communication Research and the Image of Society: The Convergence of Two Trradiditions', in *American Journal of Sociology* 65 (1960), pp. 435-440; John Y. Cole en Carol S. Gold (red.), *Reading in America 1978* (Washington, D.C., 1979). Zie voor het Gallup-rapport de publikatie van de American Library Association, *Book Reading and Library Usage: A Study of Habits and Perceptions* (Chicago 1978). Veel van deze oudere sociologievariant lijkt zijn waarde te hebben behouden, en kan bestudeerd worden samen met het huidige werk van Pierre Bourdieu; zie voornamelijk diens *La Distinction: Critique sociale du jugement* (Parijs 1979).

48 Richard D. Altick, *The English Common Reader: A Social History of the Mass Reading Public 1800-1900* (Chicago 1957); Robert K. Webb, *The British Working Class Reader* (Londen 1955) en Richard Hoggart, *The Uses of Literacy* (Harmondsworth 1960; 1e druk 1957).

49 Elisabeth L. Eisenstein, *The Printing Press as an Agent of Change* (Cambridge 1979), 2 dln. Voor een kritische beschouwing van Eisensteins stelling, zie Anthony T. Grafton, 'The Importance of Being Printed', in *Journal of Interdisciplinary History* 11 (1980), pp. 265-286; Michael Hunter, 'The Impact of Print', in *The Book Collector* 28 (1979), pp. 335-352 en Roger Chartier, 'L'Ancien Régime typographique: Réflexions sur quelques travaux récents', in *Annales: economies, sociétés, civilisations* 36 (1981), pp. 191-209.

50 Een aantal van deze algemene thema's wordt opgepakt in Eric Havelock, *Origins of Western Literacy* (Toronto 1976); Jack Goody (red.), *Literacy in Traditional Societies* (Cambridge, 1968); Jack Goody, *The Domestication of the Savage Mind* (Cambridge 1977); Walter Ong, *The Presence of the Word* (New York 1970) en Natalie Z. Davis, *Society and Culture in Early Modern France* (Stanford 1975).

DE VERGETEN TUSSENPERSONEN VAN DE LITERATUUR

De originele versie van dit essay is verschenen in *The New Republic* (15 september 1968), pp. 44-50. Ik heb die versie aangevuld met materiaal uit 'Sounding the Literary Market in Prerevolutionary France', in *Eighteenth-Century Studies* 17 (zomer 1984), pp. 477-492.

1 André uit Versailles aan de Société Typographique de Neuchâtel (hierna STN genoemd), 22 augustus 1784, in het archief van de STN, Bibliothèque publique et universitaire, Neuchâtel, Zwitserland.
2 Ostervald en Bosset aan de STN, 23 mei 1775, en Ostervald aan de STN, 11 juni 1775.
3 Bosset aan de STN, 16 juni 1780.
4 Ibid., 26 mei en 14 april 1780.
5 Ostervald aan Mably, 7 januari 1781, en Ostervald aan David-Alphonse de Sandoz-Rollin, 7 januari 1781.
6 Ostervald aan Charles-Joseph Panckoucke, 16 november 1777, en Bosset aan de STN, 17 mei 1780.
7 Ostervald en Bosset aan de STN, 31 maart 1780; Bosset aan de STN, 12 mei 1780; Ostervald en Bosset aan de STN, 20 februari 1780.
8 Morel aan de STN, 1 juli 1778.
9 Tonnet aan de STN, 12 november 1777; de STN aan Tonnet, 16 november 1777. Dit voorval en het drukken van de *Encyclopédie* heb ik besproken in *The Business of Enlightenment: A Publishing History of the Encyclopédie 1775-1800* (Cambridge, Mass., 1979), pp. 227-245. De naam van Bonnemain komt in het loonboek (*Banque des ouvriers*) als enige naast vel 4L voor, maar drukkers werkten paarsgewijs, zodat de vingerafdruk ook van Bonnemains maat afkomstig kan zijn.
10 Favarger aan de STN, 8 augustus 1778.
11 Ibid., 21 oktober 1778.
12 Ibid., 15 augustus, 13 september, 2 augustus 1778.
13 Ibid., 1 oktober 1778.
14 Ibid., 11 juli, 21 juli, 26 juli, 1778.
15 Ibid., 15 augustus 1778.
16 Guillon aan de STN, 4 oktober 1773, 1 oktober 1774.
17 Joseph d'Hémery aan A.-R.-J.-G. Gabriel de Sartine, luitenant-generaal der politie, ongetekend rapport d.d. 11 juli 1765, Bibliothèque Nationale, Ms. français 22096.
18 Bonin aan d'Hémery, 28 juni 1767, ibid.
19 Gerlache aan de STN, 19 juni 1772.
20 C.C. Duvez aan de STN, 29 oktober 1773.
21 Gerlache aan de STN, 6 juli 1772.
22 Ibid., 13 augustus 1772.
23 Ibid., 5 januari 1773, 2 januari 1774 en 13 oktober 1774.
24 Roques aan de STN, 24 juli 1779 (over Pascot); Batilliot aan de STN, 26 januari 1781 (over Brotes); Favarger aan de STN, 15 augustus 1778 (over Boyer); ibid., 28

oktober 1778 (over Planquais); Grand Lefebvre aan de STN, 4 juni 1781 (over Blondel); Veuve Reguilliat aan de STN, 5 juli 1771; Boisserand aan de STN, 31 mei 1777; Chatelus aan de STN, 20 februari 1781 (over Boisserand) en Perrenod aan de STN, 21 april 1783 (over Jarfaut).

25 Revol aan de STN, 16 februari 1782, waarin hij melding maakt van de verdwijning van een boekverkoper uit Falaise, Gaillard genaamd.

EERSTE AANZET TOT EEN GESCHIEDENIS VAN HET LEZEN

Dit essay is eerder verschenen in de *Australian Journal of French Studies* 23 (1986), pp. 5-30.

1 Ovidius, *Ars Amatoria*, Boek III, regels 469-472, 613-626. Ik heb de vertaling gebruikt van J.H. Mozley in *The Art of Love and Other Poems* (Londen 1929), en die op sommige plaatsen gewijzigd aan de hand van de modernere versie van Héguin de Guerle, *L'Art d'aimer* (Parijs 1963). Alle andere vertalingen in dit essay zijn van mijn hand.

2 Carlo Ginzburg, *De kaas en de wormen: het wereldbeeld van een zestiende-eeuwse molenaar* (Amsterdam 1982) vert. van *Il formaggio e i vermi: Il cosmo di un mugnaio del '500* (Torino 1976).

3 Robert Darnton, 'Lezers reageren op Rousseau: de vorming van het romantische gevoel', in Darnton, *De grote kattenslachting en andere episoden uit de culturele geschiedenis van Frankrijk* (Amsterdam 1986), vert. van *The Great Cat Massacre and Other Episodes in French Cultural History* (New York 1984), pp. 243-291.

4 Voor voorbeelden van deze thema's, zie Kurt Rothmann, *Erläuterungen und Dokumente: Johann Wolfgang Goethe: Die Leiden des jungen Werthers* (Stuttgart 1974) en James Smith Allen, 'History and the Novel: *Mentalité* in Modern Popular Fiction', *History and Theory* 22 (1983), pp. 233-252.

5 Zie voor voorbeelden van deze literatuur, die te uitgebreid is om hier in detail aan te geven, Henri-Jean Martin, *Livre, pouvoirs et société à Paris au XVIIe siècles (1589-1701)* (Genève 1969), 2 dln.; Robert Estivals, *La Statistique bibliographique de la France sous la monarchie au XVIIIe siècle* (Parijs en Den Haag 1965); Frédéric Barbier, 'The Publishing Industry and Printed Output in Nineteenth-Century France', in *Books and Society in History: Papers of the Association of College and Research Libraries, Rare Books and Manuscripts Preconference, 24-28 June, 1980, Boston, Massachusetts* (New York en Londen 1983), pp. 199-230; Johann Goldfriedrich, *Geschichte des deutschen Buchhandels* (Leipzig 1886-1913), 4 dln.; Rudolf Jentzsche, *Der deutsch-lateinische Büchermarkt nach den Leipziger Ostermesskatalogen von 1740, 1770 und 1800 in seiner Gliederung und Wandlung* (Leipzig 1912); H.S. Bennett, *English Books and Readers 1475 to 1557* (Cambridge 1952); H.S. Bennett, *English Books and Readers 1558 to 1603* (Cambridge 1965); H.S. Bennett, *English Books and Readers 1603 to 1640* (Cambridge 1970); Giles Barber, 'Books from the Old World and for the New:

The British International Trade in Books in the Eighteenth Century', in *Studies on Voltaire and the Eighteenth Century* 151 (1976), pp. 185-224; Robert B. Winans, 'Bibliography and the Cultural Historian: Notes on the Eighteenth-Century Novel', in William L. Joyce, David D. Hall, Richard D. Brown en John B. Hench (red.), *Printing and Society in Early America* (Worcester, Mass., 1983), pp. 174-185 en G. Thomas Tanselle, 'Some Statistics on American Printing, 1764-1783', in Bernard Bailyn en John B. Hench (red.), *The Press and the American Revolution* (Boston 1981), pp. 315-364.

6 Robert Estivals, *La Statistique bibliographique* (Parijs en Den Haag 1965), p. 309; Paul Raabe, 'Buchproduktion und Lesepublikum in Deutschland 1770-1780', in *Philobiblion. Eine Vierteljahrsschrift für Buch- und Graphiksammler* 21 (1977), pp. 2-16. De vergelijkende statistieken inzake schrijvers zijn gebaseerd op mijn eigen berekeningen.

7 François Furet, 'La "Librairie" du royaume de France au 18e siècle', in Furet et al., *Livre et société dans la France du XVIIIe siècle* (Parijs 1965), pp. 3-32; Daniel Roche, 'Noblesses et culture dans la France du *XVIIIe siècle: Les Lectures de la noblesse', in Buch und Sammler: Private und öffentliche Bibliotheken im 18. Jahrhundert. Colloquium der Arbeitsstelle 18. Jahrhundert Gesamthochschule Wuppertal Universität Münster vom 26.-28. September 1977* (Heidelberg 1979), pp. 9-27; Michel Marion, *Recherches sur les bibliothèques privées à Paris au milieu du XVIIIe siècle (1750-1759)* (Parijs 1978); Michel Vovelle, *Piété baroque et déchristianisation en Provence au XVIIIe siècle: Les attitudes devant la mort d'après les clauses des testaments* (Parijs 1973).

8 Rudolf Jentzsch, *Der deutsch-lateinische Büchermarkt*; Albert Ward, *Book Production, Fiction, and the German Reading Public 1740-1800* (Oxford 1974); Rudolf Schenda, *Volk ohne Buch: Studien zur Sozialgeschichte der populären Lesestoffe 1700-1910* (Frankfurt am Main 1970), p. 467.

9 Zie voor Jeffersons idee van een minimale bibliotheek voor een geletterde maar niet speciaal wetenschappelijke *gentleman*, Arthur Pierce Middleton, *A Virginia Gentleman's Library* (Williamsburg, Va., 1952).

10 Daniel Mornet, 'Les enseignements des bibliothèques privées (1750-1780)', in *Revue d'histoire littéraire de la France* 17 (1910), pp. 449-496. Zie voor een overzicht van de Franse literatuur met bibliografische verwijzingen, Henri-Jean Martin en Roger Chartier (red.), *Histoire de l'édition française* (Parijs, 1982-....), waarvan de eerste twee delen zijn verschenen, die de periode tot 1830 behandelen. Het onderzoek van Walter Wittmann en aanverwant werk wordt besproken in Rudolf Schenda, *Volk ohne Buch* (Frankfurt am Main 1970), pp. 461-467. Zie over de Parijse gewone lezer, Daniel Roche, *Le Peuple de Paris: Essai sur la culture populaire au XVIIIe siècle* (Parijs 1981), pp. 204-241.

11 Reinhard Wittmann, *Buchmarkt und Lektüre im 18. und 19. Jahrhundert. Beiträge zum literarischen Leben 1750-1880* (Tübingen 1982), pp. 46-68; Wallace Kirsop, 'Les mécanismes éditoriaux', in Henri-Jean Martin en Roger Chartier (red.), *Histoire de l'édition française*, II:31-32.

12 John A. McCarthy, 'Lektüre und Lesertypologie im 18. Jahrhundert (1730-1770). Ein Beitrag zur Lesergeschichte am Beispiel Wolfenbüttels', in *Internationales Ar-*

chiv für Sozialgeschichte der deutschen Literatur 8 (1983), pp. 35-82.

13 Rolf Engelsing, 'Die Perioden der Lesergeschichte in der Neuzeit: Das statistische Ausmass und die soziokulturelle Bedeutung der Lektüre', in *Archiv für Geschichte des Buchwesens* 10 (1969), kol. 944-1002 en Engelsing, *Der Bürger als Leser: Lesergeschichte in Deutschland 1500-1800* (Stuttgart 1974).

14 David Hall, 'The Uses of Literacy in New England, 1600-1850', in William L. Joyce, David D. Hall, Richard D. Brown en John B. Hench (red.), *Printing and Society in Early America*, pp. 1-47.

15 Zie voor soortgelijke observaties over de setting van het lezen, Roger Chartier en Daniel Roche, 'Les pratiques urbaines de l'imprimé', in *Histoire de l'édition française*, II:403-429.

16 Restif de la Bretonne, *La Vie de mon père* (Ottawa 1949), pp. 216-217. Schubarts gedicht wordt geciteerd in Rudolf Schenda, *Volk ohne Buch* (Frankfurt am Main 1970), p. 465.

17 Zie over volksboekjes en hun lezers in Frankrijk, Charles Nisard, *Histoire de livres populaires ou de la littérature du colportage* (Parijs 1854), 2 dln.; Robert Mandrou, *De la culture populaire aux 17e et 18e siècles: La Bibliothèque bleue de Troyes* (Parijs 1964); en voor voorbeelden van recenter wetenschappelijke werk, de reeks 'Bibliothèque bleue', Daniel Roche (red.), uitg. Editions Montalba. De beste beschrijving van volksliteratuur in Duitsland is nog steeds Rudolf Schenda, *Volk ohne Buch* (Frankfurt am Main 1970), hoewel de daarin gegeven interpretatie wordt aangevochten door recenter werk, met name Reinhart Siegert, *Aufklärung und Volkslektüre exemplarisch dargestellt an Rudolph Zacharias Becker und seinem 'Noth- und Hülfsbüchlein'* (Frankfurt am Main 1978). Als voorbeeld van elkaar voorlezende arbeiders, zie Samuel Gompers, *Seventy Years of Life and Labor: An Autobiography* (New York 1925), pp. 80-81.

18 Françoise Parent-Lardeur, *Les Cabinets de lecture: La lecture publique à Paris sous la Restauration* (Parijs 1982). De beschrijving van Bernards *cabinet littéraire* is afkomstig van zijn dossier in de archieven van de Société Typographique de Neuchâtel, Bibliothèque publique et universitaire, Neuchâtel, Zwitserland.

19 Het werk van Dann, Welke en Prüsener is met ander interessant onderzoek opgenomen in Otto Dann (red.), *Lesegesellschaften und bürgerliche Emanzipation: ein europäischer Vergleich* (München 1981).

20 Heinzmanns opmerkingen worden geciteerd in Helmut Kreuzer, 'Gefährliche Lesesucht? Bemerkungen zu politischer Lektürekritik im ausgehenden 18. Jahrhundert', in Rainer Gruenter (red.), *Leser und Lesen im 18. Jahrhundert. Colloquium der Arbeitsstelle Achtzehntes Jahrhundert Gesamthochschule Wuppertal, 24.-26. Oktober 1975* (Heidelberg 1977). Bergks commentaar is te vinden op diverse plaatsen in zijn verhandeling *Die Kunst Bücher zu lesen* (Jena 1799), die ook enkele karakteristieke opmerkingen bevat over het belang boeken te 'verteren', zie hiervoor de titelpagina en p. 302. Zie over het opeten van het Nieuwe Testament en andere ritualistische benaderingen van boeken, David Cressy, 'Books as Totems in Seventeenth-Century England and New England', in *The Journal of Library History* 21 (1986), p. 99.

21 Newberry Library, Case Wing Z 45.18 ser. 1a, no. 31.

22 Margaret Spufford, 'First Steps in Literacy: The Reading and Writing Experiences of the Humblest Seventeenth-Century Autobiographers', in *Social History* 4 (1979), pp. 407-435 en Spufford, *Small Books and Pleasant Histories: Popular Fiction and Its Readership in Seventeenth-Century England* (Athena, Ga., 1981). Zie voor lezen in Engeland van de zestiende tot en met de achttiende eeuw, Keith Thomas, 'The Meaning of Literacy in Early Modern England', in Gerd Baumann (red.), *The Written Word: Literacy in Transition* (Oxford 1986), pp. 97-131. Over lezen door het gewone volk in het negentiende- en twintigste-eeuwse Engeland, zie R.K. Webb, *The British Working Class Reader* (Londen 1955) en Richard D. Altick, *The English Common Reader: A Social History of the Mass Reading Public 1800-1900* (Chicago 1957). Egil Johansson heeft veel van zijn opmerkelijk onderzoek beknopt weergegeven in 'The History of Literacy in Sweden in Comparison with Some Other Countries', in *Educational Reports: Umea* (Umea, Zweden, 1977), citaat van p. 11 en 'Literacy and Society in a Historical Perspective – a Conference Report', in *Educational Reports: Umea* (Umea, Zweden, 1973).

23 Deze bespreking is gebaseerd op het werk van Dominique Julia, met name zijn 'Livres de classe et usages pédagogiques', in *Histoire de l'édition française*, II:468-497. Zie ook Jean Hébrard, 'Didactique de la lettre et soumission au sens: Note sur l'histoire des pédagogies de la lecture', in *Les Textes du Centre Alfred Binet: L'enfant et l'écrit* 3 (1983), pp. 15-30.

24 Valentin Jamerey-Duval, *Mémoires: enfance et éducation d'un paysan au XVIIIe siècle*, Jean-Marie Goulemot, (red.) (Parijs 1981); Daniel Roche (red.), *Journal de ma vie: Jacques-Louis Ménétra compagnon vitrier au 18e siècle* (Parijs 1982).

25 De kanttekeningen van Adams worden geciteerd in Zoltán Haraszti, *John Adams and the Prophets of Progress* (Cambridge, Mass., 1952), p. 85. Over verklarende aantekeningen en voetnoten, zie Lawrence Lipking, 'The Marginal Gloss', in *Critical Inquiry* 3 (1977), pp. 620-631 en G.W. Bowersock, 'The Art of the Footnote', in *The American Scholar* 53 (1983-1984), pp. 54-62. Voor de manuscripten van Prosper Marchand, zie de twee artikelen van Christiane Berkvens-Stevelinck, 'L'apport de Prosper Marchand au "système des libraires de Paris" ' en 'Prosper Marchand, "trait d'union" entre auteur et éditeur', in *De Gulden Passer* 56 (1978), pp. 21-63, 65-99.

26 Zie voor overzichten en bibliografieën van de op de lezersrespons georiënteerde literatuurwetenschap, Susan R. Suleiman en Inge Crosman (red.), *The Reader in the Text: Essays on Audience and Interpretation* (Princeton, N.J., 1980) en Jane P. Tompkins (red.), *Reader-Response Criticism: From Formalism to Post-Structuralism* (Baltimore 1980). Een van de invloedrijkste werken in deze richting van de literatuurwetenschap is Wolfgang Iser, *The Implied Reader: Patterns of Communication in Prose Fiction from Bunyan to Beckett* (Baltimore 1974).

27 Walter J. Ong, 'The Writer's Audience Is Always a Fiction', in PMLAS 90 (1975), pp. 9-21.

28 Gottfried Kleiner wordt geciteerd in Ulrich Ernst, 'Lesen als Rezeptionsakt. Textpräsentation in der manieristischen Barocklyrik', in Brigitte Schieben-Lange (red.), *Lesen-historisch*, een speciaal nummer van het *Zeitschrift für Literaturwissen-*

schaft und Linguistik 15 (1985), p. 72.

29 D.F. McKenzie, 'Typography and Meaning: The Case of William Congreve', in Giles Barber en Bernhard Fabian (red.), *Buch und Buchhandel in Europa im achtzehnten Jahrhundert* (Hamburg 1981), pp. 81-126. Zie ook D.F. McKenzie, *Bibliography and the Sociology of Texts* (Londen 1986).

30 Roger Chartier, *Figures de la gueuserie* (Parijs 1982). Zie ook de verzamelbundels onder redactie van Chartier – *Pratiques de la lecture* (Parijs 1985) en *Les Usages de l'imprimé* (Parijs 1987) – en Chartiers eigen essaybundel *Lectures et lecteurs dans la France d'Ancien Régime* (Parijs 1987). Voor voorbeelden van soortgelijke trends in het huidige werk over Duitse en Spaanse literatuur, met name in werk over *Don Quichot*, zie Schieben-Lange, *Lesen-historisch.*

31 Paul Saenger, 'Manières de lire médiévales', in *Histoire de l'édition française*, 1:131-141 en Saenger, 'From Oral Reading to Silent Reading', in *Viator* 13 (1982), pp. 367-414. Er zijn uiteraard wel uitzonderingsgevallen aan te geven van mensen die lang voor de zevende eeuw stil lazen. De meest bekende is wel Sint-Ambrosius, beschreven door Augustinus in diens *Confessiones.* Zie voor verdere uiteenzettingen over lezen en de vroege geschiedenis van het boek, Henri-Jean Martin, 'Pour une histoire de la lecture', in *Revue française d'histoire du livre*, nieuwe reeks nr 16 (1977), pp. 583-610.

32 Over de geschiedenis op lange termijn van de opvatting die de wereld ziet als een boek dat moet worden gelezen, zie Hans Blumenberg, *Die Lesbarkeit der Welt* (Frankfurt am Main 1981). Het grafschrift van Franklin staat niet in werkelijkheid op zijn grafsteen te lezen. Hij heeft het waarschijnlijk geschreven in 1728, toen hij een jonge drukker was en spitse discussies voerde in de Junto Club. Zie Leonard W. Labaree (red.), *The Papers of Benjamin Franklin* (New Haven 1959-....), 1:109-111. In elk van de drie eigenhandig geschreven teksten worden licht afwijkende bewoordingen gebruikt.

INTELLECTUELE EN CULTUURGESCHIEDENIS

Dit essay, eerder verschenen in Michael Kammen (red.), *The Past Before Us: Contemporary Historical Writing in the United States* (Ithaca, N.Y., 1980), pp. 327-354, is geschreven op verzoek van de American Historical Association, die een verslag wilde van de intellectuele en cultuurgeschiedenis zoals die in de jaren zeventig in de Verenigde Staten is beoefend. Daarom bevat het weinig informatie over geschiedschrijving buiten Amerika en komen ook de ontwikkelingen die in de jaren tachtig belangrijker zijn geworden nauwelijks aan de orde.

1 Philip P. Wiener et al. (red.), *Dictionary of Ideas* (New York 1973), 4 dln., kan gezien worden als 'een eerbetoon aan Lovejoy', zoals een criticus het heeft uitgedrukt in die andere monumentale onderneming in de geest van Lovejoy, het *Journal of the History of Ideas.* F.E.L. Priestley, 'Mapping the World of Ideas', in *Journal of the*

History of Ideas 35 (1974), pp. 527-537. Hoewel de *Dictionary* verschillende varianten van de ideeëngeschiedenis vertegenwoordigt, is de benadering overwegend lovejoyaans, en worden ideeën gezien als concrete entiteiten die men door tijd en ruimte kan traceren. Vergelijk het voorwoord van de *Dictionary* met Lovejoys inleidend artikel in de eerste aflevering van het *Journal*, 'Reflections on the History of Ideas', in *Journal of the History of Ideas* 1 (1940), pp. 3-23. Zie ook George Boas, *The History of Ideas: An Introduction* (New York 1969) en Rush Welter, 'On Studying the National Mind', in John Higham en Paul K. Conkin (red.), *New Directions in American Intellectual History* (Baltimore 1979), pp. 64-82.

2 Murray G. Murphey, 'The Place of Beliefs in Modern Culture', in Higham en Conkin (red.), *New Directions*, p. 151.

3 'The Future of European Intellectual History', circulaire (voorjaar 1979).

4 John Higham, 'Introduction' in Higham en Conkin (red.), *New Directions*, pp.xi-xvii.

5 Een verslag van de conferentie in Rome is te vinden in Felix Gilbert en Stephen Graubard (red.), *Historical Studies Today* (New York 1972), eerder verschenen in afleveringen van *Daedalus*. Zie vooral de lezingen van Felix Gilbert, 'Intellectual History: Its Aims and Methods', en Benjamin I. Schwartz, 'A Brief Defense of Political and Intellectual History'.

6 De conventie in San Francisco van 1973 heeft geleid tot een grondige bezinning onder de intellectueel-historici en bijgedragen tot de vorming van een Intellectual History Group die in het voorjaar van 1979 een eerste nieuwsbrief deed verschijnen.

7 Zie voor voorbeelden van uitgesproken meningen over de crisis, Paul K. Conkin, 'Intellectual History: Past, Present and Future', in Charles F. Delzell (red.), *The Future of History* (Nashville 1979), p. 111 en Gene Wise, 'The Contemporary Crisis in Intellectual History Studies', in *Clio* 5 (1975), p. 55. Voor wat gematigder reacties, zie Leonard Krieger, 'The Autonomy of Intellectual History', in *Journal of the History of Ideas* 34 (1973), pp. 499-516; en David Potter, 'History and the Social Sciences', in Don E. Fehrenbacher (red.), *History and American Society: Essays of David M. Potter* (New York 1973), pp. 40-47. Sommige Franse historici hebben soortgelijke opvattingen ontwikkeld over een crisis binnen hun eigen traditie. Zie Ehrard et al., 'Histoire des idées et histoire sociale en France au XVIIIe siècle: Réflexions de méthode', in *Niveaux de culture et groupes sociaux: Actes du colloque réuni du 7 au 9 mai 1966 à l'École normale supérieure* (Parijs en Den Haag 1967), pp. 171-188.

8 Veel van de hierna volgende historiografische schets is gebaseerd op Robert Skotheim, *American Intellectual Histories and Historians* (Princeton, N.J., 1966), en vooral op het werk van John Higham, 'The Rise of American Intellectual History', in *American Historical Review* 56 (1951), pp. 453-471 en 'American Intellectual History: A Critical Appraisal', in *American Quarterly* 13 (1961), pp. 219-233; met medewerking van Leonard Krieger en Felix Gilbert, *History* (Englewood Cliffs, N.J., 1965); *Writing American History: Essays on Modern Scholarship* (Bloomington, Ind., 1970).

9 William Hesseltine, geciteerd in Robert Skotheim, *American Intellectual Histories*, p. 3.

10 Crane Brinton, *English Political Thought in the Nineteenth Century* (New York 1962; 1e druk 1933), p. 3.

11 Zie Brintons definitie van de taak van de intellectueel-historicus in *Ideas and Men: The Story of Western Thought* (Englewood Cliffs, N.J., 1963; 1e druk 1950), p. 4, en de omschrijving van het collegevak History 134a uit de studiegidsen van Harvard van de jaren vijftig en zestig: 'Een onderzoek naar de veranderingen die zijn ontstaan in het denken en voelen van de gewone Westeuropeanen in de eeuwen waarin de Amerikaanse, de Franse en de industriële revolutie plaatsvonden. Het betreft niet zozeer een geschiedenis van het formele denken, maar richt zich veeleer op de manier waarop de door formele denkers geformuleerde theorieën doorsijpelden naar het gewone volk.' De eerste reeks colleges over intellectuele geschiedenis werd in 1904 in de Verenigde Staten gegeven door James Harvey Robinson aan de Columbia universiteit. In de jaren dertig hoopte Brinton dat zijn versie van de 'methode van mensen' (*method of men*) als duidelijk contrast met de 'methode van ideeën' (*method of ideas*) de geschiedenis van het denken 'dicht in de buurt zou brengen van de momenteel in zwang zijnde sociale geschiedenis', waarbij hij doelde op de New History van Robinson. (*English Political Thought*, p.4).

12 H. Stuart Hughes, *Consciousness and Society: The Reorientation of European Social Thought, 1890-1930* (New York 1958); *The Obstructed Path: French Social Thought in the Years of Desperation 1930-1960* (New York 1968); *The Sea Change: The Migration of Social Thought, 1930-1965* (New York 1975); en Peter Gay, *The Enlightenment: An Interpretation* (New York 1966 en 1969), 2 dln. Voor vergelijkbare uiteenzettingen over de aard en methode van de intellectuele geschiedenis, zie de introducties in C. Brinton, *Ideas and Men* en H. Stuart Hughes, *Consciousness and Society*; en Peter Gay, 'The Social History of Ideas: Ernst Cassirer and After', in Kurt H. Wolff en Barrington Moore (red.), *Essays in Honor of Herbert Marcuse* (Boston 1967), pp. 106-120.

13 Arthur Wilson, *Diderot* (New York 1957 en 1972), 2 dln.; Frank E. Manuel, *The Prophets of Paris* (Cambridge, Mass., 1962); Jacques Barzun, *Berlioz and the Romantic Century* (Boston 1950).

14 Tot de groep behoorden ook Albert Soboul, George Rudé, Richard Cobb en K. D. Tonnesson. Hun belangrijkste boek was het proefschrift van Soboul, *Les Sansculottes parisiens en l'an* II (Parijs 1958), hoewel de groep in de Angelsaksische wereld vooral bekend werd door het Engelstalige werk van Rudé en Cobb.

15 Conkin, 'Intellectual History', p. 111.

16 Volgens een overzicht van tweehonderd jaarprogramma's in 1953, waren colleges over sociale en intellectuele geschiedenis op de meeste universiteiten tamelijk nieuw en werden ze meestal gegeven door de jongere docenten. Helaas verschafte het overzicht geen gedetailleerde informatie over het percentage veranderingen in het curriculum of het relatieve aandeel van de sociale en intellectuele geschiedenis. Wel zette het allerlei losse informatie over de aard van de cursussen op een rijtje. L.H. Swint, 'Trends in the Teaching of Social and Intellectual History', in *Social*

Studies 46 (1955), pp. 243-251. Uit een handboek over het aanbod aan geschiedenis op de Britse universiteiten in 1966 blijkt dat negentien van de vijfendertig universiteiten sociale geschiedenis en zestien ideeëngeschiedenis (*history of ideas*) op het programma hadden staan. George Barlow (red.), *History at the Universities* (Londen 1966).

17 Volgens een overzicht van geschiedenishoogleraren dat in 1968 is samengesteld door David Landes en Charles Tilly, specialiseerde 14 procent van de respondenten zich in intellectuele en 17 procent in sociale geschiedenis, en waren de sociaal-historici jonger. David S. Landes en Charles Tilly, *History as Social Science* (Englewood Cliffs, N.J., 1971), p. 28 (de percentages zijn berekend aan de hand van de figuren op p. 28). Een overzicht samengesteld door de American Council of Learned Societies in 1952 gaf minder duidelijke resultaten te zien omdat er verwarring was gecreëerd omtrent de specialisatie in genre en perioden, en omdat de sociale geschiedenis niet als specialistisch genre was aangegeven. Toch kon men er het belang van de intellectuele geschiedenis in die tijd duidelijk uit aflezen. Van de 742 historici die hun genre aangaven, noemden 109 (15 procent) zich intellectueel- en sociaal-historici, op de geschiedenis van de internationale betrekkingen na (136 historici, 18 procent) het hoogst vertegenwoordigde genre. J.F. Wellmeyer jr., 'Survey of United States Historians, 1952, and a Forecast', in *American Historical Review* 61 (1956), pp. 339-352.

18 Recentelijk heeft het *Journal of American History* alle artikelen over Amerikaanse geschiedenis geïnventariseerd die in vrijwel alle serieuze Amerikaanse tijdschriften zijn verschenen en ze daarbij naar genre onderverdeeld. In 1978 behoorde de intellectuele geschiedenis daar ook toe (politieke geschiedenis was niet als apart genre aangegeven), en het totale aantal gerubriceerde artikelen bedroeg 2.131! Als men deze verzamelt en berekent, krijgt men resultaten die dicht in de buurt liggen van die in tabel 10.4: internationale betrekkingen: 6 procent, intellectuele geschiedenis: 2 procent (maar met de artikelen over kunst kwam daar nog 3, en met religie nog eens 5 procent bij), sociale geschiedenis: 22 procent en economische geschiedenis: 4 procent.

19 Het is uiteraard mogelijk deze geschiedenisvarianten op velerlei wijze te classificeren. Het meest gebruikelijke onderscheid is dat tussen ideeëngeschiedenis en intellectuele geschiedenis, hoewel de meeste historici, Lovejoy incluis, beide termen door elkaar en tamelijk inconsequent gebruiken. Voor pogingen het terrein nauwkeurig af te bakenen en er onderverdelingen in aan te brengen, zie Maurice Mandelbaum, 'The Historiography of the History of Philosophy', in *History and Theory* 4, supp. 5 (1965), pp. 33 66; Hajo Holborn, 'The History of Ideas', in *American Historical Review* 73 (1968), pp. 683-695 en Hayden White, 'The Tasks of Intellectual History', in *The Monist* 53 (1969), pp. 606-630.

20 Zie Carl Schorske, *Fin-de-Siècle Vienna: Politics and Culture* (New York 1980), en voor een vergelijkbare visie op de Weense cultuur, Allan Janik en Stephen Toulmin, *Wittgenstein's Vienna* (New York 1973).

21 Morton White, *Science and Sentiment in America: Philosophical Thought from Jonathan Edwards to John Dewey* (New York 1972) en *The Philosophy of the American*

Revolution (New York 1978); Bruce Kuklick, *The Rise of American Philosophy: Cambridge, Massachusetts, 1860-1930* (New Haven 1977) en Murray Murphey (met Elizabeth Flower) *A History of Philosophy in America* (New York 1977), 2 dln.

22 Edmund S. Morgan, *Visible Saints: The History of a Puritan Idea* (New York 1963); Alan Heimert, *Religion and the American Mind from the Great Awakening to the Revolution* (Cambridge, Mass., 1966); Sacvan Bercovitch, *The Puritan Origins of the American Self* (New Haven 1975) en *The American Jeremaid* (Madison, Wis., 1978); David Hall, *The Faithful Shepherd: A History of the New England Ministry in the Seventeenth Century* (Chapel Hill, N.C., 1972).

23 Laurence Veysey, *The Emergence of the American University* (Chicago 1965).

24 William R. Hutchinson, *The Modernist Impulse in American Protestantism* (Cambridge, Mass., 1976).

25 Bruce Frier, *Landlords and Tenants in Imperial Rome* (Princeton, N.J., 1980).

26 Roger Hahn, *The Anatomy of a Scientific Institution: The Paris Academy of Sciences, 1666-1803* (Berkeley 1971); Charles Rosenberg, *The Trial of the Assassin Guiteau: Psychiatry and Law in the Gilded Age* (Chicago 1968).

27 Thomas S. Kuhn, 'The Relation Between History and History of Science', in *Daedalus* (voorjaar 1971), pp. 271-304, 'Mathematical vs. Experimental Traditions in the Development of Physical Science', in *Journal of Interdisciplinary History* 7 (1976), pp.1-31 en *Black-Body Theory and the Quantum Discontinuity, 1894-1912* (New York 1978), een boek dat wel een van de striktst 'internalistische' geschiedschrijvingen van een wetenschappelijk onderwerp moet zijn die ooit zijn geschreven.

28 Margaret C. Jacob, *The Newtonians and the English Revolution, 1689-1720* (Ithaca, N.Y., 1978) en Paul Forman, 'Weimar Culture, Causality, and Quantum Theory, 1918-1927: Adaptation by German Physicists and Mathematicians to a Hostile Intellectual Environment', in *Historical Studies in the Physical Sciences* 3 (1971), pp. 1-115.

29 Zie voor een voorbeeld van een sterk 'intern' onderzoek, Stillman Drake, *Galileo at Work: His Scientific Biography* (New York 1978), en voor een 'externe' visie, Daniel Kevels, *The Physicists: The History of a Scientific Community in the United States* (New York 1978).

30 De literatuur van en over deze historici is nu zeer uitgebreid. Zie voor voorbeelden van hun programmatisch werk, Quentin Skinner, 'Meaning and Understanding in the History of Ideas', in *History and Theory* 8 (1969), pp. 3-53, John Dunn, 'The Identity of the History of Ideas', in *Philosophy* 43 (1968), pp. 85-104 en J.G.A. Pocock, 'Languages and Their Implications: The Transformation of the Study of Political Thought', in Pocock, *Politics, Languages, and Time Essays on Political Thought and History* (New York 1971), pp. 3-41. Hun belangrijke werken zijn: Quentin Skinner, *The Foundations of Modern Political Thought* (Cambridge, Mass., 1978); John Dunn, *The Political Thought of John Locke* (Cambridge, Mass., 1969) en J.G.A. Pocock, *The Machiavellian Moment: Florentine Political Thought and the Atlantic Republican Tradition* (Princeton, N.J., 1975).

31 Ira O. Wade, *The Structure and Form of the French Enlightenment* (Princeton, N.J.,

1977), 2 dln.; Peter Gay, *The Enlightenment* (New York 1969), en Rush Welter, *The Mind of America, 1820-1860* (New York 1975).

32 Zie naast het oudere werk van Daniel Calhoun, Roy Lubove en Corinne Gilb, George W. Stocking, *Race, Culture and Evolution: Essays in the History of Anthropology* (New York 1968); Mary O. Furner, *Advocacy and Objectivity: A Crisis in the Professonalization of American Social Science 1865-1905* (Lexington, Ky., 1975); Thomas L. Haskell, *The Emergence of Professional Social Science: The American Social Science Association and the Nineteenth-Century Crisis of Authority* (Urbana, Ill., 1977) en voor verwante opvattingen, Thomas Bender, *Toward an Urban Vision: Ideas and Institutions in Nineteenth-Century America* (Lexington, Ky., 1975).

33 Donald R. Kelley, *Foundations of Modern Historical Scholarship: Language, Law and History in the French Renaissance* (New York 1972); Nancy Struever, *The Language of History in the Renaissance: Rhetorical and Historical Consciousness in Florentine Humanism* (Princeton, N.J., 1970); Hayden White, *Metahistory: The Historical Imagination in Nineteenth-Century Europe* (Baltimore 1973); Lionel Gossman, 'Augustin Thierry and Liberal Historiography', in *History and Theory* 15, supplement 15 (1976) en Maurice Mandelbaum, *History, Man and Reason: A Study in Nineteenth-Century Thought* (Baltimore 1971). Zie ook George Huppert, *The Idea of Perfect History: Historical Erudition and Historical Philosophy in Renaissance Florence* (Urbana, Ill., 1970); Linda Orr, *Jules Michelet: Nature, History and Language* (Ithaca, N.Y., 1976) en Charles Rearick, *Beyond the Enlightenment: Historians and Folklore in Nineteenth-Century France* (Bloomington, Ind., 1974).

34 Onder de werken die de Amerikanisten het vaakst aanhalen zijn Robert K. Merton, *Social Theory and Social Structure* (New York 1986, 1e druk 1949); Peter Berger en Thomas Luckmann, *The Social Construction of Reality* (New York 1966); wat recenter, Clifford Geertz, *The Interpretation of Cultures* (New York 1973) en bovenal, Thomas Kuhn, *The Structure of Scientific Revolutions* (Chicago, Londen 1962), Nederlandse vertaling *De structuur van wetenschappelijke revoluties* (Meppel 1972). Momenteel trekt onder de nauwlettend gevolgde avant-garde van de Europeanisten Foucault het sterkst de aandacht; zie Hayden V. White, 'Foucault Decoded: Notes from Underground', in *History and Theory* 12 (1973), pp. 23-54.

35 Naast het hierboven aangehaalde werk van Hughes, White en Manuel, zie Martin Jay, *The Dialectical Imagination: A History of the Frankfurt School and the Institute of Social Research, 1923-1950* (Boston 1973); David A. Hollinger, *Morris R. Cohen and the Scientific Ideal* (Cambridge, Mass., 1975); Jonathan Beecher Richard Bienvenu, *The Utopian Vision of Charles Fourier* (Boston 1971).

36 Dorothy Ross, *G. Stanley Hall: The Psychologist as Prophet* (Chicago 1972); Barry Karl, *Charles E. Merriam and the Study of Politics* (Chicago 1974); John P. Diggins, *The Bard of Savagery Thorstein Veblen and Modern Social Theory* (New York 1978); Peter Paret, *Clausewitz and the State* (New York 1976); Keith Baker, *Condorcet: From Natural Philosophy to Social Mathematics* (Chicago 1975).

37 Zie voor representatieve voorbeelden van deze werken, waarvan er te veel zijn om op te noemen, Dominick La Capra, *Emile Durkheim, Sociologist and Philosopher* (Ithaca, N.Y., 1972); Leon Pompa, *Vico: A Study of the 'New Science'* (Cambridge

1975); Jerrold Seigel, *Marx's Fate: The Shape of a Life* (Princeton 1978); Ira O. Wade, *The Intellectual Development of Voltaire* (Princeton 1969); Judith Shklar, *Men and Citizens: A Study of Rousseau's Social Theory* (Cambridge, Mass., 1969).

38 Arthur Wilson was een Amerikaan die in Engeland was afgestudeerd. Robert Shackleton is een Engelsman die veel gedoceerd heeft in de Verenigde Staten. Evenals andere historici in dit essay – Pocock, Skinner en Stone bijvoorbeeld – vertegenwoordigen ze een wetenschappelijke stroming die niet uitsluitend met een land kan worden geïdentificeerd en die men op het Europese vasteland vaak met 'Angelsaksisch' aanduidt.

39 Zie naast het oudere maar nog steeds gezaghebbende werk van Richard Altick en Robert Webb, Elizabeth Eisenstein, *The Printing Press as an Agent of Change: Communications and Cultural Transformations in Early-Modern Europe* (Cambridge 1979), 2 dln.; en voor een recent overzicht van het onderwerp, Raymond Birn, '*Livre et Société* After Ten Years: Formation of a Discipline', in *Studies on Voltaire and the Eighteenth Century* 155 (1976), pp. 287-312. David D. Hall, 'The World of Print and Collective Mentality in Seventeenth-Century New England', in John Higham en Paul K. Conkins (red.), *New Directions in American Intellectual History* (Baltimore 1979), pp. 166-180, geeft manieren aan waarop de Franse methoden op de Amerikaanse geschiedenis kunnen worden toegepast. Verscheidene Amerikanisten – met name Stephen Botein, Norman Fiering en William Gilmore – hebben al belangrijke bijdragen geleverd tot de *histoire du livre*, en deze discipline begint haar sporen na te laten op algemener onderzoek, zoals Henry F. May, *The Enlightenment in America* (New York 1976).

40 Bernard Bailyn, *The Ideological Origins of the American Revolution* (Cambridge, Mass., 1967) en *The Origins of American Politics* (New York 1968).

41 De literatuur over deze nauw met elkaar verbonden onderwerpen is zo uitgebreid dat deze beschrijving haar geen recht kan doen. De complexe en soms tegenstrijdige tendensen komen duidelijker naar voren in de via tijdschriften gevoerde debatten dan in de monografieën. Zie Gordon S. Wood, 'Rhetoric and Reality in the American Revolution', in *William and Mary Quarterly* 23 (1964), pp. 3-32; J.G.A. Pocock, 'Virtue and Commerce in the Eighteenth Century', in *Journal of Interdisciplinary History* 3 (1972), pp. 119-134; Aileen Kraditor, 'American Radical Historians and Their Heritage', in *Past and Present* 56 (augustus 1972), pp. 136-153; Joyce Appleby, 'The Social Origins of American Revolutionary Ideology', in *Journal of American History* 1964 (1978), pp. 935-958; Bernard Bailyn, 'The Central Themes of the American Revolution: An Interpretation', in Stephen G. Kurtz en James H. Hutson (red.), *Essays on the American Revolution* (Chapel Hill, N.C., 1973), pp. 3-31; Robert Kelley, 'Ideology and Political Culture from Jefferson to Nixon', in *American Historical Review* 82 (1977), pp. 531-562. Het recente werk over het negentiende-eeuwse Engeland en Amerika vertoont een soortgelijke tendens om de cultuur vanuit een breed, transatlantisch perspectief te benaderen. Zie Daniel Walker Howe (red.), *Victorian America* (Philadelphia 1976).

42 Hayden V. White, 'Structuralism and Popular Culture', in *Journal of Popular Culture* 7 (1974), pp. 759-775. White vecht het gebruikelijke onderscheid aan tussen

'hoog' en 'laag' of tussen de cultuur van de elite en van het gewone volk. Gegeven de vele richtingen die culturele stromen volgen, zowel van beneden naar boven als omgekeerd, lijkt zijn argument overtuigend, afgezien van de vraag of men zijn uitgesproken 'ahistorische' en structuralistische cultuurvisie deelt. Voor een grondiger en historischer behandeling van dit onderwerp die eveneens de tegenstelling tussen hoog en laag verwerpt, zie Peter Burke, *Popular Culture in Early Modern Europe* (New York 1978).

43 De belangrijkste recente gelegenheden daartoe waren de conferentie in Parijs van 1977, en die in Madison en Stanford van 1975. De resultaten van de conferentie in Stanford zijn verschenen als Jacques Beauroy, Marc Bertrand en Edward T. Gargan (red.), *The Wolf and the Lamb: Popular Culture in France from the Old Regime to the Twentieth Century* (Saratoga, Calif., 1977).

44 Zie met name Natalie Zemon Davis, *Society and Culture in Early Modern France* (Stanford 1975).

45 Peter Burke, *Popular Culture* (New York 1978).

46 Vergelijk Emmanuel Le Roy Ladurie, *De boeren van de Languedoc* (Amsterdam 1986), vert. van *Les Paysans de Languedoc* (Parijs 1966) met Le Roy Ladurie, *Montaillou, een ketters dorp in de Pyreneeën* (Amsterdam 1984), vert. van *Montaillou, village occitan de 1294 à 1324* (Parijs 1975) en *Het carnaval van Romans: van Maria-lichtmis tot Aswoensdag 1579-1580* (Amsterdam 1985), vert. van *Le Carnaval de Romans: De la Chandeleur au mercredi des Cendres, 1579-1580* (Parijs 1979). Vergelijk ook Lawrence Stone, *The Crisis of the Aristocracy, 1558 -1641* (Oxford 1965) met Stone, *The Family, Sex and Marriage in England 1500-1800* (New York 1977). Soortgelijke veranderingen zijn aan te treffen in het werk van Jean Delumeau, François Furet, Edward Shorter en talrijke andere historici.

47 Hildred Geertz, 'An Anthropology of Religion and Magic', met een reactie van Keith Thomas, in *Journal of Interdisciplinary History* 6 (1975), pp. 71-109; E.P. Thompson, 'Anthropology and the Discipline of Historical Context', in *Midland History* 3 (voorjaar 1972), pp. 41-55. Thompson sloot zich later aan bij Thomas, tegen Geertz, in 'Eighteenth-Century English Society: Class Struggle Without Class?' in *Social History* 3 (1978), p. 155. Maar in zijn eerdere bespreking van het boek van Thomas doet hij kritische uitspraken die opvallend veel lijken op die van Geertz. Zie vooral zijn opmerkingen op pp. 51-55.

48 Vergelijk E.P. Thompson, *The Making of the English Working Class* (New York 1966; 1e druk 1963) met Thompson, 'Eighteenth-Century English Society', dat terugblikt op zijn werk over tijd en werkdiscipline, de ethische structuren onder het volk, ketelmuziek, volkscultuur en criminaliteit. Of Thompson nu al of niet binnen het kamp van de New Left Review als zuiver in de leer wordt beschouwd, zeker is dat hij erin is geslaagd een literaire en (hoewel hij misschien bezwaar maakt tegen het woord) antropologische benadering te ontwikkelen binnen de sociale geschiedenis.

49 De meest recente evaluatie van dit terrein is Philippe Ariès, 'L'Histoire des mentalités', in Jacques Le Goff (red.), *La Nouvelle Histoire* (Parijs 1978), pp. 402-423. De beste van de vele Franse programmatische artikelen zijn George S. Duby, 'L'histoi-

re des mentalités' in *L'Histoire et ses méthodes: Encyclopédie de la Pléiade* (Parijs 1961), pp. 937-966 en Jacques Le Goff, 'Les mentalités, une histoire ambiguë', in Jacques Le Goff en Pierre Nora (red.), *Faire de l'histoire* (Parijs 1974), III:76-94. Voor een scherpzinnige evaluatie door een buitenstaander, zie Rolf Reichardt, 'Histoire des mentalités: Eine neue Dimension der Sozialgeschichte am Beispiel des französischen Ancien Régime', in *Internationales Archiv für Sozialgeschichte der deutschen Literatur* 3 (1978), pp. 130-166. Reichardt bespreekt ook enige Duitse literatuur, waar de aarzeling tussen *mentalité* en *Mentalität* parallellen vertoont met de verwarring tussen *mentalité* en *mentality* in het Engels.

50 De term wordt losweg gebruikt in verscheidene essays uit John Higham en Paul K. Conkin (red.), *New Directions in American Intellectual History* (Baltimore 1979). Zie voor een voorbeeld van nauwkeuriger gebruik, James A. Henretta, 'Families and Farms: *Mentalité* in Pre-Industrial America', in *William and Mary Quarterly*, 3e reeks, 35 (1978), pp. 3-32.

51 Peter H. Wood, *Black Majority: Negroes in Colonial South Carolina from 1670 Through the Stono Rebellion* (New York 1974); Lawrence W. Levine, *Black Culture and Black Consciousness: Afro-American Folk Thought from Slavery to Freedom* (New York 1977); Eugene D. Genovese, *Roll, Jordan, Roll: The World the Slaves Made* (New York 1974).

52 Bijvoorbeeld Herbert G. Gutman, *The Black Family in Slavery and Freedom* (New York 1976); Daniel T. Rodgers, *The Work Ethic in Industrial America, 1850-1920* (Chicago 1978); James Obelkevich, *Religion and Rural Society: South Lindsey, 1825-1875* (Oxford 1976).

53 Twee voorbeelden gebaseerd op tradities van wederzijdse instructie tussen geschiedenis en antropologie uit verschillende delen van de wereld zijn Karen Spalding, 'The Colonial Indian: Past and Future Research Perspectives', in *Latin American Research Review* 7 (1972), pp. 47-76, en Irwin Scheiner, 'Benevolent Lords and Honorable Peasants: Rebellion and Peasant Consciousness in Tokugawa Japan', in Tetsuo Najita en Irwin Scheiner (red.), *Japanese Thought in the Tokugawa Periode, 1600-1868* (Chicago 1978).

54 Richard White, 'The Winning of the West: The Expansion of the Western Sioux in the Eighteenth and Nineteenth Centuries', in *Journal of American History* 65 (1978), pp. 319-343. Er is niet veel leeswerk in de huidige antropologie voor nodig om historici van het idee af te helpen dat de antropologen zich schuldig maken aan drie kardinale fouten, namelijk het ontbreken van een tijdsdimensie, overdreven holisme en te veel nadruk op 'primitieve' samenlevingen. Zie bijvoorbeeld Clifford Geertz, *Islam Observed: Religious Development in Morocco and Indonesia* (Chicago 1968) en S.J. Tambiah, *Buddhism and the Spirit Cults in North-East Thailand* (Cambridge 1970).

55 Zie voor de volledige versie van deze definitie Clifford Geertz, 'Religion as a Cultural System', in *The Interpretation of Cultures* (New York 1973), p. 89.

DE SOCIALE IDEEËNGESCHIEDENIS

Dit essay is eerder verschenen in *The Journal of Modern History* 43 (1971), pp. 113-132. Ik ben nog steeds van mening dat het een steekhoudende poging is de problemen te bespreken die ontstaan wanneer men een brug wil slaan tussen sociale geschiedenis en ideeëngeschiedenis. Het was niet bedoeld als een beginselverklaring voor de intellectuele geschiedenis in het algemeen, al is het soms wel zo opgevat. Zie bijvoorbeeld Dominick La Capra, 'Is Everyone a Mentality Case?' in *History and Theory* XXIII 3 (1984), pp. 296-311.

1 Peter Gay, *The Party of Humanity: Essays in the French Enlightenment* (New York 1964), p. x.

2 Ibid. Zie ook Peter Gay, *The Enlightenment: An Interpretation* (New York 1966), I:427 en vooral Gay, 'The Social History of Ideas: Ernst Cassirer and After', in Kurt H. Wolff en Barrington Moore jr. (red.), *The Critical Spirit: Essays in Honor of Herbert Marcuse* (Boston 1967).

3 François Bluche, *Les Magistrats du Parlement de Paris au XVIIIe siècle* (1715-1771) (Parijs 1960), p. 294.

4 In zijn *Mémoires de l'abbé Morellet sur le dix-huitième siècle et sur la Révolution* (Parijs 1821), I:130, stelde Morellet met nadruk: 'Il ne faut pas croire que dans cette société [Holbachs groep], toute philosophique qu'elle était (...) ces opinions libres outre mesure fussent celles de tous. Nous étions là bon nombre de théistes, et point honteux, qui nous défendions vigoureusement, mais en aimant toujours des athées de si bonne compagnie.' Het overwicht van het deïsme over het atheïsme in de Verlichting wordt benadrukt in Paul Hazard, *La Pensée européenne au XVIIIe siècle: de Montesquieu à Lessing* (Parijs 1946). Het op handen zijnde werk van Alan Kors moet de mythe over het teugelloze atheïsme van de *côterie Holbachique* voorgoed uit de wereld helpen.

5 Alfred Cobban, *The Eighteenth Century: Europe in the Age of the Enlightenment* (Londen 1969), p. 278. Zie ook Robert Shackleton, 'Jansenism and the Enlightenment', in *Studies on Voltaire and the Eighteenth Century* 57 (1967), pp. 1387-1397.

6 Herbert Dieckmann, 'Themes and Structure of the Enlightenment', in *Essays in Comparative Literature* (Saint Louis 1961), pp. 67-71.

7 Hugh Honour, *Neo-classicism* (Harmondsworth, England, 1968), p. 13.

8 In *The Edge of Objectivity: An Essay in the History of Scientific Ideas* (Princeton, N.J., 1960) constateert Charles C. Gillispie in het wetenschappelijk denken van de Verlichting een beweging van het strikt wetenschappelijke naar het romantische, een beweging die zich afwendt van Newton en in de richting van Diderot en Goethe gaat.

9 Peter Gay, 'Rhetoric and Politics in the French Revolution', herdrukt in *The Party of Humanity* (New York 1964).

10 D'Alembert, *Histoire des membres de l'Académie française morts depuis 1700 jusqu'en 1771* (Parijs 1787), I:xxxii.

11 Zie voor de marxistische visie van een bourgeois Verlichting, Lucien Goldmann,

'La pensée des "Lumières"' in *Annales: économies, sociétés, civilisations* 22 (1967), pp. 752-770. Zie over aristocratisch liberalisme, Denis Richet, 'Autour des origines idéologiques lointaines de la Révolution française élites et despotisme', in *Annales: économies, sociétés, civilisations* 24 (1969), pp. 1-23. Jacques Proust, *Diderot et l'Encyclopédie* (Parijs 1962) bevat een superieure versie van het oude punt dat de Verlichting het karakter draagt van 'revolutionaire' ideologie.

12 Alfred Cobban, *In Search of Humanity: The Role of the Enlightenment in Modern History* (New York 1960), p. 3.

13 Erik H. Erikson, *Young Man Luther: A Study in Psychoanalysis and History*, 5e druk (New York 1962), p. 193.

14 Pierre Goubert, *L'Ancien Régime* (Parijs 1969); Robert Mandrou, *La France aux XVIIe et XVIIIe siècles* (Parijs 1967).

15 Zie Goubert, hfdst. 7, en C.B.A. Behrens, 'Nobles, Privileges and Taxes in France at the End of the Ancien Régime', in *Economic History Review*, 2e reeks, nr. 3 (1963).

16 De complexe vraag naar het sociaal-politieke karakter van de *parlements* is nog niet definitief beantwoord, ondanks de belangrijke proefschriften van François Bluche en Jean Meyer. Maar het werk van Jean Egret heeft in ieder geval een vraagteken gezet achter de standaardinterpretatie van een laat-achttiende-eeuwse *révolte nobiliaire*. Zie Jean Egret, 'L'Aristocratie parlementaire française à la fin de l'Ancien Régime', in *Revue historique* 208 (1952), pp. 1-14, en *La Pré-Révolution française 1787-1788* (Parijs 1962).

17 De autobiografie van Lebrun, in vertaling opgenomen in de bloemlezing geredigeerd door John Rothney, *The Brittany Affair and the Crisis of the Ancien Régime* (New York 1969), p. 243.

18 Michel Fleury en Pierre Valmary, 'Les progrès de l'instruction élémentaire de Louis XIV à Napoléon III', in *Population* 1 (1957), pp. 71-92. Gay associeert de filosofen ook met een 'linguïstische revolutie' (II:60), omdat het Frans het Latijn verdrong als de belangrijkste taal waarin in Frankrijk de boeken werden uitgegeven. Zijn bron hiervoor lijkt David Pottinger, *The French Book Trade in the Ancient Régime, 1500-1791* (Cambridge, Mass., 1958), hoewel Pottinger deze 'revolutie' ver voor de Verlichting situeert. Van de boeken die hij heeft onderzocht, werd van 1500 tot 1509 62 procent in het Latijn gepubliceerd, van 1590-1599, 29 procent, van 1690-1699, 7 procent, en van 1790-1791, 5 procent (p. 18).

19 Zie Fleury en Valmary, 'Les progrès'.

20 Daniel Mornet, 'Les enseignements des bibliothèques privées (1750-1780)', in *Revue d'histoire littéraire de la France* 17 (1910), pp. 449-492.

21 Geneviève Bollème, *Les Almanachs populaires aux XVIIe et XVIIIe siècles: Essai d'histoire sociale* (Parijs 1969), p. 84.

22 Zie vooral ibid., pp. 123-124, 16 en 55.

23 Ibid., p. 95

24 Ibid., p. 98

25 Ibid., p. 131

26 Ibid., (in volgorde van verwijzing) pp. 74, 79, 75 en 81.

27 De versies die gepubliceerd zijn in Yverdon en Vévey door Jeanne Esther Bondeli

en Paul-Abraham Chenebié waren gebaseerd op de *Hinckende Bote* van Bern, een Duitse almanak van Emmanuel Hortin, de zoon van een protestantse dominee. Zie Jules Capré, *Histoire du véritable messager boiteux de Berne et Vévey* (Vévey 1884) en Jeanne-Pierre Perret, *Les Imprimeries d'Yverdon au XVIIe et au XVIIIe siècle* (Lausanne 1945), pp. 74-78.

28 Geneviève Bollème, *Les Almanachs populaires*, pp. 15-16.

29 Zie voor details over de *permissions simples* de tekst van de verordening van 30 augustus 1777 in Jourdan, Decrusy en Isambert (red.), *Recueil général des anciennes lois françaises* (Parijs 1826), XXV:108-112.

30 Jacques Proust, *Diderot et l'Encyclopédie* (Parijs 1962), hfdst. 1.

31 Robert Mandrous interpretatie van Prousts onderzoek maakt een verwrongen indruk, tenminste op de onderhavige lezer. Zie Mandrou, *La France aux XVIIe et XVIIIe siècles*, pp. 168-169 : 'le XVIIIe siècle pense vraiment bourgeois'.

32 Jean Ehrard en Jacques Roger, 'Deux périodiques français du 18e siècle: "le Journal des savants" et "les Mémoires de Trévoux". Essai d'une étude quantitative', in *Livre et société*, deel 1.

33 Voor verslagen van de stand van zaken bij de historische semantiek, zie *Actes du 89e congrès des sociétés sayantes* (Parijs 1964), deel 1, en M. Tournier et al., 'Le vocabulaire de la Révolution: pour un inventaire systématique des textes', in *Annales historiques de la Révolution française* 195 (januari-maart 1969), pp. 109-124.

DE MENTALITEITSGESCHIEDENIS

Dit essay is eerder gedeeltelijk verschenen in *The New York Review of Books* (5 april 1973), pp. 25-30; (13 juni 1974), pp. 11-14; (27 juni 1974), pp. 30-32.

1 Tot de belangrijkste werken die in dit essay worden besproken horen: Richard Cobb, *Reactions to the French Revolution* (Londen 1972); *The Police and the People: French Popular Protest 1789-1820* (Londen 1970); *A Second Identity: Essays on France and French History* (Londen 1969); A. Abbiateci et al., *Crimes et criminalité en France sous l'Ancien Régime, 17e-18e siècles* (Parijs 1971); Philippe Ariès, *Essais sur l'histoire de la mort en occident du Moyen Age à nos jours*, vert. *Western Attitudes Toward Death : From the Middle Ages to the Present*, door Patricia M. Ranum (Baltimore 1974); Michel Vovelle, *Piété baroque et déchristianisation en Provence au XVIIIe siècle: Les attitudes devant la mort d'après les clauses des testaments* (Parijs 1973).

2 *Contrepoint* 5 (1971), pp. 105-115; *L'Humanité* (18 februari 1972), p. 8; *La Nouvelle Critique* (1972); Guy Lemarchand, 'Sur la société française en 1789', in *Revue d'histoire moderne et contemporaine* (1972), pp. 73-91.

3 Het beste uit deze traditie is Albert Mathiez, *La Vie chère et le mouvement social sous la Terreur* (Parijs 1927); Georges Lefebvre, *Les Paysans du Nord pendant la Révolution française* (Parijs 1924); Albert Soboul, *Les Sans-Culottes parisiens en l'an* II (Parijs 1958). Zie voor recente voorbeelden Régine Robin, *La Société française en 1789:*

Semur-en-Auxois (Parijs 1970); Claude Mazauric, *Sur la Révolution française* (Parijs 1970).

4 Zie de essays van Lucien Febvre, herdrukt in *Combats pour l'histoire* (Parijs 1965), pp. 207-239; Georges Duby, 'Histoire des mentalités', in *L'Histoire et ses méthodes: Encyclopédie de la Pléiade* (Parijs 1961), pp. 937-966; Robert Mandrou, 'Histoire sociale et histoire des mentalités', in *La Nouvelle Critique* (1972), pp. 41-44; Alphonse Dupront, 'Problèmes et méthodes d'une histoire de la psychologie collective', in *Annales: Economies, sociétés, civilisations* (1961), pp. 3-11; Louis Trénard, 'Histoire des mentalités collectives: Les livres, bilans et perspectives', in *Revue d'histoire moderne et contemporaine* (1968), pp. 691-703; Jacques Le Goff, 'Les mentalités: une histoire ambiguë', in Jacques Le Goff en Pierre Nora (red.), *Faire de l'histoire* (Parijs 1974), III:76-94.

5 André Davidovitch, 'Criminalité et répression en France depuis un siècle (1851-1952)', in *Revue française de sociologie* (1961), pp. 30-49; Pierre Deyon, 'Délinquance et répression dans le nord de la France au XVIIIe siècle', in *Bulletin de la Société d'Histoire Moderne* 20 (1972), pp. 10-15.

6 Bijvoorbeeld Leon Radizinowicz en Marvin E. Wolfgang (red.), *Crime and Justice* deel I, *The Criminal in Society* (New York 1971); Hermann Manheim, *Comparative Criminology* (Boston 1965).

7 A.M. Guerry, *Essai sur la statistique morale de la France* (Parijs 1833); Adolphe Quételet, *Sur l'homme et le dévéloppement de ses facultés, ou Essai de physique sociale* (Parijs 1836).

8 Enrico Ferri, *La Sociologie criminelle*, 3e druk (Parijs 1893), hoofdstuk 2.

9 In 1960 was het officiële aantal voor Colombia 34.0 moorden per 100.000 inwoners; voor de Verenigde Staten was dat 4,5 en voor Frankrijk 1,7. Zie Marvin E. Wolfgang en Franco Ferracuti, *The Subculture of Violence* (Londen 1967).

10 A. Abbiateci (red.), *Crimes et criminalité en France*, pp. 187-261; Pierre Deyon, 'Délinquance et répression'.

11 Jessica Mitford, *The American Way of Death* (New York 1963); Geoffrey Gorer, *Death, Grief, and Mourning in Comtemporary Britain* (Londen 1965).

12 Philippe Ariès, *Centuries of Childhood: A Social History of Family Life* (New York 1965), vert. van *L'Enfant et la vie familiale sous l'ancien régime*, en *Western Attitudes Toward Death; From the Middle Ages to the Present* (Baltimore 1974), vert. van *Essais sur l'histoire de la mort en Occident du Moyen Age à nos jours*.

13 Dat deze literatuur zo enorm uitgebreid is kan men als symptomatisch opvatten voor de huidige crisis in de houding tegenover de dood. De volgende verzamelbundels vormen een representatief voorbeeld; Herman Feifel (red.), *The Meaning of Death* (New York 1959); Robert Fulton (red.), *Death and Identity* (New York 1965); Hendrik Ruitenbeek, *Death: Interpretations* (New York 1969).

14 Het is vreemd dat Ariès geen aandacht besteedt aan dit cruciale punt, dat in de antropologische literatuur al geruime tijd een centrale plaats inneemt. Zie G.P. Murdock, *Social Structure* (New York 1949; herdrukt 1965, The Free Press).

15 Voor een uitstekende synthese van het werk op deze terreinen, waarin het midden van de achttiende eeuw wordt gezien als het keerpunt in de geschiedenis van het

Ancien Régime, zie Pierre Goubert, *L'Ancien Régime* (Parijs 1969 en 1973), 2 dln.

16 Vovelle heeft zich aangesloten bij deze tendens, die in het marxistische werk over de achttiende eeuw steeds meer terrein lijkt te winnen. Zie *L'Humanité* (18 februari 1972), p. 8.

17 Enige voorbeelden van werk dat momenteel wordt gedaan: Pierre Chaunu onderzoekt hoe de attituden tegenover de dood zich in Parijs door de eeuwen heen hebben ontwikkeld; Jean Delumeau is bezig zijn onderzoek naar vormen van angst in het westen af te ronden; J.-L. Flandrin doet onderzoek naar affectiviteit en seksualiteit onder de boeren van het Ancien Régime; E.-M. Bénabou onderzoekt *libertinage* en prostitutie in het Parijs van de achttiende eeuw en J.M. Gouesse onderzoekt de attituden tegenover het huwelijk in het vroegmoderne Frankrijk. Zie als voorbeeld van een boek dat demografische gegevens op zinnige wijze relateert aan attituden tegenover de dood, François Lebrun, *Les Hommes et la mort en Anjou au 17e et 18e siècles* (Parijs 1971), besproken in een versie van dit essay die is verschenen in *The New York Review of Books* (13 juni 1974).

18 Pierre Chaunu, 'Un Nouveau Champ pour l'histoire sérielle: le quantitatif au troisième niveau', in *Mélanges en l'honneur de Fernand Braudel* (Toulouse 1973), II:105-125. Dit begrippenkader heeft kennelijk model gestaan voor veel recent werk over de Franse geschiedenis. Bijvoorbeeld François Lebrun, *Les Hommes et la mort*, deel 1: 'Structures économiques et socio-geographiques', deel 2: 'Structure démographique' en deel 3: 'Mentalités'; F.G. Dreyfus, *Sociétés et mentalités à Mayence dans la seconde moitié du dix-huitième siècle* (Parijs 1968), deel 1: 'Economie', deel 2: 'Structure sociale' en deel 3: 'Mentalités et culture'; Maurice Garden, *Lyon et les lyonnais au XVIIIe siècle*, deel 1: 'Démographie', deel 2: 'Société' en deel 3: 'Structures mentales et comportements collectifs' (Parijs 1970).

19 Voor overtuigende resultaten van deze aanpak binnen de antropologie, zie Clifford Geertz, *The Interpretation of Cultures* (New York 1973).

GESCHIEDENIS EN KENNISSOCIOLOGIE

Dit essay is eerder verschenen in *The New York Review of Books* (31 mei 1979), pp. 26-29.

1 Dit essay richt zich voornamelijk op twee onderzoeken van schrijvers en de republiek der letteren: John Lough, *Writer and Public in France; From the Middle Ages to the Present Day* (Oxford, 1978) en Daniel Roche, *Le Siècle des lumières en province: Académies et académiciens provinciaux, 1680-1789* (Parijs en Den Haag 1978), 2 dln.

2 Geciteerd in John Lough, *Writer and Public in France*, p. 308.

3 Ibid., p. 303.

4 *An Introduction to Seventeenth-Century France* (Londen 1954); *An Introduction to Eighteenth-Century France* (Londen 1960) en *An Introduction to Nineteenth-Century France* (Londen 1978). Lough gebruikt ook materiaal uit zijn uitstekende monografie *Paris Theatre Audiences in the Seventeenth and Eighteenth Centuries* (Londen 1957).

5 Voor voorbeelden van dit genre binnen de sociologie met speciale nadruk op het onderzoek naar de grote denkers, zie Karl Mannheim, *Ideology and Utopia* (Londen 1936) en *Essays on the Sociology of Culture* (Londen 1957).

6 Robert Mandrou, *La France au XVIIe et XVIIIe siècles* (Parijs 1967), p. 169. Ernst Labrousse heeft dezelfde uitspraak gebruikt in zijn *Histoire économique et sociale de la France* (Parijs 1970), II:716: 'Le XVIIIe siècle pense bourgeois'. Voor soortgelijke uitspraken in andere handboeken, zie Albert Soboul, *La France à la veille de la Révolution* (Parijs 1961), I:134-138.

7 *Mélanges en l'honneur de Fernand Braudel* (Toulouse 1973), II: 105-125.

8 Zie bijvoorbeeld de aangehaalde werken in het vorige hoofdstuk, noot 18.

GESCHIEDENIS EN LITERATUUR

Dit essay is eerder verschenen in *The New York Review of Books* (27 oktober 1988), pp. 84-88.

1 Zie J. Hillis Miller, 'The Geneva School', in John K. Simon (red.), *Modern French Criticism: From Proust and Valéry to Structuralism* (Chicago 1972).

2 Jean Starobinski, *Montaigne in Motion* (Chicago 1985) vert. van *Montaigne en mouvement* (Parijs 1982).

3 Claude Lévi-Strauss, *Tristes Tropiques* (Parijs 1955) hoofdstukken 28, 29, 38, Ned. vert. *Het trieste der tropen* (Nijmegen 1985; 1e druk 1962).

4 Jacques Derrida, *Of Grammatology*, vert. Gayatri Chakravorty Spivak (Baltimore, 1972), deel 2, vert. van *De la grammatologie*.

5 Voor een weerlegging van Derrida's betoog die uitgaat van de onjuistheid van deze bewering, zie John R. Searle, 'The World Turned Upside Down', in *The New York Review of Books* (27 oktober 1983), pp. 74-79.

6 Paul de Man, *Blindness and Insight: Essays in the Rhetoric of Contemporary Criticism* (Minneapolis 1983; 1e druk 1971) hoofdstuk 7. Zie ook De Man, *Allegories of Reading: Figural Language in Rousseau, Nietzsche, Rilke and Proust* (New Haven 1979), deel 2.

7 Roland Barthes, 'The Death of the Author', in *Image, Music, Text* (New York 1977), pp. 142-148.

8 Voor literatuurwetenschappelijke overzichten waarin Starobinski schittert door afwezigheid, zie David Lodge (Red.), *20th Century Criticism* (Londen 1972); Francis Barker et al., *Literature, Politics and Theory* (Londen 1986); Cary Nelson (red.), *Theory in the Classroom* (Chicago 1986); Clayton Koelb en Susan Noakes (red.), *The Comparative Perspective on Literature: Approaches to Theory and Practice* (Ithaca, N.Y., 1988).

9 Zie bijvoorbeeld Benoît Mély, *Jean-Jacques Rousseau, un intellectuel en rupture* (Parijs 1985); Henri Gouhier, *Rousseau et Voltaire: portraits dans deux miroirs* (Parijs 1983); Louis-Pierre Jouvenet, *Jean-Jacques Rousseau: Pédagogie et politique* (Toulou-

se 1984); Maurice Cranston, *Jean-Jacques: The Early Life and Works of Jean-Jacques Rousseau 1712-1754* (Londen 1983); Carol Blum, *Rousseau and the Republic of Virtue: The Language of Politics in the French Revolution* (Ithaca, N.Y., 1986); Joel Schwartz, *The Sexual Politics of Jean-Jacques Rousseau* (Chicago 1984); Asher Horowitz, *Rousseau, Nature and History* (Toronto 1987).

10 R.A. Leigh (red.), *Correspondence générale de J.-J. Rousseau* (Oxford 1965-....).

11 *Voltaire et son temps*, een biografie in vijf delen momenteel in voorbereiding onder leiding van René Pomeau. Het eerste deel, van de hand van Pomeau, is verschenen als *D'Arouet à Voltaire 1694-1734* (Oxford 1985).

GESCHIEDENIS EN ANTROPOLOGIE

Dit essay is eerder verschenen in *The Journal of Modern History* 58 (1986), pp. 218-234 als reactie op kritiek op mijn boek *The Great Cat Massacre and Other Episodes of French Cultural History* (New York 1984), Ned. vert. *De grote kattenslachting en andere episoden uit de culturele geschiedenis van Frankrijk* (Amsterdam 1986). De desbetreffende recensie was van Roger Chartier, 'Texts, Symbols and Frenchness', in *The Journal of Modern History* 57 (1985), pp. 682-695. Omdat de redactie van *The Journal of Modern History* uit principe geen weerleggingen van kritiek plaatst, heeft ze me gevraagd mijn antwoord te verwerken in een algemeen essay over symboliek, en puntsgewijze weerlegging van Chartiers essay te vermijden.

1 Roger Chartier, 'Texts, Symbols, and Frenchness'. Zie voor andere reacties op de theoretische kwesties die in *De grote kattenslachting* aan de orde zijn gesteld, de essays van Philip Benedict en Giovanni Levi, die samen gepubliceerd zijn als 'Robert Darnton e il massacro dei gatti', in *Quaderni Storici*, nieuwe reeks, nr. 58 (april 1985), pp. 257-277. Ik heb gepoogd de kritiek te weerleggen in een debat met Pierre Bourdieu en Roger Chartier, dat gepubliceerd is als 'Dialogue à propose de l'histoire culturelle', in *Actes de la recherche en sciences sociales* 59 (september 1985), pp. 86-93. Sindsdien is het debat ook door anderen voortgezet, zie Dominick La Capra, 'Chartier, Darnton, and The Great Symbol Massacre', en James Fernandez, 'Historians Tell Tales: Of Carlesian Cats and Gallic Cockfights', in *The Journal of Modern History* 60 (1988), pp. 95-127.

2 Michael Herzfeld, 'An Indigenous Theory of Meaning and Its Elicitation in Performative Context', in *Semiotica* 34 (1981), p. 130, zie ook pp. 135-139.

3 James W. Fernandez, 'Symbolic Consensus in a Fang Reformative Cult', in *American Anthropologist* 67 (1965), pp. 902-929; Keith Basso, '"Wise Words" of the Western Apache: Metaphor and Semantic Theory', in Keith Basso en Henry Selby (red.), *Meaning in Anthropology* (Albuquerque, N.M., 1976), pp. 93-122; Renato Rosaldo, *Ilongot Headhunting, 1883-1974: A Study in Society and History* (Stanford, Calif., 1980); E. Valentine Daniel, *Fluid Signs: Being a Person the Tamil Way* (Berkeley en Los Angeles 1984). Voor verdere voorbeelden en andere varianten

van symbolische antropologie, zie de volgende essaybundels: Basso en Selby (red.), *Meaning in Anthropology*, J. David Sapir en Christopher Crocker (red.), *The Social Use of Metaphor: Essays on the Anthropology of Rhetoric* (Philadelphia 1977); Janet L. Dolgin, David S. Kemnitzer en David M. Schneider (red.), *Symbolic Anthropology: A Reader in the Study of Symbols and Meanings* (New York 1977).

4 Lorring M. Danforth, *The Death Rituals of Rural Greece* (Princeton, N.J., 1982).

5 Ibid., pp. 110-111.

6 Johan Huizinga, *Herfsttij der middeleeuwen* (Haarlem 1919), pp. 340-341.

7 Victor W. Turner, 'Symbols in African Ritual', in Dolgin, Kemnitzer en Schneider (red.), *Symbolic anthropology*, p. 185. Zie voor verdere bespreking en documentatie, Turner, *The Forest of Symbols: Aspects of Ndembu Ritual* (Ithaca, N.Y., en Londen 1967), met name hoofdstuk 1, 3 en 4.

8 Claude Lévi-Strauss, *Het wilde denken* (Amsterdam 1968) vert. van *La Pensée sauvage* (Parijs 1976, eerste druk 1962), met name hoofdstuk 1.

9 Mary Douglas, *Purity and Danger: An Analysis on the Concepts of Pollution and Taboo* (Londen 1966), p. 35 . De volgende twee alinea's zijn gebaseerd op dit boek.

10 Ralph Bulmer, 'Why Is the Cassowary Not a Bird? A Problem of Zoological Taxonomy Among the Karam of the New Guinea Highlands', in *Man*, nieuwe reeks, nr. 2 (1967), pp. 5-25.

11 Edmund R. Leach, 'Anthropological Aspects of Language: Animal Categories and Verbal Abuse', in Erich H. Lenneberg (red.), *New Directions in the Study of Language* (Cambridge Mass., 1964), pp. 23-63. Behalve zijn grafische voorstelling heb ik ook het betoog van Leach gesimplificeerd, omdat dit een complex stelsel van relaties betrof en niet geheel consistent was.

12 S.J. Tambiah, 'Animals are Good To Think and Good To Prohibit', in *Ethnology* 8 (1969), pp. 423-459.

13 Zie voor een analyse van de slachting en verwijzingen naar de etnografische gegevens die gebruikt zijn voor de interpretatie, Robert Darnton, *De grote kattenslachting en andere episoden uit de culturele geschiedenis van Frankrijk* (Amsterdam 1986) hoofdstuk 2. De episode zelf wordt verhaald in Nicolas Contat, *Anecdotes typographiques, où l'on voit la description des coutumes, moeurs et usages singuliers des compagnons imprimeurs*, Giles Barber (red.) (Oxford 1980), pp. 48-54. Alle citaten in de volgende alinea zijn afkomstig uit die bron.

14 Zie als voorbeeld van een *misère*, 'La misère des Apprentifs Imprimeurs', door Giles Barber afgedrukt aan het eind van zijn uitgave van Contats *Anecdotes typographiques*, pp. 101-110. Naast gegevens over de techniek van het drukken bevatten de handboeken veel informatie over volksgebruiken. De vroegste dateren uit de zestiende eeuw. Twee handboeken die veel overeenkomst vertonen met de tekst van Contat, hoewel ze uit een iets latere periode stammen, zijn S. Boulard, *Le Manuel de l'imprimeur* (Parijs 1791) en A.-F. Momoro, *Traité élémentaire de l'imprimerie ou le manuel de l'imprimeur* (Parijs 1793).

15 In dit opzicht illustreert de grap Arthur Koestlers idee van de overschakeling op een ander referentiekader en het uiten van agressie. Zie Arthur Koestler, 'Wit and Humor' een essay uit zijn *Janus: A Summing Up* (New York 1978).

16 Zie Vladimir Propp, *The Morphology of the Folktale* (Austin, Tex., 1968) en Albert B. Lord, *The Singer of Tales* (Cambridge, Mass., 1960).

REGISTER